刺殺蔣介石

美國與蔣政權鬥爭史

王丰 著

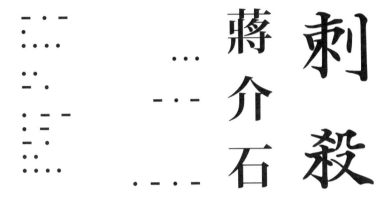

自序

一七八四年八月二十八號，一艘由戰艦改裝的武裝商船「中國皇后號」，緩緩開進了中國廣州黃埔港。美利堅合眾國所屬的「中國皇后號」進港時，鳴砲十三發，震天價響，莫之能禦，用茲證明這個擁有十三州的新興國家：美利堅合眾國，不過用一艘小砲艦便敲開了中國這個五千年文明古國的大門。這個動作同時意味著，此一剛脫離英國獨立，僻促北美大陸東北一隅的新國家懷抱的雄心壯志，更預示著美國與中國，乃至與所有國家，交往的本質：砲艦外交，胡蘿蔔與大棒的強制性商貿政策。

當中國被西方世界裏上層層神秘的包裝紙，賦予東方神秘主義氣氛的同時，美利堅合眾國也濃妝重彩地用「花旗國」的魔幻包裝紙，在英國這老牌殖民地母國誕育，由擦脂抹粉「自由」、「平等」、「博愛」的法蘭西產婆，為這個呱呱墜地的資本主義與重商主義混血怪胎縫合著鮮血淋漓的臍帶。

這個由英、法兩大老牌殖民主義母國合體哺育的美利堅合眾國，在薰染著砲艦重商主義的毒化襁褓乳汁滋養之下，孕育出一個連體怪胎巨嬰，兼容並包著種目繁多的畸型DNA：砲艦外交、政變輸出、激化矛盾、攫奪利益、全盤通殺、投票偽民主、政客假惺惺……。而砲艦外交與政變輸出尤其是美國對外政策的手段與本質。

對中國，不論是國民黨時期、共產黨時期、臺灣藍綠政權，美國始終不曾改變這些「立國精神」，而且從來不曾改變他們對他國強灌巨毒乳汁的救世主式「人道主義」關懷。所以，當列寧先知式的在一九一六年發表《帝國主義是資本主義的最高階段》，列寧恐怕做夢也不曾想過，資本主義最高階段的美國在列寧這番先知之見發表之後三十年，當美國右手拿著原子彈作勢要丟擲的同時，他的左手卻張牙舞爪地指控蘇聯輸出革命，列寧更當自嘆弗如這個以輸出革命為其生存本能的美利堅帝國主義者，早已青出於藍地在全世界引燃政變的燎原之火。現今全世界兩百多個國家裡邊，幾幾乎每個國家都有美國播下的政變種子，差別僅在於它是否真能開花結果。

兩百三十多年來，當眾多美國人民（包括傳教士、教育家、學者、乃至面帶微笑的好萊塢電影資本家……）披著友善的外衣，在博得眾多中國人民友善回應的過程中，美國這個國家的符號，在一層接著一層擦指抹粉刻意營造之下，被包裹得天衣無縫，但是當人們一旦剝開這個脂粉塗妝的表層，做侵入性診療，並加以理性病理檢視時，往往驚覺這些虛偽符號意義對照著醜陋本質的可憎內容，竟是如此的令人作嘔。

對日抗戰是蔣介石與美國之間緊密合作之起點，亦為蔣介石國內政治聲望從鼎盛走向衰微的關鍵。美國為了遂行其操控中國這個亞洲大國的目的，不惜使出各種手段干預蔣政權之內政、外交、金融與國防，當美國在中國政策上稍遇挫折，或與其所謂國家利益相違背即欲大動干戈，甚至萌生殺機。從珍珠港事變後，美蔣加強合作，以迄蔣介石病逝臺北，美國對蔣政權的橫加干預，史不絕書。意欲痛下殺手，亦時有所聞。但與亞洲周邊國家相較，蔣介石尚屬幸運兒。

從一九五〇年代到一九八〇年代，光是臺灣周鄰，至少發生五場流血或者徹底顛覆性的政變。一九六三年十一月，越南總統吳廷琰、吳廷瑈兄弟成為親美軍人的階下之囚，並被叛軍以行刑式手法近身槍擊頭部斃命，揆諸直接原因便是吳氏兄弟不聽美國人的話。一九六〇年四月，韓國總統李承晚在一場美國顛覆大使馬康衛幕後策動的學生暴動中宣布下臺。一九六五年印尼發生了一場流血政變，蘇卡諾總統因為政策有左派傾向於一九六七年被迫下臺。一九七九年十月，原本在美國支持下，發動政變取得政權的韓國朴正熙總統，也在一群與美國關係非比尋常的韓國特務、軍事頭領發動的一場近身流血衝突中，慘死血泊。言行舉止堪稱現今「兒皇帝」的菲律賓總統馬可仕，於一九八六年二月大選險勝後，在美國駐菲國大使「建議」下宣佈下臺，隨後「病死」在夏威夷的寓所。

從一九五〇年代到一九九〇年代，圍繞著臺灣周邊，美國所謂的第一島鍊與第二島鍊相關國家，甚至連最聽話的日本，都時時刻刻籠罩在美國流血或不流血的政變陰影之下。第一島鍊與第二島鍊國家與地區的領導人不可諱言都被美國當成「兒皇帝」，他們和溥儀、汪精衛、法國的維希相較，到底好多少？自由多少？蔣介石本身，乃至他的兒子蔣經國，在臺灣掌權近四十年間，在美國全方位宰制之下，竟能全身而退，甚至壽終正寢，這不可不謂是美國殖民帝國開國迄今，少見的例外。但是，值得注意的是，美國在今天與昨天不曾發動政變成功，並不意味著不曾發動或不想發動，更不代表明天與後天就放棄發動。

惟可貴者，在美國殖民主義鋪天蓋地的氛圍下，兩蔣父子的民族主義氣節猶能一息尚存，而在他們故去之後，屬於中國人的那一絲絲浩然氣節竟亦蕩然無存。為史者能不掩卷而嘆？

目次

自序 005

第一章 殺蔣陰謀的第一步：藍鯨行動之謎 011

第二章 殺蔣陰謀的第二步：臺灣政變之謎 055

第三章 孫立人政變：美蔣特務戰開打 101

第四章 五二四事件：蔣經國遭毆辱種前因 139

第五章 五二四事件：美國伸黑手 213

第六章 屠牛士計畫：美借刀殺人核攻擊大陸 253

第七章 國光計畫：反攻大陸激化美蔣矛盾 293

第八章 三十載強國夢：核武之夢 341

第九章 三十載強國夢：核武與強軍之夢 389

第十章 秘研核彈：美諜滲透上校叛國 417

第十一章 殺蔣陰謀的尾聲：回不了南京的藍鯨 445

第一章

殺蔣陰謀的第一步

藍　鯨　行　動　之　謎

開羅會議✷暗殺開羅

美國政府想殺蔣介石！這從來就不是危言聳聽。

一架銀灰色塗裝，尾翼漆著青天白日標誌的道格拉斯C－47「Skytrain空中列車」飛機，載著蔣介石與宋美齡夫婦，從濃霧深鎖的重慶白市驛機場起飛。雙發動機啟動的轟鳴音波，劃破了蜀地深秋拂曉時分凝凍的空氣，普萊特惠特尼引擎嘶吼狂鳴，這隻孤單的鐵鳥抖了抖翅膀，便一路拔高挺升，迎向青藏高原頂部漫無邊際的重重雪線，朝西昂然飛翔，越飛越高，遙遠東方的晨曦投射在孤獨鐵鳥的翼端，閃爍著神秘而威武的一道道寒光。

霧都重慶，逐漸潰縮成一個灰色的雲點，越來越遠，越來越模糊渺小。朝西遠眺，緊緊貼著道格拉斯C－47飛機下方，像是一條銀白色晶亮晶亮的織錦彩帶，正是白雪皚皚，無邊無際，如同汪洋大海般的青藏高原。更遙遠的西方，是海拔六千到七千公尺的喜馬拉雅山，重重疊疊的陡峭險嶺，像一道雄偉壯麗的萬里長城。在這道偉岸不群的天然萬里長城的南方稜線邊緣，一百一十座海拔高達七千三百五十公尺以上的高峰，如似一串長達兩千四百五十公里的夜明珠項鍊，妝點著祖國南方的錦繡大地。喜馬拉雅山脈，一座橫亙環繞在西藏與印度之間，寬度及縱深兩百至三百五十公里，山脈彷彿是用藍色金鋼鑽打造成功的英挺武士，捍衛著我們的偉大祖國。這座聖山成為我國與印度、不丹、尼泊爾等鄰國之間，渾然天成，沒有任何異族與異邦膽敢逾越的國防屏障。而蔣介石搭乘著的這架藍灰色的道格拉斯C－47飛機，就像波濤洶湧的大海中，一尾載浮載沉又昂首闊步，噴吐著白色水柱的的藍色鯨魚，徜徉在那一片蔚藍與白浪滔滔的群山汪洋之上。

「行走」在波濤洶湧的青藏高原峰頂藍白相間的雲海上，蔣介石這架有如藍色鯨魚般的座機，遨翔於這條舉世最驚險的喜馬拉雅山航線，這便是後世史家慣稱為二戰飛機墳場的「駝峰航線」（The Hump）。抗戰時期，中美空軍特別為陷於日軍重重包圍中的中國大後方，在印度東北部阿薩密邦，與中國雲南昆明之間，開闢了一條維繫大後方軍需民用，轉運戰略物資的空中補給通道。

二戰期間，固然納粹德國與美國正先後研發推動力道強勁的噴氣式飛機，但仍未發展成熟進行批量生產。螺旋槳仍是主要而唯一的飛機類型。因而，受到螺旋槳飛機性能限制，喜馬拉雅山區早先是飛航禁區，許多飛行員擔心飛機發動機可能發生「死機」意外——受惡劣天候險峻地形，與極端氣壓低溫連累造成之機械異常時有所聞，沒人敢飛往此一超高海拔，空氣稀薄，氣壓超低，溫度極低，山峰重重疊疊，地形奇偉險峻，氣候極端多變莫測之地。經驗老道的飛行員即使克服了飛機性能上與駝峰所有嚴酷環境的諸多限制，也只敢緊貼山峰，如臨深淵，如履薄冰，非常小心謹慎地飛行，惟恐稍一不慎，飛機不是撞山，便是被一陣突如其來的強勁「風切變」，又稱「風切」或「風剪」所掃落，這種「風切」或「風剪」就像魔鬼在高空中拿著一把利剪，朝著飛機突如其來猛呼巴掌，讓飛機瞬間失速，一頭栽在漫無際涯的萬丈深淵之中，化為齏粉與一縷青煙。

「駝峰航線」因飛航軌跡隨著喜馬拉雅山高低起伏狀似駝峰，因而被取名為「駝峰航線」。根據美國軍方與中國官方統計資料顯示，從一九四二年四月到一九四五年八月，為了有效執行運補中國大後方的任務，由美國空軍主導的運輸機隊，為中國後方基地空運各類軍事物資約達六十五萬噸。中美空軍共有五百一十四架飛機在飛越駝峰過程中失事墜毀，其中，由民國政府經營的「中國航空公司」，共有四十六架飛機遇難。這些失事墜毀的飛機主要為C－46及C－47。總計四百六十八位美國和四十六位中國機組團隊人員犧牲，共計超過一千五百人葬身於此。

一位北伐時期便跟隨蔣介石的貼身侍衛回憶，有次國民革命軍與軍閥孫傳芳部隊正面交鋒，槍林彈雨，煙硝瀰漫，說時遲，那時快，只聽一聲砲彈淒厲凌空的嘶吼聲，侍衛還來不及護送蔣介石走避，一枚砲彈不偏不倚正巧落在蔣介石跟前三十碼處，爆炸時塵土飛揚，轟然巨響，彈片劃過耳際發出奪命血滴子般的怪叫聲，貼身侍衛嚇得面色如土，傻在當場。硝煙散盡，貼身侍衛發現蔣介石巍然不動站在原地，鎮定如昔，還不斷大聲喝斥部隊繼續攻擊前進。然而，蔣介石坐在飛行於「駝峰航線」之上的委員長座機上，竟然難掩其焦躁神情，不斷往機艙窗外張望。可見，蔣介石不畏砲彈，卻對飛航於

「駝峰航線」感到戰戰兢兢。

事實上，蔣介石的焦慮不安，是有原因的。從古之帝王到中國近代領導人，似乎都特別雅愛批閱奏章公文書，蔣委員長亦是案牘勞形，日理萬機，每天工時長達十五、六小時。為抓緊軍政大權，維持黨內不墜地位，他每天批閱上百件公文密件。有關「駝峰航線」上發生的大小事故，他幾乎瞭若指掌，逃不過一件芝麻小事。特別是一些他所熟知的幹部子弟的生死動態，完全瞞不過他，好比是——一九四三年十月之前，經常為蔣介石駕駛座機的林大綱，第一位專任委員長座機駕駛，這位不到三十歲的福州籍小伙子，「歐亞航空公司」最優秀的中國籍飛機師，在「駝峰航線」執行運補任務時，不幸壯烈殉國，看見這份報告，蔣介石聞訊傷慟不已。

蔣介石還依稀記得一九四二年夏天，中國從美國買進了幾架珍貴的道格拉斯C－47「Skytrain空中列車」飛機，飛機隸屬於中國與德國合作的「歐亞航空公司」，蔣介石特地為這駕飛機取名「崑崙號」。爾後這架「崑崙號」如果未到印度執行運載軍事物資回國之運補任務時，基本上經常成為蔣介石飛臨各省視察軍政事務的交通座機，但還談不上是元首專機。大凡蔣介石第二天要飛往外地，侍從室會在第一時間首先指示航委會派飛機，航委會便會立馬通知「歐亞航空公司」，命令該公司把最優秀的飛行機師林大綱，調來飛委座這趟公差任務。所以那段時期林大綱儼然是蔣介石的專業座機駕駛，「崑崙號」C－47運輸機也成為委員長的標準配備座機了。林大綱平時常為蔣介石開飛機，其他的時間則是作為航委會專門訓練中國空軍飛行員，駕駛道格拉斯C－47的種子教官，民國政府那時似乎已有預感，一旦緬甸失守，滇緬公路被日軍截斷，重慶與大後方的軍需民用重要物資，恐怕都得靠道格拉斯C－47運輸機飛越駝峰，來承擔艱巨的運輸任務。

「崑崙號」C－47運輸機成為委員長座機時，飛機也做了若干「裝修」。滑稽的是，這款美國人設計製造的C－47運輸機，原本是美國軍方為了因應二戰時期，愈來愈繁重的軍事運輸任務，而將道格拉斯飛機製造公司的DC－13民用客機，改裝而成。所以，「崑崙號」賣給中國時，中方訂貨時指名是要買運輸機，美方便把這款從客機改裝為運輸機的C－47，賣給了早先中德合作的「歐亞航空公司」。

但現在蔣介石又頻頻指名要「崑崙號」C－47運輸機當座機，指名要林大綱這年輕人出座機駕駛任務，軍令如山，迫在眉睫，「歐亞航空公司」只有緊急命令林大綱，想辦法叫技工改裝機艙。說是改裝機艙，其實也沒有傷筋動骨，大動干戈，重慶政府當時也沒錢沒條件去搞太大範圍的改裝。然而，既然「崑崙號」運輸機時常要拿來作委員長座機，它的機上座椅與相關配件，起碼總要有讓蔣介石，讓隨行軍政幹部與隨行侍從人員有坐的地方。還有一個麻煩問題困擾著林大綱，蔣介石平日坐慣了籐椅子，這一時半刻去哪裡找飛機上專用的籐椅呢？美國供總統羅斯福坐的飛機，機艙裡備有飛機專用的沙發座椅。中國當時沒這種條件，但林大綱也想得出解決辦法來！

像「崑崙號」這種C-47運輸機的機艙裡，只在兩邊靠窗戶的邊上，各裝了一長條可收可放的鋁製長條座椅，沒有背靠，只可供乘員背靠著機艙窗戶，兩邊面對面而坐。如果要出運貨的任務時，這兩排機艙鋁椅，便收攏起來，空出的中間機艙空間便可裝貨物。而如果要出委員長座機任務時，就要臨時在那兩排鋁椅前方的中間位置，放上一把蔣介石常坐的一把籐椅子。一般飛機的座椅都是用強力鉚釘固定鎖死的，再怎麼劇烈的空中顛簸都可以抵擋得住，林大綱當然也顧慮到了這一層，他把籐椅的四個腳，用鐵線與兩旁的鋁椅死命綑綁住。

林大綱這招鐵絲綁老蔣籐椅的手法，一直沿用到抗戰勝利後，有了專供蔣介石專用的「美齡號」座機以後，才有了像美國總統專機上配備的沙發座椅，那張老蔣專用籐椅終於才「功成身退」。

隨著緬甸戰爭的失利，滇緬公路終究被日軍卡斷了，在一滴汽油一滴血的大後方，每一顆子彈都必須命中一個敵軍的物資艱困年代，中美空軍與「歐亞航空公司」的飛機機組人員，許多奉命投入了通過艱險的「駝峰航線」運補任務，林大綱雖是蔣介石座機駕駛員，也不例外，必須支援這項吃重的運補任務。林大綱不但自己親上火線，承擔起飛越駝峰運補的任務，他更了不起的是，艱辛籌建了中國飛行員航空訓練班，為抗戰時期的中國空軍培訓了一大批「航空訓練班」的子弟兵，為抗戰空軍培養了一批日後前仆後繼的空中運補生力軍。一九四二年夏天，第一批的C-47運輸機剛到大後方，中國空軍飛行員幾乎全部只會開轟炸機和驅逐機，沒人會駕駛新型運輸機。國民政府的空軍只好從「歐亞航空公司」聘請一個飛行機組，到空軍擔任教練。這一個機組包括機長林大綱、副駕駛盤明、機械員房蔭樞、報務員盛棣華等人。林大綱是我國抗戰空軍第一批飛行員的導師，他一手調教出來的子弟兵，日後都成為空運隊的骨幹。林大綱則是航訓班總負責人兼航訓班的訓練安排工作，換言之，如果不是林大綱的訓練調教，身先士卒，「駝峰航線」運補任務中不會有那麼些為祖國抗日聖戰，不惜犧牲奉獻一己生命的青年烈士。

不幸的是，林大綱最後的這趟駝峰任務，從印度汀江機場起飛後四十分鐘，只收到副機長薩本道發出的一份「飛行正常」電報之後，便再也沒有該機的音訊。林大綱那架C-47運輸機究竟發生了什麼突發情況？是在叢山峻嶺的重重雪山之間，遇到了變異天候？遭逢了老資格機師也無法規避的青藏高原致命強勁「風剪」、「風切」？整晚都沒林大綱他們的消息，到第二天白天，仍然不見林大綱及機組的那架C-47降落在重慶珊瑚壩機場。迄今仍然沒有人曉得這架飛機到底發生了什麼事情。航委會遍詢重慶、昆明、汀江各地，全無音訊。最後確信：林大綱及所有機組同志都壯烈犧牲在飛越駝峰途中，原因不明。

那份由航空委員會呈報給軍委會委員長蔣介石，報告林大綱壯烈犧牲的公文，讓蔣介石看得觸目驚心，內心哀傷久久未能平撫。林大綱和他的機組同僚的名字，抗戰勝利後，全鐫刻在南京紫金山抗日航空烈士紀念碑上。

林大綱犧牲後，蔣介石感慨萬千。每次出國到印度、緬甸、乃至埃及，飛機航行必經駝峰航線，航程中顛簸搖晃至為劇烈。尤其不舒適的是，C－47運輸機還沒有配備今日各種廠牌飛機均有的壓力艙與空調設備，所以飛行高度到兩千公尺以上，甚至到駝峰附近，高度從三千公尺陡升到六千公尺以上時，不但氣壓低讓人身體受不了，高空中氣溫甚至低到冰點以下好幾度，往往令機內乘客冷得打哆嗦。這些肉體上的痛苦，蔣介石都能忍受，讓他真正感到苦楚的有三：一為林大綱這位聰明有為的年輕人英年早夭感到惋惜，二為眾多犧牲在駝峰航線路上的中美兩國烈士感到哀慟，三為自己的萬里之行生死未卜感到戰戰兢兢。

一九四三年十一月二十二日，蔣介石應邀到埃及首都開羅，與世界反法西斯戰爭同盟國的另外兩位巨頭：美國總統羅斯福、英國首相邱吉爾，就戰時與戰後的國際諸多問題，進行歷史性會晤。這是從一九世紀鴉片戰爭以來的頭一遭，經歷了十二年的浴血抗戰，用鮮血和千萬軍民慘痛犧牲的代價，近代中國領導人第一次站上了國際舞臺。至少在儀式意義上，中國領袖終於和世界一等強國的領袖，平起平坐。邱吉爾，是反對讓中國的領袖蔣介石參加的，因為，在英國人的盤算裡，戰前英國在亞洲享有巨大的地緣政治與經貿利益（譬如香港殖民地及在華龐大經濟利益等），以當時國際現實力量評估，美國必然崛起瓜分掉原來英國人的地盤利益，原本被日本人強佔的地盤與利益，隨著美國在太平洋戰場上的節節勝利，也必然被美國一口吞蝕，不會留下一丁點屑屑。邱吉爾認為，羅斯福拉中國的蔣介石進來參加開羅會議，擺明了是要藉援助中國抗日的機會，要中國對美國感恩戴德，而協同美國趕走英國在亞洲的戰前地位。美、英國之間已經開始為戰後分贓，爾虞我詐，爭鬥日趨表面化，而中國仍持續沉陷在日軍鐵蹄蹂躪的痛苦深淵，僅僅獲得西方列強放棄不平等條約，一種口惠而實不至的虛幻承諾。更教人不可思議的是，在埃及開羅召開的這場國際領袖盛會，尚未正式開鑼，一群美國官員卻在檯面下，動作頻頻，策劃著有史以來第一次針對中國領袖蔣介石的暗殺計畫。

雪山之巔＊狙殺藍鯨

此一傳說中即將被落實成功的暗殺計畫代號，日後被以訛傳訛稱之為「藍鯨行動」（Blue Whale），並聲稱實施這項行動方案的人，正是史迪威將軍（Joseph Warren Stilwell）——他身肩三職：美國駐同盟國（中國、緬甸、印度戰區）總參謀長；駐華美軍司令；美國總統特使。他從一九一九年北洋政府時代，就被美軍派到中國北京做美軍「語言教官」，專門教授駐華美軍講中國話和讀簡單的中文。之後，史氏斷斷續續在中國停留與工作，長達十年以上，堪稱當代美國軍方的「中國通」，生活習慣已經中國化，喜吃中國北方菜，與中國友人交談，總愛夾雜著中英文，以示他的親華友好，甚至寫日記也偶爾大量使用中文，顯示自己有能力用中文思考若干抽象問題。這在當代西方人當中，確實尚屬異數。所以，史迪威不但日常生活已經中國化了，連他的思維邏輯，也經常習慣使用中文考慮與解決問題，以用這種特殊的方式訓練自己成為「中國通」。日後流傳甚廣，傳說中的殺蔣「藍鯨行動」，想當然爾，也惟有史迪威想得出以這種中英雙關語，作這項絕對詭秘而影響巨大的暗殺計畫的代號。

顧名思義，「藍鯨」以普通話發音，與國民政府首都「南京」的諧音相同，而在形象上，「藍鯨」，藍色的鯨魚，似乎正是強烈暗示著在那漫無際涯，叢山萬里，蔣介石搭乘銀藍色塗裝的道格拉斯C－47「Skytrain空中列車」飛機，好像是汪洋大海裡的一條大鯨魚，而喜馬拉雅山脈峰巒起伏，白雪覆蓋的山峰稜線，與一望無際的藍色山脈，遠眺之下，便像是碧波萬頃的太平洋。考諸史實，史迪威確曾準備在地球最險峻而神秘的「駝峰航線」上，把蔣介石搭乘的這隻「藍鯨」，用最絕秘而狠毒的手段，結束掉中國抗戰時期最獨裁，最有力量，卻也最具歷史關鍵角色地位的軍事強人蔣介石的性命。

事實上，史迪威確實曾認真思考在駝峰航線上，試圖在座機航行途中借刀殺人，假藉駝峰航線上屢見不鮮的地區極端氣象「風切變」——「風切」或「風剪」——讓蔣介石的座機栽在七千公尺到八千公尺叢叢雪山與雪山之間，千里荒野渺無際涯的無人山區，用大自然魔鬼般的巨大力量襲殺蔣介石，利用「風切變」「風切」的那把銳利的

「風剪」，把蔣介石的座機攔腰「剪」斷！

在美國的官文書中，見不到「藍鯨行動」或者「藍鯨計畫」，但是，獵殺南京第一號頭目的秘密行動，已是隨時處於滿弓狀態的一枝利箭！

在蔣介石這邊，卻不是完全毫無防備，別忘了，蔣氏年輕時也曾經是殺人不眨眼的刺客。

藍鯨，是地球上最龐大的一種動物，但牠感覺並不遲鈍。此刻，由於日本已經封鎖了中國南方所有的海岸線，控制了四川以東通往國境之外所有領空範圍，蔣介石的座機要到埃及，被迫只有一個選擇：往南，飛越駝峰！固然蔣介石座機飛航「駝峰航線」往印度與緬甸的訪視行程，至少已經有三次出行的紀錄了，但每次飛越「駝峰」的驚險經歷，讓即使有三、四十年軍政生涯出生入死經驗的蔣介石，也不免膽戰心驚，不免冷汗沁濕了背脊。所謂防人之心不可無，經歷過多次政敵謀刺的驚險事件，蔣介石做任何事情，都是謹小慎微，甚至於連座機機師與座機長的挑選，也是做到用人唯親的絕對原則。因此，類似飛航「駝峰航線」到埃及出席重要國際會議，也絕對不敢絲毫大意。

自從林大綱在駝峰的歸途壯烈犧牲，蔣介石元配毛福梅的侄子毛邦初，被蔣介石徵召為座機機師與座機長，毛邦初為了表現他的忠誠可靠，曾經不惜出生入死，開路先鋒式地為蔣介石抗戰時期歷次出國訪問，實地往返踏勘駝峰地區比較安全穩妥的飛行路線。（按：毛邦初，抗戰期間先後做過國民政府航空委員會副主任、空軍司令部副總指揮、空軍第一路司令、航空署署長、空軍副總司令，後又被蔣介石派到美國擔任空軍駐美辦事處主任，主要負責軍事採購事宜。抗戰時期及國共內戰時期，都一直是國民黨空軍總司令最熱門人選。）

緬甸戰爭失利之前那條航線，是供蔣介石座機出國最平順最保險的路徑。從重慶起飛，先飛往昆明，略事休息，飛機加滿油之後，經由緬甸的臘戌、印度的加爾各達，飛至印度首府新德里，停留一次，略事休息，再加滿油直飛埃及。這條航線最大優點，是不必勉強飛機飛到萬尺以上高空，所以不致於讓飛機乘員飽嘗空氣稀薄，氣溫降至冰點以下，氣流極端顛簸之苦。糟糕的是，這條飛起來最平穩的航線，卻因為一九四二年日軍發動的緬甸戰爭，盟軍不敵而大敗後，隨之停飛。同年四月起，中美軍機必須被迫改飛世界上難度最高的一條航線，直接飛越世界屋脊駝峰——喜馬拉雅山脈的「駝峰航線」。

為了安全起見，毛邦初親自試飛過這條航線，由重慶出發，直接往西方，飛越喜馬拉雅山，到新德里加油，再往西飛赴埃及。

事實上，當緬甸戰事失利，其通往中國大後方雲南的公路，被日本人卡斷之後，絕抗戰基地的後勤補給一度陷入混亂與癱瘓的局面。然而，這場仗如果要繼續打下去，絕處逢生，只有仰仗駝峰航線了。顯然，蔣介石的疑心病讓他減少更多的死亡風險，特別是在西安事變之後，他更是生活在杯弓蛇影的被迫害妄想中，他不相信外國人當他的座機正駕駛，所以，蔣介石飛機駕駛員，都改由中國人擔任。但是，飛駝峰航線有兩大艱難癥結點，一是飛機性能是不是能夠應付高空氣壓低與空氣稀薄，氣溫變化梯度大等各種嚴酷考驗。第二大難點，是飛行經驗比較豐富的，反應比較敏捷的年輕優秀飛行員，大多在空戰中壯烈犧牲了，其餘的泰半飛行時數短，經驗比較不足，低空或中空還勉強行，一旦改飛高原地帶，甚至高度達八千公尺的駝峰，他們根本派不上用場。所以，這批年輕飛行員第一次飛越駝峰的任務，就落在毛邦初的肩頭。

換言之，毛邦初肩頭扛的重擔一如林大綱先前沉重的職責，毛邦初的責任依舊重大，他必須讓蔣介石能擺脫受外國機師掌控的局面，避免把性命交付給陰晴不定居心叵測的外國人。所以，毛邦初一趟接著一趟的高空飛行踏勘路線，不只是為抗戰時期的中國空軍竭智盡忠，其實更是為蔣介石竭智盡忠。蔣介石單純地認為，由毛邦初接替林大綱執行駝峰航線的「死亡任務」，可以在關鍵時刻讓蔣介石絕處逢生化險為夷，藍鯨可以重新逍遙游行於大海之中。

但是，畢竟這樣的想法太失之於單純，飛行到國外，不光是克服像駝峰航線的技術難題，還得要克服飛航陌生國度及陌生機場各種地形氣候複雜難題，更要克服與這些外國機場塔臺人員溝通的語言障礙問題等等各種在國內飛行所始料未及者，這些複雜的國際飛航因素，絕非毛邦初乃至爾後蔣介石座機專任駕駛與機長的衣復恩，一時半刻可以克服並且立即上手的。以蔣介石夫婦這趟開羅之行而言，便有一半路途必須考量到國際飛航的複雜性，而被迫必須搭乘美國總統羅斯福好心借用的總統專機「聖牛號」（the Sacred Cow）這是二戰時期，對當代美國總統的「空軍一號」總統專機的「暱稱」，它是美國道格拉斯飛機出品的C－54型客機改裝版的專用飛機。畢竟，美國人的飛機在飛經類似英國人的殖民地地盤時，將比那時中國飛機更暢行無阻一些。

關於羅斯福借他的「聖牛號」總統專機給蔣介石作歸國交通工具，可從黃仁霖先生回憶錄中得到印證。黃仁霖說：「會議閉幕後，我們正準備返回重慶。我奉命隨同蔣主席和夫人搭乘『聖牛號』專機，擔任與駕駛員之間的連絡事宜。……」

然而，就當蔣介石搭著這架羅斯福借用的「聖牛號」飛行於返回中國的旅途中，那個之後被好事者冠以「藍鯨行動」的暗殺蔣介石計畫，卻在史迪威與羅斯福的一番隨性攀談過程中，幾乎成為美國政府在中國進行一場戰時軍事政變的「聖旨」，雖然「藍鯨行動」是一個從不存在於美國官方文書中的神秘代名詞——意味著要如何規避事後讓人可以把箭頭指向美國政府——這個代名詞，至少在嫻熟中文的美國「中國通」耳中，是一聽便明白它是幹什麼用的。雖然「藍鯨行動」未見諸美國的官方文書，或者鮮見於其官方記載之中，然而學者從歸納若干出土文獻過程中，確信此一暗殺行動方案確曾存在，只是當時史迪威等極端反蔣，一意倒蔣的美國軍政官員，始終找不到理想的落實與下手的最恰當時機。

換言之，蔣介石能逃過一劫，甚至好幾劫，不代表「劫難」從不存在！

二〇一一年五月二十三號，臺灣《聯合報》報導：

美國史丹佛大學胡佛研究所研究員郭岱君二十二日表示，最新史料顯示，一九四四年春天，被美國派赴中國戰區的史迪威將軍與羅斯福總統，曾經密謀除掉蔣介石。史迪威擬製造蔣介石座機發生空難事件，來故布疑陣，史迪威為了不讓外界懷疑美國政府，甚至要求失事飛機上要安排「有幾個美國人」，以免啟人疑竇。

「藍鯨行動」雖然在史迪威或者美國反蔣官員口中，未必存在，但它確實是不可抹滅。那麼它的實質內涵到底是什麼呢？這正是本書接下來的重點話題。

從抗戰晚期，到國共內戰兵敗淮海，蔣介石被迫第三次下野。令人不解的是，蔣介石乃至其軍政首長諸僚屬、侍衛人員，竟然沒有一個人警覺到，已經有人架好鋒利的斧鉞，準備加害蔣介石。即將參加這場關係著近代中國榮辱歷史盛會的蔣介石，正一步步逼向刀鋒邊緣，一場具有高度風險的暗殺陰謀，蓄勢待發。

自從謎樣的「中山艦事件」（蔣介石臆測、詮釋為蘇聯與政敵的綁架未遂事件）及「西安事變」之後，蔣介石向來留心自己和同僚的安全——在啟程到開羅之前，幾位最核心的軍政首長接到了來自蔣介石的緊急密電，蔣介石還對如何出發到埃及開羅，作了原則性的最高指示。美國總統羅斯福如臨大敵，由於他擔心納粹德國或者義大利、日本等軸心國家，極可能趁機對三位出席國際會議的元首，採取半途截殺或在會場狙殺之陰謀，因而對開會時日、地點等決議遲遲未決，直到開會前七天才通知各盟國。

中國方面的安全人員，例如軍統局副局長戴笠，到底有沒有接到要暗殺蔣介石的情報呢？戴笠清不清楚老闆正處於危如累卵的懸崖邊緣呢？蔣介石侍從室裡，軍統大將唐縱在他一九四三年十一月十八日的日記上寫著：「委座今晨起飛赴印，同行者王亮疇、商啟予（震）、林主任、周至柔、楊樸園、俞濟時、朱公亮、蔡文治、董顯光、郭秉佳、陳希曾、陳平階、俞國華、黃仁霖等。陳主任吩咐郵檢所關於最近委座行動，一律檢扣。」單單一句「陳主任吩咐郵檢所關於最近委座行動，一律檢扣。」（陳主任即指抗戰時期蔣介石頭號文膽陳布雷）概括了國民黨當局對開羅會議蔣介石及首長安全工作的布置。此一關於郵件檢扣的消極性措施，基本上只具備防止蔣介石出國行蹤洩密的功能，根本無從積極防範或者主動粉碎預備暗害蔣介石的陰謀，如此輕鬆大意，難道這當中另有隱情？

蔣宋座機✷險些互撞

然而，在十六名開羅會議中國隨員當中，日後傳世的回憶錄，乃至若干官方或半官方記載中，似乎隱隱然透露了開羅會議前後，蔣介石身處在氣氛詭譎的「殺蔣氛圍」中。勵志社總幹事黃仁霖回憶錄提到：

當這個三巨頭會議於民國三十二年十一月召開時，中國代表團是分成二部份前往的，一批從重慶出發，另一批則從昆明動身。當時昆明是盟軍的作戰中心，同時亦是中國軍事供應物資的接收站。那時我是戰地服務團的主任，並在昆明設有團部辦公。有一天，我接到蔣主席的命令，要我和一批我方的高級軍事將領，一起到喀拉蚩去。我們必須在十一月十九日以前抵達該處，再聽候命令。

我們這一批人員包含有：空軍的周至柔將軍，陸軍的商震將軍，海軍的楊宣誠將軍，副總長林蔚中將，維吉尼亞軍事學校畢業的朱世明中將，來自薩赫司軍事學校的皮宗敢少將，國民政府的陳希曾先生和我自己。總計不到十二個人。因為周至柔當時是航空委員會的主任，他派遣了一架DC型貨機，準備載我們前往。

追隨蔣介石，結束了埃及開羅之行後，熟悉特務工作的蔣介石文膽董顯光有段令人疑竇叢生的敘述：

我們返國回程中，遭遇到兩次有驚險的挫折。第一次，當我們從喀拉蚩起飛的時候竟跟地上自己的信號失去聯絡，另有一個奇怪的信號，誘導我們飛向日本人佔領的緬甸境內去。幸虧我們的駕駛員發現得早，立刻糾正飛行路線，才免飛進敵人的陷阱。第二次是在重慶降落時，夫人座機是七月四日降落在嘉陵江畔的珊瑚壩，不知是電訊聯絡犯了錯誤還是什麼，蔣委員長也定在這天從珊瑚壩起飛到成都去迎接夫人。兩機一起一落險些在空中互撞。

由此可知，若與今日世界各國領袖安全保衛之綿密周延相較，抗戰時期國民政府的元首安全保衛工作，似乎處處破綻，危機四伏。蔣介石的座機竟然差一點和他夫人的座機，在重慶珊瑚壩機場迎面相撞，這恐怕是各國聞所未聞的怪譚。所幸有驚無險，否則中國近代史勢必改寫。

儘管偶有烏龍事件爆發，該嚴謹的時候，仍未敢大意。蔣介石對開羅會議行程的保密，幾乎做到了滴水不漏的地步，據董顯光的形容：「蔣委員長在我們動身前一個月就應邀參加這個會議，可是保守機密不讓任何人知道。就是在我們登機起飛時，我們只知道飛到印度去。到了印度，我們才知道埃及開羅是我們的終點站。」從這裡可以明瞭蔣介石保密慎重的程度，但是居心叵測的敵人可能更細緻、更毒辣。終究，魔鬼總是躲藏於細節之中。那是一種什麼樣的細密安排呢？對手是如何布置暗殺蔣介石的計畫？根據國民黨官方資料指出，開羅會議之前，抗戰期間蔣介石幾次出國訪問，都險些遭逢不測。蔣介石的敵人究竟只有日本人，或者還有看不見來自內部的，或者來自「友邦」的敵人（奸細）？換言之，想要暗害蔣介石的，除了日方，是不是還有國民黨內部的政敵？以及與蔣相處不睦的美國軍政官員呢？以最接近開羅會議前的一次出國行程，蔣介石險些命喪異邦。官方記載的蔣介石出國遇刺事件的故事是這麼敘述的：

（一九四二年）四月五日，領袖偕夫人再度飛緬，召集中英將領商談戰事，並指示作戰目標。當座機飛抵臘戍，再由臘戍乘車轉往緬甸夏都梅苗參加會議時，適被日方情報偵知，於是日機二十架即飛臨該處轟炸，因無防空避難處所，領袖偕夫人不得不在侍衛人員之護衛下，於曠地避難。其中一彈落於距離領袖及夫人處僅五十餘碼，幸未爆炸，雖驚而無險。當領袖偕夫人啟程返國時，又遭敵機攻擊，座機起飛甫十分鐘，機上即接獲消息，日本驅逐機十八架，分為三小隊，正在追尋領袖座機的方位，領袖蔣介石偕夫人以及侍衛人官與隨員等，均隨帶降落傘，以防敵機攻擊時降落避難，但所幸雲層為之掩護，而在一小時後，我空軍掩護機群適時自昆明抵達，沿途一直護衛座機安抵重慶，使日軍謀害領袖蔣公的企圖終難得逞。

臘戍遇險，可以解釋為日軍偵知蔣介石的行蹤，但令人不解的是開羅會議場合，緣何杯弓蛇影的暗殺傳說，仍然不絕如縷。這難道又是日軍謀害蔣介石的圖謀？這解釋絕難教人信服！

事實上，早在開羅會議前好幾個月，至少有兩股勢力，意圖運用好幾種手段，準備對蔣介石發出致命的一擊——包括來自蔣的死對頭史迪威將軍——受命執行這項流血政變暗殺任務的，是史迪威一位曾經在緬甸戰場上共事的艾福勒上校（Carl F. Eifler），人稱「索命上校」（The Deadliest Colonel），比他的名字，在美國陸軍，乃至在他日後服務的美國戰略情報局（中央情報局的前身，Office of Strategic Services，簡稱ＯＳＳ）的官銜與職稱，都更如雷貫耳。艾福勒，畢業於洛杉磯警察學校，先後供職於洛杉磯警察局與美國邊防部隊。二戰爆發後，他被徵召入伍，並且以預備軍官的名義，專門負責一些殺人不貶眼的危險任務。除了「索命上校」，他還有另一個綽號「無畏上校艾福勒」（Fearless Colonel Eifler），用以凸顯他的膽大無所畏懼。之所以得到這些渾名與綽號，均功與他於二戰期間組織了一支戰略情報局秘密行動小組，績效卓著。

早在羅斯福密電邀請蔣介石，連袂與邱吉爾會商國際合作事宜（即後來之開羅會議）前，史迪威就找上了「索命上校」艾福勒，其理由有三：第一個原因，艾福勒是美國戰略情報局裡邊，專門辦大案的「能人」。例如，他曾經受命美國最高當局，設法綁架納粹德國的原子彈專家，把希特勒最信任的一批核子物理學家，設法弄出德國，以襄助一度陷入膠著與瓶頸的美國原子彈「曼哈頓計畫」。像這麼艱難的任務，美國政府都有意找艾福勒去辦，史迪威認為，暗殺蔣介石對艾福勒而言，輕而易舉。第二個原因，艾福勒有一般美國軍人少見的狠勁。據他昔日戰略情報局秘密行動小組同僚形容，在叢林裡，曾經看到艾福勒用一把小刀，不費吹灰之力，把一條十呎長的霸王眼鏡蛇，活活斬首撲殺。另一名同僚聲稱，某次作戰時艾福勒腿部中彈，艾福勒不需要醫護兵，自己拿著一把湯匙，在不施打麻藥的情況下，手持湯匙柄猛力插進傷口，鮮血淋漓地把子彈從筋肉裡挖出來，艾福勒連哼都不哼一聲。

第三個原因，艾福勒可以為求勝利不擇手段，只要能夠達成任務，即使無法無天也在所不惜。在一次演講中，艾福勒曾經告訴美國中央情報局的後輩特務：「在執行任務時，我不遵守上帝與人類制定的一切法律與戒律。但是我從不為個人牟取任何利益。我一切都是為了國家的榮耀和任務的勝利為最高原則。所以，我不可能去打一場一切都要符合法律規範的戰爭。」換句話說，要打勝仗，便顧不得什麼戒律教條或者上級的規定。將在外，君命有所不受。這是他備受史迪威欣賞而且賦予狙殺蔣介石任務的第三個原因。

正如前述，美國最高當局一度希望派遣特務，去德國綁架納粹的原子彈專家維爾納・海森堡（Werner Heisenberg）。這也是史迪威認定艾福勒是唯一有能力執行狙殺蔣介石，而且成功可能性極高的人選。由於艾福勒的傑出表現，他成為美國戰略情報局局長鄧諾凡（William J. Donovan）將軍最激賞的行動幹員。一九四三年由於美國發展核武的「曼哈頓計畫」中途遇到不少瓶頸與艱難，尤其是原子彈製程的核心技術始終得不到突破性進展，美國擔心一旦計畫落後，讓德國搶先發展成功原子彈，戰爭結局將發生悲劇性的逆轉。戰情局鄧諾凡徵召艾福勒，命令他前往德國綁架維爾納．海森堡，再把海森堡經由瑞士拐擄出境，按照當時鄧諾凡制定的綁架計畫，預備將海森堡送上一架美軍轟炸機，艾福勒再和這位納粹科學家轉移到一艘美軍潛水艇，循海路回美國。艾福勒本人已經準備隨時待命出發。鄧諾凡臨時告訴艾福勒：任務取消了！因為「曼哈頓計畫」的科學家突破了技術上的障礙。美國已有能力自力成功研發原子彈。

史迪威為了保密，刻意不在中國境內會見「索命上校」艾福勒，以免打草驚蛇，被戴笠軍統局的人，或者被與軍統局關係密切的梅樂斯將軍「中美合作所」識破陰謀，兩人特地選擇印度新德里會面。「索命上校」聽完史迪威的任務指示之後，一點都不感到驚訝，或者為難，雖然史迪威要他殺蔣介石的理由十分牽強。史迪威告訴艾福勒，為了美國的反法西斯戰爭能夠順利打下去，必須剷除掉蔣介石這樣的中國領導者，因為蔣介石拖泥帶水，完全不像是在打仗的樣子，他已經成為中國戰場上的一大絆腳石。

或許是史迪威故弄玄虛且有意無意間透露給艾福勒，暗殺蔣介石，是史迪威接到上面一位有力人士的指示。史迪威是以英文「The Big Boy」的說法，含糊其辭，指涉這位下達格殺令的上級老闆。這難免讓艾福勒以為所謂的「The Big Boy」，即是暗指總統羅斯福。因此他幾乎連反問史迪威：「蔣介石哪一點礙著了反法西斯戰爭？難道蔣介石要和日本談和嗎？」的疑問都沒提出來，就答應史迪威他會去策劃暗殺蔣介石的各種方案，並且盡快向史迪威回報。

據艾福勒事後回憶，史迪威是在一九四三年八月，至遲不會晚於一九四三年十月底之間，換句話說，這個時間點正是蔣介石去開羅會面羅斯福與邱吉爾前三個月至前一個月間。最初，艾福勒設想是否使用狙擊手暗殺蔣介石。艾福勒和他的戰略情報局秘密行動小組的成員，可以輕易完成這項使命，而且艾福勒也很快召集了三名組員，在他們口頭承諾之下，答應可以在任何時間落實計畫。但是，在戰略情報局秘密行動小組幹員眼中，開槍擊中蔣介石並不是難題，困難的是在開槍之後，如何讓殺手人間蒸發，從行動現場閃電轉移離去？才是最大的困難點。

艾福勒隨後又設想了毒殺的方案，但是，有什麼毒藥或是細菌能不著痕跡地暗殺蔣介石，那怕是案後驗屍也查不出一丁點證據呢？

肉毒桿菌✷毒殺老蔣

艾福勒藉著一趟回華盛頓美國戰略情報局局本部的公差機會，特地走訪了戰略情報局研究發展部門，細菌及毒物實驗室，專程請教了此一部門間諜用品設計師史坦利·普拉特·洛維爾（Stanley Platt Lovell），究竟使用什麼毒物死亡率最高，兼具難以察覺來源的雙重優點。洛維爾這位化學家毫不遲疑地建議艾福勒：「如果要保證殺得死，而且死後也查不出真正死因，肉毒桿菌毒素最速效。」（按：肉毒桿菌毒素又名肉毒毒素）洛維爾告訴艾福勒，這個肉毒桿菌毒素，不要小看它，當一八九五年比利時一位細菌學家，在解剖一名因為食物中毒死亡的病人屍體時，發現了這種可怕的毒素。後來人們更驚覺肉毒桿菌毒素堪稱萬毒之王。中國人傳統印象中，最毒的毒藥莫過於砒霜，但現代的氰化鉀毒性又超越了砒霜。可是，假使拿氰化鉀和肉毒桿菌毒素相比，肉毒桿菌毒素又比氰化鉀還來得毒。

人體只要沾上了零點一微克肉毒桿菌毒素進入體內，便必死無疑，如果擁有一克重量的肉毒桿菌毒素就可以毒殺一百萬人。所以，它也成為現代國家嚴密控管的生化武器。動物臨床實驗推論，人如果經由口服或呼吸道，吸入肉毒桿菌毒素只需要零點一微克，那麼一丁點比毫毛都要微小的毒素，大概只要幾分鐘內就會毒性發作。感染者的神經系統將遭到徹底破壞，並出現眩暈、呼吸困難和軟癱，呼吸肌麻痺，隨即導致死亡。直至今日，肉毒桿菌毒素仍然被美軍列為生物恐怖戰劑，其中最毒的A型肉毒桿菌毒素，在美國軍方列管代號為X。即使今天，人類一旦中了這種A型肉毒桿菌毒素，都還沒有救，更遑論是一九四〇年代物資極度匱乏，醫療條件艱困無比的中國抗戰大後方了。

洛維爾推薦使用肉毒桿菌毒素的另一個原因，是它很難檢驗出來，哪怕是最資深的驗屍官也很難驗出受害者中了什麼毒。所以，被肉毒桿菌毒素毒死的人，不仔細查驗，根本無從知道死因，最適合用於政治謀殺或者是政變用途。

幾乎就在史迪威告訴艾福勒，「The Big Boy」——羅斯福指示要除去蔣介石的同時，日本人在南京也用毒藥毒死了情報界赫赫有名的七十六號機關頭子李士群。但是，日本憲兵特高課用的毒，還沒肉毒桿菌毒素來得毒。日本人用的是阿米巴菌毒。日本憲兵假意邀請李士群與其友人吃飯，李一向十分小心謹慎，酒席之間，必定要看到主人舉筷子夾菜入口，他才敢吃那道菜。日本人也不含糊，將毒素摻在牛肉餅裡，酒席中間，侍者分送每位客人一只煎好的牛肉餅，李士群看見連日本主人都動筷子享用，不疑有鬼，便咬了一口。才吃一口，李士群覺得味道有些不對，但見旁人吃得津津有味，又不便吐出來，硬著頭皮將那口有怪味道的牛肉餅吞進肚內，不敢再吃剩下的那塊餅，沒想到回家之後，便腹痛如絞，緊接着上吐下瀉，通體虛脫。送醫院急救，群醫束手無策，李士群所中的阿米巴菌毒，那時沒有藥醫。悽慘的是，凡中了阿米巴菌毒的人，因為不斷上吐下瀉，身體就好像是被擰乾了的毛巾，全身上下的水份被榨到一滴不剩。李士群死時，據說屍體縮成像一隻小猴子，令人慘不忍睹。

美國戰略情報局用毒，比日本人還狠，艾福勒心裡有了底，他準備假使史迪威正式下達指令，要他對付蔣介石的話，便提出這個建議案，以肉毒桿菌毒素，運用秘密渠道把這種劇毒設法摻到蔣介石吃的食物裡。

可是，讓艾福勒納悶的是，史迪威自從在印度見了一次面以後，再也不曾提及這項神秘任務，但他卻也未再追問這項任務的後續。直到一九四四年上半年，艾福勒在緬甸史迪威總部兩人再重逢，艾福勒向史迪威詢問，他已經請教過戰略情報局的毒物專家，找出一個有效狙殺蔣介石且不易被察覺死因的手法。沒想到史迪威聽了艾福勒的方法後，卻漫不經心地搖了搖頭說：「這件事我們有了別的考慮，目前我反對做這件事了！」既然如此，艾福勒這邊行刺蔣介石的各種方案，就此束諸高閣。

縱使如此，史迪威狙殺蔣介石的計畫仍未完全落幕。實際上，就像許多黑幫利益衝突或者政客恩怨情結，仇家買兇殺人，有時候不會單單只準備一條路徑，也不會只買一個兇手，會多管齊下，以確保萬無一失。一九四三年下半年，史迪威急於徹底剷除蔣介石這心頭之痛，以攫取蔣介石手握之兵權，他不但把行刺任務交給了「索命上校」艾福勒，他還擔心艾福勒無法在短時間內幹掉蔣介石，史迪威想雙管齊下，分頭進行。故而，他又在極端隱密的狀況下，又找了第二個執行暗殺蔣介石計畫的美國官員，法蘭克・竇爾恩（Frank Dorn）上校。

法蘭克・竇爾恩，一九七一年於美國紐約出版了一本書《史迪威緬甸之役》（*Walkout; with Stilwell in Burma*，中文書名暫譯），在這本以法蘭克・竇爾恩在中印緬遠征軍服務故事為主題的回憶錄中，他清楚講述了史迪威要他制作一份暗殺蔣介石計畫的往事。竇爾恩指出，事情發生在史迪威回到中緬印戰區之後不久，在竇爾恩於中國昆明的司令部辦公室裡，史迪威神秘地向他透露了一則天機。史迪威跟竇爾恩講話時，眼珠子閃耀著不尋常的光芒。史迪威這時嘆了一口氣說：「我必須向你傳達這份命令，我別無選擇，但我認為你聽到之後必然會嚇一跳。」竇爾恩說：「身為軍人，逆來順受，你趕緊說吧！到底是什麼秘密任務？」史迪威這時刻意壓低音量說：「我接到指示，要我準備一份刺殺蔣介石元帥的計畫。」竇爾恩畢竟吃了一驚：「什麼？我沒聽錯吧？要殺掉我們盟國的元首？」「你不必驚惶，上面的命令沒說非要殺死他，不是要立刻行動，而只是要我們準備好它。而且上面的意思很清楚，暫時只是一份書面計畫，而且即使有什麼狀況，也不會有任何人能拿這個來歸罪美國政府，或者來追訴我們的罪證。」

史迪威向竇爾恩再三強調，雖然暗殺蔣介石僅止於計畫，但它絕對不能外洩，一旦機密外洩將陷於萬劫不復的狀態。史迪威進一步告訴竇爾恩，他剛從開羅會議的會場回到中國，上面的意思是要他在一個禮拜之內草擬一份暗殺方案，史迪威命令竇爾恩寫這份報告，他打算盡快把這份報告呈給美國最高當局。

史迪威為什麼突然臨時起意想暗殺蔣介石，顯然是受到某種形勢的鼓舞。在與竇爾恩上校在昆明見面之前，史迪威在埃及首都開羅和總統羅斯福見了兩面，在第二次晉見羅斯福時，他詢問史迪威中國戰場的近況。那陣子湖南常德戰事緊急，此前不久，常德被日軍攻佔，羅斯福面露憂慮之情問史迪威：「你看蔣介石還能支持多久？」

史迪威答稱：「目前情況十分嚴重，如果上次五月間鄂西會戰的情況，中國政府可能會垮臺。」

羅斯福聽到垮臺兩字，更是面露憂戚之色，他說：「如果這樣子，我們是不是該另外找合適的人或者中國別的派系繼續支撐這局面呢？仗還是要打下去啊！」

史迪威回答說：「是的，別人或者別的派系還是有人會找到我們！」

羅斯福說：「對，他們會找我們的，他們實在喜歡我們，他們不喜歡英國人。我們在中國的目的，也不和英國相同。例如香港，我要使它變成自由港，但需要中國先收回……大連也是可以這樣比照辦理啊，我想蔣介石會同意的。」

史迪威說：「蘇聯願意把滿洲交還中國之表示，似甚慷慨，總統看法如何？」

羅斯福：換掉蔣✷史迪威：殺掉蔣

從這段開羅會議過程中間，史迪威與羅斯福的會晤可以窺見，羅斯福本人固然沒有意思要針對蔣介石動殺機，但是史迪威卻扣緊了羅斯福言談中那句「我們是不是該另外找合適的人或者中國別的派系繼續支撐這局面呢？」一變成一把先斬後奏的尚方寶劍。不單是史迪威拿羅斯福這段對話，大作文章，將它當成可以堂而皇之刺殺蔣介石的一道聖旨，更嚴重的是，羅斯福的這句隨口說說的話，不但激勵了史迪威假傳聖旨派人去策劃刺蔣方案，流風所及，甚至到了羅斯福死後，杜魯門繼位了，之後連史迪威都不在人世了，可是，「必要時找更合適的人取代蔣介石」的政策，包括刺殺、驅逐蔣介石、以及各種可行性高的倒蔣活動，成為羅斯福之後，包括杜魯門、甚至艾森豪威爾、甘迺迪……歷屆美國政府在遭遇對華政策或者對國民黨當局政策阻礙時，揮之不去的一個選項，亦成為美國遂行其帝國主義政策過程中的慣性邏輯。

根據威廉·吉本（William Conrad Gibbons）著的《美國政府與越戰》（*The U.S. Government and the Vietnam War*，中文書名暫譯）的說法：史迪威在一九四四年回了一趟美國述職，在這期間，史迪威會晤了不少美國官員，同時也和羅斯福總統開過會。這當中便有美國官員支持史迪威的見解，如果蔣介石不能配合美國的戰爭政策，那就只有採取除掉蔣介石夫婦的非常手段。後來發生於一九六三年的那場殺死越南總統吳廷琰的軍事政變模式，便與一九四三至一九四四年間，原本準備在中國發動的政變計畫，狙殺蔣介石夫婦的設想如出一轍。由於越南吳廷琰政權的領導風格不為美國所喜，美國希望在越南有一番新的領導氣象，在美國幕後鼓動之下，越南軍人便很快發動了一場有美國在背後的軍事政變，吳廷琰於這場政變中死於非命。其實，早在一九四三或一九四四年，史迪威也想像有這麼一場推翻蔣介石的軍事政變，讓蔣介石如同吳廷琰那樣死於非命的行動，把中國政權照史迪威想像的那種方式，徹底予以改造。

根據威廉·吉本的說法，一九四四年，史迪威從美國回到中國戰場後，在雲南昆明的Y部隊司令部裡（Y部隊即指中國遠征軍），與法蘭克竇爾恩上校見面，照史迪威的說詞，這趟回美國述職，晉見了羅斯福，他挑明了講，如果你史迪威發現蔣介石「不好相處」，或者「不受節制」，而且也無法取代的話，必要的時候只有趕緊除掉他了。史迪威還衝著竇爾恩說：「你應該明白我的意思了吧？！」

竇爾恩上校向史迪威貢獻了好幾個暗殺蔣介石的方案，包括趁著蔣介石去印度視察中國遠征軍時，在蔣介石乘坐的座機上動手腳，讓飛機在飛越喜馬拉雅山脈駝峰時，發生撞山空難事件。在飛機墜毀前，命在旦夕的關鍵時刻，即使蔣介石隨從們火速為他繫上降落傘裝置，好讓他跳機逃生，但機上那幾具降落傘已被事前動了手腳，半空中根本拉不開傘，蔣介石勢必粉身碎骨，死於非命。

竇爾恩上校還設想了另外三種可能的行刺方案選項。

其一，製造爆炸事件，把炸彈置放在蔣介石每天必經之地。但是，要炸死蔣恐怕不是難事，關鍵在於如何在炸死蔣氏之後，軍統或者中統的情報人員查不出是美國人幹的，這便存在著極大的難度了。

其二，在蔣的食物中下毒。這一招和前面史迪威找的另一位執行行刺任務的艾福勒，是同樣的模式。但與艾福勒不同者，竇爾恩更務實地提出異議，他認為這個方案的風險太大，畢竟蔣介石用餐吃東西非常小心，如果他不吃外邊製作的食物，顯然下毒的難度很大。

其三，派狙擊手槍殺。究竟有沒有辦法收買或吸收適合的中國狙擊手呢？如果必須派美軍擔任狙擊任務，東窗事發的風險更大。

當竇爾恩上校把他設想的四個狙殺蔣介石的方案，在昆明的美軍基地，趁著史迪威到昆明出差的機會，兩個人關室密談，向他作了匯報。史迪威用心聆聽竇爾恩逐一講述與分析，他所提出的狙殺方案的利弊得失。竇爾恩告訴史迪威，四個方案經過他整個研判可行性之後，他認為製造空難事件最切實可行，最不容易被中國情報單位懷疑到是史迪威或者美國政府搞得鬼。

聽完了竇爾恩的報告，史迪威告訴他，如果要執行這項行刺任務，保證置蔣介石於死地，竇爾恩必須在這架死亡飛機上，直接向機組人員下達狙殺與撞山命令。這無異與日本神風特攻隊自殺飛行員異曲同工，難道竇爾恩肯為了這項不知為何而戰的行刺任務，犧牲自己，同歸於盡？對一個珍惜自己性命更甚於國家榮耀的美國軍官而言，這實在是過份強人所難，完全不盡情理的要命任務。史迪威還煞有介事地告訴竇爾恩上校，他必須等待來自非常高層的最後決定，才知道究竟在何時展開行動，所以要竇爾恩上校隨時待命。

蔣介石到底是哪些事犯了史迪威，會在沒有美國最高當局明確指令下，自作主張殺害蔣介石？到底是殺夫奪妻之恨，抑或是殺父滅族之仇？史迪威犯得著對蔣介石，一個往日無冤近日無仇的外國元首，動起殺念，非要置他於死地不可？如果是史迪威自作主張，萌發殺機，就算順利便當地殺了蔣介石，難道他不怕東窗事發，回美國被華盛頓當局追究軍法處置嗎？如果史迪威殺蔣介石的計畫，是出於自作主張，必會多所顧慮，投鼠忌器，但他竟然接連找了兩組人馬，商量計畫如何落實殺蔣任務，這就難免不啟人疑竇，莫非這個殺蔣計畫真有美國政府摻和在裡面的可能性？

如若不然，假如狙殺蔣介石純然是史迪威個人恨蔣仇蔣，利用中國與美國海天相隔萬里，天高皇帝遠，刻意矯詔，假傳羅斯福總統命令，一旦殺死了蔣，這後續的問題如何應付？譬如，一旦蔣在一場美國策動的軍事政變中死亡之後，重慶必會陷於混亂，這個局面如何收拾？如若收拾不了它，這是足以提供日本軍隊大舉進攻的絕佳時機，整個中國的抗日形勢，將急轉直下，甚至重慶政府將因而瓦解，一旦發生這種悲劇，這麼巨大的政治責任誰能承擔？諸如此類的各種變數，絕非史迪威隻手遮天，一手包辦，能應付得了的。因此，如果不是華盛頓的背後支持，或者一定程度的認可，史迪威何德何能，如此恣意妄為？

眾所周知，太平洋戰爭爆發，美國對日宣戰後，一九四二年，美國羅斯福政府為了從中國大陸側翼與太平洋戰場兩面夾擊反攻日本的戰略佈局，決定軍援中國政府，支持他們在亞洲戰場上，繼續拖住日本的百萬大軍，勿使之用於增援太平洋戰場，因而派遣史迪威中將到中國來襄助蔣介石。

為了彰顯史迪威的主導性角色，羅斯福賦予史迪威三大職銜，第一是美國駐同盟國（中國、緬甸、印度戰區）總參謀長；第二是駐華美軍司令；第三是美國總統特使。名義上是襄助中國國民政府蔣委員長，象徵中美兩國共同並肩抗擊日本帝國主義者。但是，羅斯福除了授予史迪威這三大職銜之外，似乎打一開始便有意反客為主，儼然以強勢作為擺佈蔣介石，並隨時準備擺出欲奪蔣介石兵權的態勢。其根本目的不在蔣個人，而在主導中國戰場作為美國太平洋戰爭之側翼，為美軍日後在太平洋上與日軍決戰，作戰略性的掩護工作。或者講得更直白一點：當美國在太平洋戰場上用巨砲用轟炸機炸射日本軍的時候，美國也希望中國人拿血肉之軀，拖住日軍，將其主力困於中國大陸，以期降低美軍在太平洋戰場上的壓力。

所以，羅斯福本人的原意，一則希望協助中國抗日，滿足美國在國際上的「人道形象」需求，一則利用中國軍隊的英勇表現，為牽制日軍冒死驅馳。為了落實此戰略意旨，華盛頓當然亟思在中國戰場上有一定的主導性，羅斯福的想法很直接，既然美方提供軍需資源，中國理當言聽計從，表面上援華抗日，立基世界人道考量，但何嘗不是站在美國本位利益盤算呢？

因而，羅斯福賦予史迪威的角色，以及分派之任務，便難免不在潛意識裡暗藏一種上國心態，對中國與蔣介石抱持睥睨鄙夷的態度。可痛的是，在珍珠港事變爆發後，中國實際已經獨力抗戰達四年以上，艱苦抗戰「苦撐待變」，是全國民眾的共同寫照。然而，物質條件備極艱困的重慶政府，連一滴汽油、一桿步槍、一枚砲彈都必須仰賴美國與外援的艱難形勢，這種不對等關係便很自然形成了。所以，羅斯福賦予史迪威的那三個職務：總參謀長、駐華美國軍隊司令、美國總統特使，如果把它們一個一個拆開來，恐怕還不太算一回事，但這三大職務一旦合而為一，這位史迪威中將儼然是美國派在中國「殖民地」的「總督」，君臨中國的太上皇了。斯時，印度尚未脫離英國而獨立，英國仍以「大英帝國」的殖民主義身份，派有「總督」君臨印度，代表英國皇室統治印度。令人忿忿不平的是，中國卻為了幾桶珍貴的汽油，幾桿珍貴的步槍，幾架有錢也未必買得著的美國飛機，還有千千萬萬各種戰爭所需物資，重慶當局竟必須被迫和南京的汪精衛偽政權「平起平坐」，當起美國人的傀儡政權了。史迪威可能潛意識中亦自命與英國在印度總督的地位相當，把蔣介石看成了「兒皇帝」。所以，打從一開始，美國在中國的這種「援助」心態，便是極其不正常，極其不健康的。也正是美國這種反常的殖民主義心態，造成了蔣介石與史迪威之間仇怨越結越深，最後演變成翻臉，甚而至於差點演變成流血政變的根本癥結。

中美之間在對日抗戰時期，這種幾近上國與下國之間關係互動的交手，雖然一般市井小民感受不到這種民族屈辱的切膚之痛，但是，蔣介石性格上再怎麼獨裁霸道，但他內心世界終究富有強烈國家民族意識與尊嚴，再怎麼不堪，也絕對不想當美國的傀儡。

但是，受迫於中國惡劣的戰爭條件與客觀環境，當史迪威以一種征服者姿態「從天而降」時，初期蔣介石幾乎完全無從抗拒這位來自上國的財神爺。史迪威的凌人盛氣，蔣介石固然忍無可忍，但是有求於人，又徒乎奈何呢？史氏手上掐著美國軍援物資武器裝備油料彈藥，中國軍隊要申請的所有後勤給養，都得史迪威點頭同意批准才行。史迪威名為參謀長，蔣介石名為總司令，形勢使然，位置其實是倒過來的，這總司令反而必須有求於參謀長，而參謀長卻根本打心眼裡看不起總司令蔣介石。

不難體會蔣介石當下內心的感受，一九四二年以迄一九四四年，史迪威狗仗人勢，盛氣凌人的上國欽差大臣的架勢，讓蔣介石如坐針氈，備極羞辱。其靈魂受凌遲的處境，可能較諸蔣介石最不齒的溥儀與汪精衛，更為不堪。尤為可悲的是，溥儀侍候日本人，如同活在剃刀邊緣；汪精衛最後歲月，也是活在日本人隨時動殺念的氛圍之下，而蔣介石竟然也有著同樣不堪的命運。令人最忿忿不平的是，畢竟蔣介石在美國「援助」中國抗戰之前，他已經艱辛地帶領了中國軍民，獨力抗戰四年以上了。

誠如前述，蔣介石與史迪威之間的恩恩怨怨，與兩人心態上沒有交集，有很大關係，而兩人之間水火難容，最終引爆成絕裂的不幸結果，主要仍以中國戰區及緬甸遠征軍的軍權指揮問題為核心。史迪威的想法是，既然羅斯福派他到中國戰場協助蔣介石，當然大前提必須要能指揮中國軍隊打仗，否則一方面無法把中國戰場、緬甸戰場及印度戰場的盟軍協同作戰的效果充份發揮，另方面美國軍援中國，美國以大把美鈔支援中國抗戰，好歹也是美國納稅人的錢，不是美國該欠中國的，既然是美國政府出錢，中國政府和領導者蔣介石就要乖乖聽美國人的旨意行事。蔣介石不聽使喚，這當然引起史迪威極大不滿，而史氏這個美國西點軍校的資深將領，也是有脾氣，有野心的人，他當然不願意就此罷休。在羅斯福總統的參謀長馬歇爾（George Catlett Marshall, Jr.）的建議下，羅斯福也支持史迪威要求蔣介石釋放統帥權的要求，於是羅斯福給蔣介石老實不客氣地發了一通電報。要求蔣介石讓史迪威統帥所有中國部隊，羅斯福這份發於一九四四年七月七號的電報稱：

委員長閣下：由於日軍在華中進攻的結果，不僅威脅閣下之政府，亦且威脅所有美軍年來在華所作之努力，局勢實屬異常嚴重；故余認定：如要挽救危局，勢非迅速採取急烈之措施不為功。現存之危急形勢，余以為急需授權一人，以協助所有盟軍在華資源，包括共軍在內。

余自信余充份瞭解閣下對史迪威將軍之觀感，然余深信其遠見其組織與訓練技能，尤其，領導國軍作戰，現均已清楚證明。余不知有第二人有此能力，力量和決心，而能消除目前威脅中國及吾人征服日本全部計畫之災亂。余晉升史迪威為上將，亦建議閣下作迫切之考慮，請閣下將其自緬甸召回，而直接置閣下指導之下，指揮所有中美部隊；並建議閣下賦予他以遏止日軍前進所需協助與指導作戰全部之責任與權力。余深感中國情勢如斯之迫切，如不迅速採取急劇與實用之補救辦法，吾人之共同目標將蒙受一災難性之挫折。……

美國一再由羅斯福總統電報「請求」——美國總統已經決定升史迪威為上將，目的是史迪威得到完全的控制權，不是蔣介石去「指揮所有中美部隊」。

羅斯福對蔣介石講話的口氣與措辭特別客氣文雅，電報裡看不出有一個字是出於恐嚇意味，也看不出有一個字是粗俗不禮貌的。字斟句酌，但所有這些文明與禮貌堆砌起來的這封電報，字裡行間卻是充份彰顯美國砲艦外交，彰顯美國帝國主義一貫的粗暴。

總而言之，這通電報的目的，就是連「杯酒釋兵權」的那杯酒都省下來，要老蔣交出中國所有的軍權，把中國軍隊（包含共軍）的指揮權全交給史迪威。羅斯福再三強調：「並建議閣下賦予他以遏止日軍前進所需協助與指導作戰全部之責任與權力。」

對於羅斯福這種霸王硬上弓式的強逼手法，老蔣當然極端不情願，極端不開心，但為了不讓中美兩國好不容易建立起來的戰時聯盟合作關係，不致因為史迪威爭奪統帥兵權的爭議，雙方撕破臉，在中國方方面面均有求於美國的劣勢地位下，中美關係不要說不能「鬥而不破」，不能爭鬥，而甚至是連「鬥嘴」的本錢都沒有。所以，蔣介石很快回覆了羅斯福的電報，蔣介石聲稱：「閣下……所提將史迪威置予直轄之下，指揮全部華軍與美軍，原則贊成，但中國軍隊與政治內容不若他國之簡單，全部統率之情形，亦非緬北少數軍隊所可比，故非有一準備之時期，不能使史將軍指揮順利以副尊望！」從蔣介石這段電文看來，明顯是想用一個「拖」字訣，以拖待變。但是蔣介石的重點在下文：「余甚望閣下能派一富有遠大政治見解而得閣下完全信任之全權代表來渝，調整予與史迪威之關係，以增進中美之合作。」

蔣介石還同時打了一通電報給當時人在美國，當中國政府與羅斯福之間溝通橋樑的孔祥熙，中國政府與蔣介石特派美國的全權代表。蔣介石在給孔祥熙的電報裡強調，史迪威眼下的影響力已經越來越大，他控制著美國給中國的全部「租借物資」——「租借法案」援助中國的武器裝備與各種後勤補給——如果再賦予史迪威統率中國軍隊的權力，將無窮後患。

這便是強國與弱國的最大分野，蘇聯在衛國戰爭晚期，也曾經接受美國以「租借法案」名義，提供大量軍火武器與後勤支助，但是，類似史迪威這種要脅史達林把軍權全部交給美國將領的荒唐事，根本不可能發生在史達林身上。當然這種事，更不可能發生在邱吉爾身上，畢竟二戰時期英國固然被納粹德國海空兩面被打得十分慘烈，但「日不落國」的場面與尊嚴還撐在那裡，羅斯福再怎麼老奸巨滑，也不敢在邱吉爾頭上大動干戈。羅斯福唯獨敢逼蔣介石交出統帥軍隊權，這種事會發生在中國，就是因為中國幾乎所有的軍火武器，都必須仰賴美國進口供給，比起蘇聯與英國的處境，偈促四川一隅的蔣介石當局，拿不出太多的籌碼跟美國叫板，也難怪羅斯福對中國是何等趾高氣揚了。

除了羅斯福受了力挺史迪威的馬歇爾上將的影響，要求蔣介石交出兵權，讓史迪威在中國戰場上指揮作戰之外，羅斯福挾著美國軍援中國的絕對優勢，對蔣介石中國抗日軍隊統帥的威權，更是踐踏到無以復加的程度了。在日本侵華戰爭最緊張的時刻，羅斯福當局更受到馬歇爾、史迪威的蒙蔽蠱惑下，三度明目張膽要脅中國，如果不聽從美國的指令辦事，就要停止撥發援助物資，五次強迫中國政府派遣軍隊（遠征軍）援助緬甸境內被打敗的英軍。史迪威不斷透過各種渠道，污蔑蔣介石將帥無能，統兵無術，別人都是飯桶笨蛋就他史迪威是不世出的曠古奇才。然而，史迪威個人的心態還是次要問題，關鍵在他在戰場和決策過程中所犯錯誤，根本不是一個統領數十萬大軍，打大規模陣地戰或者運動性極強之游擊戰的適任將領，加上他又堅持己見，年深日久，更與蔣介石結下難解之仇隙。

欲一窺蔣介石與史迪威之恩怨，則可從史氏個人之修為與心態，一探究竟。史迪威派赴中國臨行之前會見美國陸軍部部長史汀生（Henry Lewis Stimson），由其對他的第一印象，可以了解一二。他在當天的日記中這麼寫見到史迪威的概況：「一月十四日晚，約史迪威來見，此人乃馬歇爾將軍所介，熟於華事，在半小時談話中，描述華軍英勇事蹟，過於予所了解，最後伊云：此行成敗繫於能否率領中國軍隊，如蔣宋所諾可以實現，則中國問題不足慮，言下對於赴華任務至為熱心，我晚間就臥，念及覓得有用之人，私自引慰。」

從史汀生陸軍部長的這段日記紀錄，可以窺知，史迪威在他美國長官眼中，至少第一印象是有充份企圖心，且對華軍事事務似有一定理解的美國將領，包括美國總統的軍事部門參謀長馬歇爾上將，美國陸軍部部長史汀生，都有類似的看法。但是，看法歸看法，實際上史迪威善不善於帶兵打仗，則是一翻兩瞪眼，不能造假的事。可是，史迪威是不是一塊材料猶未能證明，他卻已經預設了前提要件：「此行成敗繫於能否率領中國軍隊」。這是一種非常奇怪的邏輯，明明羅斯福給史迪威的職務之一是蔣介石的參謀長，既是參謀長，怎麼可能擴權去帶領中國軍隊，這根本已經超越了職權，也與其工作常規不符。按照美國軍方的慣例與規定，參謀長是軍方的行政職務，沒有作戰指揮權。況且，所謂參謀，如果不是該國軍職的專職人員，而是以外國軍事顧問的身份或者對友邦提供軍事專業意見的外籍人士，他既不熟悉駐在國的國情與文化，更不宜直接上戰場指揮作戰，介入別國的國防事務。

西洋軍官協助中國政府作戰者，早在清同治年間指揮「常勝軍」洋槍隊，協助中國擊敗太平天國叛軍的戈登（Charles George Gordon）便是傑出典範。然而，史迪威在戰場上的表現，早就被蔣介石一眼看穿，史迪威剛到中國，一九四二年三月五日，蔣介石與史迪威兩人第一次見面，從五號到十一號，一共見面談話四次，蔣介石即批評史迪威看起來缺乏作戰經驗，而且有不顧軍事原則的作風，擔心他日後會有輕敵冒進的危險。史迪威日後在緬甸戰場上歷次失利的表現，也成為蔣介石急欲調走史迪威，免得因為史氏胡亂指揮，使中國軍隊在指揮官無能的情況下，不斷誤蹈險境，遭到日軍重創，白白犧牲於戰場之上。

就以緬甸之戰而言，日軍被擊斃一千兩百八十人，擊傷三千一百五十八人，但是中國軍隊在這場戰役中戰死者卻高達一萬人以上，中國軍隊第六十六軍所屬之二十八與二十九兩師，均受重創。更慘烈的是，國民黨軍部隊奉史迪威之命，脫離戰場，退入印度時，穿越熱帶叢林地帶，充滿瘴癘之氣的野人山過程中，又犧牲了大批的官兵，令蔣介石為之痛恨入骨。蔣介石在給將領熊式輝與外交部長宋子文的電報中，指責史迪威「此人不重視組織與具體方案，及整個實施計畫，此或因平日未習幕僚長業務之故，緬戰失敗之原因，其咎全在戰略之失敗，而彼乃完全歸罪於我高級將領……。」「一若中國戰區之成敗成敗存亡，與彼無關痛癢……。」

最令蔣介石切齒痛恨者，則是三番兩次對蔣的威脅恐嚇，而且是直接透過羅斯福向蔣介石發電報，史迪威這種假手羅斯福強壓蔣介石的手段，以蔣一貫之獨裁與強勢怎能吞忍這口窩囊氣？

從一九四三年十二月二十三號到一九四四年四月四號，史迪威透過羅斯福五次拍發電報強迫中國遠征軍進入緬甸，如果蔣介石不聽從，美國即暗示或明示停止供應訓練裝備、停運重要軍用品、停止裝備訓練等各種要脅手段。最令蔣介石忍無可忍的是，一九四四年四月十號，由美國參謀總長馬歇爾的名義下令，將援華物資實行停撥，直到蔣介石同意派遣遠征軍出發，美國才恢復了供應。

史迪威由於奪權不成、意見不合、與爭鬥不休，痛恨蔣介石徹入骨髓，所以處心積慮，想盡辦法亟思除之後快，孰料機關算盡，陰謀詭計終難得逞。正所謂冤冤相報何時休，蔣史二人相互讎罵攻訐，無情算計，尤其是史迪威，竟一度假公濟私，兵分多路，籌劃七、八種狠毒之伎倆，亟欲置蔣氏於死地。或因蔣介石福大命大，或因中華民族抗日聖戰之重責巨任繫於一身，史迪威不僅陰謀遭粉碎，甚至個人仕途最後命運，終亦毀於蔣介石之手。在蔣介石堅持下，以中國抗戰大形勢及反法西斯國際戰略為後盾，向羅斯福施壓，強烈要求撤換史迪威，卒使羅斯福低頭，勉為其難把史迪威調回美國。史氏回國之後，抑鬱寡歡，不久病卒，寧非也是一種現世報？但這場衝擊中美關係的「史迪威事件」，使得雙方軍政領袖心中塊壘益發沉重，矛盾關係幾乎無可救藥。美國軍方與國務院更形成了一股難以消融的反蔣與倒蔣勢力，在美國軍政界權力舞臺，長達十年以上，尤其在蔣介石人生際遇最灰暗，國民黨政權搖搖欲墜土崩瓦解的危急時刻，這股反蔣勢力的洶湧暗流便趁機集結，給予蔣介石石破天驚的總報復，更俟機等待在風雨飄搖的緊要關頭，給蔣介石致命的一棒。

第二章

殺蔣陰謀的第二步

臺灣政變之謎

肉毒桿菌毒素毒殺、製造人為空難使蔣介石座機撞上喜馬拉雅山、狙擊手持遠距離步槍狙殺、放置炸彈在必經之地趁不注意時炸死、組織反蔣青年軍官近距離擊殺等等，史迪威與蔣介石一九四二年以迄一九四四年間的惡鬥時期，這一系列的行刺計畫，即使多年之後仍猶如惡夢般，夢魘不時浮現在蔣介石及其家人的腦海與記憶深處，令其午夜夢迴時分驚醒之後，全身冷汗直冒，誠惶誠恐。

殺機四伏✷蔣介石浴室長嘯

蔣介石次子蔣緯國曾在回憶錄中講了一段往事，形容蔣介石內心承受的壓力。蔣緯國說：「我小時候起，就常常聽到父親的長嘯！有時他是在臥房，有時則在浴室，常常持續五秒鐘以上。我想，這就是他在心頭壓力極重的情況下，以大叫來紓解鬱悶。除此之外，他還能把心頭壓力向誰訴說！」

一九四九年一月二十一號蔣介石第三次下野，他從「總統」之尊忽然降格為平民百姓，固然他仍為國民黨總裁身份，然而，一旦失去了手中的國家名器，沒有了權勢，頭頂少了光環，也就失去了一切功名利祿，包括保護他切身安全的重重警衛。失去了領袖的光環，留下的是屈辱與悲涼！蔣緯國在回憶錄中以「永遠忘不了的悲涼眼神」，回溯蔣介石的最後一次下野的心緒。蔣緯國位於南京裝甲兵司令部辦公室，和黃埔路官邸隔得很近，蔣介石車隊進出都會打司令部門前一條馬路經過。他吩咐太太石靜宜：「如果父親車隊過了，妳就叫我一聲。」石靜宜那天負責在窗口張望，忽聽得石靜宜大喊：「車子經過了！」蔣緯國知道是父親離開南京的時刻，他拉著石靜宜，跳上一部吉普車，蔣緯國飛車直奔南京明故宮機場。緯國將軍回憶：「我和靜宜站在扶梯旁，眼巴巴地看著哥哥扶著父親上了飛機，……父親朝著我看了看，他沒講話，只對我點了點頭，我知道他是向我道別，也是囑咐！就這麼一剎那，那深沉而嚴肅，又露出一絲悲涼的眼神，我永遠忘不了！」蔣緯國以他為人子的心緒，觀察到蔣介石的內心深處最深刻而幽隱的痛楚！此等觀察，恰可對照蔣介石的座機駕駛衣復恩，親自見證蔣介石最後從成都撤飛臺灣時，內心之愁苦，表情之糾結，臟腑之俱裂！衣復恩說：「一九四九年十二月十日，成都整個局面已難控制，當天下午，蔣總統及蔣經國即由少數侍從人員，循這小路護送到鳳凰山。當我們起飛後，地面留守的憲兵部隊，也就相繼撤退。我們從此離開大陸，飛向臺北。千山萬水，不勝依依，這一飛，竟成蔣總統與這塊土地的最後一別！」

下野之後，蔣介石的安全問題，似乎立刻暴露在猶如「豺狼虎豹」眾多政敵的重重包圍之下。這時他既然不再是總統，成了一介平民，過去那支領袖的鐵衛隊（據稱全盛時期，保護蔣介石的衛隊人數多達一個軍），不再為他肉身擋子彈。如何確保蔣介石的人身安全，成為蔣介石的核心骨幹，至感憂心的難題。尤其是在一九四九年一月，不止是國內的敵對勢力，更恐怖的是來自國外的勢力。

遠走美國的蔣夫人宋美齡，或許是在美國權力核心圈子裡，聽到了美國當局計畫試圖殺蔣，以清除中國國內不利於美國佈局未來中國利益的障礙。還有，國內虎視眈眈的政敵，都是宋美齡擔心掛礙的。因此，雖然關山萬里，迢迢大海，宋美齡數度致電隨侍父親的蔣經國，要他特別留意蔣介石的警衛安全工作。

雖說下野了，蔣介石身邊的警衛力量大幅降低，但仍然維持著一定的人力。可是，遠在美國的宋美齡，顯然是風聞了來自有力人士提供的情報信息——美國政府有人計畫對蔣介石採取不利手段，必欲殺之而後快。宋美齡聞訊，流露出從一九三六年西安事變以後，從未有過的忡忡心緒。西安事變爆發後，不顧反對聲浪，力排眾議，執意應以政治談判解決危機，而且不避艱危，設法飛到西安救蔣介石。在國共、孔宋、與張學良楊虎城各方共識下，各方終能以抗日大局為重，張學良更親送蔣介石回南京。蔣介石平安脫險，標誌著國共第二次合作，及抗日民族統一戰線的成形。而宋美齡的勇毅與膽識，更使國民黨內外對她的勇氣與擔當刮目相看。

宋美齡隔著一道太平洋，驚覺蔣介石的情勢至為危急，尤其在蔣剛下野那一、二個月，宋美齡那種失去權力光環的焦慮感與危機感尤為明顯，內心世界顯有一種國內外勢力將危及蔣介石生命的恐懼症。譬如蔣介石下野當天，宋美齡便急忙發了一封密電給蔣經國代轉她丈夫，電報稱：「汝父此次返鄉，余對渠之康健與安全甚為憂慮祇要父親之安全能保全，余等仍可繼續為國家努力奮鬥，因此間並非無希望，且與多方人士已有聯絡，正在極力推動中，希汝即日赴鄉婉勸父親務必同來加拿大暫住，余當與汝等在加晤面，會商一切，盼速電復。美」

這封電報透露了一個重要訊息，宋美齡擔心，如果蔣介石既已下臺，仍繼續摻和在無法挽救的政局裡，不但於事無補，可能徒增敵對勢力，不論這個敵對勢力是黨內政敵，或者黨外敵對者，或者過去曾經意圖驅逐之殺害之的美國反蔣勢力。不約而同，蔣經國亦對他父親的安危與處境甚表憂心，在回復宋美齡的電報中，憂惶之心溢於言表，蔣經國告訴宋美齡說：「父親在家鄉度歲，精神甚愉快，惟此處究非久居之地，時局正在惡變中，內心憂慮萬分。……」宋美齡接此電報後，也是內心忐忑不安，馬上回了蔣經國一電報，要他轉告蔣介石：「電悉父安全問題確須顧慮，余亦曾屢電提及倘能出國一行，親自考察軍事科學以備將來改進軍隊之張本最好。」

一九四九年三月，宋美齡在美國得到訊息，認為蔣介石極可能遭遇不幸，內心極為焦慮。三月六號，宋美齡從美國紐約拍了一封密電給蔣經國轉蔣介石，電文說：「此間謠傳張治中等赴溪（溪口）係勸父將權柄交李（李宗仁），又各省參議會亦有同樣要求，並本黨同志亦有舉動，請父出國以便和談等等。此種謠傳是否屬實，余本擬俟月底病稍愈回國，但國內情況究竟如何？父計畫定否盼即詳告。」最為焦慮的一封電報拍發時間是在一九四九年的七月十八號，更透露了宋美齡對蔣介石安危的擔心，更令人觸目驚心的字句是，宋美齡掛慮極可能重演西安事變：「經國鑒：……國內方面亦須加緊進行，父親視察各地時警衛方面應一併布置，以防西安事變之重演是所至要。美」

在一九四九年一月二十一號蔣介石第三次下野之後，迄至一九五〇年代前期國際局勢緩和，美國共和黨總統艾森豪威爾上臺，慢慢轉變至對蔣介石的臺灣當局日趨有利為止，這當中至少經歷了三、四年的尷尬時間，美國政府曾經積極籌謀以各種可能方案，殺死蔣介石。包括美國國務院和美國中央情報局，針對一系列秘密襲殺行動，政變驅逐蔣介石的計畫，作各種事前評估，與執行規劃之兵棋推演。是以，蔣介石在一九四九年一月二十一號至一九五〇年代初期，在他倉皇辭廟，國民黨政權風雨飄搖之際，蔣介石曾經有過一段「剃刀邊緣」，生死繫於一線間的危急歲月。

大兵之後 ✷ 必有凶年

一九五〇年，歲次庚寅，中國生肖虎年。如果在太平盛世，按理說，這年應該正是中國人龍騰虎躍，虎虎生風的一年。奈何，內戰打了四年有奇，中原大地硝煙猶未散盡，東南沿海與西南邊陲，砲聲猶隆隆。《老子》名言有云：「大兵之後，必有凶年」。前一年的牛年，中原大地遍地烽火，錦繡河山生靈塗炭。迎來的這一個虎年，就蔣介石來說，不但是危及他性命的凶險之年，更是個對他個人人格尊嚴極盡羞辱之能事，虎落平陽被犬欺的一年。

而且，殺機就在眼前，斷頭臺正在起造！

剛輾轉從廣州、重慶、成都……大江南北各省區，遷移到臺北的國民黨官員、近百萬軍民，驚魂甫定，餘悸猶存，危疑震撼，無以復加。遙望雲天，西邊有百萬解放軍陳兵福建，東邊是波濤洶湧碧波萬頃的太平洋。蔣介石的追隨者徬徨踟躕，前途茫茫，回首來時路，進退失據，不知道下一步，該往哪裡逃？都已經途窮跋涉到國境之東，蒼茫大海，還有何處可以棲身？誠所謂「退此一步，即無死所」！蔣介石在一九四九年，年終將盡的最後一個星期，命令長子蔣經國去一趟西康，到西昌見胡宗南——曾經是統兵百萬的「西北王」，統領蔣介石最寄予厚望的黨國羽林軍——這支曾被蔣介石奉若嫡系中之嫡系，曾經在二年多前攻進延安，殊不知歷經三年內戰損耗，昔日自詡百練成鋼的雄師勁旅，如今竟只剩二、三萬建制不全，衣衫襤褸，糧彈兩缺，不堪一戰的殘兵敗將，悽悽惶惶奔逃到西康窮山惡水絕境。對比一九四九年年底那場丟師曳甲，一路潰不成軍的四川戰役，此情此景，如果時光倒流十四年，不正是命運荒謬和弔詭的反諷與「暗合」嗎？回首十四年前，一九三五年六、七月間，蔣介石親自統領剿共大軍，數路並舉，陸空挺進，飛機大砲，窮追不捨，紅軍護衛中共黨政機關文武幹部，兩萬五千里長征，翻越叢山峻嶺，過大草地，九死一生。十四年間，兩場戰役，情境兩相對比，竟是如此「暗合」！十四年間成王敗寇，主客易位，乾坤變換。歷史，開了蔣介石一個大玩笑：成王敗寇彈指間，一切盡付笑談中！追亡逐北十四、五年，「王」與「寇」恰恰易地而處，這莫非正是歷史與造化捉弄的「幽默感」？

在牛年將盡，虎年未到之際，蔣介石仍對胡宗南寄予最後一線希望，畢竟，他是祖國大地最後一支國民黨孤軍的將領，儘管棋局將殘，即將曲終人散，蔣介石猶思起死回生，幻想胡宗南孤軍仍可與將他們逐出四川的解放軍部隊，再戰一局，反敗為勝。蔣介石命令蔣經國，乘C－46軍機，兼程帶話給胡宗南：「你去轉告西川的將領，人生必須要在國家最艱難的時候，選擇最有意義的死！」蔣介石從草山官邸日式屋宇的窗口，遙望西北方祖國雲天，無限感喟地說：「你告訴他們，如果臺灣不保，我是決不會走的！」

多年以後，蔣經國每每回想這幕倉皇辭廟，國破山河在，命懸旦夕的危急存亡之秋，猶然令他刻骨銘心，痛心疾首，惶慄羞憤。他揪心描繪蔣介石身處黨國絕境時的心情：「父親當時所以說出這些沉痛的話，是自己早已準備與這一塊最後的國土共存亡了；故而勉勵西川的守軍將領，也應該抱殺身成仁的決心，與西川共存亡。我的任務完畢，就由西川飛經海南島，回臺灣覆命。」

一九五〇年一月，國民黨在大陸地區僅仍控制著西川、滇緬邊區等少數地方，沿海地區則有舟山群島、浙江沿海一些小島，海南島和福建沿海包括金門馬祖在內的一些島嶼，仍然掌握在「黨國」手上。從中國朝代更替，治亂興亡的正統傳承而論，從來不曾有一個朝代潰縮到中原大地之外的蕞爾孤島，尚能僭稱天朝正統。揆諸中華民族二十五史之政治慣例，所謂中華民國實已正式走進歷史帷幕。只是蔣介石不認輸，依舊在臺灣打著民國的旗號，在百萬軍民支持簇擁下，號稱真正的朝代法統仍在他掌控中延續香火，堅稱中華民國仍然健在，他本人是法統實質上的代表人。為了貫徹此一法統邏輯與政治宣示，他必須派出負責國際宣傳的涉外官員，遠赴異邦，去和那些他設定中最重要的「友邦」人士，聲明那個法統仍在臺灣延續，並未因為黨國的首都失守絕大多數領土丟失而斷絕薪火。況且，沒有槍桿子就沒有政權，對蔣介石更現實更重要。乃再次央告美國政府恢復軍事援助，以維持黨國法統在臺灣偏安一隅，不致油盡燈枯，否則他就成了如假包換的亡國之君了。

令蔣介石困窘的，黨國大老具代表性者，不是夜奔敵營，便是星散海外，真正可資信賴又卓具交涉才幹者，屈指可數。職此之故，一位在黨國官秩上並不顯眼的官員——董顯光——僕僕風塵地踏上了他個人政治歷程中，最艱難坎坷的一趟外交之旅。飛機引擎聲兀自轟鳴，C－46孤零零地從塵土飛揚的臺北松山機場高飛，劃破東方的薄暮，展翅飛向太平洋彼岸。在概述董顯光艱困求援旅途遇到的驚人政治風暴之前，不能免俗地必須先概述董顯光和蔣介石之間傳奇的師生情緣。

師生奇緣✷千古怪事

董顯光和蔣介石的關係，在蔣氏的黨國僚屬中，算是最特別的一位，他雖然和蔣介石命屬同庚（從官方版的生日上看，他只比蔣介石小十天），他卻是蔣介石的中學老師。董顯光是浙江寧波鄞縣茅山鄉人，和蔣介石是小同鄉，幼時求學生涯卻南轅北轍。董顯光資質與秉賦俱優，幼時讀書一帆風順，從教會辦的上海中西書院及清心書院畢業後，應邀到浙江奉化龍津中學教授英語，在這裡，董顯光遇到了一位影響董顯光一生命運至深的學生——蔣介石。

董顯光日後如此回憶著這段奇遇般的師生因緣，中學畢業那年：「不幸在這當口，家門不幸，我父親去世了。全家沒有了賺錢支持大家生活的人，我不得不放棄學業找事做來幫助母親。於是我斷然接受奉化一所中學要求我做英文教員的邀請，回到浙江去教了一年書。就在奉化教書時，我遇見了將來影響我整個生活的年輕蔣委員長。他雖然跟我同年，卻是我的學生中的一位。那時候，他的態度嚴肅，人格卓越，已給教他的先生們一個不同凡響的印象。他的宿舍剛好跟我的住室同在一層樓上，因此我有很多機會觀察到這位未來的中國領袖課堂以外的活動。」按照民國政府規定，中學畢業成績優異者，便可到中學教書。這是人浮於事的現今世界，難以想像的。

身為龍津學堂的英文教員，董顯光回憶他對蔣介石青年學生時代的觀察：「我記得他是一位起身很早的青年，每天梳洗之後，常見他一個人站在宿舍前方陽臺上差不多要半小時光景。那時候，他緊緊閉著嘴唇，交叉著雙臂，充分表現出一種沉思與堅定的姿態。當然，沒有人能推斷他當時在想些什麼，可是很明顯地他是在計畫他的未來。後來在蔣委員長的日記裡透露，他在龍津中學讀書的這幾個月裡，是在考慮怎樣留學日本進修軍事學，打定為國宣勞的基礎。」

董顯光這段回憶，寫於受知於蔣介石，顯揚於官場之後，不能免俗，總要堆砌華麗的辭藻，不嫌詞彙的恭維，展現對領袖之推崇。董顯光回憶錄描述蔣介石靜觀溪魚溯流而上，暗示自己亦當奮發圖強，力爭上游。多年以後，當蔣氏父子敗退臺灣，戰後嬰兒潮世代，還躬逢其盛讀到黨國版小學國文課本，青年蔣介石觀魚溯溪的勵志文章，至今雖時隔半世紀，猶能成誦。

然而，這位出身傑出報人，美國哥倫比亞大學普利茲新聞學院畢業，採訪過老羅斯福、國父孫中山、墨索里尼、日本天皇裕仁……，曾以第一手新聞報導，揭發過袁世凱派人刺殺革命黨領袖宋教仁，揭發過日本野心軍閥發動的皇姑屯事件。這位視野恢宏的黨國核心骨幹，以記者如椽之筆，寫下的大時代官場親歷回憶，卻是民國時期一幕濃妝豔彩的宏偉風景。

龍津中學三個月短暫的師生機緣，蔣介石對董顯光這位與他同年的年輕英文先生，似乎並未留下太深刻的印象，以致於二十年後再度謀面時，蔣氏猶把董氏當作一般新聞記者，並未一眼認出昔日之先生面貌。蔣介石肄業龍津中學才三個月，便因立志革命，自剪髮辮，東渡日本，就讀東京清華學校。董顯光也在蔣介石離開龍津中學後一年，離開龍津教職，進入上海商務印書館工作，又兩年，董顯光拿了基督教長老教會的獎學金，遠渡重洋到美國密蘇里州唸書，先後求學於巴克學院、密蘇里大學、紐約哥倫比亞大學普利茲新聞學院，成為近世中國第一代到美國接受完整新聞學訓練，又在美國受過嚴謹媒體實務歷練的青年報人。

師生二人各奔前程，二十年間不復聯繫。命運之神偶然間把他們兩個人撮合在一間狹窄的課堂上，又拆散他們，讓他們勞燕分飛，卻在二十年後，再度把他們爾後的命運，緊緊連繫在一起。一個學軍事，一個學新聞，人海蒼茫，照理說，一個是洋秀才，一個東洋學兵，兩個人再怎麼樣也不可能再湊在一塊了。哪裡知道上蒼老是愛捉弄凡人，更教人不敢置信的是，蔣、董之間闊別二十年再重逢，蔣介石已儼然浴火鳳凰，不復當年那位緊閉雙唇，交叉手臂，深沉靜默，經常凝視著溪中游魚溯流而上的布衣少年了。命運之神已經把這位布衣少年打造成一位威儀棣棣，不可一世，身著元帥服，胸前綴滿勛章，腰間配掛長指揮刀，隨扈如雲，冠蓋滿京華的國民革命軍總司令。這時的董顯光雖則也小有成就，不但當過民國總理熊希齡的秘書，還在天津親手創辦了一份報紙《庸報》，相較之下，位階畢竟相對卑微，董顯光雖明知蔣介石正是昔日學生，亦不敢率爾折節相認，以免予人攀龍附鳳之譏。大元帥蔣介石與小報老闆董顯光的師生再重逢，卻又是充滿人生聚散無常緣起緣滅的戲劇張力。

老師記者採訪學生總司令

那是在一九二六年六、七月間，蔣介石就職國民革命軍總司令之後不久，新聞記者董顯光經常是蘇聯顧問鮑羅廷的座上賓。他在蔣介石最寵信的吳稚暉的介紹信引介下，訪謁蔣總司令，這次的獨家採訪在北伐時期的新聞業界，乃是一次高難度的訪談，但董顯光卻輕易辦到，諒非因為蔣介石認出了董顯光是他昔日師長，完全是拜吳稚暉八行書之賜。董顯光回憶：「蔣總司令接見我時，雖有我的熟識朋友譚延闓先生也在座，在匆促間，或者還沒有認出我就是他龍津就學時的老師，仍舊把我當作經常接見的一個新聞記者。」

師生之間的關係，一直維持著這種只有老師認得學生，而學生卻不識老師真面目的情境，整整持續了三年多時間。這應是世上許多功成名就的學生，經常會發生的情景，只是蔣介石認出董顯光的場景，恐怕亦是世間師生真情流露的一段佳話。

可是，董顯光之能暴得大名，也不光是因為蔣介石一廂情願的提攜，大凡世間能名利雙收，聲譽鵲起的人，假使自己沒有幾把刷子，縱使別人再怎麼拉拔，也是徒勞無功的。董顯光的才具之所以中外盡知，乃與一樁中國近代史上的悲劇有關。

一九二八年皇姑屯事件，東北軍閥張作霖被炸身亡。事件發生後，海內外騰議紛紛，不知道真相怎麼回事。董顯光創辦的《庸報》率先檢具證據，揭發製造爆炸案的真兇正是日本軍閥，這則獨家新聞驚動中外。天津的《庸報》更在之後兩年內，和當地發行的《大公報》與《益世報》成為鼎足而三的名報。《庸報》得此殊榮，負責人當然也成為中外軍政界人士人人爭睹手采爭相結交的一號風雲人物了。

成名之後的董顯光，各方爭相拉攏。一九二九年底，董顯光回憶：「我妻子突然到上海來帶給我一個政府意外的邀請，老友海軍上將杜錫珪奉命周訪列強，研究各國海軍現狀以為促進中國海軍近代化的張本，杜將軍不諳外國語文，希望我同行做他耳目之外，兼做觀察者、計畫者與報告寫作者。我在海軍一無資歷可言，可是杜將軍給我以訪問團中第二人的榮職，這是配合我幻想很動人的邀請。」

然而，這項邀訪代表的榮銜，也引起了蔣介石的注意，當然，以蔣介石重視公文表報，即便自己日理萬機再怎麼忙累，上呈的公文書也要逐一審閱，案牘勞形，在所不惜。蔣介石看到公文上董顯光大名，列居第二位出訪代表，基於之前的訪問記憶，和軍政事務的事必躬親，他想再見見這位中國報界名人。

睽違多年之後，蔣介石董顯光師生之間再相認的場面，實在太富戲劇色彩了。在相認之前，包括蔣介石的侍從人員，沒有人會相信，這位專門跑中國政壇獨家新聞的前龍津中學英文老師，竟然是蔣介石兒時的英文啟蒙老師。

在董顯光追隨老朋友杜錫珪上將出洋訪察之前，杜錫珪有天告訴董顯光，他接到蔣總司令辦公廳的通知，指示董顯光在行前必須去見蔣總司令一趟。走進蔣介石辦公室，蔣請董顯光就座，並請董顯光介紹自己的簡歷，當董顯光介紹到自己曾經在奉化龍津學堂做過英文教員時，蔣介石眼中閃著光芒，很關切地問他：「原來您就是教我英文和算學的先生，難怪我總感覺您有幾份面熟，真巧極了！我們師生之間已經有二十三、四年的緣份了啊！」蔣介石顯得極為開心地問候董顯光，師生在這樣的場合中再相認，真是無比興奮與有趣。

蔣介石向董先生提出邀請，希望他從歐洲歸來之後，能到溪口老家做客。於是，遊歐歸國之後，董顯光偕同申報主筆陳景韓（筆名冷血）連袂去了溪口，做客蔣家。

董顯光回憶：「在這十多天的盤桓中間，我有機會對蔣總司令的私人生活作一次直接接觸的瞭解。他在家裡過著鄉村紳士的生活，本地人就歡迎他這樣的平易近人。看著他那種樸實無華的儀態，誰也想不到他就是全國最景仰的領袖人物。我常看見他站在湍急的溪邊看著逆流而上的魚群感到興趣。他最喜歡在山頂溪源坐了竹筏一瀉千里地順流而下。我坐竹筏是外行，一不小心失足踏進竹縫裡，整條腿浸了水。回家蔣總司令把他的布鞋借給我穿。那是一雙他鄉下親戚做了送給他的。我穿了嫌小，裹緊了走路好痛。」

又說：「最後我們到了積雪未融的山頂上，蔣總統司令租用的一間小屋裡。這間小屋有三間房，蔣總司令夫婦住在一間，陳君跟我住一間，中間就做了起坐間。浴室只在蔣總司令夫婦住的那間後面隔出一小間，我們知道不太方便，噤口不說要洗澡。可是蔣總司令已感到我們的要求，竟自動灌滿了一缸水，邀我們去就浴……到了晚上，我們在山頂上的一塊岩石上燒了營火，享受山林夜間的寧靜。同坐的還有蔣總司令的連襟孔祥熙的子女。孔氏時為實業部長。我們在溪水潺潺的伴奏中閒談直到深夜。」

師生相認之後，身為民國最有權力的領袖，竟以學生的身份，對兒時的先生不次拔擢，而董顯光終亦不負所託，更在一九五〇年救蔣介石一命，乃至於救黨國於旦夕危亡！

但千萬不要認為蔣介石對董顯光的「不次拔擢」，是立竿見影式馬上兌現的，蔣介石總是要等到適當的機會，能有讓被提拔者能夠發揮所長的機會，才援引他進入政府部門工作。即以董顯光為例，是在董顯光應邀赴溪口一遊，師生拉近關係以後的事。那是一九三五年的冬天，亦即溪口之遊的五、六年後，董顯光適因病辭去《大陸報》的職務，正在養病的過程中，忽然接到蔣介石澳洲籍顧問端納的來信，希望董顯光「為了國家前途著想，考慮接受檢查外國新聞電訊的任命」。

殊不知，在戰爭年代，新聞傳播如果不適當施以管控，敵人將輕而易舉從一些尋常新聞信息中的眾多蛛絲馬跡，從雜亂中理出頭緒，歸納分析出一種科學而有用的規律與情報。例如，日本在偷襲珍珠港之前，便派了一名海軍武官吉川猛夫，到珍珠港，神奇的是吉川猛夫僅只每天大量閱讀與蒐集夏威夷當地報紙雜誌，各種報導中與美軍動態有關的內容。除了讀報及分析各種訊息，吉川猛夫還有一項每天必修功課，是攀爬到島上置高點，從遠處觀察珍珠港內軍艦進出，將各型軍艦的出沒停泊情況，作了鉅細靡遺的周詳紀錄。

光以看報紙新聞的功夫，便教人不得不佩服吉川猛夫的聰明。他哪怕只是從美國水兵登載在夏威夷報紙上的結婚啟事，以及日常觀察港內軍艦進出所計算得出來的規律，可以精準推論美國太平洋艦隊兵力佈署，以及軍艦輪值調配的安排。他還設法混進美軍水兵婚宴現場，實地觀察美軍士氣情況。所有類似的情報資料，都滴水不漏地回報東京。

美國的新聞管控十分寬鬆，這名海軍武官根本不用出門，更不必滲透進美軍軍事機關，單單在領事館的辦公室裡，便分析出一套堪稱嚴謹的夏威夷美軍情報分析。

日本海軍便是運用包括海軍武官吉川猛夫在內，蒐集的各種戰略與戰術情報，匯整為偷襲珍珠港的情報張本，作為日本軍閥大本營偷襲珍珠港的決策依據。日本這種偷襲的詭詐伎倆能夠得逞，證明戰爭狀態下，新聞媒體洩露的訊息，殺傷力更勝於原子彈。這也是蔣介石希望董顯光肩負起外國新聞駐華記者電訊檢查工作的主要著眼點。

所以，新聞記者的工作屬性與人格特質，其實同特務人員在很多方面是頗為相近的。前者是為讀者當「包打聽」，後者則是為了國家機器或者統治者當「包打聽」。然而，有趣的是，蔣介石究竟是如何開始進一步重用這位中學時期的董老師的呢？董顯光的僚屬曾虛白，自爆了一段董顯光的料，這段故事可以印證蔣介石之所以看上董顯光，自有其舉才的原理原則。而蔣介石提拔自己的老師，著眼的「亮點」，竟是看中了董顯光的「包打聽」能力，他無事不知，無人不識，善於交際與打探消息，以及對人對事無比敏銳的觀察能力。令人難以想像，董顯光的如此人格特質，竟也因緣際會，與民國時期草創特務機關，結下不解之緣。

戴笠奉命拜董顯光為師

曾虛白回憶錄中曾經透露：「戴雨農不獨是顯光兄的好友，並且奉蔣委員長命，拜顯光兄為老師，終身心口如一地尊敬顯光兄如一日。其原因，顯光兄是中國情報工作的創始人。追述這個秘密，我們得倒溯到抗戰前民國十八、九年那期間的往事了。那時候，顯光兄得蔣委員長的信任，密謀抗戰發生後他可以作最大貢獻的計畫。他跟我商量，訂下來的計畫計有三項：（一）化學作戰、（二）情報組織、（三）國際宣傳。這三者中，他認為最重要而他興趣最集中的，並不是國際宣傳，而是情報組織，他以為，配合戰場上的炮火戰，心理上的情報戰是決定戰爭勝敗的基本力量。大概從民國十八年起，我們就從事搜集有關這三大問題的資料，差不多花了兩年時間的研究琢磨，繕成三項計畫，由顯光兄呈請蔣委員長核閱。」

曾虛白又說：「據說那一天領袖約顯光兄在官邸午餐，坐定後，招呼侍者請戴主任進來。顯光兄看到外面走進來一位濃眉大眼，目光奕奕照人的青年，立定向領袖行軍禮。領袖頷首笑指著顯光兄對他說道：『這一位就是給你寫定計畫教範的董顯光老師，是此後指導你們怎樣作情報工作的真正老師。』接著就問：『董先生寫的計畫印好了沒有？』答：『印好了。』問：『在哪裡？』答：『在車上。』領袖勃然，指著他道：『這就是我要糾正你的第一課。這樣重要的東西，怎麼可以不帶在身邊，放在車上！快去拿來！』雨農趕緊奔出去，謹謹慎慎捧著一大堆印好的計畫書回來放在桌上，直到午餐結束，又謹謹慎慎捧著帶上車。」

曾虛白這段回憶說明董顯光在蔣介石心目中的特殊意義，蔣介石對這位昔日中學英文老師的信賴，不光是有著一份特殊而難以言宣的師友因緣，更是由於董氏獨特的人格特質與一種特殊的才情與能力——他從沒做過特務，卻為民國政府的特務機構規劃藍圖。創造屬於中國國民黨，或者一個忠於他蔣介石個人的特務組織，是蔣介石任職黃埔軍校校長之後的夢想。緣由是蔣介石一九二三年的赴蘇聯考察之行，讓他體認到一個領導人如果不能牢牢掌握特務組織，別說無法確保權位，恐怕連安身立命都有問題。在民國時期的領導人裡邊，蔣介石無疑是第一位覺悟到特務組織的重要性，而且真正落實建立情報組織的。蔣介石之所以起心動念布建特務組織，自然和他一九二三年那趟蘇聯之行，有著密不可分的關聯。蔣介石在三個月的訪蘇行程中，先後拜訪過蘇聯軍事人民委員托洛茨基、外交人民委員齊采林、蘇維埃主席團主席加里寧等人。

打造中國契卡＊老師成了特務頭子

蔣介石當然也耳聞了蘇聯最神秘的特務單位——契卡——它俄文字面意思的全名叫「全俄肅清反革命及怠工非常委員會」，這明顯是俄國紅色十月革命後，為了防止沙皇政權復辟，為了防止外國反動派的干預蘇聯內政而設置的神秘單位。它也是蘇聯開國以來第一位特務頭子捷爾任斯基，在蘇聯開國元勛列寧的任命之下，專門設置的一個特務安全機構。然而這個神秘機關，也成為蘇聯鞏固黨和國家長期穩固專政的利器，如果有個別領導人要想利用這個國家機器，來遂行其個人意志，也是十分便當的事情。蔣介石雖然訪俄時間只有短短的三個月時間，他卻已洞悉蘇聯契卡的宏大功能。有為者亦若是！

從一九二三年八月蘇聯之行，蔣介石即想望在日後成立一個屬於中國，屬於他自己能直接掌控的秘密特工組織。如果中國也有一個類似契卡的機關，那該有多好啊！畢竟，中國和蘇聯的革命條件與革命環境是完全不同的，至少中國缺少一個像捷爾任斯基那樣的天生的特務頭子的人物。即便以捷爾任斯基個人歷練而言，他本是波蘭的貴族後裔，家庭環境非常好，有廣大的莊園，如果他沒有理想與抱負，他不必拋離家產，盡可享受世襲莊園的各種優渥條件，可捷爾任斯基不愧是天生的革命家，他從年輕時便參加了波蘭和立陶宛的革命運動。中學時代，便被學校當局以參與革命活動的原因，將他開除出學校。十八歲那年，捷爾任斯基加入馬克思主義團體立陶宛社會民主黨，二十三歲那年，他又創立了波蘭立陶宛社會民主黨。自此成為政府通緝對象，多次被捕，甚至流放西伯利亞。捷爾任斯基兩次越獄逃跑，跑到柏林後，又參加了一九〇五年的革命運動，再次被捕。三十五歲那年刑滿獲釋，但剛從監牢出去不久，又被抓回牢房，沙皇政府指控他屢次參加革命活動，關押在莫斯科監獄，一直到十月革命前夕，沙皇政權被推翻，出獄後立刻加入布爾什維克黨。十月革命成功後，由於捷爾任斯基具備了豐富的革命鬥爭經驗，光是坐牢的經驗，布爾什維克黨內沒有人的閱歷會比他豐富，再加上捷爾任斯基對革命理想堅定的信念，個人人格特質的忠實和廉明，列寧便把成立國家安全機關的任務，交付給他。

捷爾任斯基憑藉著他歷時十五年以上豐富的牢獄經驗，他積累了自己慘遭嚴刑拷打審問犯案內容的痛苦經驗，各式各樣審訊鬥智的特殊技巧……，積累了林林總總的黑牢鬥爭經驗，使得捷爾任斯基在建構契卡的過程中，舉一反三地創造了舉世無雙的契卡的原理，全般獨一無二的特務機關作業規律。

久聞契卡的神秘色彩與對敵鬥爭傳奇，但蔣介石始終無法窺其堂奧，創辦一個秘密特務機關的欲求，隨著蔣介石的權力無限制之擴張，而更加顯得迫切而不可須臾蹉跎了。然而，放眼國民黨黨內，卻找不到一個有足夠資歷或者份量的「職業革命家」，像捷爾任斯基那樣有豐富對敵鬥爭經驗的人，足堪大任者。一九二九年前後，董顯光向蔣介石呈遞了一份關於成立情報組織的報告，董顯光與蘇聯捷爾任斯基的特質是迥然不同的。捷爾任斯基出身於波蘭的一個地主家庭，董顯光則出身貧農家庭。董顯光從來不曾搞過特務工作，也不像捷爾任斯基有過不屈不撓的對敵鬥爭經驗，多次進出監牢甚至流放西伯利亞的閱歷。但是，三個臭皮匠賽過一個諸葛亮，蔣介石認為不妨讓董顯光擔任情報組織的幕後工作，負責出謀畫策，專門出出點子。至於執行的工作，則讓戴笠在明處職司打理一切。董顯光在暗處，扮演一個類似顧問的角色，和戴笠相互援引，相互搭配，還是可以順利組建成功民國政府的情報機關。況且，董顯光算起來是自己人，和戴笠的忠誠度都不成問題，兩人搭配，將是最佳的特務機構骨幹組合。

這也便是董顯光深受蔣介石信任的起始點，到了一九四九年，民國政府當局上下人心惶惶眾叛親離之際，當所有的軍政首長都不可靠的時候，蔣介石自然更必須借重董顯光，在最危難的時刻，發揮他力挽狂瀾中流柢柱的作用了。固然，蔣介石不曾把董顯光安置在黨國高官之列，但他在蔣介石、宋美齡夫婦心目中的尊崇與親近，卻是其他位處廟堂高處的黨國大員，擁有高爵厚祿者，所望塵莫及的。中國幾千年官場哲學莫不如此，官爵位階高低並不重要，重點在於與領導人究竟親不親，才是最緊要者。

值得吾人留意者，董顯光這位表面上作為文宣官僚，實際上卻是民國政府特務機關的草擬者，他在娓娓細述一九四九年以迄一九五〇年，那段山河變色，風雨飄搖，大廈之將傾的危疑歲月，落筆之處，他見證到的瀕臨刀鋒邊緣的蔣介石，如何身陷重圍之中，又如何出生入死，險中求生，亂世性命，輕舟已過萬重山，安然度過艱險萬狀的存亡之秋？回顧一九四九年行將結束，迎來一九五〇年那個更艱險更不知明天前途何在的漂流歲月。

刀鋒邊緣的蔣介石

最最緊要的是，在這段河山與歲月都在急流中漂移的動盪變局中，董顯光親身感受到暴風前寧靜的一種詭秘氛圍，這股怪異的氛圍是蔣介石統領民國政府以來的二十三年間，從未有過的惡劣事態，董顯光感受到他過去的學生——他當前的老闆，蔣介石，脖子正被架在一把鋒利無比的剃刀邊緣，新聞記者出身的董顯光或許急於想勇敢縱身拉住，正處在可怕的歷史懸崖悲劇邊緣徘徊的蔣介石，無奈董顯光忽然驚覺在波濤萬丈的歷史汪流中，他的一己之力竟顯得如此蒼白，如此微不足道。

董顯光回憶：「一九四九年結束的自由世界面對中國的空前變局都有手足無措的樣

子……中華民國政府遷臺，安危難卜。李宗仁以代總統的身份，……後復逃美在紐約，陰謀爭取杜魯門政府的支持返國叛變。因此李在美國發動了一股反政府的新潮。此時反我政府者另有尚在醞釀中的伏流……而美國在國務卿艾契遜領導之下，遠東政策尚在搖擺未定之天。許多跡象顯示艾契遜跟太平洋關係協會的一班人還影響美國政府步英國放棄中華民國。」

最值得注意的是董顯光這段回憶：「我就在這個陰森森的國際氣氛中奉命去考察美國一般民意對我的反響。我在……迄韓戰爆發這幾個月中，選樣訪問大批美國有代表性的人士。有許多話是切囑保密的，迄今未得發言人可以公開告人的准許。」董顯光這次的歐美之行，實際上是蔣介石全面外放涉外官員到歐美各國求助，一次明知大勢已經不可為卻又必須作最後努力的絕望之旅。蔣介石對董顯光，這位中學時代的英文老師，存有一份難以言說的期盼，蔣氏希望有奇蹟在董老師的身上發生。

董顯光的回憶錄欲言又止地「謹守了身為中宣部長的職份」，在他那個時代，他的職業是為領袖文過飾非，或者擦脂抹粉，但又在內心世界中難以嚥下年輕時代從事新聞記者時代那份言所當言，無不敢言的膽氣，但是他明白，即使卸下仔肩、卸下公職，他仍對蔣介石有一份難於以現實利益或者貨幣單位衡量的道德責任感，即便如鯁在喉，不吐不快。

但是，畢竟「一九五〇年蔣介石差一點被美國人除掉，差一點被美國人殺害……」

這種話，董顯光是不敢出自於他口中的，他準備把這則「獨家新聞」爛在自己肚子裡，成為日後自己的殉葬品。然而，董顯光終究還是潛在著專跑獨家新聞的年輕記者的一股底氣，一股膽氣，或者一股氣壯山河，骨鯁在喉不吐不快的一種「職業病」。在一些字裡行間，在筆鋒幾乎穿透紙面的字句中，仍可發現若干的蛛絲馬跡。而這些隱含若干機鋒的文句中，其實與一場美國鷹派政客醞釀的鏟除或狙殺蔣介石的軍事政變，有著密不可分的關聯，而在面對令他聞之色變的驚人訊息，董顯光又必須強自鎮定，以更冷靜的姿態觀察到最後階段，以便能在千鈞一髮之際，做出真正能扭轉乾坤的決斷行為。

他說：「（一九五〇年）五月二十五日我重返華盛頓，見到了那時候做國務卿顧問的杜勒斯（John Foster Dulles），他對美援不保持任何希望。在我們的密談中，他給我的印象是，美國政府已下決心認為此時援華已經太晚了。很多專家以為，臺灣最多只能保持三、四個月。他十分同情中華民國，但沒有辦法轉變這個劣勢。」雖然董顯光在爾後他官方版回憶錄裡說：「在我返臺之前，我逐漸發現華盛頓那一群手足無措者的態度已經有了好轉。」但是，這並不意味著蔣介石已經自此遠離殺身之禍。

董顯光美國之行的見聞與接觸，事實上並不如官方版的回憶錄那麼風平浪靜，這本經過濃妝豔抹之後的回憶錄，顯然修飾了許多不足為外人道的驚人內幕。幾次與美國重要人士會晤的場合，董顯光都嗅出了異乎常情的煙硝味，這氣氛是董氏從事官方新聞工作以來，見所未見，聞所未聞者。例如：一九四九年十二月二十八日，董顯光在美國見到了美國西太平洋美國海軍司令白吉爾上將，在某個場合中，白吉爾當著董顯光的面，向國民黨當局派駐美國的武官皮宗敢抱怨，臺灣防衛司令孫立人為什麼沒有充分的權力，為什麼還有人干預他的工作。白吉爾也曾向董顯光表達了同樣的遺憾。皮宗敢知道董顯光的身份和地位，便向他透露，如果要改善和美國的關係，可能解鈴尚需繫鈴人，要蔣介石實踐吳國楨和孫立人獲得充份權力的承諾。

美國暗示蔣介石✷當傀儡就要聽話

在董顯光尚未啟程到美國之前，美國當局同樣透過白吉爾上將，告訴那時代表國民黨當局赴美洽商恢復軍援的保密局局長鄭介民，美國的態度擺得極為倨傲，要求蔣介石如果要恢復美援，必須任命一位新的臺灣省主席，這個人選以曾經做過重慶市長和上海市長的吳國楨最適合。白吉爾還提出一個附帶條件：國民黨當局必須和美國顧問真誠合作，否則美國不會再與國民黨方面合作。

因此，情勢很明朗，美國希望臺灣新的領導班子，不能再像蔣介石那樣是個桀敖不馴的人，否則美國即將撤回對這個領導班子的支持。美國的姿態擺得很高，不容有任何妥協餘地。一方面，自從民國政府正式熄燈打烊（南京、廣州、重慶相繼失守），國民黨當局已經沒有幾張籌碼，足資與美國討價還價。另方面，這也許是國民黨當局的宿命，這也是國共內戰時期，蔣介石和美國特使馬歇爾鬧翻，爾後國民黨必須付出的代價。

蔣介石在別無選擇的形勢下，發布了孫立人和吳國楨新的職務，並且形式上被迫放棄了某些權力。但是，表面上那些對蔣介石「友好」的美國「朋友」仍然不以為滿足。新聞記者出身的董顯光知道當前的情況糟透了。在官方版的董顯光回憶錄裡，董氏非常輕描淡寫地說：「六月五日杜勒斯來電話說，在我離美返臺之前，他要再見我一次。我當即應邀前往。他一見面就說，他不希望我以為他在美國對華軍援問題上沒有盡他全力爭取過而帶著這個惡印象回到臺灣去。他實際還在盡力爭取著。不久他要訪韓國，定六月十九日到日本。我就請他轉道訪華，蔣總統非常歡迎他去，他沒有做肯定的答覆。」

然而，國民黨當局駐美大使顧維鈞，卻有另一番濃重的寫實記載。從董顯光記載中，似乎予人印象他與杜勒斯的見面，是一對一的單獨會面，但殊不知顧維鈞的紀錄中，這場與杜勒斯的會面，其實一共至少有三個人，其中兩個中國官員，其一是董顯光，另一個人便是顧維鈞。照顧氏的說法，杜勒斯向董、顧兩人表達，希望今後蔣介石應該謙遜一點，惟其如此也許還能挽救臺灣的危局。顧氏當年的紀錄中，已經憑藉其多年擔任外交使節的職業敏感，猜測美國打算驅逐蔣介石，並且正考慮是否著手把臺灣列入聯合國托管。

當然，不管是顧維鈞或是董顯光，哪怕借他們一百個膽子，一萬個膽子，也不敢原原本本忠言直諫，向蔣介石轉達杜勒斯這番恐嚇意味極濃的要他「謙遜一點」的警告——或者乾脆一點說要蔣介石乖乖聽話，別動歪腦筋。這意味著要蔣介石放明白一點，與其無謂掙扎，不如當傀儡，當兒皇帝。類似這種口氣，顧維鈞也好董顯光也罷，在蔣介石面前是絕對說不出口的。但是，顧董兩人顯然都把美國的實質上的要求，忠實轉達給了蔣介石。

董顯光一九五〇年六月在美國得到更攸關蔣介石命運的消息，是在接下來的二、三天內所直接或間接截獲的一些斷簡殘篇式的情報來源。例如六月七號那天，美國助理國防部長格里夫斯，與董顯光和顧維鈞會晤時，大罵美國國務卿艾奇遜。因為，杜魯門當政時期，自艾奇遜以降，包括魯斯克、杰塞普．杜勒斯等人，都被歸類為在中國政策中，反蔣介石不遺餘力的一股勢力。並且付諸於實際的行動，欲採行政變的手段，翦除蔣介石在臺灣的一切勢力。而他們把落實這場倒蔣計畫中政變執行者的角色，假手於具有留美背景的孫立人將軍。

然而，對孫立人有所幻想，欲藉著孫氏採行政變手段，以消滅蔣介石肉體或驅而逐之的方式，一心一意亟欲去除蔣系勢力，陰謀將臺灣完全置於美國控制之下的，不光是美國國務院的反蔣官員，還有與臺灣近在咫尺的東京盟軍總部的美國軍閥——「現代凱撒」麥克阿瑟元帥。麥克阿瑟於一九五〇年一月，便曾經派遣手下，駐東京盟軍總部的情報處長查爾斯．威洛比（Charles A. Willoughby）將軍訪問臺灣，向蔣介石傳達了麥克阿瑟對他的「關懷」——麥克阿瑟「勸告」蔣介石將臺灣的權力交給吳國楨之後，離開臺灣——就像拿破崙似的流放國外，永遠別再回到這塊土地上——雖然麥克阿瑟這麼說，但心裡是這麼盤算著。

麥克阿瑟的另一個「勸告」是：如果蔣介石果真想留在臺灣的話，前提條件是不得干預臺灣的行政權力，就當一個虛有其表的空頭光桿司令。如果需要，東京盟總願意派遣一位高級顧問到臺灣協助蔣介石。顯然麥克阿瑟的天真幼稚一如淺薄粗俗的美國兩百年歷史文化一般。不需要神機妙算，蔣介石果然謝絕了他的「好意」。但這並不意味著美國便就此歇手，國務院和美國中央情報局等機構交織醞釀的政變計畫從未止歇，而且這些計畫隨時可以進入倒數讀秒狀態。

美國最齷齪勾當 ✷ 拉孫倒蔣

戰後，美國在亞洲進行的一切齷齪的勾當中，最明目張膽的便是麥克阿瑟專機邀請孫立人到東京會談。

孫立人日後在接受臺灣中央研究院近史所所長張玉法先生的口述訪談中，坦言道：「有一次剛打野外回來，松山機場有個美國軍官來見我（按：該美國軍官據孫立人表示，係為伍姓上校），向我報告說麥克阿瑟將軍派專機來接我去日本，問我有沒有空？當時我兼任東南軍政長官公署副司令長官，陳誠將軍是我的上司，我立刻到陳誠司令長官公館報告。他一聽完，便要我去，我只帶著一套軍便服便去日本了。到了日本也沒停留，立刻到東京第一大廈見麥帥。他問我，臺灣有多少能戰之師？我說有五六個師能打。事實上這個數目是我吹噓的。」

孫立人接著說：「我們討論到臺灣海島的情勢，我把意見告訴他，並希望美國幫助我們反攻。他說他們也在考慮當中，也許裝備兩個師在韓國登陸，協助我們反攻。我說這可以，但仍要回去報告長官。我在日本待了二天半，回來後立刻將詳細情形報告陳誠。後來麥帥到韓國後，我為了表示禮尚往來，也想請他來臺灣，於是便向蔣先生報告。他一聽便說：我都請不來，你怎請來？於是我沒出面，而由蔣親自請麥克阿瑟到臺灣來參觀。」

美國當局好幾個部門人幾乎在同一時間上，不約而同動起了孫立人的腦筋。主導日後政變除蔣計畫的美國國務院，便循著美國駐華外交系統官員，秘密於蔣介石下野之後第二個月展開了行動。一九四九年二月，美國駐中國大使館參事莫成德（Livington T. Merchant）秘密抵達臺灣，此行主要目的是觀察臺灣島內形勢。根據莫成德在臺灣期間的觀察印象，他向美國國務院上了一份報告，指出陳誠並不是美國適當的合作對象，建議美國可以爭取孫立人。美國國務卿艾奇遜看了報告之後，曾經指示莫成德與美國駐中國大使司徒雷登見面商討，如果司徒也認同，便可向李宗仁總統提出由孫立人替換陳誠作為臺灣主政者。顯然，這項建議並未落實，或者李宗仁根本無權更動蔣介石所做的人事調配，根本沒有辦法在蔣介石沒點頭的情況下，拿掉陳誠的烏紗帽，以孫立人代之。三個月後，一九四九年五月，國民黨南京政府垮臺，莫成德返回美國，他向國務卿艾奇遜提出建議，由孫立人主持臺灣政治，並且趁機向孫立人提出租借臺灣、澎湖海空軍基地，用此條件向孫立人交換經援臺灣。

換句話說，從莫成德建議國務院以孫立人取代蔣介石的心腹愛將陳誠，乃至一九五〇年五月份，美國方面都沒有放棄爭取孫立人的工作，顯然，美國當局始終在等待機會，思考如何處置蔣介石，目的在為美國謀求最大的國家利益。身在刀鋒邊緣的蔣介石，是否意識到自己距離萬丈深淵僅只一寸遠？

不可諱言，一九四九年五月這個兵荒馬亂，令蔣介石心亂如麻、五內如焚的月份，也正是美國急著出檯驅逐蔣介石政變方案，來確保中國紅色政權建立後美國在亞太地區地緣政治與經濟利益。臺灣島，向來被美國視之為中國沿海戰略要衝，美國當局的認知當中，臺灣之所以從日本帝國主義掌控中解放，乃是倚靠美國於太平洋戰爭中各島嶼浴血犧牲所換來之代價。然而，美國始終忽略，早在他們投入對抗日本的戰爭前，中國已經單獨與其血戰十年以上，犧牲了二、三千萬軍民性命，用中國人民的鮮血，換來了臺灣島的光復。以如此「慘勝」之代價，換來臺灣島的光復，無論從國際法與戰後國際秩序而言，中國收復臺灣都是實至名歸，無可置疑之處。美國基於冷戰格局之戰略思考，擔心國民黨當局如果守不住臺灣，一旦百萬解放軍渡海攻臺，臺灣被共產黨光復，何異把臺灣這太平洋第一島鍊的重要環節，憑白送給北京，那豈不白忙一場？

因此，向來習慣趁人之危的美國，便乘著一九四九年四、五月之間，南京、上海戰事相繼失利，國民黨軍丟盔棄甲，共軍以秋風掃落葉之勢，席捲大江南北，蔣介石政權摧枯拉朽的節骨眼上，華盛頓便在幕後全力策動一場針對蔣介石，針對臺灣的政變大陰謀。

一九四九年四月二十四號，共軍進入南京城當天，蔣經國從溪口拍電報給在美國的宋美齡，電文稱：「美國蔣夫人，密，匪軍於今晨佔領首都，兒等定日內乘軍艦離此，俟到達目的地後再詳電報，對於父親之安全健康，兒自知留心，請勿遠念。並請大人保重玉体，兒經國謹稟。」

等到上海情況危急，解放軍兵臨城下，宋美齡從美國拍發了一封電報給蔣介石，勸他趕緊往臺灣「轉進」，宋美齡這封交蔣經國轉告蔣介石的電報是這麼催促的：「……余意上海恐難久守，為父之安全起見，不如早赴臺灣，希轉陳考慮……」而蔣經國在接電報之後的覆電表示：「……父親已離浙東海面，飛抵臺灣。」六月，蔣經國致電宋美齡表示：「父擬日內遷居大溪（臺北區）……」種種跡象顯示，一九四九年五至六月間，蔣介石已經打定主意，落腳臺灣，但仍未放棄在廣州、四川等地作最後之一搏。蔣介石的行止安排，當然已被美國洞悉。

逐蔣不成殺之可也

一九四九年六月二十三日，美國國務院政策計畫處主任肯楠（George F. Kennan）向美國國務院和國家安全會議呈遞了一份建議書，主張美國應該聯合其他幾個亞洲國家，菲律賓、澳大利亞、印度、巴基斯坦、紐西蘭等國，由這些國家派遣少數象徵性部隊，美國派遣比較多的部隊，軍事控制臺灣。在這份建議書中，肯楠主張美國應該支持孫立人加入這個即將在臺灣島上成立的新政權，假使孫立人樂意合作，那麼美國將輕而易舉分化國民黨軍，這時，美國就會對蔣介石下達逐客令，通知蔣介石，如果他願意留在臺灣，那麼美國將以「政治難民」的身份對待蔣氏。

蔣介石正式下榻臺北近郊大溪，美國一方面在此時預備對這位「前盟友」下達逐客令，更教人不敢置信的是，開口閉口都是人權的美國，另方面，正由美國中央情報局策劃一項刺殺蔣介石的計畫，此人名叫派許（Boris T. Pash）。派許是戰後美國十分活躍的一名特工，起先任職於美軍情報部門，一九四六到一九四七年間，供職於麥克阿瑟在日本的盟軍總部。一九四八年調回美國，在剛成立的美國中央情報局擔任「軍方代表」，換言之，他是早期中情局主管軍事情報的負責人。

這段期間，派許主管一項特殊案件，中情局的代號名之為PB－7。這項專案簡而言之，便是專門行刺或者綁架不聽美國指令的外國領導人。派許主持這項被同業稱之為「濕事件」的血腥謀殺專案。而亞洲至少有兩名領導人是派許的鎖定人選，除了蔣介石，另一人便是周恩來。幸運的是，派許畫了好大的餅，卻從來不曾落實他的血腥計畫。當然，這並不意味著別的中情局特務，也和派許一樣缺乏執行力。真正計畫落實刺蔣或驅蔣行動方案的，是美國國務院負責遠東事務的助理國務卿魯斯克（Dean Rusk）。

魯斯克此君對美國政府當局的若干建議與決策，對亞洲未來造成許多無可彌補的傷害。例如把朝鮮半島沿著三十八度線割裂成南北兩半。這項決定便是出自魯斯克的傑作。魯斯克之所以找上孫立人，與魯氏個人在二戰時期的資歷有關。戰爭年代，魯斯克以上尉預備軍官的階級，擔任美軍中印緬戰場的參謀官。他為官逢迎拍馬有道，短短二、三年間，他已經像搭乘火箭般，從上尉晉升為上校。戰爭結束前，他被調回美國短暫供職於美國政府戰爭部。一九四五年二月，他進入美國國務院，任職於聯合國事務辦公室。其後，魯斯克以副助理國務卿，及主管遠東事務助理國務卿的身份，大量介入美國參與韓戰之決策。所以，魯斯克是以他觀照朝鮮半島與亞洲地緣政治的「宏觀視角」——以美國國家利益為第一優先思考點——去思考一切亞洲事務問題，所以這也包括了如何確保臺灣，使之不落入與美國國家利益背道而馳的敵人手中。至少，魯斯克認為，在一九四九年已經對大陸國共戰場完全失控的蔣介石，明顯無法有效防守臺灣，因此，美國寧可把臺灣託付給一個「有辦法」阻止共軍攻臺的，同時更忠於美國的傀儡政客，而蔣介石似乎並不具備美國所期待的那些「美德」。

魯斯克以他在中印緬戰場供職的淺薄經驗，他主觀認定也曾在中印緬戰場打過幾場硬仗的孫立人是中國將領中，符合上述之「美德」，並且在領軍與治軍方面能夠力挽狂瀾，惟一能夠力拒共軍攻臺的戰將。魯斯克既然寄希望於孫立人，便要付諸行動。他找到老戰友莫里爾將軍（Frank Merrill）到臺灣，設法說服孫立人接受美國太上皇的「歷史使命」。莫里爾在二戰時期也從事特務工作，他曾經供職於太平洋戰爭前夕的菲律賓美軍總部，亦即麥克阿瑟將軍的麾下，當過麥克阿瑟的情報官。一九四二年，莫里爾晉升為准將。之後，在中印緬戰場上，與蔣介石的死對頭史迪威，成為生死與共的親密戰友，朝夕相處之餘，史迪威跟莫里爾灌輸了很多蔣介石能力不行的主觀思維，打心眼裡蔑視國民黨黃埔系軍官。魯斯克找莫里爾完成史迪威生前未竟之志——剷除蔣介石，無疑是最恰當不過的人選。

然而，令魯斯克失望的是，莫里爾的說服工作失敗了。剛開始，孫立人雖然對蔣介石牢騷滿腹，但卻沒有取而代之的貳心。然而，魯斯克並未放棄對孫立人的說服工作。二、三個月後，魯斯克又派了另一組具有官方身份的兩個人，去臺灣說服孫立人。他們是美國駐臺灣領事館的代辦史特朗（Robert Strong）和前任美國駐臺灣總領事克倫茲（Kenneth Krentz）。然而，魯斯克派到臺灣的這兩人，也沒有成功說服孫立人謀反。

日後，在兩蔣先後辭世，孫立人重新獲得自由後，接受臺灣中央研究院教授張玉法、朱浤源等人的口述歷史訪談時，張、朱兩位學者詢及孫立人，有關美國方面邀孫立人「參加美國佔領臺灣之新政權，如他肯接受，則我們分化中國駐紮軍隊之工作即告成功。通知蔣委員長，如其願意留在臺灣，當以政治避難者身份相待。」孫立人的答覆十分特別，他說：「我根本沒見過他，也不認識他，更沒有任何接觸……他們或許是善意的，但我從沒這樣希望。」朱浤源教授的問題是一針見血單刀直入，問孫立人：「在陶百川的書中也提到，國務院的肯楠和莫成德二人以為：我們（指美政府）所需要者，乃一幹練篤實的人，不必聽蔣介石的指揮，亦不必聽從李宗仁聯合政府之命令，而專為臺灣謀福利……國務院如此做，也許和麥克阿瑟早已有所聯繫您的看法如何？」

孫立人便逕自答道：「他們或許是善意的，但我從沒這樣希望。」這句答覆說明確實有一批批美國官員絡繹於途，企圖遊說孫立人，在美國扶持下，建立一個親美的新政權。只是孫立人這句「他們或許是善意的，但我從沒這樣希望」只有短短的十六字，但卻已無形中承認美國積極在臺灣醞釀倒蔣政變的圖謀。史特朗和克倫茲甚至露骨地明示孫立人，只要他同意控制臺灣國民黨當局，美國將會徹底支持孫，但並未得到孫立人肯定的回應。

然而從一個中國人的立場出發，緣何相信美國人基於美國「國家利益」所圖謀的「除蔣政變」，會是一種「善意」？孫立人的這番自辯說詞顯然令人起疑！

由於美國方面一再向孫立人明示暗示，但始終得不到孫立人發自內心的配合意願，美國駐臺灣領事館的代辦史特朗到一九五〇年五月終於對策動孫立人兵變倒蔣，感到徹底失望，同時也對孫立人是否是美國合適的欽定「歷史選民」——或者是「親美傀儡」，感到嚴重懷疑。況且，如果要推倒蔣介石政權，孫立人的先決條件是先得解決掉一百多名忠於蔣介石的軍事將領與核心骨幹，他嚴重質疑孫立人有這等本事，做到徹底掃除蔣系勢力的能耐。因此，史特朗向華府反映的事實是，孫立人個人有沒有意願已經不重要，重點是孫立人有沒有能力辦到美國的目標。

殺蔣或驅蔣 ✷ 黃袍加身於孫立人

當下，即便孫立人不願意發動政變，華盛頓仍然掐著蔣介石的脖子，華府的態度非常明確，除非蔣介石知難而退，索性離開臺灣，否則不但美援遙遙無期，美國第七艦隊更不可能介入臺海，更不會試圖阻攔共軍渡海攻臺。魯斯克助理國務卿建議華府索性直接告訴蔣介石，限期離開臺灣，把軍政大權交給孫立人，聯合國將託管臺灣，華府隨後便會宣佈以第七艦隊協防臺灣。如果此計再不得逞，美國便準備對蔣介石下手。

但是，就在一九五〇年春季，蔣介石警覺到情勢對他極為不利，情報顯示孫立人與美國人之間有不同尋常的勾搭，惟恐演變成一場悲劇性災難，甚至危及蔣氏父子性命。蔣介石被迫打出從不曾使用的一張王牌，利用剛從美國回到他懷抱的妻子宋美齡的影響力，希望發動孔宋家族的兩大代表人物孔祥熙、宋子文，對他緊急伸出援手。

宋子文是孫立人早年在上海稅警總團任職團長的老東家，稅警總團隸屬財政部，是宋子文擔任財政部長時代，為查緝逃漏稅而設置的直屬財政部武裝部隊。因為宋子文是留美系統，成立稅警總團，選用的幹部幾乎清一色留美學生，稅警總團使用的槍械火砲，也全是歐美進口的高檔貨。宋子文對孫立人有提攜栽培之恩，否則孫單憑清華學校、美國普渡大學、維吉尼亞軍校這些洋學堂的學歷，想要在以日本士官學校、保定、黃埔等軍校為主流的民國軍隊當中謀得一官半職，根本比登天還難。淞滬戰役孫立人身受迫擊砲十三片彈片擊傷，險些丟了性命，宋子文特地出錢送孫到香港醫治，撿回了一命。所以，宋子文更對孫立人有救命之恩。

是故，假使孫立人想為一己私利，做出什麼大逆不道，不利於蔣介石的事情，或者被美國人誘惑，對蔣介石痛下殺手的話，孫立人誰的帳都不買，惟獨宋子文的帳他不敢不買。所以，宋子文是惟一可以在關鍵時刻救蔣介石一命，阻止孫立人做出傻事的不二人選。這就好比一九三六年西安雙十二事變，宋美齡也是央求宋子文出馬——儘管宋美齡一度與宋子文有家族內部恩怨——但在緊要節骨眼上，宋子文還是會為妹妹拔刀相助的。

宋美齡風塵僕僕剛到臺灣，回到丈夫身邊共赴「國難」，不到兩個月，宋美齡即以丈夫的名義，給宋子文寫了一封信，信中有句關鍵性的話語謂：「國難日亟，希兄移玉臺灣，共濟艱危，為盼！」宋子文基於盛意難卻，曾於一九五〇年三月，專程赴臺報聘，短暫訪臺數日。宋子文到臺灣作短暫勾留，對臺灣島內政情固然沒有太大波動，但卻對那時的孫蔣關係會起到一定作用，至少讓孫立人「浮躁不安」的心，得到平撫。

宋子文一九五〇年三月臺灣之行，無異為搖搖欲墜的蔣介石政權注入一劑強心針。二年來，美國為了實質佔領臺灣，為了不甘心把太平洋戰爭勝利果實臺灣「白白奉送」中國，美國完全不顧中國人民十四年抗日死難犧牲二、三千萬軍民無比沉重之代價，美國垂涎臺灣，可又師出無名，想出兵佔領臺灣，卻又怕悍然出兵將引起國際公憤，便妄圖在國民黨內部製造動亂，離間國民黨內部派系倒蔣甚至除蔣，妄圖利用孫立人畢生忠於國家，功在民族的威望，妄圖利用孫氏急於表現失去理智的弱點，利用國民黨當局內的各個動搖份子，陰謀在臺灣製造一場除蔣血腥政變。在蔣介石宋美齡夫婦力邀下，半路殺出了個程咬金——宋子文——他的訪臺，穩住了孫立人「驛動的心」，畢竟宋對孫有提攜再造之恩。此舉，非但保住了孫立人中國軍人的忠貞愛國的節操，使他不上美國人的當，不作輕舉妄動。

蔣介石憑藉著宋子文與孫立人舊僚屬關係的影響力，在島內形成人情壓力，暫時迫使孫立人不敢魯莽行事。另方面，在蔣介石的要求下，已經決心到美國當寓公，不過問政事的民國政府前財政部長孔祥熙，奉蔣介石的請託，專程從美國去了一趟日本東京，一則提供若干中國情報給盟軍總部（雖然孔祥熙恐怕什麼具體的情報也沒有），但主要目的，則是為蔣介石活動及打探消息。美國駐東京盟軍總部（麥帥總部）的情報處長查爾斯・威洛比（Charles A. Willoughby）將軍，基於對中國情報需求，與孔祥熙舉行了一次秘密會談。來得早不如來得巧，剛結束美國打探風聲之旅的董顯光，也聞風而至，從美國返回臺灣的半途，兼程趕到東京，與孔祥熙共同參加這場由查爾斯・威洛比主持的秘密會談。董、孔兩人在會議桌上，也趁著會談進行過程的中場休息時間，交換了對臺灣時局及蔣介石處境的訊息與看法。董顯光把在美國的所見所聞，告訴了孔祥熙，董、孔二人均為蔣介石面臨美國欲除之而後快的危急處境，感到極度憂慮。幸運的是，蔣介石的巧妙安排，再加上命運之神對他的眷顧，讓董、孔二人分別從不同面向，為蔣介石一一解開眼前千鈞一髮的嚴峻危機。

董、孔二人和麥帥總部情報處長查爾斯・威洛比的秘密會晤，是在一九五〇年的六月十號，結束會晤，董顯光趕回臺北向蔣介石覆命，孔祥熙則折返美國，希望分途從美國的政界當中，尋求解救蔣介石滅頂危機的任何可能方案。董顯光回臺北之後，當然一五一十向蔣介石匯報了美國及日本一路上所有珍貴情報，蔣介石這半生經歷過三次下野，及無數次政治鬥爭的風浪，他非常擅長以退為進之道，他也明白，是到了該向麥克阿瑟表明以退為進心跡的時刻了。前五個月，也就是一九五〇年一月份，麥克阿瑟曾經派查爾斯．威洛比專程到臺灣，「勸告」蔣介石將臺灣的權力交給吳國楨之後，離開臺灣。當時蔣介石拒絕了麥克阿瑟這蠻橫的要求，但是，此刻的蔣介石卻一改五個月前毫無轉圜餘地的頑強立場，蔣命令國民黨軍方派駐在東京盟軍總部代表何世禮，會晤了查爾斯．威洛比。何世禮告訴查爾斯．威洛比，委員長已經改變心意，他願意在必要時候交出臺灣的軍政大權，但條件是絕不交給孫立人。

蔣介石為何在態度上有如此一百八十度大轉彎，當然有其策略上運用的著想。蔣介石已經從董顯光等人當面匯報中，得知美國方面的天大秘密——準備取他性命，或者想趕他離開臺灣。在臺灣群龍無首之下，美國再派兵登陸，全面接收，成為他們的軍事基地。這是美國人的如意算盤。但是，蔣介石也看出這個彌天陰謀的設計，存在著許多的漏洞和破綻。政出多門是最大的問題。美國特務機關、軍方（包括麥克阿瑟的盟軍總部）、國務院、乃至杜魯門的白宮幕僚，幾個方面都在搞陰謀詭計，他們各行其政，雖然都是為了「確保美國在臺灣的國家利益」，但何嘗不是各有所圖，各懷鬼胎。蔣介石看出來，既然美國方面是「政出多門」，何不乾脆來一個釜底抽薪之計，用麥克阿瑟的力量去抵消或者離間其他美國機關部門的力量。

美國傳遞密函最後試探孫立人

然而，蔣介石似乎太看輕美國人的真本事了，搞政變，美國並不是生手，他們已經熟門熟路，而且已經箭在弦上。況且，政變的電路開關，主要掌握在白宮和國務院那一小撮人手上，而不是在東京的麥帥總部「現代凱撒」的手上。表面上，美國是從好幾個部門分別研究除蔣或殺蔣的方案，以確保臺灣掌握在美國人手裡，所以，根本不是政出多門的問題，而是幾路並舉殊途同歸有志一同的「集體創作」。從華盛頓傳遞給孫立人的一封密函，可以看出蔣介石已經迫近刀鋒邊緣了。

美國二戰時期擔任過第七艦隊司令的柯克上將（Adm. Charles M.Cooke, Jr），被華府當局賦予了傳遞孫立人密信的最高機密任務。柯克海軍上將在一九四五至一九四八年間，係美國海軍第七艦隊司令，是太平洋西岸最有權力的美國軍事將領之一，於此同時，柯克奉美國政府訓令專門與蔣介石磋商兩國海軍合作事宜，蔣介石在軍政界領袖面前，經常誇稱柯克上將是「中國最良善的朋友」。

的確，從蔣介石當局的角度，柯克似乎待民國政府不薄，但是，背地裡這位美國海軍上將卻負有美國政府的秘密使命，配合美國國務院的「除蔣計畫」，除掉美國在臺灣問題上最大的障礙蔣介石。而柯克正是美國當局派遣到臺灣遞送「催命符」的人。從這裡也可以一窺蔣介石失去政權，甚至差一點丟掉老命之部份癥結——識人不明，竟會把陰狠的幫兇長期誤認為「良善之友人」，而把真正的忠良摒棄於權力圈之外。

早在美國馬歇爾於國共戰爭初期來華調停失敗，美國對國民黨當局的軍事援助，即逐步減少甚至全面停供。蔣介石就是在國共戰場全面失利，加上美國停止提供武器援助以後，被迫在一九四九年一月下臺，直至一九五〇年三月蔣介石在臺灣宣佈「復職」，美國仍然拒不提供蔣介石當局一槍一彈。但是，表面上美國政府峻拒再軍援蔣介石，被蔣稱之為「中國最良之友人」的退役將領柯克，卻非常寬宏大量地扮演起「雪中送炭」的角色，固然，那時的蔣介石把柯克視之為「風雨故人」，柯克竟趁火打劫以軍火掮客的形象，出現在蔣介石與宋美齡夫婦面前，柯氏並且運用與中央情報局的密切關係，由中情局外圍公司「紐約商務國際公司」的名義，專門為瀕臨彈盡援絕的國民黨軍隊，進口了一小批軍火武器，解決國民黨軍的油彈匱乏危機。蔣介石只注意到柯克送來了這份大禮，卻忽視了柯克夾帶了另一份「大禮」，這份「大禮」便是要讓蔣介石上西天的催命符。

在蔣介石夫婦為柯克將軍舉辦的盛大歡迎儀式過後，柯克除了領受蔣介石答應的每年付給他七十五萬美金的豐厚酬金，以犒賞柯克從美國弄到了久旱逢甘霖似的軍火補充，蔣介石期待柯克以後每年都能像這樣繼續「合作無間」，臺灣對他的犒賞也自當源源不絕敬謹奉上。柯克也老實不客氣提出他的要求，這要求也是美國開後門補充臺灣少數軍火的條件——任命美國屬意的孫立人統領國民黨軍隊。蔣介石在心不甘情不願的情況下，兩個月內先後任命孫立人為陸軍總司令、臺灣防衛司令。然而天曉得臺灣的兵權實際上仍操縱在蔣介石手上，孫立人不過空有虛名。

一九五〇年二月，當退役的柯克將軍以美國國際通訊社記者的身份，入境臺灣，這位抗戰時期便已介入與中國情報合作的老特務頭子，戰後還以第七艦隊司令的身份駐防過山東青島，這趟臺灣之行，真正的重頭戲是在傳遞一份密函給孫立人。密函加上重量級身份的海軍上將柯克，美國老闆的用意自然是要給孫立人吃下定心丸，讓孫立人充份信任美國，華盛頓是有誠意支持他倒蔣的，只要一切準備妥當，便在華盛頓預定的目標時間發動。

三個多月後，也就是一九五〇年六月初的某日，經常東京和臺北兩頭跑的柯克，兼程回到美國華盛頓，他帶著孫立人的密函，直接交給了國務院遠東事務助理國務卿魯斯克，也就是前邊提過的那位和孫立人二戰時期同在中印緬邊區共事過的這位美國人，魯斯克三番兩次派人勸誘孫立人同意配合美國搞政變，但孫立人都顧左右言他，不答應。搞得魯斯克有點失望，但是，沒想到美國派柯克上將這招卻成功了，孫立人這次有了回應。

孫立人答應政變是魯斯克胡謅？

魯斯克日後卻自說自話地聲稱，他接到孫立人密函之後，為了保護孫立人的安全，深怕洩密，索性把孫立人托柯克帶回美國的那封信，一把火給燒了，魯斯克把信函內容全記在自己腦子裡。魯斯克把孫立人信中的說法，報告了他的上司，國務卿艾奇遜，希望由艾奇遜去向總統杜魯門作匯報。杜魯門得報之後，魯斯克這邊卻也不曾停歇動作，魯斯克設法找到了民國政府前駐美國大使胡適之博士，在紐約廣場大酒店（Plaza Hotel）和胡適碰面晤談，試探請胡適出面組織一批自由派的中國精英份子，取代蔣介石政權的可能性。胡適當面拒絕了魯斯克的「好意」，但胡適也認同只有蔣介石不再領導臺灣當局，美國才有再軍援臺灣的可能性。

令人納悶的是，魯斯克的這套說詞根本缺乏文本證據，因為正如他所言，那封孫立人密信已經被他一把火給燒了，目的是為了「孫立人的安全，深怕洩密」，關鍵就在於魯斯克如此說詞，反陷孫立人於不義之境，反而提供了一個灰色空間，讓美國在政變流產之後，可以把所有的政治責任都一股腦推卸給孫立人，讓孫立人一個人揹黑鍋，扛責任，魯斯克和美國一夥陰謀政客自可完全置身事外。

然而，天真的胡適事後竟把與魯斯克會晤的情況，一五一十地向顧維鈞、宋子文等人作了忠實的敘述，以證明自己的清白與置身事外。如此種種，日後均被蔣介石間接知悉，蔣氏父子從此也對胡適結下難解芥蒂。也幾乎來自同樣的情報管道，蔣介石日後頻頻為自己瀕臨刀鋒邊緣的險境揑把冷汗。

魯斯克約晤胡適的同時，臺灣的孫立人自然也處在隨時「被迫待命」狀態，雖然日後孫立人在接受近代史學者訪問時，矢口否認他有任何不軌圖謀或舉措，否認他與美國人合謀搞政變。孫立人將軍在受訪時告訴臺灣中央研究院學者，美國國務院官員「也許是善意的，但我從沒這樣希望」。孫立人如此答問，至少透露了兩層意義。第一層意義，儘管孫將軍本人意謂並未承諾要和美國人裡應外合搞政變，但美方政變計畫的相關訊息確是傳達給他了，否則孫立人如何判斷製造政變陰謀的美國官員是否為「良善」呢？第二層意義，美國想在臺灣搞政變的訊息傳遞給孫立人知悉後，孫將軍並無意配合美方的陰謀，成為「一幹練篤實的人，不必聽蔣介石的指揮，亦不必聽從李宗仁聯合政府之命令，而專為臺灣謀福利」那樣的人。換言之，縱使美國官員再三以甘言誘之以重利，依舊被孫立人拒絕了！這是孫立人的單方面說詞，但是，蔣氏父子如何解讀呢？相信孫立人的「耿耿之忠」嗎？

第三章

孫立人政變

美蔣特務戰開打

雖然孫立人重獲自由之後的有生之年，從未鬆口承認配合美國杜魯門政府進行除蔣或殺蔣政變，但是，隨著美國解密檔案的陸續曝光，更多證據顯示孫立人至少在某種程度上，與美國的除蔣陰謀密切相關。而蔣介石早在美國計畫除掉他之前，已經先一步在孫立人的周邊悄悄展開了行動。例如，孫立人年輕貌美的英文秘書黃正、黃珏姐妹在一九五〇年三月因涉及共諜案被臺灣保安司令部逮捕入獄。孫立人部屬少將軍法處長周芝雨在一九五〇年七月，也被突然逮捕槍決。一九五〇年八月，孫立人過去的部屬前第七軍軍長李鴻忽然被逮捕關押。這三樁案例都是在美國緊鑼密鼓準備除掉蔣介石的積極醞釀期間，不約而同發生的。換言之，蔣介石已經開始收網佈防了，而美國那邊的殺蔣或除蔣行動，卻仍投鼠忌器，遲疑不決。

孫立人英文秘書黃正、黃珏姐妹被捕，少將軍法處長周芝雨被槍斃，前第七軍軍長李鴻忽然被捕入獄，這三件案子證明蔣介石早在美國預定的政變目標日期——一九五〇年六月的最後一個週末，六月二十四日或二十五日之前，蔣氏父子便已經警覺到孫立人的異常舉止。而蔣介石退居臺灣後，首先就把重建軍隊政工制度的任務交給他兒子蔣經國，絕不僅止於表面功夫。蔣介石倉皇之間從重慶、從成都撤退臺灣，至晚從一九四九年十二月間，便已經和美國在臺灣島內的情報系統，悄悄展開了一場「沒有砲聲的戰爭」，兩蔣父子對孫立人也從過去的消極監視繼而轉變成積極行動了。

美國人可能從未如此沮喪，竟然在與中國人的第一回合的情報戰中，鬥輸了蔣介石父子，特別是鬥輸了在蘇聯居留十餘載的蔣經國，更令美國人感到難堪與氣結不已。這似乎也印證說明了，美式的特工系統雖然講究破譯密電，講究科技儀器，但從與蔣氏父子的這第一回合交手，似乎已經高下立判。美國向英國人拜師學藝學來的特工技巧，顯然難以和俄式特務系統相抗衡。美國特務在一九五〇年六月中旬的節骨眼上，已經應該有一種預感，套用一句中國的情報術語：端鍋。

三個月前，亦即一九五〇年三月，當華盛頓尚處在猶豫不決，臺灣政變方案還處在醞釀及藍圖階段，華盛頓和孫立人之間的互信基礎正待進一步強固的階段，孫立人剛從柯克上將手上接到那封密函之後不久，孫立人年輕貌美的英文秘書黃正、黃珏姐妹在一九五〇年三月被臺灣保安司令部逮捕——（據國民黨特務人員的情報來源指出，黃正、黃珏姐妹被栽誣與孫立人之間有「不正常的關係」，特務機關逮捕兩姐妹之後，便頻頻以此作為逼供之主題）。孫立人部屬，軍法處長周芝雨少將在一九五〇年七月被逮捕槍決。一九五〇年八月，孫立人舊部前第七軍軍長李鴻被逮捕關押。這三件案例都是在美國緊鑼密鼓準備除掉蔣介石，政變計畫如箭在弦的時節，「不約而同」發生的。

最愚昧可笑的是，在美國中央情報駐臺人員及國務院外交系統官員聯手之下，還鬧出了「除蔣方案」被整鍋端走的大笑話，而美國在臺的特務人員竟還懵懂未查，這也難怪第一階段的美蔣鬥爭，美國特務機關會敗得如此慘烈了。

美方臨時收手

一九五〇年六月二十五日，朝鮮戰爭忽然爆發了，在美國國務院紙上模擬的「臺灣政變方案」中，原定孫立人發動，美國全力策應的政變的目標發起日，正是六月二十四日或者六月二十五日。或許人們質疑，既然如此，為何六月二十四日那天為何未能發動政變呢？按照這份紙上計畫的規劃，只要臺灣的孫立人將軍通知美國，他已經作好軍事政變的準備工作，美國便會全力支持孫立人，孫將軍會在四十八小時內徹底消滅島內所有的親蔣軍官，由孫立人掌握軍權，軍事政變的七十二小時後，美國會派出一群最能幹的行政官僚到臺灣，協助臺灣新政府的顧問。如此一來，從軍事幹部到政府部門，將全部掌握在親美份子的手上。此前，美國曾經徵詢胡適之博士的意願，希望胡適出來領導一批反共而又親美的臺灣人和大陸人，在必要時候接管臺灣當局。但此一建議未被胡適接受。

為何一九五〇年六月二十四日那天為何未能發動政變呢？原因可能來自幾個方面，其一，可能是孫立人尚未拿定主意，或者孫氏尚未作好準備，或者根本他已經警覺到蔣氏父子看出了美國人的陰謀，否則怎麼會發生前述被蔣氏父子領導的特務組織「整鍋端」的情況呢？或者這項政變計畫正如孫立人日後所言，是美國一廂情願式的「善意」，但是美國人的「好意」我孫某心領了。

許多人認為朝鮮戰事之突發，迫使美國白宮必須無限期推遲臺灣政變的發起日，但是，即使朝鮮戰爭不在一九五〇年六月二十五號爆發，美國發動臺灣政變也必須冒著雙面刃風險，別忘了中國人民解放軍在粟裕大將統領之下，已經陳兵百萬於臺海當面福建沿海一帶，正積極購買與徵集船隻，如果美國此時此地膽敢在臺灣發動殺蔣流血政變的話，粟裕大將趁此島內混亂時刻，揮兵討伐，剛好給人民解放軍名正言順的出兵藉口，大軍渡海攻臺。再者，蔣介石在臺灣也有五六十萬部隊，大部份控制在黃埔系統將領手上，孫立人根本不可能一口氣解決那麼多部隊。況且，正如前述，孫立人驚覺蔣氏父子已經搶先動手，美國是全世界最現實的帝國主義者，按照美國人的辦事風格，譬如中情局的特工出任務時失風，被人識破了，中情局便會祭出一句標準的官方說詞，「行話」——該員與本局無任何瓜葛，該行動也與本局毫不相干，事前毫無所悉。然後，中情局內部悄悄結案！束諸高閣，等待三十年後解密，到時白髮人成為一堆白骨，黑髮人成了白髮人，一問三不知！

魯斯克明顯就有這種全世界最現實的帝國主義者的作風，他把臺灣政變的一切責任全往孫立人身上推，把這場政變的主動提議者，說成是孫立人，而故意不提其實是美國三番兩次派人撩撥勾引孫立人，妄圖導引孫氏走上以行動反蔣與倒蔣的不歸路。最後，美國國務院還委託柯克海軍上將傳遞勾引孫立人政變除蔣的密函，美國官僚們又怎能洗脫陰謀策動臺灣政變的滿身污穢呢？

有趣的是，美國出土文獻也供承，美國原本對臺灣蔣氏父子的政變攻擊發起日，是訂在一九五〇年六月二十四日或二十五日，卻因為遭逢朝鮮戰爭突發，以及中國人民解放軍粟裕大將率領百萬大軍陳兵福建沿海，隨時準備萬船齊發，一舉拿下臺灣孤島，再加上蔣介石父子統領的軍統、中統殘兵游勇，以新敗倉皇猶如喪家之犬的狼狽姿態，竟然看穿美國中央情報局及美國國務院派在臺灣的洋特務的詭計，就讓美國除蔣政變的陰謀徹底破產，也徹底摧毀了美國特工打遍全球無敵手的神話！

更反諷的是，一九五四年的六月二十四號，亦就是先前美國選擇要在臺灣倒蔣政變的同一個日子——六月二十四號。孫立人，那時任職臺灣陸軍總司令的孫大將軍，被蔣介石侍從臨時通知，緊急叫進位在臺北重慶南路的「總統府」裡，蔣介石連誇了三聲「好！好！好！」哪曉得他禮多必詐，孫立人「升官」了——從陸軍總司令高升為「總統府參軍長」，這官位實在了得，所謂「參軍長」意思其實是「參而無軍」，讓孫立人從此「無軍可參」，沒軍務可參了，等於是被打進冷宮，或者等於給蔣氏父子掃地出門了，給明升暗降了，失去了統領軍隊的大權，成了名副其實的「光桿司令」了，將軍丟了槍，沒了部眾，這還叫什麼將軍呢？而蔣介石還刻意選了六月二十四號這麼一個「特殊的日子」，整肅批鬥被蔣氏視之為「吃裡扒外」的孫立人，擺明就是跟美國帝國主義者叫板，做給那些想政變他、驅逐他、甚至整死他的美國特務官僚看！

一九五五年五月二十八日，蔣介石又差遣侍衛緊急召見，孫立人又是猛然一驚！

許久不見「龍顏」，急急如律令召見，根據過去慘痛經驗，這肯定又是石破天驚，準沒好事。果然，猜測八九不離十，蔣介石坐在他那張大椅子上，沉著一張臉，毫無表情地對孫立人說：「你近期看什麼書？」這通常是蔣介石的制式詢問。孫立人早有準備，回答：「看《南宋興衰史》和《曾國藩家書》。」蔣介石表情更冷峻，心想你把臺灣我這小皇朝比作南宋，好你個孫立人！又隨口回了孫一句：「那好！好！」忽然他迅即變臉，很不高興地說：「你訓練部隊有一套，不過你打仗不行。你為什麼要和胡適、葉公超等政客來往？又和美國軍政界人士交往？美國新總統當選人艾森豪為什麼要邀請你參加他的就職典禮，而不邀請我呢？孫立人，你不要自以為很聰明，你再聰明也逃不出我的手掌心！」邊說，蔣介石還伸出他的手掌，向孫立人作勢伸出手掌心用力一捏，這動作似乎在向孫示意，你要玩我還早得很，我掐死你卻是易如反掌！講到這裡，他臉色顯得更陰鬱了些，蔣介石以他那雙會射出電流的眼睛，死盯著孫立人說道：「現在我要把你孤立起來！」孫立人內心激憤難平，再也顧不得長官部屬禮儀了，他放開膽子對蔣介石高聲辯解：「我一生只知道忠君為國，愛民如子。我最討厭政治，更不會使用政治手段加害於人。……」孫立人話才講到這裡，「總統」辦公室裡的空氣像是結凍了似的，場面異常緊繃尬尷，蔣介石沒聽完孫立人的話，立刻打斷孫立人繼續往下說下去，他揿下呼喚侍衛人員的電鈴，對孫立人大聲喝斥：「你不必再講，你給我滾出辦公室去！」一名人高馬大的侍衛急忙奔了進來，幾乎以押解人犯的態勢逼近驅迫孫立人快步走出蔣介石的辦公室。

美方之前本想選定一九五〇年六月二十四號殺蔣或驅蔣，結果驅蔣殺蔣兩頭落空，美國計畫中的「扶植對象」孫立人，反倒在四年後的六月二十四日成了美國人政治陰謀的犧牲品。蔣氏父子這邊還沒完沒了，蔣介石又特意選了一九五五年的了六月六日，在臺灣南部地區屏東舉行七萬部隊大校閱。來賓邀請了美國方面的美軍第八軍軍長泰勒中將，和美軍駐臺顧問團團長蔡斯。這時臺灣緊鑼密鼓馬上要和美國簽署所謂《中美共同防禦條約》（同年十二月三日簽訂），兩邊關係已經進入如膠似漆的蜜月期，美國杜魯門民主黨政權已經滾蛋下臺，換上了共和黨的艾森豪威爾當總統。美國基於全球戰略利益，以及冷戰的戰略格局，亟需臺灣的蔣介石幫他看守住第一島鍊，扮演所謂不沉航母的門神角色。斯時，蔣氏父子比較一九五〇年六月更是牢牢掌握住島上五十萬國民黨軍隊和近十萬特工與警察，統治地位益形穩固，更加有恃無恐了。蔣介石刻意挑選六月六日這一天，此日期正是艾森豪威爾威儀棣棣，以盟國遠征軍最高指揮官的職務，統領兩百八十萬盟軍，在法國諾曼第舉行戰略大登陸的日子。似乎也在暗示過去想政變整掉蔣氏父子的美國特工官僚們，老蔣也在臺灣進行一場轟轟烈烈的諾曼第登陸大作戰，徹底顛覆美國特務的政變計畫。

另方面，蔣介石選了六月六號斷腸時，當然也是要給孫立人辦一場臨別大閱兵，給孫立人來一場臨去秋波式的下馬威。這場閱兵與其說是孫立人原定為蔣介石辦的一場盛大軍事派對，不如說是蔣介石給孫立人辦的一場惜別派對。藉此，蔣氏父子炮製了「屏東機場事件」，硬栽在孫立人頭上，誣指孫將軍意圖在這天閱兵場合，把校場上的大砲砲口對準閱兵臺，趁蔣介石閱兵時，開砲轟死老蔣，但蔣氏父子特地邀請了美軍第八軍軍長泰勒中將，和美軍駐臺顧問團團長蔡斯，還有孫立人陪校，大有告訴孫立人，「你想整我，整整看吧！要死我也拖你一起死！」頗有這種況味。天曉得這根本是兩蔣父子刻意炮製的戲碼，更是給美國白宮與國務院及特務人員與一度搖擺於「忠誠與道義」之間進退維谷的孫立人，所有的一干人等賞了一記清脆響亮的大耳光。

耿耿之忠？欲加之罪？

儘管孫立人本身在實際行動上看似並未逾越最後紅線，似乎也並未與美國展開任何實質的背叛武力行動。孫立人日後重獲自由後亦不斷向人激動堅稱，他身上多處作戰傷疤可以證明，他對黨國對蔣介石，耿耿之忠，可昭日月。臺灣不少研究民國史的學者，多亦傾向孫立人並無謀叛事實。但治史者如果僅憑後見之明或者個人情感投射，何嘗能盡窺歷史事件當事人處在當下的內心世界幽微之所在？蔣介石多多少少是基於「防人之心不可無」和「矯枉寧可過正」的心態，不得不做出他認為的最起碼的防衛性舉措：寧可錯殺一百，焉可放過一人。更何況，在蔣氏父子掌握的情資來源裡，和美國軍政幹部勾勾搭搭眉來眼去的孫立人，各種資訊何止千絲萬縷，如果沒有起碼的證據說服自己說服旁人，蔣介石何能將孫氏定性定調為叛徒？

美國與蔣介石第一回合的交手與爭鬥，在孫立人「政變未遂」或者被蔣氏父子「警覺識破」後，黯然落幕了。從抗戰到國共內戰，一代名將孫立人他的政治人格與人身自由，被蔣介石判了「無期徒刑」，從此，孫立人被蔣氏父子派重兵幽禁在臺中向上路一段十八號，一幢黝暗深邃的日本式木造宅邸裡，失去自由長達三十三年。在孫立人的角度，自己是耿耿之忠，蒙上不白之冤；但從兩蔣的角度，也不是見到黑影便開槍，也是有「證據」掌握在手裡的。當然，為了爭奪臺灣的最大戰略利益，美國是不會輕言放棄臺灣的。孫立人事件不過是臺灣時期美蔣鬥爭剛剛揭開序幕的第一場大戲。然而，在總結孫立人事件的同時，不禁讓人想起一位蔣介石侍衛官應舜仁的口述回憶，頗值得玩味。深思孫蔣兩造之間，是非黑白，究竟誰說的才是事實真相。

應舜仁先生說到：「蔣公不讓美國介入軍隊，這是他戰略眼光遠大的地方」。應先生說：「當年美軍想控制臺灣，派來美軍顧問團，顧問團來了以後，在我們軍中的每一個部隊派了指導員，也就是他們所謂的軍中牧師，其實都是他們的眼線。還要我們軍隊發餉用美金。先生就是不要。當時很多將領很不諒解先生，為什麼不拿美元，拿美元待遇好，還可以改善生活。那時先生親口說：『我不需要你們來攙在我們軍中，你只要武器彈藥給我們，讓我們訓練人，有人可以用，那就好了。』」

殊不知，不讓外人插手軍隊，並不是蔣介石的什麼真知卓見，而是他前半生經驗教訓積累的心得。最鮮明的一個案例，便是蔣介石剛剛握有兵權之後，爆發的「中山艦事件」。蔣介石畢生執政經驗告訴自己終身恪守一項鐵律：執政者可以放鬆一切，惟獨軍隊權力千萬不可絲毫放鬆。

蔣介石的反擊

在美國人意欲策動孫立人謀反，驅蔣殺蔣的行動計畫中，有幾個特殊的人物，一個是可能扮演拆除炸彈引信的宋子文，另外兩個人，便是蔣介石最後一次約見孫立人時，警告他少與之往來的葉公超、胡適之。

蔣介石心目中，葉公超、胡適之兩人固然和政變沒有直接牽連，但葉、胡二人和美國當局的關係剪不斷，理還亂，這裡面有些蹊蹺，被蔣介石解讀歸類為一丘之貉。宋子文畢竟是蔣介石的郎舅，皇親國戚，一則沾著孔宋家族的光，一則手中還握有蔣介石太多政治把柄，所以，蔣介石固然對這位郎舅愛恨交織，終究還是諸多顧忌，不但不敢稍有僭越，更不敢稍有怠慢。但對葉公超和胡適之兩人，只要逮到機會，豈有曲予寬容的必要，勢必磨刀霍霍，不必那麼客氣。

蔣介石究竟什麼道理，恨葉公超、胡適之兩人恨得牙癢癢的，卻又莫可奈何？這自然和一九五〇年那場美國醞釀的未遂政變，有著微妙而密切的關聯。蔣介石日後接見自美國輾轉至日本，風塵僕僕返抵臺灣的董顯光，董老師自然一五一十把他在美國所有見聞，和盤托出，讓蔣介石知曉內幕。當蔣介石聽聞董顯光轉述，美國急於拉攏胡適等自由派人士，以便俟機成為組織臺灣親美「政府」的頭面人物。在國民黨垮臺前後，吳國楨、葉公超與胡適等人，固然分佈在臺灣與美國各地，卻分別成為美國亟欲爭取的熱門人物。

因此，在一九四九年直至一九五〇年代中期，這長達七、八年的過程中，正是美國意圖對蔣介石採取驅逐甚至殺戮手段的第一波政變高潮期。在這個階段中，美國把在臺灣實施政變陰謀的希望，寄託在孫立人身上。可是，美國也希望能同時培養一批一旦政變成功後，能夠賦予重責大任的一批親美政客，被美國圈定為目標人選的，除了大陸籍的政客，當然也包括了一批鳳毛麟角受過美式教育的臺灣本地知識份子。當然，這裡頭最為人所熟知的大陸籍政客或文人，自然首推胡適之、吳國楨、葉公超三個人。

美國陰謀發動的這第一波政變高潮，雖然因為主客觀因素的變化，並未真正落實，但胡適、吳國楨和葉公超三人的命運，卻因各人造化不同，而分別走上了不同的運途。但總的來說，胡、吳、葉三人卻都或多或少，受到美國這第一波政變高潮的影響，宦途與人生際遇都遭受極大的打擊。這與蔣介石內心世界，杯弓蛇影揮之不去的政變疑雲休戚相關。

今天許多人抨擊蔣介石父子治臺初期採取高壓手段，遂行其白色恐怖統治，然而，這些人其實完全無法理解蔣氏父子之所以搞白色恐怖，除了基於權力思考，更大的原因是擔心自己安身立命的生存問題，擔心自己命繫一線，如果在一九四九年迄至一九五〇年代中期的這第一波政變高潮中，蔣氏父子只要稍有鬆懈，那麼被軟禁甚至人頭落地的不是孫立人或是軍法處長周芝雨，而是蔣介石與蔣經國父子。這便是孟子所說的：「獨孤臣孽子，其操心也危，其慮患也深」。

蔣介石之所以逃過第一波的美國政變威脅，一方面是蔣氏父子小心應付，運用各種情報管道，讓自己免於殺身之禍。另方面是亞洲冷戰格局的形成，原本蔣介石這張「廢牌」突然一夕之間變成了美國的「王牌」。主客觀形勢的轉變，讓美國人警醒評估，在亞洲多一個像蔣氏政權這樣「免費」的司閽者，對美國在這一地區的地緣政治利益是利多於弊的。如果蔣介石失去了看門的利用價值，或者臺灣的地位對美國而言變得可有可無時，那麼蔣氏父子將馬上陷入絕境，成為被美國優先「政變掉」的親美傀儡。所以，如果蔣介石不是在一九五〇年朝鮮戰爭的夾縫中，「鹹魚翻身」，那麼他註定成為第一批被美國搞掉的人。

所以，今天用崇高的道德標準去要求蔣氏父子，是極其不現實不合理的，處在蔣氏父子那個刀鋒邊緣的位置，沒有理由要求蔣氏父子在國家離亂，政權崩潰，人心惟危，道心惟微的危機時刻，還要謹守承平時期政治家虛偽的高標準民主人權原則。畢竟，蔣氏父子必須首先能夠存活下來，政權能夠延續下去。

孫立人也不難理解，為什麼蔣介石要伸出拳頭，這既是在警告孫立人，也是在警告美國人，別逼人太甚！一九四九年黨國在大陸崩解以後，迄至一九五〇年代中後期，那個流離混亂的時代，我們很難想像蔣氏父子的杯弓蛇影，一夕數驚。也惟有經歷過了這種命在旦夕的驚心動魄，才會理解何以孫立人、吳國楨，乃至胡適之、葉公超，都在那個階段先後分別從高處跌落「凡間」，仕途都戛然而止了。

民國外交才子葉公超慘遭老蔣整肅

不妨先來看看葉公超，這位民國時期中國外交官場上鮮見的風流才子型人物，是如何「折戟沉沙鐵未銷，自將磨洗認前朝」。因為在美國蠢蠢欲動想在臺灣搞第一波政變高潮期，蔣介石對葉公超的不信任，不滿他言行的不夠「絕對臣服」，懷疑他表面恭謹，實懷二志——恐怕和美國人有一手，雖然這很大程度是蔣氏父子的「自由心證」。但仍不惜一意孤行，強將葉氏的仕途攔腰斬斷，杜絕後患。蔣氏父子這種寧可錯殺一千，絕對不可放過一人的思維，其實未嘗不是受了美國那第一波政變高潮期心理威脅的影響。來探究一下，葉公超這位百年難得一見的官場才子，是怎麼垮臺的。

從一份呈蔣介石極機密報告追索葉公超遭貶謫真相——令人難以想像的是，與孫立人也過從甚密的葉公超，兩人竟然不約而同，有共同嗜好——背後痛罵蔣介石，而且罵得極為難聽，甚至連「蔣介石像一條美國人養的狗」這種難聽的字眼都冒出來了！

葉公超，曾任國民黨當局「外交部長」、前「駐美大使」、「行政院政務委員」、「總統府資政」等職務。他晚年纏綿病榻，曾寫〈病中瑣憶〉，文章末段有謂：「生病開刀以來，許多老朋友來探望，我竟忍不住落淚。回想這一生，竟覺自己是悲劇的主角，一輩子脾氣大，吃的也就是這個虧，卻改不過來，總忍不住要發脾氣。有天做物理治療時遇見張岳公（按：總統府秘書長張群，蔣介石留學日本振武學堂同窗，終其一生追隨蔣介石），他講：『六十而耳順，就是凡事要聽話。』心中不免感慨。」葉氏一向被目為民國文藝才子，外交奇才；縱論葉公超大起大落的一生，總令人興起無限感喟。葉氏引張群「六十而耳順」的詮釋自況半生，是否暗示其橫遭貶謫，與因言賈禍、「不聽話」有關，頗堪玩味。

話說一九六一年春夏之交，外蒙古在蘇聯大力支持下，申請加入聯合國，將交付該年十月之聯合國大會議程討論。蔣介石基於外蒙獨立喪權辱國的新仇舊恨，憂懼外蒙入聯重揭國府瘡疤，又忌憚甘迺迪政府提議「兩個中國」，動搖國府在聯合國席位，蔣氏故而有意以聯合國常任理事國身份，動用否決權堵截外蒙入聯之門。令人錯愕震驚者，值此外交折衝最後緊要關頭，蔣介石竟示意陳誠副總統，接連以兩通急電，「兩道金牌」，急召葉公超「返國述職」。陳誠電文稱：「總統擬請吾兄回國一行……」，第二通陳誠急電又謂：「仍請吾兄即行回國」。

蔣介石迅雷不及掩耳急召返臺述職，葉氏事前完全未得任何警訊徵兆，料想應係蔣介石急事召見，葉氏行事向來磊落，但不免仍為蔣介石急如星火召其回國，頗費猜疑，他當著大使館幾個僚屬的面說：「何以（外蒙）交涉案已結束，美方立場已明，仍要我回國？」在場某位秘書安慰葉：「我看是總統要你回去為外蒙案向立法院疏通鎮壓一番，還有臺北新聞界也是很聽你的話的：」葉聽了這位秘書的說法，信以為真。

葉氏僚屬曹志源事後追憶：「大使…只提著一個旅行箱、幾件襯衫和領帶，匆匆就道，準備三、五天內返任……。」傳記作者施可諧說葉氏離開大使館時，「雙橡園的辦公桌都沒有整理，提起皮包就飛回來了。」又說：「總統召回，總統不召見，到了第三天，只有一個傳諭，不必回任所了。」葉公超在「臨時居停的博愛賓館（警總對面）繞室徬徨，足足三日三夜。」葉氏後兩任的駐美大使沈劍虹，則說：「一九六一年公超先生回國述職，就未再返任所，他留在大使館以及雙橡園官舍的衣服書籍等物，均由他的秘書朋友們替他收拾轉運回國。……」

連側身外交事務核心的沈劍虹，也對葉氏飄然去職莫名所以：「究竟出了什麼事，有種種揣測。有人說他為了外蒙古進入聯合國一案將我國的底牌向美方透露的，又有人說他與美方人士談話時批評我們執政黨的，又有人說他開罪了某些權貴的，但究竟實情如何，別人無法知道。」回首一九五八年八月，葉公超受命為駐美大使，赴任之前，蔣介石特地約見於桃園角板山賓館，據悉，蔣介石殷殷致意，耳提面命，握談良久。葉氏辭出，蔣介石親送葉氏到角板山賓館門口臺階，葉氏鞠躬請蔣留步，蔣仍執意不回，目送葉公超上車，蔣猶揮手致意。蔣介石鮮少親送部屬到門口，依依之情，溢於言表，從這點小地方，足證葉公超「聖眷正隆」。

如日中天的葉公超，恃才傲物，講話習慣幽自己一默，也不忘幽蔣宋一默。他在當外交部長時，曾經說過一段名言：「對日和約談判時，總統是外交部長，張岳軍是政務次長，我自己是常務次長。對美外交談判防禦條約時，總統是外交部長，蔣夫人是政務次長，我自己仍是常務次長。」一九五〇年代，葉公超攀登個人職涯頂峰，孰知不過十年功夫，竟無端折翼，此不惟是臺北官場最大謎團，更是國府外交界一大公案，至今迷霧難解。

倒是李樸生在投書《傳記文學》寫的〈關於葉公超被免駐美大使職事〉一文，作了相當權威但仍是真相飄渺的披露，李文指出：「據臺北消息靈通人士說，公超先生之被黜，不是因其報部公文有引述魯斯克對元首不敬之語句，而是被某公密告其人談話中有對元首不敬的語氣，以致蔣先生大發雷霆，立予罷黜。」

葉公超驟然遭削奪駐美大使寶座，「兩道金牌」急召回臺後，隨即改調行政院政務委員，昔日大紅大紫的外交一線戰將，忽被急速冷凍打入冷衙門，其況味何止判若雲泥。但是，李樸生先生的文中，並未交代葉氏到底講了什麼對蔣介石不敬的話，也未言明究竟是何人告的密。然而，一份極機密的蔣介石檔案，卻揭露了葉公超悄然去職的部份內幕原因。（按：這份機密檔案原屬「大溪檔案」，現存於臺北新店國史館，檔案號碼為005–010208–00022–002–009a及005–010208–00022–002–012a）

由這份極機密檔案，再交叉比對陳誠檔案，可以印證葉公超遭削官罷黜，其實是被曾任國府駐美大使館文化參事曹文彥，從美國秘密參了一本。為此，蔣介石曾在官邸秘密接見曹文彥，曹氏詳述葉公超在美各種「反動言行」，經查證之後，蔣介石挾怒逼迫葉公超「自請辭職」。

這份向蔣介石密告的文件，係以毛筆工整繕寫，全文雖僅約六百餘字，卻是密報者監視葉公超年餘的言行紀錄。這份呈給蔣介石的密報文件，係以空白信紙書寫，信紙上方至今還留有蔣介石侍從室機要秘書寫的附註：「曹文彥報告」五字。而密報的起頭標示主題為「據曹君函中所述如下」，蔣介石接閱這份密報文件時，似為防止密報人的姓名外洩，蔣介石還特地以他慣用的紅鉛筆，把「據曹君函中所述如下」這幾個字擯去，在旁邊修改為「某君報告」。

蔣介石在閱讀這份密報時，在密報的字句旁邊，詳加圈點眉批，人名的左側標示書名號直線，重點文字部份，更加註雙引號，字句旁邊還畫了紅圈圈，或者紅點點，說明蔣介石曾經反覆閱讀這份密報，或者也藉著反覆閱讀的過程，研判密報者所言是否為真，尋思葉公超果真像密報者講的那麼壞。以下為密報全文：

葉公超學老蔣奉化腔 ✷ 罵老蔣是條狗

去年某日（曹自註在日記中有記載——日記未帶在身邊）葉在大使辦公室談及哥倫比亞大學用口述方法，作中國名人傳，關於陳立夫先生時，彼謂「陳立夫應將蔣〇〇當年在上海經營交易所如何失敗，在廣州嫖那幾個妓女敘入，才有意義」等語。（此節已於去年十二月間專約立公在紐約敘晤時面告。）其信中侮辱元首，往往而是，不一而足。

葉大使乃元首之代表，經常辱罵鈞座，殊難想像。彼於雙橡園大使館官邸宴客時，每效鈞座談話，刻畫鄉音，並謂陳立夫應將鈞座在滬經商失敗經過，列入名人傳中，又有其他惡言（此為立夫面告曹君者）

民族雜誌有臺灣獨立之謬論，蓋假托臺灣某君投書。（亦由用邱創壽君之名去函，邱為臺灣學生）曹君所擬辯正書，彼予公開刪改，內有「While I do not whole-heartedly support the Chang Kai Shek Government nowon the island.」（我雖非全心擁護島上蔣介石政府）之語，竟用「蔣介石政府」字樣。並對凌參事崇熙說，一字不能改，經曹君力爭，謂設使該刊斷章取義，這足助長倡臺灣獨立謬說者之氣燄。葉聞言怒形於色，以英語對曹君說：

「In America no one whole-heartedly support the government, Chang Kai Shek is nobody-a dog!」

在美國沒有人全心擁護這政府。蔣介石是什麼東西——一條狗！

曹不為所動，結果仍照曹君之意發信。（曹並附有葉親筆刪改之原件，已退還，未拍照。）

據文化參事處處長顏絜密告，葉在紐約某處宴客會中，亦曾發如此狂言。謂得之於外交界某人。未說明何人。

葉常在辦公室辱罵「國民黨是臭的。」華府人士如郭鴻聲先生等，均深鄙其為人。

葉於每日下午四時到辦公室，辦公時間約四小時。

本年三月間葉與經濟參事王蓬及總領事數人，在雙橡園官邸豪賭，至午夜後三時方散，接連二夜。

曹君曾蒙總統兩度召見嘉勉。復在陽明山親沐熏陶，難安緘默，經與朱公使撫松在芝加哥密商後，在波士頓旅館中作此報告。

曹文彥密報內容可以歸納幾個重點：其一、葉公超可能藉著私底下聊天時，曾談及蔣介石青年時代於上海經商（炒股票）失敗，以及廣州嫖妓之事。後葉氏得知陳立夫正在寫回憶錄，葉遂藉機表示，陳立夫該寫這兩樁醜事。然而要命的是，據密報標註，這段話是「此為立夫面告曹君者」，換言之，如果蔣介石不信葉氏有此惡言，可以找陳立夫查證，更強化密報的可信度。其二、密報指葉公超在雙橡園大使館官邸宴客時，經常於席間模仿蔣介石以寧波口音講話神情，以學蔣介石講話，娛興嘉賓。蔣介石是何等威儀之人，在「彼於雙橡園大使館官邸宴客時，每效鈞座談話，刻畫鄉音」這段字句旁邊，蔣介石特意以紅鉛筆加註圈點及雙引號，足證蔣介石閱讀此句時，蔣之內心波濤起伏，怒不可遏，不言而喻。其三、發動投書報端駁斥臺獨言論，本為國府大使之天職，葉氏竟敢語出驚人，道出「我雖非全心擁護島上蔣介石政府」字句，蔣介石閱之焉有不慍怒者？其四、曹文彥密報中指葉氏以英文說，「In America no one whole-heartedly support the government, Chang Kai Shek is nobody–a dog!」（在美國沒有人全心擁護這政府，蔣介石是什麼東西——一條狗！）此一密報為引證此事的真確性，復引述國府駐美使館文化參事處處長顏絜密告，證明在旁處也聽聞葉氏有類似言行。這段敘述恐怕更讓蔣介石火冒三丈，怒髮衝冠！堂堂元首，竟被自己最信賴的僚屬背後辱斥為狗，是可忍孰不可忍？其五、密報指葉氏常在辦公室放言辱罵「國民黨是臭的。」並有「深鄙其為人」的華府人士郭鴻聲可為之證。其六、指葉公超每日上班時間僅只四小時，還與經濟參事王蓬及總領事等人在大使館豪賭，如此放浪形骸，更犯了蔣介石勤於政務、嚴謹生活之大忌。其七、為避人耳目，這份密報是曹文彥與國府駐美公使朱撫松，在芝加哥密商後，躲藏於波士頓一家旅館中完成寫作的。（按：朱撫松，曾任新聞局秘書處處長、外交部司長兼發言人、駐外公使，葉公超事件後，歷任外交部次長、駐西班牙大使、駐巴西大使、駐南韓大使、外交部長。）

姑不論這份密報是否為壓垮駱駝的最後一根稻草，但它至少是蔣介石對葉公超由寵信轉為疑忌的重要關鍵。吾人可從一九六一年十月間，亦即外蒙案甚囂塵上之際，蔣介石、陳誠、蔣經國、葉公超、張群、沈昌煥之間的往來機密函電作一比對，看出葉公超失勢的若干蛛絲馬跡；雖不能將斷簡殘篇還原事件原委，但至少可略窺這場宮廷地震的內幕。

一九六一年十月二日十一時，葉氏自華府發了一封密電給總統府秘書長張群，電文說：「臺北總統府張秘書長○密：倘我在以上條件下，對外蒙入會投票方式擬重予考慮，則似宜用總統名義，即電甘總統。電由莊使或超轉遞。事急，祈速決速辦。葉公超」

這封電報以及整椿事件的背景，因外蒙古預備申請進入聯合國的消息曝光後，蔣介石惟恐美國同意外蒙入聯，可能係美國主張「兩個中國」的先聲，故而堅決反對讓外蒙古進入聯合國，並圖以所謂中華民國為聯合國常任理事國之否決權，阻截外蒙於聯合國門外。但，美國意欲協助茅里塔尼亞等七個非洲國家進入聯合國，以壯親美集團聲勢，蘇聯即藉機與美國討價還價，如果美國與國府不阻止外蒙入聯，蘇聯也不會動用否決權阻攔七個親美之非洲國家入聯，美國與蘇聯作好條件交換後，即轉而向國府施壓。蔣介石原本執意使用否決權，力阻外蒙入會，此為國府力抗美國「兩個中國」政策的第一防線，在美國不斷施壓之下，這第一道防線失守，乃以放棄否決外蒙入聯，交換美國不提出「兩個中國」方案。葉公超即在這來回折衝過程中，成為國府外交戰線上的犧牲品。

張群經請示蔣介石後，隨即覆電：

> 華盛頓○密葉大使公超吾兄……實則總統要求莊萊德轉請甘迺迪者，係澄清各點，並無所謂條件，而實因美方近來對我施用壓力，措詞均引起我方高度反感，使我懷疑美方是否打算變更對華基本關係，於促成外蒙入會，並承認外蒙後，更進一步迫成在聯合國排我助（中共）之局面。甘迺迪如能就此一基本問題，向我總統懇摯澄清，保證在聯合國全力助我排（中共），不作任何支吾保留，則基於為自由世界整個利益，相互竭誠合作之立場，我對蒙案如何處理最為有利，自有商量餘地。…兄赴紐，與昌煥、廷黻兩兄籌商結果如何？祈速示。
>
> 弟張群。

張群電文中提及之「美方近來對我施用壓力，措詞均引起我方高度反感…迫成在聯合國排我助（中共）之局面」，這就是蔣介石最擔心美國欲提出的「兩個中國」方案。

而外交界盛傳，葉公超曾呈上一份與美國國務卿魯斯克的會談紀錄，魯斯克有一段很不客氣的談話：「請據實轉達貴總統，如拒與美國合作，仍堅持否決外蒙，致使非洲七國無法入會，則美國將認中華民國政府為不信賴的盟友，為不友善和忘恩負義的伙伴，則美國今後對貴國在聯合國代表權問題，亦將洗手不予重視（washing our hands off）。」據悉，此一文件讓蔣介石閱後十分不悅，並亦遷怒葉氏未克盡職責，堅守立場。

十月三日晚間八點，葉公超又致密電張群，電文稱：

臺北總統府〇密張秘書長：……昨在紐約與沈部長及各代表漏夜商談，所擬辦法已由沈部長電呈。超在會商時曾主張，與美談判時，我方自須在代表權票數上有所補償，且須美承諾不提出任何含有「兩個中國」意義之辦法，並如有他國提出，美亦應策動打銷；至其他不能辦到之事，不宜強人所難。　葉公超

十月四日上午十一時，蔣介石給奉命赴紐約出席聯合國大會的外交部長沈昌煥，發出了一通密電：

紐約〇密沈部長：東日正午，莊萊德大使要求以私人身分來見，余允之，當時談話詳情已令許次長電告不贅。惟此次談話並非對我政府既定政策者所改變，乃在我否決外

蒙以前，為對甘迺迪總統不能不乘此時機亦表示我私人應有之情義，即盡其應盡之禮節而已。以其自就任以來，對我國態度不錯，而且陳副總統訪美期間，彼情禮備至，故我國此次否決外蒙案，不使其認為吾人蠻不講理，不知情義者，之所為也，此為余允莊萊德談話之本意，請勿誤會。一切工作應照預定方針準備為要。

中手啟

從蔣介石這封密電略可窺知，截至此時，蔣介石迄未鬆動其否決外蒙古入聯的決心，他只是希望在否決之前，能事前知會美方，勿使甘迺迪認為國府「蠻不講理」。殊不知，美國駐國府大使莊萊德晉見蔣介石之後，甘迺迪的特別助理彭棣（Mcgeorge Bundy）到雙橡園與葉公超會見。葉氏隨後將會談內容，以代號「酉江」之密電，向蔣介石匯報：

總統鈞鑒：今晚十時半，甘迺迪總統派其最親信之特別助理彭棣Mcgeorge Bundy，至雙橡園訪職晤談，謂甘總統閱及莊萊德大使電陳鈞座所詢需待澄清各點，極感不安，深以甘用心磊落，竟未獲鈞座充分信賴為痛，甘總統除已飭魯斯克國務卿電莊使，向鈞座解釋保證外，茲特派彭棣漏夜來訪，請職即將下列各點懇摯轉陳鈞座：（一）甘總統認為美政府前此洽談承認外蒙之議，係一錯誤，現無重開此議之意；（二）甘總統近月來對我聯合國代表權問題，極為關切，曾親為籌劃設計，並飭魯卿及史蒂文生務必全力保持我在聯合國席位，並以一切方法阻匪進入聯合國。魯卿身負實際因應責任，其與我洽談分析利害時，或難免有憂衷過激之詞，但決非美政府對我政府已別具用心；（三）甘總統以我為美忠實盟友，願美能繼續與我忠實為友，故決無容（中共）入聯合國，更無改變美我條約關係之念；（四）甘總統對鈞座之道義立場，及鈞座所代表之國家道統，衷心欽佩，雖與鈞座未獲一面，值此國際危機四伏，自由世界急待團結之時，自感鈞座已具有私人間和衷合作之親切關係A sence of personal partnership。深望鈞座能以彼待鈞座之心待彼，則公私同幸；（五）副總統訪美時，甘總統自覺似已將其對鈞座及我政府誠摯不棄之意，坦率表露，茲若未盡表露，甚願於此重申關切之忱，並懇鈞座了解，排（中共）維我一事為中美共同急務，切盼雙方精誠合作，克服一切阻力以達鵠的等語。除報告沈部長外，敬陳鈞詧。

職葉公超。

這份會談紀錄中提及的「魯卿身負實際因應責任，其與我洽談分析利害時，或難免有憂衷過激之詞」就是指的日前魯斯克威脅「洗手不予重視（washing our hands off）」談話。

縱使值此中美關係緊張之際，蔣介石仍於十月五日下午以「酉微」密電，訓令葉公超、沈昌煥等在美人員，倘若「美國政府能公開保證以一切方法，在聯合國維我排（中共），包括必要時在安理會使用否決權在內，則我對蒙案不用否決一節，始可進行一切商量，此點異常重要，務希立即密洽國務院及白宮，並將洽辦情形速報。中手啟」

然而，蔣介石真正露出對葉公超不信任質疑態度，是在十月八日上午十一時發於臺北，代號「酉齊」的一封致葉氏的密電中。蔣在「酉齊」密電上如是說：

華盛頓葉大使：（密）自外傳我對外蒙有放棄否決消息後，人心惶惑，輿論激昂，而且黨政內部頓增憂慮，兄等在外恐未必了解此事影響如此之鉅。故我一再切囑諸兄，言行必須特別審慎！如果甘迺迪總統不能公開明確保證維我拒（中共），發出一言九鼎之力量，決難挽回當前不利之形勢。我所提出最後之要求，曾經再三考慮，必須如此，方能有利於我兩國間及在聯合國之一切合作，望其充分諒解，早作決定，不宜拖延。如美方對我現在所處勢成騎虎之苦境，不能體諒相助，則吾人亦不必有所強求，祇有依照原定計畫，作實施否決之準備為要。此電並分知沈部長、蔣代表。

中手啟

蔣介石在這份密電中透露出什麼樣的機鋒呢？端在一句「故我一再切囑諸兄，言行必須特別審慎！」蔣介石不是怪罪駐美人員多言壞事，就是懷疑駐美人員當中有人向美方洩露了我方談判底限。前者諒指駐聯合國大使蔣廷黻，接受美國國家廣播公司電視節目《會見記者》（Meet the Press）訪問時，當眾表示：「從外交觀點盱衡大局，我似應與美合作放棄否決，余已將此意呈報臺北參考。」至於洩密一事，曾在駐美大使館任職的曹志源，事後回憶：「……葉氏是負責與美方交涉的人。而在交涉的過程中，許多發生在低階層的事似未為葉氏所知悉，影響了交涉，傷害了葉氏在國內的印象和他與元首的關係而不自知。…本案交涉失敗的主因者，殆為政治組負責人某秘書之完全失去立場，為美方所乘。當時美方低層負責與使館聯絡者為中國科代科長何志立和科員羅森。曾記得該羅森每日必與該秘書通電話至少二次，尤其是當大使與國務卿會談之後，該秘書必把大使呈報總統的電文內容詳細告知羅森。接到臺北回電後，亦如法炮製。……」

從十月五日下午的「西微」密電，到十月八日的「西齊」密電，其間關鍵之四十八小時，是蔣介石撤換葉氏最重要的時間。十月七日，蔣介石致電沈昌煥，重申否決外蒙入聯計畫不變，蔣介石此電似為安撫力主否決外蒙的沈昌煥工作情緒：「紐約（密）沈部長：……知此為國家存亡之重大關節，決不能再有其他途徑之選擇。政府方針一如致兄西支電所指示者，並無改變可言，請兄體認此旨，督導代表團一切皆照原定計畫進行，為要。」

上述這封發給沈昌煥的「西虞」電發出以後，蔣介石隨即諭令陳誠致電葉公超，接連二電催促葉氏返臺述職。葉公超奉令返國述職，搭機返臺的日期，應為一九六一年十月十日，亦即中華民國建國五十週年之國慶日，於此同時，外長沈昌煥應已知悉葉氏被召回可能遭撤換命運，遂於十月十一日致電陳誠副總統，表態「政府如轉變對外蒙政策當引咎辭職」，同日，沈昌煥又二次致電陳誠，指「阻止外蒙入會不宜變計」。沈昌煥似有以辭職明志，力主強硬對付外蒙入聯，其態度與在第一線負責對美交涉之葉氏，及駐聯合國代表蔣廷黻之彈性策略判若霄漢。

沈昌煥聲言「政府如轉變對外蒙政策當引咎辭職」的第五天，十月十六日，蔣經國奉其父之命，密電沈氏予以慰留，表示：「在此危急存亡之秋，惟有以領袖意旨是從，忍辱負重，共圖反共大業之最後成功……」。

然而，到了十月十七日，沈昌煥覆電蔣經國時，仍重申日前辭意，沈電主旨說：「在國家危難之際，奉命出席聯合國大會，必須堅定駐外人員信念，及督勉同仁，貫徹既定政策。如今改變政策，基於政治道義責任，將辭職返國，請惠予陳情，屆時賜准，並遴定繼任人選以便移交。」沈昌煥所謂的「基於政治道義責任」，於公，他覺得外蒙案之發展，令其意識到有部份該負之責，於私，沈氏可能也要表態，以示他是有道義的官員，而不是踩著前輩血跡前進的人。

蔣介石對狗有「偏見」✷葉公超從此貶官

未幾，蔣介石答覆沈昌煥之密電，則提供了明確的解答。十月十八日，蔣介石致沈昌煥代號「十八日未」密電說：

紐約（密）沈部長……貫徹政策，不計成敗，乃為革命黨員基本精神，殊堪嘉勉！此次外蒙否決政策之變更，乃與我原有目的並不相背。以當時冀於美方兩個中國政策無法消除，且對我代表權亦無保障，並不表示合作，故不能不作我寧為玉碎與破釜沈舟之決心。今美既有徹底改變其政策之決心與行動，故我為達成國家基本目的，與保持中美國交關係，乃亦不能不有此一改變。其對國家言，否決外蒙事小，只可作為手段，而打破兩個中國陰影，確保聯合國席位，加強我政府為代表中國之惟一合法政府的地位，乃為我之最大目的。尤其此時特別需要請兄等了解，并積極努力奮鬥為要，以上可抄送蔣團長與各代表。公超暫留臺北，協助要務。對美外交由兄在美主持，則其事當更易辦理，并請兄與廷黻密切合作，彼雖固執，但其品性可友也。

中正手啟

蔣介石致沈昌煥的「十八日未」密電，最重要的一句話是：「公超暫留臺北，協助要務」，這是蔣介石第一次以婉轉迂迴的說法，對內證實葉公超已被他下令貶謫。

葉氏奉召回臺述職，以為三、五天內即可重返任所，孰料回到臺北，一肚子悶氣的蔣介石根本不想見葉氏，讓葉公超在「博愛賓館」枯坐了十六天冷板凳，盤桓旬餘，蔣介石才親自下條子給陳誠，大意：「令葉公超自動辭職，並隨附曹文彥之報告」，陳誠看過曹文彥報告，從中得知葉公超竟在美國辱罵元首，甚至連「Chang Kai Shek is nobody–a dog！」「蔣介石是什麼東西——一條狗」這種極盡污衊的粗口都出現了，陳誠自知無法保住葉氏官位，只好面召葉氏，轉達蔣介石諭令，要葉公超自動請辭，這已算是蔣介石給葉氏保留了「薄面」。

職是以觀，葉公超在外蒙入聯事件中，交涉表現固然容有爭議之處，他之所以中箭落馬的關鍵因素，顯因蔣介石對那份曹文彥密報，耿耿於懷。值得留意者，曹氏密告其實在一九六一年四月八日就已作好。換言之，蔣介石早在交涉外蒙事件之前，就已閱過曹文，為保全大局，蔣介石始終隱忍憤怒，壓抑未發，或者尚待查證密報真相，不宜打草驚蛇。直到十月十日，外蒙事件大致塵埃落定，蔣介石突如其來急召葉氏回臺。如此觀之，曹文彥密報，似成蔣介石整肅葉氏反骨的「虎頭鍘」。綜而言之，曹文彥密報才是葉氏去職的直接主因，外蒙事件不過一引火線及冠冕堂皇的藉口，官樣文章而已。

難怪在事過境遷後，葉氏反覆咀嚼張岳軍「六十而耳順，就是凡事要聽話」，不勝唏噓，又感慨「回想這一生，竟覺自己是悲劇的主角，一輩子脾氣大，吃的也就是這個虧，卻改不過來，總忍不住要發脾氣」葉公超性情中人，因言賈禍，良有以也！兩蔣時代，特務橫行，葉公超事件，又為白色恐怖內部鎮壓添一標準案例。也許葉先生從來不曾說過「nobody–a dog」類似話語，也許曹文彥係受葉氏政敵利用，刻意浮誇了葉氏的直率言行。古今凡批強人逆鱗者，豈有僥倖可言？

開除宋子文黨籍

一九四九年民國政權瀕臨崩潰，樹倒猢猻散的前夕，郎舅宋子文與妹夫蔣介石兩人之間的拆伙，更是饒富戲劇性。蔣介石長袖善舞，可是如果沒有這位郎舅為他在和平與戰爭時期，籌措如同天文數字的龐大黨國經費，供蔣介石內抗南北軍頭強權，外抗倭寇強鄰，蔣介石恐怕一天都撐持不下。然而，宋子文這個生來一身傲骨的民國政府財政部長，黨國的第一掌櫃，卻能壓抑驕傲自大的個性，陪侍蔣介石長達二十年有奇。蔣介石成也宋子文，但是敗也宋子文，宋氏手上握有太多蔣介石的公私把柄，兩人及兩家的恩怨糾結錯綜複雜到無以復加的地步，可貴者，蔣介石與宋子文之間始終是鬥而不破，黨國崩解之後，兩人勞燕分飛，宋子文先是到歐洲遊歷一圈，最後落腳美國，當起了寓公，過著不問政事可是依舊關心故國的在野生活。宋子文與蔣介石的關係，猶如《莊子》所描述的「不如相忘於江湖」的關係。

黨國註定於大陸「復活」無望後，蔣介石奔忙於江海之間，他沒有多餘空閒時間去管宋子文的蹤跡，然而，蔣介石對這位曾經協助過他度過多少財經難關的郎舅，始終念念不忘，雖然是非恩怨轉頭成空，蔣介石不願再重蹈孔宋家族掐住他生存命脈的覆轍。不論是槍桿、筆桿子、還是鈔票，退居臺灣之後，蔣介石都想一個人一把抓。對郎舅宋子文的昔日種種，蔣介石抱著「相見不如懷念」的心態，只是兩家恩怨情仇，偶爾還是映入他眼簾，歷歷在目，徒增慨嘆。

一九四九年十月一日新中國成立，民國時期崛起於中國政治舞臺的蔣宋孔陳四大家族，轉眼成為往日陳跡。風雨飄搖之際，蔣介石於一九四九年歲杪退居臺灣，宋美齡亦在隔月的一九五〇年一月十三日，翩然從美國假道菲律賓來到臺灣，以行動證明她與丈夫蔣介石「共赴國難」的決心。稍早，蔣介石連襟孔祥熙、郎舅宋子文早已遠走美國，不再過問國民黨當局的政事。

一九五〇年代，據悉宋子文在紐約友人寓所玩梭哈，從宋子文輸贏的情況觀之，宋子文晚年用錢非常謹慎，迥異於昔日傳媒攻擊他大發國難財，出手闊綽揮金如土的負面形象。

宋子文在官場的最後階段，雖然曾經於一九四七年九月，向國民黨中央黨部捐獻了他個人在「中國建設銀行」的全部股份——價值五千億法幣的股票，但是仍然難以撫平各界對他的謗議與指責，特別是蔣介石又在隨後任命他擔任廣東省政府委員兼省主席，傳媒「捐官鬻爵」的批評更是鋪天蓋地。蔣介石下野，宋子文也卸下官職。一九四九年五月十六日，宋子文從香港輾轉飛赴法國，一個月後，他從歐洲轉往美國定居。

大陸全境解放後，國民黨黨內出現各種究責政權崩潰禍首的雜音，孔宋家族在國府內部，自不免成為其他各派系具針對性之「缺席審判」歸咎推諉最佳目標，在這股敵視氛圍下，孔祥熙、宋子文兩人儘量避免到臺灣「拋頭露面」。蔣介石「復行視事」，重新登上「總統」大位之初，一度邀請宋子文到臺灣襄助大政，蔣介石在信上說：「國難日亟，希兄移玉臺灣，共濟艱危，為盼！」宋子文基於盛意難卻，曾於一九五〇年三月，專程赴臺報聘，短暫訪臺數日（如前文所述，宋子文此次抵臺，亦與蔣介石意欲宋子文專程來臺，以老長官關係，安撫孫立人懷有異志之心思有關）。他當面向蔣介石表示已無意仕途，堅決不再過問國民黨政務，只想在美國安享晚年，含飴弄孫。

一九五二年十月，國民黨在臺北召開第七次全國代表大會，閉會之前宣佈：「在此次全國代表大會以後，中央委員會應舉辦黨員總登記，詳訂辦法，嚴加考核，分別去取」。於是，藉著黨員總登記的機會，開除了包括宋子文、孔祥熙在內之重量級黨員黨籍。蔣介石似乎有意藉此清理門戶的方式彰顯其「大義滅親」的決心，昭告天下，「勵精圖治」。國府要人都曉得，蔣介石真正目的，不過是要安撫黨內反對孔宋情緒，此舉並不影響蔣介石與孔宋家族之間的私人關係，畢竟裙帶關係是一輩子難以割捨的。而利用「黨員總登記」名目，開除宋子文、孔祥熙等人之黨籍，完全是一種象徵性的表態，對孔宋家族的實質利益毫髮無損，但卻可藉此杜島內國民黨上上下下的悠悠之口，以重建蔣氏父子在臺灣的新形象。

有人認為「吳國楨事件」、「孫立人事件」的接踵爆發，也直接間接造成了宋子文和蔣介石關係的疏離。先是一九五四年三月，當局誣指吳國楨「背叛國家，污蔑政府」，宣佈解除吳國楨一切職務，並開除其黨籍。吳國楨原本是宋子文、宋美齡兄妹十分倚重的幹材。一九五五年十月三十一日，孫立人以「意圖兵變」的莫須有罪名，被國民黨當局撤除了一切軍政職務，並遭軟禁於臺灣臺中自宅，孫立人出身於宋子文擔任財政部長時期的稅警總團，堪稱宋子文嫡系人馬。

表面觀察，吳國楨、孫立人先後中箭落馬，似乎是導致宋子文更不願與臺灣方面密切往來的原因。事實上，孔宋家族固然逐步淡出美國上流社會社交圈，但他們和國民黨外交系統駐美國的老官僚，仍維繫著很密切的往來。尤其對一九四九年至一九五〇年代中後期，美國白宮和國務院裡邊對蔣氏父子仇視的那批人，所作所為，是瞭若指掌的。孔宋兩家雖然遠在美國，卻能充份理解蔣介石之所以先逐斥吳國楨，先迫使他辭去臺灣省主席頭銜，繼而再迫使他離開臺灣，遠走美國。進而又以迅雷不及掩耳的手段，將孫立人軟禁於寓所。孔宋兩家消息十分靈通，他們完全理解蔣介石以非常手段整肅吳、孫兩人，其目的絕非針對孔宋家族，而是為了國民黨當局能在臺灣立足穩固、安身立命。

惟獨臺灣形勢如此複雜，兩蔣父子維持一個小朝廷，難度並不比大陸時期來得低。宋子文不願意再摻和到裡邊，甚或成為小朝廷的一員。宋子文看得很清楚，蔣介石正在搭起未來的舞臺，這舞臺分明就是為蔣經國搭建的。基於各種因素，宋子文都必須全力避免再增添妹夫的麻煩，能不踏進臺灣土地一步，則盡量遠離是非之地。一九五八年十二月，臺北兩家日報以小篇幅的版面，報導了一則消息：「前行政院長宋子文，可望在本年底或明年初返國，將在臺北停留一短時期。」不多時，宋子文抵達香港之後，他隨即在香港和幾家媒體記者會面，當眾表示，他從一九四九年去國至今，寓居海外已將十年，對政治已完全不感興趣，他這次到香港，係處理私人事務，並與親友在香港過聖誕節，並無造訪臺灣的計畫，更未肩負任何政治任命。果然，宋子文在香港勾留了二十幾天，旋即搭機返回美國。據香港記者事後轉述，六十七歲的宋子文，面龐清癯削瘦，頭髮半白，對復出政壇已經意興闌珊，如今只想頤養天年，不再過問官場之事。香港與臺灣近在咫尺，宋子文選擇了過門不入。除了宋子文「過門不入」之外，整個五〇年代，孔祥熙也從不曾到過臺灣，雖然在「國民大會」召開大會期間，島內傳媒幾度預測孔祥熙可能以「國大代表」身份，抵臺開會，但也始終是只聞樓梯響，未見人下樓。

孔宋家族旅居美國的家族成員中，首先到臺灣進行破冰之旅的，是孔祥熙的妻子，宋家大姐宋靄齡。一九五六年十月中旬，宋美齡以替蔣介石暖壽（七十歲生日）名義，邀請孔祥熙、宋靄齡夫婦到臺灣，孔祥熙以「身體情況欠佳，不適遠行」為藉口，由妻子宋靄齡代表赴臺，為蔣介石祝壽。為表盛情，宋美齡特地在士林官邸，舉辦了一場茶會，專門介紹孔夫人（宋靄齡）給臺灣中外首長夫人及婦女團體代表認識。

惟獨宋子文，自從一九五〇年初一度短期勾留，即從未踏進臺灣一步。然而，親戚終歸是親戚，一九六三年初，蔣介石分別親自去電給在美國的孔祥熙、宋子文，盛情邀請連襟和郎舅，能闔家到臺灣來一塊過舊曆新年，以示家族團聚之意。由於蔣介石再三電邀，宋子文卻之不恭，終於接受了妹夫的盛情。

據蔣介石侍衛人員回憶，一九六三年二月七日，宋子文搭飛機假道菲律賓悄悄來到臺北。他的弟弟宋子安，則比他先到數日。宋氏兄弟下榻在臺北圓山大飯店，宋子文在臺灣待了十二天，期間除了在臺中參觀了一場軍隊演習，從未出席任何官式活動。二月八日，適為元宵節，宋子文、宋子安兄弟，孔祥熙、宋靄齡夫婦，與蔣介石、宋美齡夫婦，連袂前往臺灣南部澄清湖，在澄清湖招待所，東道主蔣介石、宋美齡以豐盛的晚餐，招待孔祥熙、宋靄齡夫婦及宋子文、宋子安兄弟。參加這項「家宴」的，還有蔣經國、蔣緯國兄弟。由於這是蔣介石一家，與孔宋家族，自從一九四八年以來，頭一回全體團圓聚首，蔣介石與宋子文闊別多年，賓主久別重逢，本應分外親熱，然而據侍衛人員表示，宋子文無論是在士林官邸作客，或者元宵節在澄清湖招待所聚餐，神色固然輕鬆自在，但大部份時間總是沉默寡言，只有蔣介石詢問時，作簡短應答，很少主動講話。住在圓山飯店，宋子文也是深居簡出，在臺十幾天時光裡，僅由宋子安陪同，一塊出門逛了一趟臺北商業區衡陽街。

宋子文吃雞送命 ✷ 蔣介石四字送終

侍衛形容，一九六三年元宵節這場家族聚會，是蔣宋孔三家的「最後聚會」。

一九六七年八月，孔祥熙病逝紐約。一九七一年四月二十五日，宋子文在友人廣東銀行董事長余經鎧寓所用餐時，因食物不慎誤入氣管，窒息而逝（據悉，宋子文當天用餐，正在啃食一塊雞胸肉，不想這時來了一位訪客，宋子文見是熟人來訪，正待起身握手致意，不料剛站起來，嘴裡那塊帶骨的雞胸肉竟然卡住喉嚨，上下兩難，雖經家人緊急送醫，仍回天乏術）。五月一日下午，在紐約市一所教堂舉行追思禮拜，追悼宋子文。參加這場追思禮拜的重要貴賓，包括國府外交官員顧維鈞、劉鍇、楊曼及美國退休大使墨斐、美國前國防部長麥克勞等人。

一九七一年春天，蔣介石健康狀況已亮起紅燈，宋美齡不敢離開蔣氏身邊，對外則透過「政府發言人」和《中央社》發佈了一道消息，稱：「蔣總統夫人臨時決定不赴美國參加其胞兄宋子文先生之葬禮。夫人原定於四月三十日上午飛往紐約，參加翌日舉行之殯儀，但於獲悉（中共）政權可能藉葬禮之機會派宋慶齡赴美，立即決定取消此行。」人不到，輓額不可免，蔣介石送去一塊匾額，上書「勳猷永念」四字。

宋子文追思禮拜結束不久，來自美國的一則外電聲稱：「曼哈坦遺囑認證法庭透露，中華民國前財政家宋子文，留下遺產一百多萬美元。」根據宋子文的遺囑明定，宋子文把遺產的一半交給他的夫人張樂怡，另外一半的遺產平均分配給三個女兒與九個外孫。

第四章

五二四事件

蔣經國遭毆辱種前因

一九五七年五月二十四日，臺灣臺北發生了一場震驚中外的「劉自然事件」或「五二四事件」，這是國民黨當局退居臺灣後，第一場大規模反美示威，最後演變為不可收拾的民眾佔領及搗毀美國大使館的反美起義事件。一般人殊不知早在臺灣「五二四事件」發生前十四年，就已經從一樁拳腳衝突中，種下國民黨核心領導層與美國之間矛盾的種苗。或許，假使沒有一九四三年一月那場不為人知的拳腳意外事件，便不會觸發一九五七年那場風起雲湧，浪濤澎湃的反美示威暴動。回顧「五二四事件」的主題，可先把眼眸聚焦到抗戰年代，這樁人所鮮知的拳腳衝突事件。

君子報仇＊十年不晚

此事之所以會曝光，係由重慶政府時期服務軍事委員會侍從室的唐縱將軍，驚爆的內幕，只是人們似乎對唐縱的這個爆料內容，並未加以留意，以至於此一驚天內幕迄未被人們深入探究其深意與影響。

唐縱，一九〇五年生於湖南省酃縣，一九八一年逝於臺灣臺北。黃埔軍校第六期畢業，和軍統局副局長戴笠是同期生，因屬黃埔同窗之誼，交往有緣，故被戴笠引薦為最倚重的情報骨幹。一九三〇年十二月，成為黃埔軍校畢業生調查科成員，黃埔宣傳機構「文化日報」社總經理。中原大戰，蔣介石為了與軍閥之間縱橫捭闔，爾虞我詐，挑撥離間，又基於剿共內戰，因共產黨地下情報組織嚴密，難以對付，共產黨江西游擊戰之神出鬼沒，難以招架，即命戴笠組建情報處，戴以同學之誼，又看重其穩重可靠之特質，委派唐縱當主任秘書，司掌一切密笏機要。唐縱自述參加戴笠特務組織的原委時表示，早在蔣總司令下野時候，已經得到蔣介石允許，成立一個組織，名之為「十人團」，任務是「分布各地，聯絡與考核各同學的行動與態度」。唐縱說，戴笠本要他擔任「十人團」書記。他考慮之後，便辭去報社職務，接受戴笠委任。唐說，一是為解決生活，二是有機會與校長（蔣介石）接近。

一九三二年，義大利法西斯主義風行世界，蔣介石心儀獨裁領導，有利於集權專制，俾與黨內外競爭對手一較長短，黃埔親蔣門生，察言觀色，成立了力行社、復興社之類的組織，仿效義大利法西斯模式，複製義德等國獨裁政黨之成例，一則可以逞其個人私慾，一則可以成就革命大業美名，並以繼承孫中山總理國民革命遺志為政治號召。在這樣的背景下，唐縱擔任復興社總社副書記。唐氏評論「力行社」，是義大利黑衣隊的鐵血主義者，並稱「中國現在還是需要有主義的鐵血者」。但是，唐縱很快就對戴笠這位同窗心生失望，唐的好朋友徐亮也與唐批評戴笠，說戴雨農「最大毛病就是愛色，他不但到處有女人，而且連朋友的女人都不分皂白，這是他私德方面，最容易令人灰心」。

儘管唐縱瞧不起戴笠的私德，可戴笠卻對唐氏信靠有加。早在一九三五年初，蔣介石要戴笠尋覓一位「助理人員」，準備作為爾後的繼任人選，戴笠屬意唐縱。照唐縱的觀察，是戴笠著眼於他「老實」。

一九三六年一月，唐縱的政治生命出現新的轉折，黃埔一期學長酆悌向蔣介石保薦唐縱調往德國，當民國政府駐德國助理武官。七月中，唐縱正式調赴駐柏林德國大使館副武官，專事調查研究德國警察制度、情報組織，兼以了解歐洲各國最新之政治動態。在德國的觀摩學習，成為回國後，幫助戴笠建構中國全方位特務組織，兼具理論與實務的軍統「智多星」，成為戴笠推動特務工作的頭號智囊。而唐縱已經厭倦了一直為戴笠手上棋子的角色，他曾說：「戴把我看成對外不行，對內必須，他看我是生成的秘書人才，永遠替他做內勤的。」戴笠為掌握蔣介石之思維與動態，方便討好與摸透蔣介石心思，復於一九三八年調唐縱為軍事委員會委員長侍從室第六組少將組長，名為主管軍事情報，實為戴笠在蔣介石身邊安的一枚棋子，「佈樁」在蔣介石身邊八年，把蔣介石的脾性摸得一清二楚。然而，蔣介石亦反過頭來，拿唐縱作為對付戴笠「分而治之」的一枚籌碼。唐縱本人由於長期擔任蔣介石僚屬，自遠距離觀察戴笠，再加上接近權力核心，各種消息情報匯集，對戴氏更有客觀而深刻之評斷。

抗戰勝利，直至蔣介石退居臺灣，唐縱先後擔任國民政府中將參軍，戴笠空難身故之後，軍統局當下群龍無首，危疑震撼之際，蔣介石命唐縱暫代軍統局局長，安定軍心。後又接任內政部次長兼警察總署署長（按，警察總署署長之職，蔣原本屬意在拔除戴笠軍統局局長職務後，由戴擔任，惟蔣介石還來不得拔掉戴的局長官位，他卻已魂歸九霄。）主管全國警察及全國保安隊伍。之後，唐縱又先後做過臺灣內政部政務次長、國民黨中央委員會秘書長、中常委、駐韓國大使，生前之最後職務為總統府國策顧問。在國民黨情報體系高幹中，即便未能位極人臣，也算是平步青雲，福祿全歸的一位了。

唐縱爆料的內幕，其實並不是他有意要去揭什麼人的底，而是唐氏寫了整整十九年間的一套日記，在國民黨當局於大陸潰敗時，兵荒馬亂匆忙撤離，沒來得及把這套日記一併帶走，以致流落大陸。改革開放以後，兩岸關係日趨和緩，這份詳細記載唐縱軍統生涯的絕秘日記，才得以出版面世。

唐縱日記揭內幕 ✷ 蔣經國遭美國記者痛毆

一九四三年一月十三號。唐縱的日記寫道：

「緯國來談，合眾社記者辱打經國經過，並稱彼之生活甚苦。委座工作時，陪其工作，如會客開會、委座休息時，陪其休息。委座每夜必至十一時始睡，俟其睡，然後始做私事，故恆至十二時後方能睡，頗覺辛苦。彼衣其父之棉袍馬褂，長短相稱。談不久即歸，恐委座呼喚也。」

「緯國來談，合眾社記者辱打經國經過。」就這麼短短十五個字的日記內容，是何等令人不可思議，何等令人觸目驚心。大家想想，這如果在當今世界上任何國家，堂堂國家元首長子被人毆打、污辱，這會是何等大事，即便只是被人毆傷皮肉，不致重殘，更不致死亡，也是法治國家不容許發生的。況且，國家領導人之子被毆辱，是一樁有損國家顏面的大事。然而，此事如果不是蔣經國的弟弟蔣緯國透露出來，外人從何得知？此事從蔣家角度觀之，亦是十分有失體面的「家醜」。就蔣經國個人而言，不論事件原委與是非曲直如何，恐怕蔣經國個人亦會視之為畢生奇恥大辱。

令人納悶的是，蔣緯國究竟是主動去跟唐縱說事，抑或是唐縱風聞此事，蔣緯國出於被動，答覆唐縱詢問而透露了此事的原委呢？再者，如果是出自蔣緯國的主動，蔣緯國自發告訴唐縱這件事，目的是希望唐縱運用軍統的調查權威，清查毆辱蔣經國這名美國記者的底細？或者只是純粹聊天，藉此抒發一下內心煩悶情緒呢？

唐縱一九三六年抵達德國履任工作以後不到半年，年方二十的蔣緯國到了德國留學，學習軍事。不巧蔣緯國赴德國途中，恰逢蔣介石被張學良、楊虎城挾持兵變，民國政府南京上下陷於一片愁雲慘霧。民國駐德國大使館也受此事件影響，籠罩在一片低氣壓之中。直至該年十二月十九日，亦即事變爆發後七天，唐縱在這天日記上寫道：「力餘（按：即中國駐德使館武官處負責人酆悌字號）領銜通電聲討張學良，因此，晚上在使館宴請陳濟棠、林翼中、區芳浦等，當力餘致詞講到蔣委員長時，蔣緯國站起來，上官雲相和大家亦立起來。陳濟棠亦得立起，我想這是陳濟棠第一次同委員長立正。」

蔣緯國赴德留學，大部份時間當然是在軍校受訓，假日閒暇時常到中國大使館串門子，開始與唐縱這位大哥哥建立交情。一九三七年四月十號的日記上，唐縱說：「下午四時半赴蔣緯國茶會。蔣緯國聰明過人，年二十而識見超群，誠不愧為委員長之公子。緯國兄經常與委員長通訊，從來不談時事，這是委員長過人之處。」

唐縱在駐德國大使館一共服務了一年四個月，於一九三七年十一月十五日離德返國。三個月後，亦即一九三八年二月八日，在見過蔣介石之後，戴笠命唐縱主持蔣介石的「隨節辦事處」，即隨委員長的行動辦事處，從此成為蔣介石隨從之一。三個月後，蔣介石下條子調唐縱到侍從室第二組，掌管軍事參謀。唐縱在日記中的講法是「這是雨農向領袖保舉的。雨農近來感覺到侍從室對他的影響太大了。」

曾經做過軍統雲南站站長沈醉（沈叔逸）曾敘述戴笠、唐縱兩人，為了仕途考量，關照蔣經國、蔣緯國兄弟無微不至，沈醉說：「唐為了討好蔣介石，對蔣的兩個兒子便極力設法接近。蔣經國在江西工作時，每來重慶，戴笠總是和唐縱一道去迎接。戴笠平日招待一般客人吃飯請唐作陪時，他每每推說事忙分不開身，十次總有四五次不願去；但是戴笠每次請蔣經國和蔣緯國的時候，只要通知他，他再忙也會抽身去作陪。有時他還叫我準備酒菜，單獨在他家中招待一番。蔣緯國經常自己開汽車橫衝直撞，有次被軍統局的警衛扣留了一下，雖然事情隨即解決了，戴笠也查究了這件事，唐縱還是打電話給我，用很嚴厲的口吻責備我。那次他非常生氣，我向他說明完全出於誤會，他還是很不滿意，一再叮囑我以後不能再發生這類事件。隔了幾天我去見他，他又向我提起這事。他說無論如何不能得罪這個人，否則會影響到軍統的工作。」

教人不可思議的是，明明唐縱和戴笠對蔣經國兄弟可說是事無大小，關照備至，緣何對蔣經國遭美國記辱打的這件事，似乎使不上力，這究竟是怎麼一回事？尤其令人費解的是，這名打人的外國記者，緣何如此大膽，竟敢在中國領土之上毆打中國領導人的兒子？蔣經國並非一個無權無勢，沒有任何公職身份的布衣百姓，唐縱日記記載當時，蔣經國的身份是蔣經國江西省第四行政區（贛南地區）行政督察專員兼保安司令，又有兼職為贛縣縣長、贛州傷兵管理分處少將處長等多項兼任工作。在整個中國，或者在國民黨中央，蔣經國雖然還夠不上份量稱為「方面要員」，但在江西好歹還是地方重要官僚，更有委員長公子的「皇親國戚」背景，一般中國人恐怕連他寒毛都不敢動他一根，更別說膽敢對他動粗了。而在這樣的身家與官宦背景下，竟然這位「合眾社記者」還敢出手辱打蔣經國，如果不是在失去理智狀態下，此人必定來頭不小。

何方神聖 ✴ 辱打蔣經國？

由於唐縱日記中只是隱約以「合眾社記者辱打經國」短短一語帶過，並未在日記裡細究此事的經過詳情，與究竟是誰對蔣經國施暴，加之美國合眾社當年在中國南北各地重要港埠城市，基本都派駐或聘用了文字或者攝影記者，如蔣經國本人或蔣緯國、唐縱等關係人等如果不講明施暴者姓名，則實在很難查出「辱打」蔣經國的人究竟是何方神聖。經查閱相關資料顯示，一九四二年至一九四三年前後，到過江西採訪新聞的合眾社記者，最有知名度者，當屬美國人哈里森．福爾曼（Harrison Forman），這位福爾曼先生在江西採訪期間，曾經拍攝了若干蔣經國的工作生活照，以及大量抗戰軍民日常生活百態照，迄今仍在網路與坊間流傳。他拍攝的寫實照片，成為外界了解中國戰爭年代真實風貌的珍貴畫面。哈里森．福爾曼和國共兩黨的高級官員都很熟悉，私人關係均稱密切。哈里森．福爾曼同情中國共產黨的革命艱辛歷程，曾經寫過一本書名為《Report from Red China》，大陸一九八五年曾又出版中譯本，書名《來自紅色中國的報告》。

從資歷與特質觀察，哈里森．福爾曼是一位非常特別的美國新聞記者。他一人身兼好幾種身份，比如他會開飛機，是一位探險家，攝影家，記者，同時又是一位作家。他生於一九〇四年，美國威斯康辛州人，一九二九年畢業於威斯康辛大學東方語文系。他於一九三〇年代初期到中國，原本的目的是到中國販售美國飛機，是一名營銷業務人員。之後，又為中國政府訓練飛行員。

一九三〇年代晚期，福爾曼開始報導抗戰戰場消息，並且為美國新聞電影片節目「March of Time」，提供他所拍攝的第一手影片與照片，而且也為紐約時報採訪日軍侵略亞洲的所有相關新聞，因此名聲大噪，成為知名記者，抗戰初期到抗戰最激烈的階段，福爾曼先後訪問過蔣介石、毛澤東、周恩來等國共雙方領袖，頗受國共雙方禮遇。

二戰結束後，福爾曼改行當作家，聚焦撰寫亞洲各國事務主題之文章，但之後他又把寫作的觸角延伸到遠離中國的非洲。

究竟，這位福爾曼會不會是唐縱所述「辱打經國」的合眾社記者呢？儘管福爾曼的政治傾向比較偏向共產黨，從政治態度看起來，福爾曼明顯也是比較同情延安共產黨的，但是，從他拍攝的一系列蔣經國與蔣緯國兄弟的工作生活照片，及福爾曼本人與蔣經國的合照看來，他與蔣氏兄弟的關係是友善的、融洽的。在這樣的情誼基礎之上，福爾曼得以憑藉蔣氏兄弟的八行書引介，在兩位「蔣太子」幫贊下，輕易獲得在中國其他地區或戰地採訪的更多便利，有利於他拍攝大量有關中國抗日軍隊與戰地居民生活情景的影像。是故，福爾曼似乎並沒有必要為了錙銖小事，一時喪失理智，與蔣經國發生暴力衝突，甚或到達「辱打經國」的程度。這的確是不可思議的，所以，即便哈里森·福爾曼思想左傾，也不致於犯下如此天真之錯誤。況且，更別忘了，蔣經國還是一位蘇聯共產黨員呢！

抗戰時期還有另外一位美國合眾社的駐中國通訊記者，名叫傑克・貝爾登（Jack Belden）。他生於一九一〇年美國紐約，他從一九三七年奉派到中國採訪新聞，直至大陸解放為止。美國經濟大蕭條期間，他從大學畢業，找不著什麼好的工作，就上了一艘商船當船員，一九三三年，輪船靠泊上海時，他趁人不備，偷偷跳船，偷渡上岸。他的美國護照讓他在上海租界區無往不利，他一邊學中國話，一邊找到了一份工作：專門為一家上海租界區的英文報紙（《上海晚郵報》），採訪撰寫法院新聞。擔任新聞記者三、四年光景，慢慢累積了豐沛人脈，美國著名通訊社合眾社（United Press）聘請他採訪難度最高的中國戰地新聞。靠他的勇敢與機智，新聞越跑越順，他在合眾社的優異表現引起了美國時代生活的注意，而邀請他加入美國《時代生活》雜誌體系，抗戰中晚期，傑克・貝爾登成為《時代生活》的專職記者。

值得注意的，「辱打事件」應該發生於一九四三年一月份，根據蔣介石日記的記載，一九四三年一月份，蔣經國與蔣緯國兄弟都在重慶，顯然蔣經國是特地請了假從江西到重慶去的。按照蔣家的慣例，聖誕節、元旦新年和農曆春節是一年當中最重要的三大節慶，除非在國外，否則家族成員必定回家和蔣介石、宋美齡夫妻團聚。所以，蔣經國應該早在一九四二年十二月聖誕節前夕，就返抵重慶，並且準備在重慶陪蔣介石夫婦過完農曆新年，再返回江西工作崗位。因此，毫無疑問，蔣經國挨打的地點，正是重慶。

話說抗戰陪都重慶，從民國政府自武漢撤守以後，旋又湧進大量各省難民，一時之間，南腔北調，各省同胞，薈萃於此，真可謂漪歟盛哉。敵寇佔領我國沿海全部港埠，重慶市民物質生活雖未必陷於絕境，但在民生物資缺乏，物價騰貴之形勢下，普通市民階級全部被迫過著節衣縮食的艱難困苦生活，三餐靠夾雜稻穀、砂石、稗子，甚至煤渣的「八寶飯」裹腹，餐桌上沒有任何葷腥，人民三月不知肉味，庶民身穿四川當地出產的土布衣衫，過著清苦樸素的戰時生活。然而，就在這麼艱困的環境中，有幾種人例外，照樣過著紙醉金迷，酒池肉林，朱門酒肉臭的腐敗生活。這些自外於陪都軍民，自外於廣大人民群眾的，便是少數金字塔頂端的官僚資本家，以及擁有外交豁免權的美國軍政顧問，及住在重慶有外國無冕皇帝之稱的美國新聞記者。

中國軍民節衣縮食✷外國記者吃喝不盡

中國軍民是犧牲享受，享受犧牲，節衣縮食，刻苦奮勵，厚待滿足外國軍政幹部與新聞記者，來換取民族抗日聖戰的偉大勝利。當中國軍民吃「八寶飯」，穿補丁衣的時節，美國記者、美國大兵過得是何等豪奢生活呢？不妨聽聽董顯光、顧維鈞及勵志社總幹事黃仁霖的描述。

董顯光列舉為外國記者在重慶興建的「嘉陵賓館」為例，中國元老外交家顧維鈞先生的回憶錄中，有段提及抗戰時期在「嘉陵賓館」受邀吃飯的描述，顧先生回憶一九四二年十月份某次宴會的情況，他說：「在嘉陵賓館我出席了孔祥熙博士及行政院的人士為國民參政員舉辦的宴會。我們吃了一頓既經濟又富於營養的飯。每人一個盤子，盛著三樣東西：肉、蔬菜和米飯。豆漿是唯一的飲料。另外還有一碗湯、一碟甜食，主要是些水果。」

假使以今天的餐飲標準，審視顧維鈞吃的這頓「既經濟又富於營養的飯」，恐怕大多數讀者諸君都會覺得如此餐食，民國的行政院請客的菜色，也未免太寒磣了點吧！可是，別忘了詩聖杜工部的名句「朱門酒肉臭路有凍死骨」，如此菜色，恐怕尚不及臺灣或者大陸城市中學生學校供應的午餐來得豐盛呢！但是，如果和當年戰場上連飯都吃不上，面有菜色，饑腸轆轆的軍人相比擬，顧維鈞那餐飯是人間美味哩！

再說說董顯光銜命為駐華外國記者打造一個棲身旅店的情況。固然，那些外駐華新聞記者，十之八九都是支持中國對抗日本，十之八九都是尊敬中國以血肉之軀對抗日本帝國主義者的，但是，當絕大多數的人民，在艱難困苦的八年戰爭歲月中，哼唱著「流亡三部曲」，咬著牙，心頭淌著血，以堅忍之心，勇敢面對國仇家恨，誠如孟子所說：「凶年饑歲，君之民，老弱轉乎溝壑，壯者散而之四方者，幾千人矣。」

當中國老百姓「轉乎溝壑」無家可歸，「散之四方」流離失所，連個遮風避雨的片瓦寸土都沒有，但是，董顯光卻為了讓外國駐華記者吃好住好而四處張羅著。董顯光回憶：「當時我就盤算著怎樣給他們建築一所招待所的計畫，最主要是錢，我可以動用的經費中這筆錢是一文無著。在某一次那時的財政部長孔祥熙邀宴外國記者，我提出了這個問題，孔氏當時不加思索地問我，造這樣一所招待所需要多少錢？我不敢多說，祇建議一萬元。孔氏答應幫我找這筆錢，錢有了著落，……我們招待所每天供應西式早餐一頓，中式午晚餐，每月膳費定價國幣二十元，房租定價每月國幣四十元。」

董顯光引述一位美國《基督教科學箴言報》記者高爾德發的電訊稿中稱：「中國的新首都，遠在邊省四川，創世界紀錄，差不多送給自由新聞記者們一件不要代價的禮物。凡是登記過的正式記者住進最近落成的記者招待所，每月祇需付出一元美金多一點的飯錢，房錢每月不到三元美金。」

董顯光說：「外國記者招待所建立了好榜樣，主持新生活運動會的黃仁霖跟我再請孔部長協助撥款在嘉陵江邊上建築一座比較大一些的旅館，定名嘉陵賓館，招待非記者的外賓。」身兼新生活運動會及勵志社雙重職務的黃仁霖，在他的回憶中表示：「在各招待所供應美國人員的膳食方面，係按照美國軍醫署所提供的伙食標準表辦理。此項標準表規定每人每日所需的各種材料包含：肉類（牛肉、豬肉或雞肉）十八英兩、雞蛋四枚、蔬菜二十英兩、洋芋十兩、乾菜二兩、麵粉十二英兩、豬油二兩、糖六兩、鹽零點五兩、水果十一兩、花生一兩、茶葉零點五兩，以及其他香料……，凡屬主要食品在中國能買得到的，均由我方供應，至於乳酪、牛奶、牛油、咖啡、發粉、香料以及其他在中國不生產的東西，必須由美國飛機運來中國，始能供應。」

駐紮在中國大後方的美國軍人，生活待遇與大後方中國軍民之節衣縮食苦況，天地懸殊之情況，還可從戴笠轄下軍統局發生的一樁怪案，印證中國軍民抗戰生活之艱困。一九四三年一月，軍統局重慶羅家灣辦公廳有一名傳令兵，某夜跑到軍統局倉庫偷了一件軍褲，人贓俱獲，當場被逮。被抓住以後，這名傳令兵痛哭流涕，哭訴他至軍統局工作八年以來，每個月的薪水只有法幣十三元，家有老母生病卻沒錢看醫生，迫不得已才出此下策。傳令兵被關在看守所裡，暫時監禁，聽候發落。幾天後，傳令兵趁衛兵看管疏忽，留下一封信逃走了。信上寫道，偷了一條褲，自認無顏面對國家，不如自殺謝罪。

當人民面有菜色，疫癘纏身，在重慶，在延安，在全中國大江南北槍林彈雨命繫旦夕的每一條火線上，在後方高山深谷，黃土窯洞，過著有一餐沒一餐，與饑餓、與疾病，與敵人瘋狂侵略所帶來的一切苦難，作艱苦鬥爭的八年歲月磨難中，前方吃緊，後方緊吃——美國人卻依然錦衣玉食，過著奢華的生活。傑克．貝爾登之所以成名，自然與他大量報導中國抗戰前線戰士生活，及內地一般平民大眾清苦的生活現況，有很大的關聯。由於他中文十分流利，和一般戰士或者老百姓聊天，可以基本不用靠翻譯便可直接掌握重點，所以他的作品深入感人。由於採訪機緣，他得識史迪威，幾次訪談之後交情日臻密切，成為史氏座上賓。他也經常和外國著名記史沫特萊．埃德加斯諾等人交往，成為工作和私領域的好伙伴。

抗戰時期大部份外國駐華記者，均不諳中文，他們由於語言上的隔閡，無法直接與一般中國人對話，所以，絕大多數的外國通訊社記者，只能通過民國政府官方宣傳部門提供千篇一律的通稿，改寫改編或者再加油添醋，一番加工之後，便草草登上報章版面，多數外國記者無法透過自己親臨現場的所見所聞，寫作第一手的報導內容。傑克．貝爾登能懂中文的記者是少數中的例外，但這畢竟算是鳳毛麟角。他也因而在抗戰前方與後方的實地採訪中，佔盡了便宜。正如《紐約時報》記者竇爾丁（Tillman Durdin）所說的：「有時候我們想何不直接到戰場上作採訪，去看看中國軍隊到底是怎麼打仗的情況呢？這時就要借重傑克．貝爾登的語文能力了，再不就是要透過史迪威將軍的關係，只要有他們兩個在，我們便可以從他們的嘴中了解中國軍隊的戰況，以及他們在戰場上的進度及各種細節。貝爾登和史迪威一搭一檔，只要他們跑一趟，帶回一些寶貴的消息，便足夠餵飽我們的新聞饑渴，而且全是十分有新聞價值的內容。」像《紐約時報》記者竇爾丁這樣的大牌記者，都要靠貝爾登和史迪威「餵新聞」給他們，才可以在工作上順利交差，更遑論其他的無名小輩了。

從這裡可以印證兩件事，第一，傑克．貝爾登因為語言無礙，所以駐華外國記者都要靠擅長中文的傑克．貝爾登四處採訪提供新聞素材，傑克．貝爾登無異是外國記者的

「衣食父母」，沒有傑克．貝爾登，新聞來源至少缺了一大半，這些外國記者日常工作無法或缺貝爾登，他自然而然成為駐華外國記者眾星拱月的精神領袖，中國官方哪能對他稍有閃失，必定竭盡一切能力，滿足他的所有要求。

第二，傑克．貝爾登和史迪威關係可以說是生死之交，友誼非常深厚。史迪威是駐華盟軍參謀長，在中國堪稱一人之下，眾人之上，中國軍政界沒有人敢不買他的帳，在沒與蔣介石鬧翻之前，史迪威在中國可謂一言九鼎，是惟一可以和蔣介石大聲講話的人。憑著傑克．貝爾登和史迪威深厚的交情，工作時更是無往不利。

一九四二年傑克．貝爾登是惟一陪伴史迪威，進入緬甸戰場的新聞記者。當時戰局十分不利，由於日軍攻勢太快，在猝不及防的情況下，史迪威和他司令部的高級參謀及大部隊失去聯繫。一九四三年，傑克．貝爾登寫了一本書，名為《與史迪威一起撤退》（*Retreat With Stilwell*，中文書名暫譯），因此，史迪威堪稱是傑克．貝爾登的最大靠山，兩人是真正的鐵桿兄弟。

明白了傑克．貝爾登在抗戰時期中國的優越客觀條件，便了解，如此優越的採訪條件，貝爾登難免會恃寵而驕，目中無人，再加上史迪威後來由於與蔣介石意見不合，名為「參謀長」，實際上卻想奪老蔣的權，想搶老蔣的委員長寶座，蔣介石當然不會坐以待斃，頻頻透過涉外官員向華盛頓表達強烈不滿。史迪威猶不死心，不斷透過華盛頓向蔣介石施壓，命其交出兵權，蔣介石抵死不從，強烈要求美國政府撤換史迪威，否則不願與美國配合。至此史氏猶不知趣，尚意圖勾結美國戰略情報局特務，策畫包括製造空難等一系列狙殺蔣介石之政變計畫，史迪威這項陰謀活動，終因蔣介石對華府尚有巨大利用價值，而胎死腹中。史迪威事件也為蔣美鬥爭史，譜寫了第一章序曲，更為爾後美國放棄蔣介石，甚至欲奪其性命，預埋了致命的地雷。

原本即恃寵而驕，加上史迪威與蔣介石的新仇舊恨，彼此矛盾情結愈結愈深，樑子愈結愈大，最後甚至辭官返美，身為史迪威鐵桿兄弟的傑克．貝爾登，豈有不義憤填膺者，豈有不想藉題發揮者，如果又與蔣介石的兒子蔣經國狹路相逢，不論是酒後逞威風吐怨氣，或是偶然間一言不合而大打出手，任憑一丁點火花，都有可能引爆炸藥桶。雖然「辱打經國」事件，發生的時間點是在蔣介石與史迪威攤牌之前，但史迪威手下這幫記者，是有可能和史氏一樣，拿蔣氏父子當假想敵，製造出其不意的毆辱事件，羞辱蔣氏父子。

蔣介石與史迪威不愉快的一場賓主爭鬥，更為爾後美蔣鬥爭預埋更大更烈的爆炸引信！而蔣經國之被毆事件，會不會又與美蔣鬥爭有關聯呢？以蔣經國的背景身份，如果「辱打」他的又是美國合眾社記者，很難不予人政治聯想。

姑不論蔣經國是不是被傑克．貝爾登毆傷，可從董顯光承辦戰時接待外國新聞記者的優渥條件，很難想像，當年在沿海港口封鎖，外援斷絕，缺糧缺錢，軍民營養不良，路有凍死骨，野有餓莩的情況下，兩相比較，外國記者在中國享受的是什麼樣帝王級的待遇。

董顯光指出，他對記者照顧到無微不至，「不幸在抗戰中途，這個我所撫愛的成就變了質……我們跟外國記者們的關係發展到史迪威事件的爆發，惡化達到巔峰。」外國記者與民國政府之間的緊張關係，當然和蔣介石執意迫使美國政府調回史迪威，極其有關。董顯光說：「在抗戰接近結束的幾年中，外國記者們把史迪威製造成一個傳奇性的人物，而蔣委員長反成外國記者們攻擊的眾矢之的。」

唐縱日記註明蔣緯國來向他訴苦時，不經意說出了他兄長蔣經國於一九四三年一月十三號，被美國記者毆辱的情況，這個時間點，正是董顯光抱怨外國記者與蔣介石當局裂痕擴大的階段。董顯光說：「史迪威的桀驁不遜，自一九四一年迄一九四四年使蔣委員長忍無可忍，不得不電請美國總統召回這個不能合作的參謀長……」其實史迪威與蔣介石的齟齬，早在一九四一年史氏剛到中國，就已經開始。

唐縱日記裡敘述蔣緯國向唐氏爆料，謂經國遭合眾社美國記者「辱打」，只有一行字，十個字，言簡意賅，但也失之於敘述粗略，而未明所以，對細節完全沒有交代，更不要說是非曲直了。然而，可以推論的是，既然名之曰「辱打」，那麼必然毆打的現場還有第三者，這第三者要嘛是與合眾社毆打蔣經國的美國記者是同夥，要嘛是大家都不認識的閒雜人等。只有在大庭廣眾之下，遭人毆打，才可謂之「辱打」，如果只有蔣經國及施暴者二人，只能稱之為霸凌，欺凌，而不能稱之為「辱打」了。

想當初，蔣經國留俄時期，傳說中，他能夠迎得美眷歸，娶得蔣方良女士，原來是蔣經國英雄救美的結果。典型的故事說道，蔣經國有天加夜班，深夜十一點下班路上，見到一個俄羅斯壯漢意圖對一名俄羅斯姑娘非禮，蔣經國路見不平，和那名壯漢扭打起來，壯漢起初沒料到眼前這個矮小的中國男人手腳如此俐落，扭打不到二、三分鐘，蔣經國輕易趕跑了那名色狼。蔣經國身體不如俄國人粗獷，但是小時候蔣介石教導過他基本的拳腳功夫，誰知道在這節骨眼上派了用場。這位被蔣經國搭救的年輕女子，就是後來的蔣方良女士。兩人由敬生愛，最後終成神仙伴侶。

假使這段英雄救美的故事屬實，那麼當蔣經國在一九四三年一月份，遇到「辱打」事件當下，何以他兒時的拳腳功夫竟又派不上用場了呢？再者，英雄救美，是多麼浪漫，多麼有面子的好事，而當眾遭遇惡徒毆打羞辱，又是何等大煞風景的醜事啊！

兩個五二四：蔣介石的人生三溫暖

上海灘，是蔣介石發跡之所在，龍興之地，但也是其半生功業毀於一旦之所在！蔣介石從一位介乎黑白兩道之間（清幫份子或革命黨員），介乎職業革命家與游俠刺客之間，一位出身寒微杖劍任俠的潦倒青年，搖身一變為孫中山身邊手握兵符高喊革命的赤色將軍，復於孫先生病逝之後，靠著權謀與槍桿子，平地竄升為國民革命明日之星，扳倒眾多對手，終成國民黨唯一領袖。

回顧蔣介石在滬上十里洋場，一九一二年一月，受大哥陳英士驅馳差遣，為報黨內政敵誣蔑孫中山先生貪瀆睚眦之仇，嘯聚江湖豪俠，效法戰國時代唐睢「挺劍而起，血流五步，天下縞素」，狙殺光復會革命黨人陶成章。蔣介石現代「專諸、聶政」之刺客名聲遠播廣東，乃以血性赤膽受知於中山先生。孫先生遺志打倒軍閥，統一中國。蔣介石繼志承烈，其間並利用國民黨內部左右兩派鬥爭，國共合作矛盾之縫隙，俟機攘奪大位，進窺中央，翻雲覆雨，大陸時期南面而王，凡二十四載。蔣介石畢生之最大功業，厥為領導全國軍民八年抗戰，艱苦鬥爭，百折不撓，驅逐日軍於國土之東，功成名就，抗倭民族英雄實至名歸。戰後人民殷盼休養生息，蔣介石逆勢而為。輕啟戰端，夢想犁庭掃穴，直搗黃龍，一舉解決共黨。焉知昔日深自陶醉民族英雄之美名，短短三年之間，竟成共黨傳檄聲討之全民公敵。一九四九年一月，兵敗淮海，內外交逼，黯然下野，「總統」寶座拱手讓予李宗仁、蔣介石從人生高峰墜落谷底，繁華落盡，半生英名，灰飛煙滅。他從叱吒風雲，到晦暗無光，從兆民景從，到眾叛親離，從稱孤道寡，到敗逃孤島，如此戲劇人生，何異夢幻，轉頭成空？斯情斯景，讓人聯想起李後主《破陣子》：「四十年來家國，三千里地山河。鳳閣龍樓連霄漢，玉樹瓊枝作煙蘿。幾曾識干戈？一旦歸為臣虜，沈腰潘鬢消磨。最是倉皇辭廟日，教坊猶奏別離歌。垂淚對宮娥。」

若談起蔣介石時代在臺灣發生的一場驚天動地的反美暴動事件——五二四事件，不禁讓人聯想，蔣介石畢生遭逢之重大事件，日期數字之間有諸多巧合，「五二四」即為一鮮明例子。其中第一個五二四，是一九四九年的五月二十四號，這是國民黨當局掌控上海的最後一天，次日，解放軍進入上海，國民黨永遠和這座城市告別，蔣氏父子再也回不了這個發跡之所。再一個五二四，便是兩蔣父子離開上海八年後，一九五七年的五月二十四號，這一天，臺灣爆發了國民黨退臺以來，最嚴重的一場反美群眾暴動事件。華盛頓當局怒不可遏，差點和臺灣蔣介石當局翻臉，幾乎斷交廢盟，停止對臺軍經援助，蔣氏父子被迫道歉賠館（把被群眾搗毀的美國大使館修復）。這場發生在臺灣的五二四反美暴動事件究竟是怎麼一回事？又有哪些不為人知的內幕呢？

這是一場從西元一九〇〇年八國聯軍之役之後，神州大地上聞所未聞，見所未見，針對「洋鬼子」——美國大使館打砸抗議暴動場面（按：八國聯軍之役的引爆點，也是從攻擊洋鬼子的使館為起點的）。但是，值得吾人嚴重關注的是，五二四反美暴動事件，發生的時間點非常敏感，一九五七年的五月二十四號，這正巧發生在剛落幕的孫立人事件結束後不到兩年之後。孫立人事件原本是美國國務院外交系統與中央情報局的特工人員，在臺灣醞釀泡製的一場未遂軍事政變所導致的悲劇。孫立人成為美國當局醞釀政變失敗的犧牲者。美國原本想借刀殺人，原本想藉著類似孫立人的手，驅除或者殺害蔣介石，但無奈的是，或許孫立人心不夠狠毒，另一方面也或許蔣氏父子的特務系統技高一籌，美國的政變計畫被蔣氏父子逐一破解，原本想整鍋端的美國，反而被蔣氏父子給整鍋端了。

一九五七年的五月，儘管孫立人本身，已經被國民黨特務機關重重警衛「監管」在臺中那幢黝暗的日式木造寓所中，不得邁出大門寸步，美國策動政變失敗，儘管民主黨政府已經下臺，但陰謀搞政變的那批職業外交官與特務，仍然繼續虎視眈眈。一九五〇年延續到一九五四年前後的那場未遂政變，以及孫立人事件，都在臺灣和美國當局的內心裡，都投下不可磨滅的陰影。而這道陰影持續投射到一場美國當局與國民黨當局雙方都無法預料的群眾暴動事件中，成為美國與蔣氏父子繼續角力鬥爭的競技場。

憤怒的群眾先是搗毀，繼而佔領了美利堅合眾國駐臺灣的「大使館」。美利堅合眾國堪稱二戰之後全球最強大的戰勝國，它派駐全球各地的大使館，自詡處處固若金湯，雖千軍萬馬也不能越雷池一步。出其不意的是，在臺灣的這個美國「大使館」，竟然被一千多名手無寸鐵的反美中國群眾——他們多數人甚至只是手無縛雞之力的文弱書生，這些年輕人幾乎沒有付出任何皮肉之傷的風險代價——就把一幢內有美國海軍陸戰隊員據守，外有國民黨便衣及制服警衛日夜保護，有如銅牆鐵壁堡壘般的大使館大樓給佔領了！

非但如此，更令美國人羞憤到無地自容的是，竟然在向來俯首貼耳惟命是從的臺灣，第一次遭逢讓美國國格掃地的暴力事件。高懸在大使館樓頂的美國星條旗，被憤怒的群眾從旗桿上奮力扯下，那面星條旗被丟擲在髒污的泥地上，幾個學生模樣的年輕人，還在星條旗上用力踩出幾個泥鞋印。尤其讓美國大使館特務們大驚失色的是，鎖在大使館加密保險箱裡的一整套機密公文，在群眾衝擊使館，一團鬨鬧之際，群眾趁亂撬開保險箱，將文件劫掠一空。據信這批機密檔案，有當代美國在臺灣從事間諜活動，甚且涉及美國特務機關如何滲透蔣介石政權，意圖發動政變推翻蔣政權的內部情資報告。

美國在日本本土投下兩枚原子彈之後，美國軍隊兵不血刃從日本軍國主義者手裡奪得臺灣島控制權，美國人登島之後第一件大事，就在這座面積三點六萬平方公里的嶼島上，普遍建構了情報據點，美國人不惜鉅資，大肆收買一大批本地親美份子——他們當中一部份是留美學生，一部份是日本殖民時代的既得利益者，他們當中大部份是買辦階級、地主階級、地方仕紳、或者望重士林的意見領袖，他們以為美國會像早先的日本殖民主義者那樣，將成為未來半個世紀臺灣的實質統治者，因此在美軍在臺灣南北兩處軍港與機場登陸後，他們便快速從祖輩靠攏日本的歷史經驗中獲得靈感，快速向美國勢力宣示靠攏，希冀這個靠攏動作，一則以保全亂世之性命，一則為他們在日本殖民統治時代巧取豪奪得來的財產與利權，找到一張洋人開具的保單。

儘管這些被美國收買的臺灣親美份子早已得知，臺灣的領土版圖終將依據開羅會議精神，回歸國民黨執政的中國政府，但真正的後臺老闆是美國。所以，他們甘於作為替美國打探消息的包打聽，與遭遇突發事件時的馬前卒（所以二二八事變中，有那麼多人有恃無恐地與國民政府作對）。一九四五年十月起，這座島嶼經歷了半世紀殖民統治後，終於升起了中國人的旗幟，但在美國人眼裡，民國政府的「光復臺灣」只是一個儀式主義的過場，美國正在用他那雙巨大的手，佈局未來中國、美國人幻想蔣介石將在他的撮合下與毛澤東握手言和，並且深信中國會像美國的兩黨政治模式那樣，先在戰後成立一個「聯合政府」，再過度到美國想像的那個「兩黨政治」的夢幻政治模式。之後的馬歇爾元帥即被賦予這樣的不切實際的政治使命，來到中國，並且強迫蔣介石和毛澤東照美國規劃的道路走。美國幻想改造中國的政治，以聯合政府取代國共內戰。美國人急於使中國恢復和平，並且搶佔先機，甩開英國等其他資本主義國家，獨佔中國這塊龐大的貿易市場，急切期盼把抗戰時期對中國的軍經援助，藉著戰後中國承諾給予的暗盤利益，把本錢一次撈回。

國共內戰再度使得美國陷入壓寶的兩難情境，到底是要壓控制城市，在國際上擁有外交優勢的國民政府，還是有土地改革者美譽，擁有內地廣大解放區的人民政府？杜魯門政府在東北戰役國民黨軍潰不成軍的慘敗之後，決定減緩甚至中止了對蔣介石政權的軍經援助。並不完全因為國民黨軍一直扮演共軍美式裝備「運輸大隊」的角色，更考慮到中國內戰結束，如果共產黨是最後贏家時，幻想假如中國也有南斯拉夫鐵托那樣的人物，採取不結盟政策，美國人照樣可以在中國攫取巨大的商業與地緣政治戰略利益。縱使針對像臺灣這樣的地緣政治目標，不論是蔣介石繼續當道，或者蔣介石被南斯拉夫鐵托那樣的新領袖領導的中共所擊敗，美國照樣可以依其原定計畫，在臺灣島上建立起比日本殖民時期更強大的海空軍基地——這是美國杜魯門政權打的如意算盤，或者是他們的上上之策。

即便局勢的演變超乎美國之預期，假如國民黨政權一旦無法抵擋百萬共軍攻臺，美國將先下手為強，趁共軍尚未渡海攻佔之前，索性先行派兵強佔臺灣、美國將假手所謂聯合國部隊——這個所謂的聯合國部隊不過是個晃子，實際上的軍隊組合仍是以美軍為主力。但是，用聯合國部隊的名義，不但可以達到美國欺世盜名的目的，並且照樣可以達到美國從軍事上控制臺灣的真正意圖。美國將在一、二年內，在臺灣南北建設至少五處海空軍基地，最終目的便是把臺灣建設成美國在遠東的「不沉航母」。

為了達到此項目標，美國在島上的情報作業不但遠勝於之前的日本殖民統治者，美國官方的情報網絡更從一九四五年夏天起，便在島嶼上落地生根，形成盤根錯節的地下情資網絡，而外觀上它們是以各種奇特的面貌存在著的。直至今天，美國人在島內的情報能力都比臺灣藍綠政黨執政時期領導的官方情報單位來得精確細緻。它們甚至對藍綠領導人的思維方式與日常行事瞭若指掌。

陽明山夜半槍聲✷軍警大感震驚

事件的總爆發雖然是一九五七年五月二十四號，但是，我們必須從整起事件的發端，一九五七年的三月二十號這天說起。這天的半夜十一點多鐘，在陽明山革命實踐研究院擔任職員的劉自然，跑到距離工作地點不遠的陽明山美軍官舍，找美軍上士雷諾。大半夜何事一個中國人去找一個美國大兵？原來兩個人合夥做生意，雷諾和臺北美軍基地ＰＸ的負責人很熟。所謂ＰＸ，係指純供美軍內部消費的廉價超級商場，或俗稱的美軍福利站。一九五〇至一九六〇年代，臺灣民生物資匱乏，外匯受當局管制，例如像可口可樂、牛仔褲、美國香皂、高級化妝品、男女大衣、電子家用商品這類的美國產製民生日用品，臺灣有錢也買不到，市面上根本沒貨，但是這些舶來日用品在美軍ＰＸ商場內，無限量供應，賣得很便宜，大部份商品甚至比美國本土都要廉價。因此有很多美軍官兵便想盡辦法把ＰＸ的商品盤到臺灣民間市場，轉售給本地商家賺外快，外流到臺灣市面轉賣的商品，經常一轉手之間，奇貨可居，大賺一筆暴利。

像雷諾這樣凡事錙銖必較，一切利字當頭的美國大兵，固然在ＰＸ很吃得開，要拿多少貨就有多少貨，應有盡有，可要怎麼把ＰＸ的貨色盤出去，變成鈔票，假如外邊沒有通路上的關係人，哪怕手上貨色再多，也只能徒呼負負。所以雷諾必須在中國人的圈子裡，找尋一個對本地市場熟門熟路的中間商，一旦尋著這麼一個靈光的通路商，方才可以把東西盤售到臺灣本地市場上，這趟買賣方可活水源頭，源源不絕地做下去。劉自然，便是雷諾便是眾裡尋他千百度的一位通路商。剛開始雷諾荷包進帳盈滿，不無驕矜之氣。

面對暴利，劉自然也老實不起來了，他清楚美軍有一條特別的內規，嚴格限定官兵不可以盤售ＰＸ的貨品到外面轉賣，違例者將被即刻遣返美國本土，並接受嚴厲處份，所以很多美國大兵不敢太過明目張膽。衝著這一點，劉自然坑了不少雷諾貨款，吃定雷諾拿他沒辦法。但是雷諾之所以膽敢冒著被上級查獲的風險，他究竟所為何來？當然也是著眼多賺些外快，竟然被劉自然黑吃黑，心裡很不舒服。一九五七年三月二十號這一天夜裡，劉自然跑去雷諾家門口按電鈴，就是照往例，在夜裡去雷諾家裡取貨，哪裡曉得雷諾來應門時，見來人是劉自然，就隔著門前的矮籬笆，兩個人便爭吵了起來，雷諾怪劉自然不該吃他的貨款，劉自然則是一股腦地矢口否認，兩人吵得不可開交，雷諾越想越氣，拿起軍用自衛手槍，當場朝劉自然開了兩槍。劉自然當場倒臥於血泊之中。

眼看已經鬧出人命，雷諾要太太打電話通知憲兵。半小時內，陽明山警察所也出動了幾名員警前往調查這樁槍擊命案。要知道，陽明山在兩蔣時代可是不能出任何差錯的「京畿重地」，是蔣介石的夏季官邸所在地，管制非常嚴格，入夜以後通往山下的兩條公路開始戒嚴，嚴格限制軍民人車進出陽明山地區，沒有通行證，人車一律不准通行，所以，陽明山當年入夜以後人車稀少，夜裡非常靜謐，甚至掉一根針到地上，都會聽見清脆的墜地聲響。這一天的午夜時分忽然傳來兩聲槍響，自然驚動了警所人員前往察看。

但是，問題就出在這裡，警察到達現場，當下判斷這是一件槍殺命案，美軍雷諾涉有重嫌，如果是一般刑事涉案人，警察當場便可拘捕，作完口供，調查清楚，如果真的涉及殺人，那自然即刻關押起來，聽候司法審判。可偏偏蔣介石當局和美國簽訂所謂「共同防禦條約」的同時，承諾給予駐臺灣美軍官兵與美國駐臺外交人員，均有同等的「外交豁免權」，這在全世界任何一個有美軍駐紮的國家地區，都是聞所未聞的事。外國軍人享有「外交豁免權」，這恐怕只有在民國時期的租界地區，外國軍人才有這種罕見的特權。所以，陽明山警察所的警察要帶走雷諾，及時趕到的美軍憲兵立馬出面制止：且慢！雷諾是美國軍人，按照我們雙方簽訂的「共同防禦條約」，就算雷諾犯了再大的法，也不歸臺灣司法管轄，你們沒資格帶他回去。

不但雷諾當場沒事，沒關也沒作任何口供筆錄，甚至第二天陽明山警所出動了外事警察，要到命案現場進行刑事現場勘驗，這樣例行的刑事案件調查程序，都被美軍憲兵嚴詞拒絕了。所以，臺灣警方根本無從偵查劉自然是怎麼被雷諾槍擊致死的，兩人之間到底發生了什麼過節，也無法直接從雷諾嘴裡取得供詞。只有進行間接瞭解，一查才發覺雷諾和死者劉自然之間有金錢糾紛，雷諾抱怨劉自然抵賴他的貨款，明顯有黑吃黑的嫌疑，而劉自然則是矢口否認，還強迫雷諾繼續供貨給他轉售，如若不然便要向美軍單位揭發他轉售ＰＸ美軍福利品，按美國軍律，有這種行為的美軍，不但要法辦，而且會被立即遣反美國本土，等於是既要準備吃牢飯，又要損失一筆貨款，雷諾在承受劉自然如此威脅恐嚇之下，氣憤異常，盛怒之下，便取槍將劉自然兩槍斃命。

為了脫罪，雷諾編了一套漏洞百出的故事。雷諾在美軍顧問團成立的簡易軍事法庭上供陳，他說，三月二十號那天晚上十一點多，他正要關掉門燈打算睡覺，聽見太太在屋內大叫，雷諾回頭一看，有隻大蜘蛛正從浴室裡爬出來，他原先以為是這隻蜘蛛嚇著了太太，可是，太太卻從浴室裡面叫他，說窗外有人偷看她洗澡。雷諾說，他一方面叫太太別驚慌，回房取了一把自衛手槍，裝了幾發子彈，便由後門朝屋外走去，他見到了一個人影，穿著制服，以為劉可能身上有武器，不敢大意，見到人影晃動，毫不遲疑，扣下扳機，開了一槍，劉自然這時摔倒在一片竹林邊，雙腿露在地面。雷諾說，他回到屋內，叫太太趕緊打電話通知憲兵。雷諾這時又跑出屋外，見到劉自然屈膝走向他，雷諾擔心劉自然要反撲，便又朝劉開了第二槍，擊中劉自然要害，當場倒臥血泊。

美國人殺中國人無罪天理何在？

雷諾告訴美軍軍法官，他開槍完全是為了自衛，不是預謀殺人，因為劉自然「非法入侵」他的房舍，而且還偷看他老婆洗澡，按照美國法律，以及英美法律的慣例，他有權對侵入家園的不明侵入對象採取必要的防衛舉動，他持槍殺死劉自然，目的為防衛，是情有可原的事。美軍顧問團的軍事法庭審理雷諾的案子，審了三天半，美國法官明顯帶著美國人的偏見，與偏袒自家人的心態審理雷諾案，一致認為劉自然深更半夜跑到雷諾家院子裡，意圖不軌，而且照雷諾的說詞，雷諾太太驚呼劉某偷窺她入浴，照美國人規矩，有人侵入家裡，只要主人認定入侵者來者不善，不論用刀用槍，都可以採取必要的自衛手段，即便是殺了入侵者，在美國許多州，這都是合法自衛權限。所以，美軍軍事法庭最後認定：雷諾被控殺人案，因「罪證不足」，雷諾無罪開釋。

劉自然命案消息在臺灣傳開來之後，引起島內輿論強烈騷動，社會上耳語頻傳，美國大兵濫殺無辜，持槍殺死手無寸鐵的中國人，竟然還被判無罪，這比大陸時期外國租界的治外法權還要離譜，還要出格。

殊不知，雷諾和臺灣美軍顧問團的軍事法庭，乃是從西方英美法系法律學觀點，也就是所謂的「堡壘原則」（Castle Doctrine）——凡人皆以家庭作為自身棲息與受保護的堡壘，雷諾便是引用這個「堡壘原則」作自我辯護，美軍軍事法庭之所以作出雷諾無罪的判決，便是採認了這個「堡壘原則」。直到近期，臺灣也發生過類似的案例，二〇一四年十月，臺灣有一名男子徒手勒死了非法侵入他家企圖行竊的一名歹徒，這名殺死入侵者的男子，雖然被依過失致人於死的罪名被移送法辦，但是法界人士認為他是行使正當防衛權，制止侵入他家的陌生人對他及他家人可能造成的生命危害。此案發生的同時，臺灣《中國時報》駐美國特派員劉屏先生，亦寫了一篇分析稿，劉屏解釋，如果依照美國人觀念中的「堡壘原則」，任何私闖者，侵入了民宅，主人基於自衛的理由，予以開槍格殺，通常是無罪的。劉屏文章表示，這個「堡壘」的範圍不光僅限於住宅，有些地區進一步延伸至工作場所、私人車輛、車道。劉屏文章指出，關於「堡壘原則」之觀念起源可以追溯到羅馬帝國時代。英國是在十七世紀將這種「堡壘原則」的法律概念訂為法律，這道理十分簡單，西方人認為「一個人的家是他的堡壘；每個人的家是他最安全的避難所」。所以，如果有人為了保衛自己及家人的生命、財產不受侵犯及威脅，拿起武器或豁出性命與闖入者搏鬥，甚至意外殺死人，也被視為天經地義。

在一九五七年的臺灣，社會大眾對這個所謂的「堡壘原則」法律概念普遍仍然相當陌生，多數人恐怕連聽都不曾聽過，更遑論對它能夠坦然接受了。大多數中國人根深柢固的思維是「殺人償命，傷人及盜，抵罪」。別說當代臺灣一般民眾搞不清楚美國有這種法律觀念，即便是上層社會，若未與西方人打過交道或者在西方國家唸過書，或者實際在西方國家生活過，一般人是不會明白什麼「堡壘原則」。

縱使「堡壘原則」是美國軍事法庭認為審理雷諾時，無可質疑的「進步」原則，「堡壘原則」也絕對不是規避殺人罪的萬靈丹。任何的法律原則都有它的侷限性，「堡壘原則」也有它的界限，例如，人們就不能拿著槍跑到遠離家門的馬路上，亂放槍，更不能在遠離家門的公共區域隨意開槍傷人，更不能動不動端出「堡壘原則」正當防衛作為濫殺無辜的遁詞。換言之，假使雷諾槍殺劉自然的現場位置，如果是在雷諾的家門範圍以內，或者雷諾家園樊籬之內，或者就在雷諾家的廳堂之上，雷諾當然可以理直氣壯聲稱他是行使「堡壘原則」自我防衛權力。反之，假使雷諾殺死劉自然的地點是在大馬路上，是在公共區域，那麼雷諾無論怎麼申張「堡壘原則」，他都是如假包換的殺人犯。

雷諾拿出「堡壘原則」當作無罪辯護的擋箭牌，問題就在於「堡壘原則」是有限定範圍的，所謂的堡壘不能夠由雷諾來判定，雷諾開槍殺人的地方是不是該被認定為「堡壘」，並不是雷諾一個人說了算，他畢竟是殺人案的被告，是不是「堡壘」應該由警察提出證據，由法官來認定。

劉自然命案引發的反美暴動，並不是臺灣老百姓反對美軍軍法庭採用「堡壘原則」，也不是臺灣和美國之間存在著無法彌合的法律觀念鴻溝，而是，美國憲兵不讓臺灣警察介入調查，而任由雷諾以殺人兇嫌的角色，片面主觀認定「堡壘原則」——那座堡壘的界線所在。即便不懂美國法律慣例的臺灣老百姓，也嚴重懷疑美軍軍事法庭明顯偏私。在臺灣的中國百姓可以接受「堡壘原則」，但必須由中國警察和法官來認定雷諾是不是在自家「堡壘」內，基於自衛原因而殺死劉自然，假如他根本未曾登堂入室，而是遠在雷諾家院牆之外，便因為兩人有財務糾紛，有金錢恩怨，雷諾憑藉著擁有自衛槍枝，就遠在家門之外開槍打死了劉自然。如此，則是任何中國人都無法容忍接受的。民族主義情緒自然而然很容易被一點點風吹草動與新仇舊恨所挑弄起來了。

蔣經國報仇的機會來了？

照作家江南的說法：「一九五七年的三月，劉自然遭美軍雷諾槍殺，經國靈機一動，認為是他報復華府的時機來矣！」江南明顯認定五二四劉自然事件，最後演變成反美暴動，蔣經國的幕後策動是最重要的一股動能。眾所周知者，蔣介石父子敗退臺灣以來，情報機關是交由蔣經國監督的，蔣經國擁有最完整的情報訊息，劉自然是怎麼回事遭到雷諾槍殺，蔣經國最清楚不過了。劉自然的祖宗八代的身份背景，乃至陽明山革命實踐研究院下班以後，做些什麼兼差，平日靠倒賣發財，跟哪些美國軍人、本地盤商交往，無一能逃得過蔣經國法眼，更難逃經國手底下那幫子特務人員的掌握。所以，江南說「經國靈機一動，認為是他報復華府的時機來矣！」美軍顧問團軍事法庭怪不了別人，要怪只怪他們「自作孽不可活」。設若美軍軍事法庭在案發後認真探究，雷諾是否真的是在家園內開槍自衛？是蓄意謀殺？抑或是失手殺人？如係失手，何故連開兩槍？除了雷諾殺人罪行不可饒恕，美軍軍事顧問團軍事法庭的草菅人命，更是罪無可逭。美國軍事法庭一副帝國主義嘴臉，似乎中國人人命不如美國人的命值錢，焉能不引爆島內百姓強烈抗議？

其實江南的推論完全符合現實，各種跡證亦印證這種推論不假，而且大溪檔案一份蔣經國寫於五二四反美暴動之後，幾近向美國當局交心的「報告書」或者接近「悔過書」的親筆文件，這份類似「悔過書」的文件，即使不是以「悔過書」的名目寫的，長文的標題也沒有冠以任何類似「悔過」的字眼，可是，從蔣經國這份長文的字裡行間，可以得出一種印象：當局為了釐清五二四事件的政治責任，為減少不必要的猜測，必須從方方面面把外界的所有疑點作出澄清，避免華盛頓對蔣氏父子心存芥蒂。這份蔣經國撰寫的親筆報告書，一方面從蔣經國得知的事件原委，把事件作一更高視野的敘述，二方面蔣經國也透過此文，向他的父親及美國方面，說明在他得知事件的第一時間，他如何緊急處置，三方面蔣經國也藉此說明蔣氏父子和本事件絕對無關，因為蔣經國本人還協助軍警憲及情報單位，在混亂局面中穩住局面，適時壓制暴徒。

然而，另一方面也說明了一個事實，美國方面有許多人懷疑五二四事件似乎與蔣氏父子脫不了干係，儘管蔣介石有「不在場證明」——蔣介石在事件前一二週即已照往例，初夏時節便遠赴臺中日月潭度假避暑，五二四暴動當天，他人根本不在臺北，當年電子通訊也不像眼下有手機，有電郵，有各式各樣的網絡工具，很難想像蔣介石要怎麼「遙控」這場暴動事件，所以美國人不容易把遠在臺中的蔣介石和臺北這場暴亂扯上任何戲劇性的牽連。但美國方面卻從某些消息管道或者根據某種推演，事件必與蔣經國有某種關聯，或者根本是出自臺灣當局有意的縱放，甚至策動。

美國人在五二四事件中，有這樣和那樣的「美國人被迫害妄想症」，絕不僅僅只是出於主觀的推測與想像，二戰結束，美國從日本軍國主義者手裡奪得臺灣的控制權以來，就在這座面積三點六萬平方公里的嶼島上，普遍建構了情報據點，美國人不惜鉅資收買了一大批本地親美份子，作為打探消息的包打聽與遭遇突發事件時的馬前卒。美國人在島上的情報作業不但遠勝於之前的日本殖民統治者，美國官方的情報網絡更從一九四五年夏天起，便在島嶼上落地生根。

五二四事件被懷疑與蔣經國有關，可以從間接論證與直接論證來演繹。（荒謬的是，如果不是美國在臺灣迫害中國人，美國大兵粗暴開槍殺死中國人，美國當局卻又引用治外法權，美軍顧問團球員兼裁判，蓄意縱放殺人犯，殺人無罪，偏偏臺灣百姓那時還不知道什麼「堡壘原則」，美軍軍法庭不作出如此離譜的司法判決，美方又何至於需要杯弓蛇影，何至於會有被迫害妄想症呢？）

間接證據方面，劉自然命案爆發之後，臺灣傳播媒體的言論尺度突然有如脫韁野馬，完全失去了黨政機構的監控，一向嚴格控制媒體言論與新聞尺度的黨組織，以及行政部門，乃至特務機關，似乎全部噤聲不語，任由媒體對事件的大篇幅報導。這在過去是前所未見的。奇怪而弔詭的，美國不是全世界到處歌頌媒體大鳴大放、胡扯八道式的美式媒體風格嗎？怎麼這時兩蔣父子不箝制媒體，倒反成陰謀策動反美暴動的跡證了呢？

美國人納悶的是，如果照過去蔣介石當局的一貫作風，既然劉自然命案涉案人是美國大兵，說什麼都不會讓這則消息公諸於眾的，即使洩露出去，也不允許它被渲染成社會新聞，無限上綱地擴大報導的。然而劉自然案讓美國人不解的是，自命案發生後，率先由臺灣當局控制的英文報紙《中國郵報》獨家披露。臺灣本地閱讀英文報紙的人民，僅限於少數學習英文的青年學生，以及駐臺的外國官商或者觀光客，為數十分有限。誰知道在劉自然身亡後第二天《中國郵報》率先報導之後，臺灣最大的民營報紙老闆實際上是蔣介石侍衛出身的王惕吾——《聯合報》也燒起第一把火，在案發後第三天，用一則方塊文章〈臺北人語〉登高一呼，跟進這條新聞。

一九五〇年代中，儘管當局對新聞媒體控制比較嚴格，臺灣報紙已經興起一種美式報紙競爭的惡性歪風，《聯合報》不顧觸犯禁忌，率先刊登劉自然被美軍殺死的新聞，其它的報紙見《聯合報》報導這則消息沒被當局制止，基於商業利益與報份販售的考量，也全都一窩蜂跟進。各報基於不開罪美國的最高原則，編輯老爺心中自有一把尺，為「安全」計，便劉自然命案往社會犯罪新聞的方向導引，避開敏感的蔣美關係層次。

《聯合報》方塊文章〈臺北人語〉只是用了極為簡單的文字，首先白描了劉自然命案的梗概，在介紹劉自然時，《聯合報》說：「劉為身高六英尺的彪形大漢，家貧，賴服務機關的微薄薪水維持生活，遺一妻（二十九歲）一子（一歲四個月）。」

然而，就因為臺灣的報紙為了規避敏感的美蔣關係言論禁忌，所以沒有媒體敢觸碰這塊禁區，以致這則新聞自始被侷限在「殺人命案」的範疇，這導致了想藉機生事的人在整起事件中有更大的起鬨滋事的空間。而且更關鍵的問題所在，是臺灣的報章媒體沒有把死者劉自然的真正身份交代清楚，這導致了本案一開始就使人聚焦在民族仇恨上面，而使得命案的關鍵——為錢財起衝突進而爆發槍擊殺人事件的因素完全被蒙蔽了。香港《新聞天地》雜誌揭露的內幕，是命案發生之初臺灣的讀者看不到的，而這則報導卻明確講出了劉自然的身份，以及與兇手雷諾起衝突的關鍵原因。香港《新聞天地》報導是這麼寫的：「據認識劉自然的友人說：劉自然與雷諾也是朋友，絕非不識。而且劉曾替雷轉手賣過東西。因此，就有一項可能，雷諾經常將美軍PX物品拿出，托劉轉售，劉知美軍軍律，如將PX物品轉售牟利者立被遣送返國。劉曾以此吃過雷諾，雷諾被吃，乃萌殺機，這件事可能性很大，不知為何未經中美雙方查出？」

像這段新聞報導，一家香港雜誌有何本事越洋報導如此深入？文章當然是出自臺灣新聞記者的筆下。然而，臺灣的民眾更關注類似臺灣《聯合報》針對行兇當時情況所作之事實描述，而雷諾在美軍軍事法庭上，卻編造了另一套欠缺邏輯合理性的故事。臺灣報紙根據臺灣警方的調查報告，顯示對雷諾十分不利，但美軍顯然不採納警方的偵查報告，卻採納了兇嫌雷諾的片面說詞，這正是讓五二四反美暴動走向不可逆的絕境的根本原因。

例如，臺灣報章列舉了臺灣刑事人員的偵查後的七大疑點，質疑兇手雷諾的推托之詞，這七大質疑是：

臺灣警方刑事專家認為，雷諾對劉自然開第一槍，是在非常明亮的六十燭光燈泡下，並不是雷諾所辯稱，是在燈光與光線昏暗之下的環境。而且雷諾放第一槍時，劉自然與雷諾是面對面的情況下，而不是自劉身後開槍。以常情判斷，假設劉自然果真如雷諾所說，是因為偷窺雷諾太太出浴，雷諾是在「自衛」情境下放槍，以劉自然倒臥的現場情況，明顯不符。說明雷諾的劉自然偷窺洗澡說顯非事實。

臺灣警方刑事專家提出的第二個質疑是：雷諾聲稱他在放了第一槍後，回頭進家門要太太打電話向憲兵報案，然後再出門，朝黑暗中約十四、五英尺遠的劉自然藏身處放了第二槍。臺灣警方刑事專家質疑雷諾根本說謊。因為根據法醫驗屍的結果證明，檢驗劉自然遺體中槍部位有火藥附著在上面，這說明劉自然中槍時與槍枝的距離約為十六英寸以內的近距離。而絕非如雷諾所言，是在十四、五英尺開外的地方開槍的，十四、五尺遠的地方開槍擊中劉自然，死者中槍的槍口附近絕對不致有火藥附著。這表明雷諾根本是拿槍抵住劉自然身體，或者是在近到可以接觸到彼此的鼻息的位置，才向劉自然開槍。

第三點質疑是：雷諾說他是放了一槍，再走進屋內叫老婆打電話找憲兵後，再出門開第二槍。但根據出事現場附近的執勤憲兵的說法，聽見兩聲槍響是連續槍響，而不是間隔了幾分鐘。這說明雷諾說法不實在。

第四點質疑是：雷諾供承的劉自然陳屍地點，與中槍地點遠達一百公尺，一個要害部位身中兩槍的人，怎麼還有體力奔跑一百公尺遠再倒臥死亡？

第五個質疑是：按照死者劉自然陳屍的形狀與方位判定，死者的頭部和身體是朝雷諾的住宅方向。

第六個質疑是，如果按照雷諾所供承的劉自然中槍後逃走的方向，何以沿路沒有一點血跡，一個已經身中兩槍的重傷者，逃跑不沾染血跡，根本絕無可能。

臺灣警方提出的第七個質疑，雷諾聲稱劉自然「手持木棍朝他走來」，所以雷諾基於自保，才開槍射擊劉自然，但令人困惑的是雷諾所謂劉自然手握的那根木棍，不過是一根姆指細的櫻花樹枝，根本不是什麼粗木棍，別說用來打雷諾了，就是打一個三歲小孩恐怕也沒有威脅作用，何以高頭大馬的雷諾見到劉自然拿一根細樹枝，就嚇得連開兩槍，並自稱是「自衛」，如此「自衛」，寧非有「防衛」過當之嫌？因此，雷諾開槍是為了自衛的說法，有明顯破綻之處，開槍的真正目的就是為了加害劉自然。

不願透露姓名的警方刑事專家，私底下向新聞記者提出之劉案七大質疑，在臺灣的各大報章揭露之後，一般市井小民的觀感受到強烈衝擊，人們更是對美國軍人無法無天欺壓中國人民的惡劣行徑徹骨痛憤，消息透過報章揭露之後，更是引起臺灣社會廣大輿論極度不滿。在五二四反美暴動臨發生之前兩天，各報章在大幅報導美軍軍事法庭審判雷諾的全般經過後，民眾的怨憤原本已經臻於鼎沸邊緣，一座活火山的底部，包裹著無與倫比的龐大岩漿熱流，那汩汩待機而動的巨大能量，只要有一丁點星星之火，便可以從火山口迸發而出，吞噬整個臺灣。

然而，斯時斯景，美國軍事法庭的法官們，還在美軍顧問團的豪華辦公室裡，閉門造車，罔顧命案事實，繼續朝著雷諾自說自話自我開脫的荒謬方向，開庭審理劉自然案，並且作出了嚴重背離命案事實的錯誤判決，這才是五二四反美暴動之所以星火燎原的導火索。以下，便是當時新聞記者紀錄的美軍軍事法庭最後一次開庭紀實，這是美軍軍事法庭開庭的第三天：

第三日，五月二十二日，上午八時半開庭，這一節是此劇最高潮，雷諾被檢察官盤詰得數度支吾其詞，並且前後供詞矛盾，因雷諾最初供稱劉自然係以木棍又說煙桿，但此日又改稱那根木棍看起來像鐵條，檢察官並詢雷諾何以不先發槍警告，為何射其要害？兇手並當庭表演殺人時之不同姿勢，檢察官泰波特上尉並詢兇手去年在住處是否毆打過一個郵差？兇手承認是事實，檢察官問那郵差是中國人嗎？兇手竟答稱他不是中國人，是個臺灣人。此語一出，在場之中國人大感遺憾，旁座之美國人亦相顧愕然。

這段談話說明雷諾的腦子裡，也是滿腦子要把臺灣從中國版圖上割裂出去的美國右翼思維，難怪引起在座人士的一片譁然。開庭紀實繼續提到：

這一庭最精彩部份是被告辯護律師史蒂爾上尉著重詢問被告學歷。經歷、從軍經過、戰績，使兇手搬出若干獎狀、獎章，並發表其輝煌戰績之報告，他是一位勇將，在韓戰（按：即朝鮮戰爭）期間由釜山打到鴨綠江以南三十英里處，陪審員像聽一段英勇的戰爭故事。檢察官繼續問出兇殺案發生時的室外燈光的問題，於是兇手乃又從容置答，庭諭當晚九時赴陽明山勘查燈光。

從這裡不難理解，美軍顧問團的軍事法庭，特意藉著表彰雷諾在朝鮮戰爭中的「英勇戰績」，刻意激發美國軍法官尤其是陪審員的「愛國心」與英雄崇拜（按照美國法律程序，法官只扮演類似會議主席的角色，真正影響法庭判決的是陪審員，由他們採取秘密投票的方式，決定被告是否有罪），意圖左右美軍軍事法庭陪審員在判決時能對雷諾「網開一面」「法外施仁」，這是卑劣可恥的作法！

劉自然案的最後關頭到了！五月二十三日早上十點十分，經過了一個小時又十分鐘的辯論，法官宣讀了全案的案情敘述，等於把劉自然案用法官的講法，重覆說了一遍，讓在座的陪審員清楚理解雷諾和劉自然兩造的情況。但是，明顯的是，在美軍軍事法庭上的案情版本，是沒有雷諾與劉自然合夥做倒賣美軍福利站貨物勾當的內容的。所以，所謂美軍軍事法庭那些投票決定雷諾是否有罪的那些美國人，根本就不曉得或者根本是睜一眼閉一眼，雷諾是為了劉自然「吃」了他的貨，不但不給雷諾錢，反而食髓知味，劉自然事發當天再去雷諾家找雷諾要貨，一言不合，讓雷諾惱羞成怒，一氣之下，才動了殺機，對劉自然近距離開槍。

換言之，美軍駐臺灣顧問團軍事法庭的檢察官，以及美軍憲兵隊的憲兵，既然職司案情調查，是否有把案情釐清？以美國在臺灣偵騎密佈的狀況，像雷諾這麼單純的背景，竟然也查不出個所以然來，的確令人匪夷所思。顯然美軍軍法單位的檢察官，抱持「官官相護」立場，根本不偵辦不碰觸可能株連他人的盜賣美軍福利商品的「案外案」，而純粹朝兇手雷諾供承的說詞，他說什麼就往什麼方向辦。

所以，在法官宣讀完案情後，法官要求全體陪審員「用良知投票，不受臺灣本地新聞媒體評論的影響，作出自己的獨立判斷」。上午十一點，法庭的大門暫時封閉，讓全體陪審員在密室之內進行裁決投票。十二點五十五分，陪審員經過一小時四十分鐘的討論與決議，得到最後結論，法官菲爾德上校宣佈開庭，並且宣佈了陪審員的決定：「本案被告雷諾被控任意殺人，經本法庭陪審團審訊調查結果，投票表決，宣判無罪。」

聽完美軍軍事法庭軍法官的這些說詞，庭上旁聽的中美記和被害人劉自然的遺孀劉奧特華等人，大家莫不表情激憤，尤其是劉奧特華簡直不敢相信自己的耳朵，當場氣憤得泣不成聲。劉奧特華非常清楚自己丈夫的為人，萬萬不可能去偷窺女人出浴，她更不能接受即使雷諾不是「任意殺人」，即便是「過失殺人」，也絕不可能「無罪」。因此，美軍軍事法庭的這項宣判，擺明就是放縱雷諾的罪行。

報紙頭條標題 ✷ 激起反美火山爆發

臺灣島內民心的沸騰，是在進行審判那兩天各大報章以斗大標題廣泛報導之後的事。例如臺灣《聯合報》五月二十三號一篇題為〈沉默的關注〉評論就氣憤地寫道：「我們相信每一個中國人對於此案，都在加以沉默的關注，大家在等待一個考驗；中國雖是接受美國援助的國家，但中國人生命的價值與美國人的生命價值是否同值，美國在經援軍援之外，能否進一步以其公正的法律，贏得盟邦的人心？」到了五月二十四號，《聯合報》又以一篇社論〈抗議美軍蔑視人權〉，表達島內所有中國人對美軍在劉自然命案審判過程中，完全無視中國民情與觀感的蠻橫作風。

從美國人觀點或者來自美國大使館派出的偵騎眼線，似乎早已看出除了前述之間接證據——島內傳播媒體的言論尺度管制，在劉自然命案爆發之後，顯得空前的寬鬆，儼然處於無政府狀態，這與一九四九年年底蔣介石父子退居臺灣以來，隨時隨地監控傳媒的作派，明顯不同。美國人懷疑是蔣氏父子坐視媒體放手對美軍雷諾案大加撻伐，為爾後之群眾反美情緒預作鋪排。

在臺北市面靜靜觀察的美國眼線，從一些蛛絲馬跡，認定是蔣氏父子介入的直接證據。一個最明顯的例證，五月二十四號下午三點十五分許，臺北市成功中學學生約五十餘人，穿著整齊的學校制服，身上還佩帶了救國團的臂章，並且公然由軍訓教官帶隊，到達美國大使館的院牆內。臺北政治圈的人都隱約知曉，成功中學校長潘振球是蔣經國抗戰時期青年軍政工單位的老部下，如果不是出自「上面意思」，他是決計不會輕舉妄動准許教官帶領學生，列隊到美國大使館招搖抗議的。況且，在群眾衝進美國大使館形勢非常緊張，連在場維持秩序的軍警都失去控制時，成功中學學生也混進了群眾隊伍裡面。

另一個讓美國人直接看在眼裡的直接證據是，促發五二四反美暴動的第一現場——臺北美國「大使館」，早在當天上午十點剛過，警察單位就回報情況緊張，希望上級盡早派人疏通處理。疏通誰？處理誰？當然是指在美國大使館門口，舉著中英文抗議字牌的劉自然遺孀劉奧特華女士。劉奧特華顯目的抗議字牌，以及句句血淚的哭訴，贏得了路過以及刻意趕來大使館門前看熱鬧民眾的極大同情，但是，畢竟在一九五七年那時間的臺灣老百姓還是比較怕事，怕看熱鬧惹上麻煩的，可是，說也奇怪，圍觀的民眾不經意發現，那天美國大使館門口的中國警察，似乎不像往日那樣兇神惡煞。但是，約莫過了半小時，情況不對了，忽然來了大隊警察，幾名身著高階警官制服的人，大模大樣走到劉奧特華跟前，他們當中一個是臺北市警察局長劉國憲，督察長宣善嶼，以及警務處外事科長張漢光等。事後據新聞報導，這群高階警官是應美國大使館的請求，來此疏通劉女士的。

但是，警官官腔官調的勸解，顯然無法澆熄人們心頭那把怒火，警官的目的是希望劉奧特華有話好說，而且還傳達了美國大使館的要求，美方表示，劉女士有委曲可以直接進入大使館傾訴。劉奧特華堅定表示，她不會走進美國人的領土範圍內，她有權在中國人的領土內表達她對美國軍法處置的強烈不滿。警官又說：「既然妳不願進入美國大使館，那你有任何不滿可以透過『外交部』，『外交部』會處理的。」劉奧特華依舊拒絕。而且她再次表示，站在美國大使館門前抗議，最能直接表達個人的抗議，不必透過外交部。警察局長甚至都說了：「劉太太您的悲哀，我們都很理解和同情。」劉奧特華依舊不肯挪動身體，她說：「這個案子不僅是我個人的悲哀，更是全中國人的悲哀。」警察局長劉國憲勸了老半天，竟然勸不動劉奧特華，或許覺得特別沒面子，最後索性逼問劉奧特華：「妳是不是想製造事端？」劉奧特華早就把性命豁出去了，哪裡怕警察局長的威脅，她答稱：「我丈夫被人白白打死，難道連在自己領土上作一個無言的抗議都犯法了嗎？」四周群眾越聚越多的情勢下，警察局長也不敢對劉奧特華率爾動粗，只好一臉怒容地憤而離去。

劉奧特華的句句血淚控訴，旁觀的群眾全都聽在耳朵裡，看在眼裡。連警察都放棄了壓制，四面八方湧來的看熱鬧的群眾漸漸增加。雖然那年頭還沒有電視記者，但國民黨的機關媒體「中國廣播公司」的新聞記者，拉著錄音機，匆匆來到了現場。透過廣播電波，劉奧特華的抗議哭聲傳遍了全臺灣。在廣播記者訪問劉奧特華時，旁邊還有一位臺籍婦人也和劉太太一塊涕泗縱橫，這樣的場面馬上激起群眾更大的共鳴與悲憤。也不知是哪裡傳來的流言，或者群眾中有人得到真切的消息，黑壓壓的人群中有人高聲大喊：「雷諾已經坐飛機走了！」這麼一喊，人們的情緒被撩撥到無以復加的激動程度，午後一點十分，有少數忍無可忍的民眾，竟然翻越了美國大使館的圍牆，這群第一批翻牆而過膽大包天的人是誰呢？

扯下美國國旗✷群眾鼓噪歡呼

民眾一傳十，十傳百，百傳千。第一批少數幾個人翻過了院牆，不到一刻鐘時間，大使館周圍的群眾一下子聚集了上千人，在外頭圍觀的，有人滿臉憤怒地拾起地上的石子，往院牆裡大使館的主建築丟擲，之後，更多的圍觀群眾翻進院牆，前一批先進入大使館主樓的人們，衝進使館的辦公區，群眾憤怒地砸毀房內傢俱、桌椅、玻璃櫥櫃。在辦公室外頭的群眾，則恣意搗毀院子裡擺放的車輛物品，更有民眾衝上屋頂，扯下美國星條旗，換上青天白日滿地紅的國旗，當星條旗被扯下來時，引起了一陣鼓噪歡呼聲，而且，只要有人砸爛大使館內的一件物品，院牆外的民眾便會傳來一陣歡呼聲，像是百葉窗、冷氣機之類的被扯爛被砸毀的聲響，均讓場內外民眾報以熱烈的的掌聲。

群眾打砸搶，或者扯下大使館屋頂那面星條旗，哪怕是把整座大使館房子給燒了，也不致於對美國的「國家利益」有任何貶損或者實質傷害，但是，群眾把美國駐臺灣大使藍欽辦公室，那只重型公文保險箱給撬開來，順手牽羊，拿走鎖在加密保險箱裡的一整套機密公文，這事可是非同小可。據信這批被群眾劫掠一空的美國大使館機密檔案，涉及當代美國在臺灣從事間諜活動的全部梗概紀錄，甚且其中不乏美國特務機關如何滲透蔣介石政權，意圖發動政變推翻蔣介石的美國政府內部情資報告。美國特務人員從這個徵象研判，五二四事件絕對不是單純的民眾反美活動，行動背後必定有特定組織作過周密計畫安排，才會如此具有目標針對性，而且在時間地點和若干時空「巧合」都令人質疑內情不簡單。

令美國方面更大為光火的是，事發當天，到了午三點十五分，臺灣省警務處長樂幹——臺灣警政機關當中最高官員，趕抵現場，但是據美國方面的記載，樂幹到了大使館現場後，也湧來大批國民黨方面的特務人員，奇特的是，樂幹並未作出什麼出人意表的指示，似乎有意任情勢發展下去。樂幹到後不久，前面說過成功中學一批為數約有五十人的學生，由軍訓教官帶領，抵達了大使館，這些中學生高舉標語牌，大聲喊口號，顯然是為現場群眾助威。更令美國方面質疑的是，成功中學校長和教官等相關人員事後均未受到當局一丁點的處份責罰。

這是美國方面事後質疑的第二個直接把柄：為何事情這麼湊巧，五二四暴動事件發生當天，剛巧美國駐臺灣「大使」藍欽剛好不在臺灣。事實上全臺灣知道藍欽那幾天不在臺灣的不出五個人，在美國方面，藍欽大使平日的行蹤，除了美國白宮，以及美國駐臺灣大使館的主要主管人員之外，恐怕也是十個手指頭數得出來。算來算去，在臺灣，得悉藍欽不在臺灣的，除了蔣氏父子，恐怕連國府「外交部長」都未必事前得知藍欽的外出計畫。所以，「有心人」會挑五二四這一天作為反美暴動的時間點，除了因為劉自然命案判決的時間點，是否與藍欽不在臺灣，也有著某種微妙的聯結呢？

五二四當天，藍欽人在香港度假，得知大使館被砸毀的消息之後，火速趕返臺北處理善後。藍欽大使不在臺灣的時間點，恰巧發生了佔領大使館的反美暴動，難道是一種預謀？或者純係巧合？更讓美國特務官員加重質疑程度的第三個直接把柄，是竟然湊巧到連蔣介石本人在五二四反美暴動當天也不在臺北。蔣美雙方的主要負責人都不在臺北，五二四暴動便在「大人不在家」的情況下，驀地爆發了。

蔣介石拿枴杖打憲兵司令

曾任蔣介石侍衛的應舜仁先生，在口述回憶中，對五二四事件有如下之敘述：

五二四事件發生時，我們都在日月潭，當武官向先生報告，臺北發生五二四暴動事件，我們聽了很高興，為什麼呢？因為可以回臺北了。我隨侍蔣公到外地，不能調班，那時蔣公到日月潭已半個多月，大家心裡很煩，怎麼搞得待這麼久。事件發生第二天一早，蔣公馬上回臺北。

回到臺北後，那天下午四點多我當班，我跟著先生從樓上下來，見衛戍司令部司令黃珍吾、憲兵司令劉煒、參謀總長彭孟緝，還有臺北市長黃啟瑞、警察局局長劉國憲、先生發脾氣問劉煒：「你憲兵為什麼出來那麼慢？」劉煒說：「我接到命令，馬上就派兵出來了！」彭孟緝也說：「一發生狀況，我就立刻通知憲兵司令部了。」他們兩人為了誰早、誰晚互相爭執當中，先生發了很大的脾氣，我在旁邊也嚇了一跳，哪有脾氣這麼大的，拿stick要打人，人家可是將領啊！這時候我看到劉煒眼淚流下來了，他是廣東人，廣東人脾氣很剛直的，他認為一接到命令，立刻派出憲兵，沒有耽誤時間，意思是彭總長的命令下得晚了一點，所以才發生這種事。」

應舜仁的關鍵性話語，在最後一句，也就是「彭總長的命令下得晚了一點，所以才發生這種事。」彭孟緝為什麼下達命令晚了，他延遲下令叫憲兵出動的關鍵因素是什麼？以國民黨當局那時對美國依賴之深，美國何異臺灣的衣食父母，所以美國軍政機關派駐在臺灣簡直就像太上皇，美國「大使館」被群眾包圍甚至攻佔，這是何等嚴重的大事，國民黨憲兵單位接到通報，手邊哪怕有再急要的事務，也要暫時擱下來，先處理好美國人的事情，再辦中國人的事情。所以，彭孟緝去跟誰借膽子敢拖延派遣憲兵到美使館驅散群眾維持秩序的時效呢？彭孟緝膽敢拖延，背後肯定有一股更大更強的力量支撐著，他才敢於延遲派兵。這股力量，自必是在蔣介石一人之下，萬人之上，遇到天大的事情，他也有辦法頂住的人。這個人自然非蔣經國莫屬了。應舜仁回憶：

先生說：處理暴動有三個原則，首先要防範未然，在事情還沒有發生的時候，就要化解掉，這是上策；其次是止於未發，這是中策；下策是已經發生暴動，就要隔離，這已經是慢了。我看到先生又開口罵了：真是丟國家的臉！這是不應該發生的事，應該派憲兵把群眾疏散掉，結果你們慢了，讓這個事情鬧出來……結果第二天命令就下來了，衛戍司令、憲兵司令、警察局長都換人了。先生對這件事情就是當機立斷，有錯就有錯，這種對美國的事情，他說：到臺灣來，從來都沒有發生過。

五二四反美暴動給臺灣帶來多大的衝擊影響呢？

前面只帶到五二四當天下午的現場情況，說星條旗被憤怒的群眾從旗桿上扯了下來，丟在泥地上踩，還有人撬開了大使館存放機密公文的保險箱，把重要的機密文件順手牽羊「帶走了」，但是，接下去的情況更嚴重，這便是蔣介石氣到要拿枴杖抽打憲兵司令劉煒、參謀總長彭孟緝等將領的根本原因，群眾場面失控了。

在星條旗被扯下來之後，憤怒的群眾一度想縱火焚燒大使館，但警察早有準備，大使館門口的一輛消防車趕緊噴水，這是五二四下午四點鐘左右的緊張場面，群眾見放火不行，便想找美國人出氣。下午四點二十分，有群眾在大使館地下室發現了幾名躲藏的大使館美國工作人員，二話不說，便飽以老拳——這雖然未必是蔣經國預期得到的場面，但應該和蔣經國當年在重慶遇到的場面很接近——但美國人被群眾圍毆的喊叫聲，立刻吸引幾名警察聞聲而至，施暴的群眾自然馬上被警察制止喝退，那幾個飽受驚嚇的美國人，快速被警察奉若上賓似的保護撤離。這時，大使館門口又起了一陣騷動，一名美聯社記者被當成使館人員，差點被現場群眾揪住圍毆，幸而幾名中國記者及時向群眾求情打圓場，才脫險離去。

五二四暴動真正嚴重到不可收拾的地步，便是在縱火縱不成，打人又打不著的情況下，群眾逐漸失去理智，尤其是太陽西斜之後，群眾情緒化的狀況升級。下午五點，警務處長樂幹宣佈戒嚴，並且開始用水龍頭沖散人群，但是，這水龍頭卻仍無法澆熄人們心頭怒火，天色昏暗之後，大使館再度被一群下班的人群包圍了，過了晚上七點，情況更不可收拾了，對大使館的第二波破壞行動展開了，黑鴉鴉的街邊又擠進一大撥人，群眾衝過了警察架設的封鎖線，毫不留情地衝進大使館，這幫人不像白天的那批人那麼客氣了，他們不但又砸又踐，而且傳說中竊取大使館機密公文的人，實際上是混雜在這撥人當中，藉著夜暗的掩護，撬開了大使館所有存放文件的櫥櫃，老實不客氣地奪走所有文件。把美國從臺灣光復以後，在臺灣所有不堪聞問的機密文件，全部一掃而空。這才是令華盛頓對蔣介石當局最不能原諒的癥結點。

美國震怒＊臺北軍管

美國一動了火氣，國民黨便不能不有所「表現」了，根據估計，在五二四那天傍晚以後，臺北警方為了控制場面，採取鎮暴手段時，打死了三名群眾，打傷了三十八人，並逮捕一百一十人。大使館打完了，群眾的怒氣仍未全消，怒火又延燒到警察局和美國新聞處、和設在臺糖公司大樓內的美軍協防司令部。真正造成嚴重傷亡的局面，乃是五二四當天入夜之後的事。那時負責臺北軍管的單位是臺北衛戍司令部，該部在晚間七時許對外宣佈，臺北進入戒嚴狀態，也就是進入軍管狀態了。一批批全副武裝的軍人乘著軍用大卡車，來到美軍協防司令部門前和美國新聞處門前。

但是群眾的憤怒火苗則仍在警察局門前燃燒，有人高喊警察逮捕老百姓，有人不消分說便衝進警察局要求交人，警察局最初以柔性勸告的方式，勸導民眾不要衝動，並稱群眾可派代表進警局，察看有無逮人。警察與群眾僵持著，有情緒激動的人竟然跑去警察局的車庫放火燒車，又有一群青年學生衝進警局二樓，這時警局樓上響起了槍聲，就在臺北市警察局內，當場有一名學生被警察開槍打死，十幾名群眾受槍傷，警察也有五、六人掛彩。

從這裡，我們可以從以上所述之過程，得知五二四暴動整起事件經過之輪廓，它的起點是從反對美國的蠻橫舉措，從反對美軍軍事法庭對劉自然案做出不公不義判決為起點，而以針對警察機關強力鎮壓的反彈作為終結的一宗反抗暴動事件。事件是在五月二十四號這一天中午一點多點燃群眾怒火的，而在這一天晚上的八九點，才慢慢被軍警整個制壓下去。換言之，從中午一點多到下午五點左右，當局明顯是採取姑息甚或放任的態度，坐視群眾糾聚，坐視群眾怒氣沖天，甚至還有傳言學生是被組織起來的。但是，到了傍晚五點以後，當局發覺情況不對，再不壓制，恐怕失控，這才動員了憲兵以及軍隊，到現場鎮壓，群眾氣焰才整個為之一挫。晚間九十點鐘，臺灣各主要廣播電臺甚至開始播出語氣嚴肅的宣示性公告，警告民眾不准再有暴力舉動，否則將予嚴辦，五二四事件這場為期不過八小時的局部暴動事件，才得以整個平靜下來。

然而，也必須把歷史鏡頭轉換到另一個場景：當天下午五時四十分，正當激憤的群眾一波接著一波，湧進美國駐臺大使館附近國民黨辦公機關區域，與大使館前國民黨當局的武裝軍警遙相對峙，彼此僵持之際，嚴峻的局面這才真正開始。美國大使藍欽已經在臺北同僚的緊急通知下，從香港旅途兼程緊急返回臺北任所，這期間，他已經和華盛頓初步聯繫，華盛頓艾森豪威爾政府大為震怒，藍欽隨後便遵令帶給蔣介石當局一陣狂風暴雨般的強烈抗議。巧合的是，藍欽從香港返回臺北踏上松山軍用機場的時間點，正是另一撥群眾衝進大使館，瘋狂打砸辦公廳舍，進而劫掠文件的關鍵時間。但是藍欽回臺北之後，第一個去的地方不是回大使館，而是驅車直抵國民黨當局「外交部」，向時任「外交部長」的葉公超，表達最強烈的抗議。葉公超滿臉愧疚，陪同藍欽回到滿目瘡痍的大使館。

大使館管情報的官員向藍欽提出了匯報。官員說，暴動的群眾是在那天下午一點半之後，開始朝大使館丟擲石塊，一個小時後，群眾愈聚愈多，增至六千人，群眾高喊口號「殺人償命」、「打倒帝國主義」，用石頭、磚、木棍攻擊美國大使館，群眾並且越牆進入大使館，砸毀館內停放之汽車與室內的傢俱，有許多文件在形勢混亂中被燒毀或取走，幾名使館人員橫遭毆打。應舜仁說，那時美國很重視這件事情，「決定要減少駐臺官兵」。言下之意，美國受到臺北五二四反美暴動的衝擊，有意要降低與蔣介石當局的合作層級，雖然如作家江南所言「美國使館和臺北市警局被毀的財物，……當在美金五萬之間。」然而，美國當然並不是在乎這戔戔之數的五萬美金，而是介懷蔣介石當局心中的反美情緒，而這正是美國人認為「不值得」的原因，用熱臉貼了臺灣當局的冷屁股。而時任蔣介石當局駐美國「大使」的董顯光氏，更感受到其空前巨大的壓力。

董顯光在其回憶錄中提及五二四暴動事件對他「大使」工作，造成了無與倫比的挫折與壓力：「我是在五月二十五日早上六點半鐘由外交部葉部長以越洋電話通知我這件事件的經過的（華盛頓跟臺北時差七小時）。接訊後，第一件事，我約晤助理國務卿羅勃森（Walte.S.Robertson）就在當天十一時見了他，面致我政府對這事件的歉意，並保證業已徹查事件起因將嚴懲負責者……一九五七年九、十月間我永遠困擾在這一個令人頭痛的公共關係工作之中，不斷找機會向美國人解釋這事件的前因後果。」

臺北的政治圈子裡，早已盛傳這件震驚華盛頓和臺北之間的反美暴動，和蔣經國有某種微妙的關聯。蔣介石的侍衛官應舜仁從他的近身觀察，他提出他的看法：「當時外邊傳是經國先生動員救國團、鄧傳楷他們在幕後操縱，號召反美。其實，這個事情跟經國的關係，我們也不便去問。」

這說明了連蔣介石身邊的隨侍人員都聽見了這樣的傳言：五二四暴動事件是蔣經國幕後發起的！然而另一位擔任過蔣介石文學侍從的楚崧秋先生，在他的口述回憶中則明白表示：「……民國四〇年代、五〇年代到六〇年代，臺灣不論是先生當政也好，經國先生當政也好，老實講，臺灣沒有背叛美國。出賣美國的本事；倒是美國人在這當中玩許多把戲，現在ＣＩＡ（美國中央情報局）也公開很多資料了，從暗殺先生的計畫到扶植孫立人、吳國楨，美國人葫蘆裡賣的是什麼藥，大家都很清楚。」五二四攻佔美國大使館事件，固然外邊看起來像是一群反美群眾的個人行為，但全世界從來沒有群眾去攻佔了人家大使館，目的除了打砸搶之外，還外帶去劫掠人家內部文件的。一種合理的推論，經國先生之所以被影射和五二四反美暴動有關，當然是有其客觀的恩怨背景的。除了前邊提及的，蔣經國與美國人不愉快的個人互動經驗，以及家國大小事各種日積月累錯綜複雜剪不斷理還亂的繁複因素。

蔣經國隨侍父親蔣介石，他見過也聽過太多父親口誦心維的親身經歷及家國恩怨，蔣介石偶爾還拿自己某些時期的日記給兒子看，讓蔣經國從日記字裡行間理解自己治國與為政之甘苦艱危。例如：「嗚呼！所謂盟邦，所謂友軍者，其皆推波瀾，不惟對我失敗與困迫之時，不稍加協助；凡不急要之舉，於彼無害者，而亦不願一為顧及，任令我民心更為搖動，社會更現恐慌也。最後，卒由我政府負責保證其安全，故允暫不撤退。情勢至此，誠歷人生未有之奇難矣。寒天飲冰水，點滴在心頭。世世子孫，若不知自強自立，何以湔雪此恥也。」這是蔣介石一九四四年十二月七日的日記。

美國耳語✷蔣經國導演苦肉計

在臺灣，五二四事件爆發之後，為避免持續深化蔣美關係之惡劣影響，暴動當天經過情形之新聞報導與評論，基本上是被當局強力壓制下去了，但是，臺北地方上的耳語早已傳遍全島。人們都傳聞臺北五月二十四號發生了歷史上最強烈的反美暴動，更傳言暴動的幕後策動者，是蔣經國。但是，令人費解的是，人人知曉蔣介石當年就是巴望不到美國軍援，所以導致他下野，甚至丟失大陸的政權，他在退臺初期對美國的種種退讓動作，像是重用美國背景的吳國楨、孫立人，不都是為了爭取美援而作出的退讓佈局嗎？美援，是蔣介石安身立命之憑藉，他怎會容忍自己最鍾愛的兒子，幕後自導自演五二四反美暴動，搬磚頭砸自己的腳呢？這在邏輯上明顯是說不通的，所以，儘管坊間各種傳說言之鑿鑿，但還是有人不以為然，例如陳漢強先生，在他部落格的一篇文章中，就認為五二四事件，與蔣經國應該是無關的。陳漢強之回憶文章指出：

政大學生會讀書，也很愛國，民國四十六年，爆發一次臺灣有史以來最激烈的學生反美運動——「五二四劉自然事件」。當時我是政大學生代聯會主席，這件事的起因是一名叫劉自然的中國人，經常向美軍下士雷諾買PX用品，一天傍晚，因付款問題，發生爭執，雷諾開槍殺了劉自然，但他謊稱劉自然偷窺其妻洗澡，才殺了他，美軍軍事法庭判他無罪，並把他送回美國，引起社會譁然。同學們的反應更激烈，認為判決不公，美國人不應享有治外法權，於是湧進美國大使館和美國新聞處抗議，情緒失控，搗毀門窗，焚燒美國國旗，見到美國人就喊打，害得美國人龜縮了很久不敢出門。警察為維持秩序，逮捕了不少學生，這又激怒了學生，於是攻擊警局，燒毀警車，我們聽說同學被捕，群情激憤，紛紛投入戰場。幸好當時的救國團蔣經國主任，趕緊協調警局，把學生都放了，這場風暴才告平息。先總統蔣公也召見藍欽大使，公開道歉。當時還有謠言說這次事件是蔣經國主使的，事後證明，不是事實，學生的行動完全自動自發，我是代聯會主席，沒有任何人告訴我應該怎麼做，只知道學校提防著我，有沒有和臺大、師大代聯會串聯，其實沒有，完全是學生個別的愛國行動匯集成的一股洪流，到現在為止，我還不知道當時的臺大、師大代聯會主席是誰。

關於蔣經國在此事件中的涉入程度，大致上有兩種典型論點，一派看法如同作家江南，他認為五二四事件和蔣經國不但脫不了干係，蔣經國主導的可能性是很大的。所以，他說：「一九五七年的三月，劉自然遭美軍雷諾槍殺，經國靈機一動，認為是他報復華府的時機來矣！」因之，劉自然縱使是美國軍人雷諾殺害的，但是煽風點火製造五二四事件的人，是蔣經國。

寫《蔣經國傳》的美國作家陶涵則認為，五二四事件群眾聚眾在美國大使館前集會抗議，是蔣經國以救國團主任的身分批准的。然而，令人吃驚的是，自從一九四九年以來，國民黨當局由那時的臺灣省政府主席兼臺灣省警備總司令陳誠的名義，在一九四九年五月一九日便頒布了所謂的戒嚴令，按照此一戒嚴令的規定，在臺灣的國統區內，老百姓是沒有集會遊行自由的。蔣經國又何來的權限去批准學生的集會呢？陶涵這一部份的說法，是相當令人質疑的。陶涵又說：

五月二十四日，死者（劉自然）太太和數百名年輕示威者在美國大使館門口集結、抗議。群眾越聚越多，怒火上升，開始用石頭投擲向大使館……聞訊，立刻向蔣經國報告，經國立即趕到救國團總團部（在臺北市昆明街和峨眉街口，今天的力霸百貨公司）坐鎮處理事態發展。群眾越來越暴烈，當他們攀牆進入使館（在臺北市忠孝西路北門鐵路局辦公室西側）時，美陸戰隊衛兵發射催淚瓦斯。葉公超急電經國，請他立刻採取行動。在附近指揮鎮暴隊伍的警總軍官也請示上級，准予恢復秩序。經國卻指示他，不准使用武力，反而派便衣人員混進暴民當中，試圖控制住紊亂局面。

陶涵又說：

示威群眾突破催淚瓦斯，衝進大使館。美國陸戰隊衛兵退走，暴徒洗劫使館，把大使的保險箱由二樓窗子丟出去。中央情報局人員拍下的照片顯示，警察袖手旁觀不管事。某些櫃子被撬開，便衣密探（中情局想像）抓了一大把文件，趕緊跑了。群眾又跑到美國新聞處圖書館（後來在中山堂對面開設的「山西餐廳」），把它搗毀。經國和李煥通宵未合眼，指揮應變。

至於經國和李煥為什麼要通宵未闔眼，指揮應變。陶涵作了如下詳細解說：

「五二四」事件之起始是救國團成員不滿雷諾殺人無罪的判決，尋求准予在美國大使館前集會抗議。申請案送到經國本人桌上。回想到自己學生時代的愛國熱情，本身對美國軍事法庭的裁決也的確氣憤不過，經國批准示威集會，但是指示必須和平抗議。可是，群眾受到外來者蠱惑，失去控制。

然而，正如同江南在內作家所引述美國報章對五二四暴動事件的觀察與評斷，即便臺灣方面已然提出合情合理的解釋，而且儘管那些解釋事實上仍存在著真相拼接上的一些模糊空間，但結果似乎仍造成信者恆信，不信者恆不信的兩極對立。美國《國家雜誌》（*The Nation*）便批判兩蔣父子說：「很明顯，這是有組織的，如果不是蔣（介石），我們決難想像，這種海盜式的行為，會危害到他自己的戰利品，那麼再無別的因素了，除非蔣的助手們希望臺灣解放，通過不流血政變，讓蔣乘美國軍艦逃到夏威夷去和他的好友雷德福等會合。」

旁人千言萬語，眾口鑠金，指控蔣經國幕後指使五二四暴動事件，泰半只是人云亦云，這裡邊有不少人是別具用心的抹黑與栽贓，這別具用心的人或者根本就是美國特工以一種「合理的懷疑」，所作的「合理的推論」。是故，在眾說紛紜之際，也應該要聽聽蔣經國自己是怎麼講述和評斷這場驚心動魄的五二四事件的，透過蔣經國自己的現身說法，可以得知無論是江南的「經國主導說」，或者是陶涵的「經國批准說」似乎都不盡然精準，但一份經國類似自白書式的坦白敘述，到底是在美國主子的巨大壓力下，一種情非得已，不得不爾的自清，或者是美國巨大壓力下，一種變相的婉婉的「悔過書」？

演講加書面報告＊蔣經國親口自辯

以下，便是如今保存在臺北「國史館」中的一份名為〈蔣經國對五二四事件「劉自然事件」發表談話〉的書面秘密文件：

■第一部份：對於五二四事件發生前後的處理經過。

五月二十三日下午五時左右，當我在臺北各晚報上看到美國軍事法庭宣判雷諾茲無罪的消息，以及那醒目而又富於刺激性的「殺人者無罪」的大字標題的時候，我就感覺到這一件事可能引起社會上一場大騷動。因為，自從美國軍事法庭在臺北開始審判劉自然案以來，全國各階層的人士，無分男女老少，都寄予密切的注意；如果聽到宣判雷諾茲無罪的消息，則其內心的不滿與情緒的激動，自屬不難想見，尤其是一般年青人，其不滿與激動的程度，當較一般民眾更高，我們都知道，臺灣今日所需者為安定，而任何騷動都足以引起社會的不安。根據大陸時代的教訓，這一類的群眾性行動，正是共匪份子竊寐以求的良機，亦最易受共匪的政治影響而質變。因此，我當時即與新聞局沈錡局長通電話，請他注意到明天各日報對這一消息的刊載，不宜過份刺激群眾的情緒，以免發生意外。

與沈局長通電話後，我又想到各學校裡的學生可能發生遊行或罷課等行動，所以當時即以書面告知中國青年反共救國團總團部的負責人：本團各級幹部應密切注意學生激憤情緒，以免被人利用操縱，舉行罷課。遊行與請願等事故，以造成擾亂社會秩序之現象。更可慮者，在此情緒不安情況中，不法份子可能製造事件，破壞中美關係。本團各學校團部一切皆應本相信政府之態度，聽候政府依法律與外交途徑解決，如有意見可書面提出。

救國團總團部接到我的書面通知後即連夜派人分赴各大專和高中學校通知各校的軍訓教官，迅速對學生們予以疏導和勸說，要他們冷靜、理智，聽候政府處理，萬不可輕舉妄動。

二十四日清晨，我到飛機場去接周鴻經先生的骨灰，在機場，碰到很多學校的負責人，我除了詢問他們學校裡的情形外，並提醒他們注意雷諾茲案件所可能引起的激烈行動，從機場回來後，我再度叮囑救國團的人員，切實防止各學校內意外事件的發生。

當天上午，我在退除役官兵就業輔導會辦公室內，約請了美國富瑞公司的三位顧問，作個別談話，直到中午十二時才晤談完畢。接著，我就到圓山去參加菲律賓華僑學生的聚餐。到了下午一時半，我聽說已經有人在美國駐華大使館門口鬧事，不久，接到省警務處樂幹處長的電話，他說：群眾已經包圍美國大使館，並且企圖衝入。

當時，我就在電話裡告訴樂處長，必須盡一切力量，趕快驅散群眾，絕不能讓群眾衝到大使館裡面去。

下午兩點，我到國防會議去辦公，此後即繼續不斷接獲各方面的消息，說已經有人衝進美國大使館，放火焚燒大使館內的汽車，並有人扯下美國國旗，我看到情勢愈來愈嚴重，就立即約見國家安全局陳副局長大慶，請他立即趕赴臺北衛戍司令，作緊急處置，並且一定要完成兩件工作：一、警察應盡所有的力量保護大使館內美國人士生命的安全。二、迅速驅散衝入大使館內的群眾，並立即逮捕為首的肇事份子。

陳副局長走後，我又用電話向救國團總團部查詢：損毀美國大使館的群眾中有沒有學生在內？並要他們派人去查看一下。後來，他們告訴我：開始動手的一批人，好像都是流氓之類；在人群中也夾雜著極少數的學生。

不久之後，我又接到一個報告，說肇事的群眾已經扯毀了美國國旗，同時升起了中國國旗。當時，我感到非常奇怪，這面中國國旗從何而來呢？於是我再打電話到救國團去查問，才知道這面中國國旗是從大使館內取出的。

三點多鐘，我從國防會議轉到彭總長孟緝的辦公室內，那時，我們感到僅靠警察的力量，業已不夠維持，遂決定調派憲兵協助，當憲兵部隊出動的時候，已有部份群眾轉至武昌街臺糖大樓，該處為美軍的通信中心，後來即賴憲兵的保護，未受損毀，四時許，國防部鑒於憲警合力亦無法有效維持秩序，遂請准行政院頒佈戒嚴令，並以郊外調野戰部隊進入市區，協助平抑暴亂，當時我即向彭總長建議，應該盡速派遣軍人保護中山北路的協防司令部、美國顧問團，鮑恩團長以及其他各地美國官員和僑民的住宅。從彭總長處回到國防會議，約見了輔導會衣副秘書長復得，請他到各肇事地點去察看情形。隨後，我就到外交部去會晤葉部長公超。

其實，葉部長剛從立法院報告劉自然案交涉經過後回來。他並告訴我：立法院方面的情緒也很激動，在葉部長那裡，獲悉藍欽大使已自香港返抵臺北，但無車進入市區，我當即向葉部長建議，應請軍方派高級軍事人員去接藍欽大使，並保護他的安全。經過葉部長的同意後，我們即用電話與彭總長洽商，請他派賴次長名湯赴機場接藍欽大使入城。

離開外交部後，我就到白蘭特先生家中，去赴晚餐之約，在吃飯的時候，我一連接到三次電話。

第一通電話是聯合大樓的管理員打來的，他希望我能轉知衛戍司令部派部隊去保護聯合大樓，因為該處儲存著大量汽油，恐怕引起火災，我接獲這一電話後，隨即通知陳副局長大慶，請他轉知衛戍司令部派兵保護。第二通電話告訴我說，損毀美國大使館新聞處的群眾，已經轉移目標，開始攻擊臺北市警察局，現已有多人衝入警局，警察並已開始射擊。第三通電話告訴我說，有人在美國大使館內縱火，在這一緊急情況下，我未及吃完晚飯，就趕往臺北衛戍司令部，在衛戍部內，我獲悉美國大使館內的火勢已被救熄。附近的群眾亦已驅散；衛戍部隊並正在設法驅散臺北市警察局附近的群眾，其時，我又聽到警察打死四個學生的消息，認為問題更加嚴重，所以又從衛戍部趕往救國團去查詢，後來才知道這只是謠傳。

在救國團總部，我接到兩個報告，一、省立成功中學學生的情緒最為激動，曾要求上街遊行，後經救國團派員再三勸阻疏導，始取消了大規模的行動，但仍有學生三十多人外出，作了一次沉默的遊行，他們曾從美國大使館門口經過，惟並未有鬧事的行動發生。二、各校學生激動的情緒仍未見緩和，其中尤以華僑學生為最，救國團為了防止第二天再有意外發生，所以除了派人連夜趕往各學校繼續疏導勸說外，並發出緊急書面通知，要學生們保持鎮靜，嚴禁一切遊行、示威的行動。

後來，我在救國團總團部再與樂幹處長通電話，告訴他應該特別注意美大使館內文件的保管，我叮囑樂處長趕緊多買幾隻麻袋，把館內所有文件裝好保管，以免散失。打完電話，時間已將近十一點，我即趕往陳副總統處參加緊急會議，那時我們最重要的工作，就是決不能讓第二天再有意外事件發生。

這是從二十三日下午到二十四日午夜的三十一小時中，我處理此一不幸事件的經過。

■第二部份：對於五二四事件中，外傳謠言的釋疑。現在，我對各方面所提出的認為可疑的地方逐一加以解釋和說明。

一、五二四事件中，在美國大使館與美國新聞處門口確有少數學生，其中有一部份是初中學生，夾雜在群眾中，盲目隨聲附和。他們穿著制服，並佩戴救國團團員的臂章，不過，我必須說明的是，所有大專，以及高中學校的學生都有同樣的制服和臂章，我們不能因有少數穿制服佩臂章的學生在場，即認定此次事件為救國團所發動。救國團在臺北市一地，即有團員三萬三、四千人，而當日附和在群眾中者尚不足一百人，且多攜帶書包。由此可見這是他們在放學返家途中偶發的、個別的行動。

二、成功中學學生列隊遊行者，僅三十餘人，他們全係未聽從救國團人員的勸阻，而私自外出者，此隊學生雖曾在美國大使館門口經過，但並未損毀館內任何物件。其後，迅即為該校導師率領返校。

三、當時在美國大使館附近，確有幾批學生穿著制服，列隊通過，現經查明這些學生都是在放學之後，學校當局唯恐他們出外滋事，所以才會令他們排隊離校，由軍訓教官率領赴火車站乘車返家。

四、外傳當大使館內美國國旗扯下後掛上去的是救國團團旗，此點全非事實，有照片可資證明。

五、外傳劉自然是救國團團員，又傳是情報機關的職員，已有事實可以證明此傳說不確。

六、五月二十五日，英文中國郵報曾登載劉妻奧特華站在美國大使館門口的新聞照片，該照片顯示劉妻身後站了三個人：外傳其中一人為總政治部的工作人員、又傳其中一人是政府情報人員，現經查明此三人為：民族晚報記者蕭青、鐵路局運務總所課員孟克仁、以及南興貿易公司老闆陳水川。

七、當時有人在美國大使館附近看到有一批警員坐在卡車上，並不下車維持秩序，後經查明確有其實，據當場負責指揮警員的人說，此批警員之所以不下車，是等待後續部隊的到來，因恐少數警員不但不能有效地維持秩序，且將受到群眾的攻擊。

八、外傳撕毀美國國旗的升上中國國旗的，以及一個站在陽臺上演講的人，都是救國團團員，亦經查明並非事實，他們的身份是工人，商人或小販。

九、劉自然之妻到美國大使館抗議的行動，完全是受了她親戚的慫恿。她所帶去的標語牌，也是她親戚所代寫，決無任何與政府有關的人員慫恿她去。

十、當時有人看見，在群眾中似有穿著機關制服的或類似便衣警察人員，經查明確有其事，他們之中一部份是便衣憲兵，穿著黃卡其中山服，當場負維持秩序的責任，另一部份則為便衣刑警，其任務為注意從事非法行動的人，並予以監視。後來，政府在逮捕肇事份子的行動中得以保持不枉不縱，皆因有便衣人員暗中監視之故。

■第三部份：對於處理五二四事件經過的檢討。

一、在此次事件中，職司維持治安的憲警負責人員，在二十四日上午事件開始時，未能及早將劉自然之妻自美國大使館門口勸走，當群眾只有一百多人時未能設法驅散，當群眾衝入美國大使館時，未能有效阻止及至群眾衝入大使館損毀物件後，復未能迅予驅散，對於這些事，憲警雙方均應負重大責任，我們就此事加以檢討後，可獲得下面幾點結論：

（一）警察首長害怕得罪新聞記者，害怕輿論的攻擊，當他想把劉自然之妻勸走的時候，曾受到類似新聞記者的人出面干涉，說她並未犯法，警察無權叫她走開，於是警察首長不敢再作其他處置。

（二）警察在心理上受了大陸上「群眾毆打警察」往事的影響，所以懷有怕干涉群眾的想法，也採取所謂「動口不動手」的做法，他們不但怕流血，並且怕打架，以致始終未能拿出積極的行動來。

（三）警察人員抱著「大事化小事，小事化無事」的心理，以為總不致於鬧出大亂子，因此，在開始就沒有看出這問題的嚴重性，也未曾迅速向上級據實報告。等到後來事情鬧大，才向上級求救，期間已浪費了很長的時間。

（四）憲兵方面始終認為他們的責任是管好軍隊，一般民眾的事件應該由警察負責，所以事件初起時，未能立即採取行動。

（五）憲警雙方在平時都未實施任何對付群眾暴動的訓練，也沒有可以應付此類事件的裝備。

（六）由於平時缺乏訓練的緣故，憲警人員都不知道應該如何應付突然的變局，所以當群眾已經衝入美國大使館的時候，還有憲警人員說出大使館是美國人的地方，我們不能進去的話。

（七）憲警缺乏平抑暴亂的經驗，未能立即斷絕肇事地點的交通，以致群眾愈集愈多，增加後來處理的困難，同時憲警雙方負責人亦未注意到這一暴亂可能的擴大，對於負責保護的場所未作有計畫的戒備，對在場憲警的人力未作合理的調配。

二、野戰部隊抵達臺北市區的時間確實很晚，主要的原因有三點：

（一）事件開始時，國防部以為用憲兵警察的力量即可平抑暴動，所以並未考慮立刻調用野戰部部隊，後來看到情勢已至非調不可的地步，才下令調用，這樣已經耽誤了一些時間。

（二）二十四日的防空演習中衛戍部隊有一定的任務，所以集中的時候需要相當的時間。

（三）在此次平抑暴亂事件中，我發現治安機關的權責，劃分得不夠清楚，平抑暴亂自應為衛戍司令部的責任，該部所使用的兵力為憲兵與警察，但憲兵係屬國防部的直屬單位，警察又係隸屬於省保安司令部之下，所以指揮起來相當困難。至於衛戍司令在何種情況下即可調用野戰部隊，亦無明文規定，這些都是造成不能迅速平抑此次暴亂的原因。

蔣經國這份〈五二四事件報告〉證明幾件事，第一證明外界指控蔣經國主導根本是血口噴人；第二，蔣經國有充份不在場證明，說明此事與經國無關。

上述蔣經國這份五二四事件所謂「事件發生前後處理經過」的書面報告，其實是他在國民黨內部的一份口頭報告的書面稿件，從行文的語氣和書寫修改的筆調，我認為這份口頭報告稿件，是蔣經國在輔導會的機要秘書幫他寫好的，寫這份稿子的人很可能就是李煥。李煥，漢口市人，長期追隨蔣經國，在對日抗戰爆發之後，因為擔任國民黨青年及宣傳工作，和蔣經國有了接觸。但他真正和蔣經國關係趨於密切，應是在一九四六年至一九四八年擔任《瀋陽日報》報社社長之後，一九四八年李煥任職國民黨青年部副處長。到臺灣之後，追隨蔣經國而後任職救國團主任秘書、副主任、主任；青輔會委員、主任委員。一九五〇年以後，一直是蔣經國發展青年工作不可或缺的左膀右臂。蔣經國晚年，李煥被提拔為黨的秘書長，蔣經國去世後，曾經擔任短時間的「行政院院長」，其實這是李登輝意欲李煥釋出黨權。方便李登輝系臺獨人馬侵入國民黨的權謀之計。後來，李煥被李登輝奪權批鬥，失去「行政院長」寶座，晚年成為政壇閒散人士。於九三高齡病逝臺北。

蔣經國對這項口頭報告如此專注，最主要的原因，應該還是唯恐「人言可畏」，著重於闢謠，這不難從書面演講稿中的若干遣詞用字，看出端倪。心態上著重於闢謠的字句，例如書面報告中提及：我們不能因有少數穿制服佩臂章的學生在場，即認定此次事件為救國團所發動。可見，五二四事件，即便是中國人社會從八國聯軍以來，頭一回被暴民把洋人的大使館攻佔，砸毀，這件事對蔣氏父子和美國之間脆弱的所謂「同盟關係」，衝擊是特別沉重巨大。畢竟，在一九五七年，國民黨當局在臺灣的生存條件相對比較艱困，事事仰賴美國人鼻息。然而，說不清楚的是，美國的情報單位，和駐臺的特工人員卻是以異樣眼光質疑著蔣氏父子。尤其在孫立人倒臺不滿兩年的短時間內，尤其在美國意欲搞政變除蔣殺蔣不成的兩年內，華盛頓很多人抱持的觀點，是這場讓美國人灰頭土臉的五二四事件，根本就是蔣經國一手自導自演的。

但是，美國人似乎也難以解釋，蔣經國何必愚蠢到以「監國」的身份，要搬石頭砸自己的腳，來搞這麼一場轟轟烈烈，但也極有可能被美國人反將一軍，甚至人贓俱獲偷雞不著蝕把米的傻事。然而，美國特工之間與傳媒之間，卻到處散播著五二四事件是蔣經國幕後策動的謠諑。甚至連二十多年後，華裔作家江南，也是一口咬定傾向於蔣經國是幕後主謀的觀點。美國媒體甚至認為蔣經國如此高效率地提出五二四事件案情報告，其中必有鬼。美國媒體甚至離譜鼓吹再在臺灣搞政變：「很明顯，這是有組織的，如果不是蔣（介石），我們決難想像，這種海盜式的行為，會危害到他自己的戰利品，那麼再無別的因素了，除非蔣的助手們希望臺灣解放，通過不流血政變，讓蔣乘美國軍艦逃到夏威夷去和他的好友雷德福等會合。」

從這段江南引述的美國報章報導內容，不難窺探美國朝野某些人對兩蔣父子的心態反映。身為中國人哪怕是事後讀到這些美國傳媒上的文章，也難免不為蔣氏父子憤憤不平。難道是人必自侮而後人侮之嗎？何以美國這個兩百年來自詡人權至上。自由至上的所謂民主國家，傳媒竟然帶著濃濃的帝國主義口吻大言不慚說什麼「除非蔣的助手們希望臺灣解放，通過不流血政變，讓蔣乘美國軍艦逃到夏威夷去……。」美國傳媒工作者應該絕大多數是知識份子，竟然會講出要蔣介石的助手發動不流血政變這種「出格」極度不恰當的話。這也說明與印證了美國媒體實際反映了美國政客的邏輯思維——當美國執政者的意思不為蔣介石所臣服時，為了美國的「國家利益」，只好出賣美國的所謂「民主核心價值」，在臺灣搞一場舉世不恥的政變，即使肉體上消滅蔣介石，為了要保住臺灣這艘不沉的反共航母，也值得了。

美國媒體在五二四事件中的「失控演出」，恰恰也印證了一個不為人知的秘密：雖然孫立人日後在蔣介石、蔣經國父子相繼去世，重獲言論自由時，孫氏一再否認曾經對蔣介石有任何不忠誠的舉動，但美國媒體在孫立人事件爆發兩年後發表的這些謬論，似乎卻又恰巧成了孫立人口述回憶時的一具「測謊器」。美國媒體在五二四事件中的「失控演出」，更從旁印證，孫立人否認不忠，但出土文獻與美國當年的傳媒言論卻等於供承了美國當政者的不仁不義。就因為美國的「不仁不義」，蔣氏父子領導的臺灣當局，當然就沒有對美國仗義的「義務」。

第五章

五二四事件

美國伸黑手

看過前邊蔣經國針對「五二四事件」，在一次臺北的秘密會議場合，對著臺下端坐會場前方正中央的蔣介石，和圍拱而坐的眾多國民黨高階幹部，發表了類似事件報告，又類似有點悔過又帶著一定程度檢討國府特務單位的口吻，反覆直接間接強調自己的「不在場證明」，報告中又暗示動手打砸搶美國駐臺北大使館的那批人當中，「好像都是流氓之類」而被美國栽贓指控和蔣經國策動有關的學生，只不過是當天混亂場面中「極少數」的份子而已。

此外，孫立人究竟是岳飛還是秦檜？這個問題，相信很多對孫立人將軍有一定程度認識的人，心裡已經是自有一柄良心之尺了。但是，良心之尺歸良心之尺，對歷史有興趣的我們，似乎還是應該從故紙堆裡找到足以印證自身觀點的依據，來為「良心之尺」作一點「歸零」及「校正」的工作——其實歷史永遠沒有「絕對正確」的「答案」，歷史的答案總在一次又一次校正良心之尺的過程中得到新的啟示，真理也隨之愈辯愈明。

在臺北的國史館裡有一份庋藏多年但卻也沉寂多年的檔案，正是蔣介石父子把孫立人定罪的一把「良心之尺」。這份文件照例是用工楷毛筆字謄寫好，還上了簽呈報告，供「上級長官」批示，這「上級長官」自然是蔣介石父子莫屬了。簽這份公事的人正是當時國民黨政府裡的國家安全局局長周中峰，同時由周將軍親批數字「交李秘書存忠勤檔案十一～六」，這份文件是這麼說的：

史迪威緬甸之役摘譯

周中峰批 交李秘書存忠勤檔案（十一～六）

史迪威緬甸之役摘譯 原作者竇爾恩 Walk out with Stilwell in Burma

本書作者竇爾恩，是史迪威最親信的人物之一，戰前即隨史在北平任副武官。一九四二年初又隨史至重慶，歷任史總部副參謀長、駐昆明分部主任、Y Force參謀長，其後晉升為司令官。竇對中國一切存有較史本人尤甚的偏見。書中描述，抗戰時期他隨史在中印緬戰場的經歷，常以最惡毒的字眼侮辱我國元首及夫人。他稱蔣總統為糞堆上的花生，認為中國一無可取，把中國政府當權的人，形容為卑鄙、貪污、醜惡、狡滑、愚昧之描述，至為偏激，充滿毒素。最令人震驚的是，書中關於史迪威謀殺蔣總統的一段。據竇說，那是發生在開羅會議之後，史返華後即密令竇進行此計畫，但稱須俟最高當局命令下達後才執行。竇的計畫是誘蔣總統至印度藍伽訓練營視察國軍，在飛機過喜馬拉雅山上空時失事。美軍將為總統特製一個降落傘。製傘的工作在印度進行，製傘人於完工後即放逐於太平洋一島上永無對証。密令中指出，這個計畫必須天衣無縫，永不涉及美國，及任何美國人。竇說，史始終未向他透露過最高當局指誰，只說當時在開羅會晤羅斯福及國務卿霍金斯，究竟誰給他此項口頭命令未知。竇揣測馬歇爾及當年陸軍部長史汀生可能得知其事。但猜想此二人不會贊成此事。

書中另指宋子文於一九四三年初，曾謀拉攏軍事將領，推翻蔣總統自組政府的企圖。他說宋子文於某夜至竇的寓所商談此事，要他作媒介試探史的反應如何。並謂政府改組後，宋將推舉薛岳。

當時為第九戰區司令，出面兩天後，宋要求竇忘記此事。史當時對此事頗感興趣，但無確定表示。書中又提及兩次中國將領煽動革命的事。其一是在一九四五年一月，史迪威因與蔣總統不和被革除職務後，當時中國將領紛紛要求史留任，駐印中國將領態度尤為激烈。其中一人，未指出姓名，可能作者自編，親訪作者，表示擬用壓力迫使蔣總統挽留史迪威，否則將與其他駐印中國將領採取兵變手段，達成願望。作者自稱他向該將領曉以大義後，才把他激昂的情緒抑平下來。其二是在一九五二年，中美聯合陰謀推翻蔣總統在臺灣的政府，而以一位受美國政府及中國軍方擁護的人士出面，顯然指的是孫立人。書中唯一受作者推崇的中國人就是他。這個陰謀係藉著臺灣突發暴亂，軍隊出面鎮壓開始。暴亂將持續四天，俾作種種安排。在此期中，蔣總統官邸均被暴徒搗毀，總統夫人與他們的親信在暴亂中被害，與美國謀害吳廷琰陰謀同出一轍。事後全國將舉行哀悼。那時強人挺身執政，以迄最後舉行自由選舉成為民選的總統為止。但此陰謀於事發後數週被揭發，美國上校某人因牽涉此案搭美軍機溜走，中國官方捉拿孫立人的親信某少校後，宣稱渠受毛匪指使其後，以陰謀推翻政府罪被處決，蔣總統深信此陰謀與孫有關，但因孫在軍隊中具有影響力，且受民眾擁護，只被軟禁而未成為代罪羔羊。後來孫因精神上與肉體上備受虐待，據一美國將官於一九五八年與他晤談後稱，孫已成為精神分裂的人，吶吶難言了。」

這份由蔣介石父子轄下之「國家安全局」的翻譯人員譯成中文的英文書書摘，必定曾經讓蔣氏父子眼睛為之一亮，心中必也是一驚。但是，畢竟蔣介石父子的英文不是那麼靈光，他們要理解所謂賓爾恩這本原文書時惟有透過譯員的翻譯，但這些安全局的譯員一則全係軍職人員，他們一方面思及為「賢者諱」，二方面畢竟一九六〇年代臺灣管得還是比較緊的一個階段，他們怕萬一翻譯得太傳神，太詳細，說不定反而哪天成為內部審查和批判時的槍靶子，所以這份上報文件，基本只是交代有這麼一本書如此如此這般這般寫了這些事，上面如果有興趣，可再交代我們仔細翻譯，在上級沒有交辦的情形下，我們就交差了事啦！但像宋美齡這種有極高英文造詣的蔣家核心，應該是詳讀過這套書的，而且，宋美齡對這位賓爾恩上校著作的這部書，是極為震撼的，雖然迄今仍缺乏有力證據顯示，宋美齡對這部書有明顯反應或者評論。但宋美齡對這部書的觀點與內幕，應該是心有戚戚焉的。

為什麼我這樣說呢？茲舉一事證之，眾所周知，宋美齡於一九四八年十一月間受丈夫蔣介石之託，再次遠赴美國，向美國民主黨籍的總統杜魯門爭取軍事經濟援助，爭取了一年二個月，不敢說一事無成，至少是兩袖清風。儘管表面上看起來，宋美齡一無所獲地回到蔣介石身邊，實則宋美齡帶回了保護蔣介石性命的重要情報，宋美齡最令人動容的是，她在一九五〇年一月十三日這天來到臺灣，陪伴在蔣介石身旁，為什麼宋美齡早不回晚不回，偏偏這個時候回到蔣介石身邊？這不得不令人生疑宋美齡回來的時間點，和國民黨政府的危疑動盪，和蔣介石命在旦夕，是否存在著不可分割的關聯。

要曉得宋美齡一九四八年十一月這趟落寞凄清的美國之行，和她一九四二年那趟風光榮耀、聲勢席捲新大陸的美國之行，是大不相同的，絕對不可同日而語的。一九四二年那趟美國之行，美國總統羅斯福邀她下榻白宮，身份既是美國總統的私人貴賓，更是美國盟邦中國的第一夫人。而一九四八年十一月這趟美國行，則什麼都不是，甚或在美國媒體和社會大眾的觀感中，人們的異樣眼光是「這個貪婪的女人又來我們美國討錢來了！」宋美齡不可能再受邀住在白宮，而是以私人朋友關係，下榻曾經在一年前來中國擔任國共關係調停特使的美國國務卿馬歇爾的寓所。關於宋美齡與馬歇爾之間關係菲淺的傳聞，不是這裡描述的重點，有意思也令人遐想的是，前述因為寫《史迪威緬甸之役》這本書，而被臺灣的「國家安全局」盯上，被認為是國府不友好人物的竇爾恩上校，二戰於中國服務期間，恰巧就是史迪威將軍的參謀長。換句話講，當史迪威和蔣介石之間那場舉世聞名的權力角逐鬥爭遊戲，打到最劇烈而白熱化的階段，竇爾恩將軍恰巧躬逢其盛。而竇爾恩將軍之所以會寫下前述讓蔣介石父子轄下的國家安全局為之嚴重關切的《史迪威緬甸之役》，主因是竇爾恩跟隨史迪威夠久，夠親密，而且竇爾恩活得比史迪威長壽太多，他親見了二戰之後，中國的國共內戰以至於蔣介石潰退臺灣初期，發生在美國特務機關內部對處置蔣介石個人與國民黨政權的微妙變化，才有這部史書著作的立論基礎。

一九四三年十一月，蔣介石座機過喜馬拉雅山駝峰上空時，史迪威意圖製造意外空難事件，殺害蔣介石。駝峰那場追殺事件，是美國人想加害蔣介石的起點。竇爾恩同史迪威是一掛的人馬，是史迪威最親信的隨從人員。而馬歇爾則是史迪威的上級，日後美國政府當中的所謂中國通，無一不與馬歇爾直接間接有關，乃至馬歇爾當上美國國防部長之後，從美國國務院和美國中央情報局設計對華政策的一干策士或者對華政策的執行者，大大小小的文武官員，莫不為馬歇爾所熟知，亦莫不是馬歇爾的部屬。基於和馬歇爾的特殊關係，聰明的宋美齡多多少少從消息人士口中風聞，美國國務院和中央情報局一些人正在處心積慮要把蔣介石「政變掉」時（或者至少聽聞了一些不可被輕忽的風吹草動），宋美齡正如同西安事變最危急節骨眼上，不畏生死危難，執意去西安救蔣介石的經驗，這位第一夫人便義不容辭地從美國兼程趕到臺灣。宋美齡走的這步的確是一招險棋，山窮水盡，死馬當活馬醫。雖然，一般人卻完全看不出宋美齡內心的焦急萬狀，而出乎人們意料之外的是，從來鮮少觸碰情報特務事務的宋美齡，卻與美國中央情報局之間以外圍公司「西方企業公司」的名義，做起一樁「買賣」來了。

周中峰所屬的國家安全局摘譯這份竇爾恩著作時（按：一九六七年，周中峰從夏季屏手上接下了國家安全局局長職務），美國在臺灣意圖搞政變的孫立人事件的秘密檔案尚未解密，竇爾恩的官階固然只官拜准將，但他的曾經擔任過非常重要的職務，包括史迪威上將的參謀長。而仔細審視竇爾恩在中國的閱歷，更稱得上是早期美國軍方的中國通。他在華的經歷洋洋灑灑，十分可觀，亦可見美國謀我之深。

竇爾恩，一九〇一年生於美國舊金山，一九二三年從西點軍校畢業之後，便服役美軍砲兵部隊。一九二六年開始被美國軍方外派到美國殖民地菲律賓工作，四年之後，又被美軍調回美國本土擔任砲兵學校講師。一九三四年再度被外派，這次奉派到中國，以在北平學習華語的名義，在北平待到一九三八年，日本侵佔北平之後，竇爾恩都待在北平。一九三九年，竇爾恩遇到了影響他畢生最深的長官：史迪威將軍。與竇爾恩服務軍旅前半部有部份軌跡是相一致的，史迪威也曾經在菲律賓待過，之後也回西點軍校任教。但與竇爾恩不同者，史迪威的中國經歷比竇爾恩這位美軍中國通更老到。史迪威從一九一九年初抵中國，在北京擔任美軍語言教官，同時開始學習中文，這一年他三十六歲。一九二六年至一九二九年間，史迪威從北京被調往天津，任職美軍第十五步兵團的營長及參謀，在這裡，史迪威認識了團長的馬歇爾將軍，兩人並因這一層長官部屬淵源，而結下深厚友誼及互信基礎，日後，當馬歇爾聽聞史迪威和蔣介石鬧翻，蔣介石吵著要撤換史迪威，於主觀上，馬歇爾對這位被史迪威形容成為是「花生米」的蔣介石，便形成一種主觀偏見。一九三五年至一九三九年，史迪威任駐華大使館軍事參贊（一說武官）。而竇爾恩與史迪威兩人的部屬長官關係，便是在一九三九年結下的因緣。

換個角度說，史迪威早在他被任命為蔣介石委員長的參謀長之前，他有長達二十三年漫長歷程在中國執行美軍任務的實務經驗，馬歇爾極力向華府推薦他作為在蔣介石身邊「監軍」的不二人選，是絕對有他的道理。史迪威的軍事素養底子好，美國最正統的西點軍校畢業，後來部隊轉了一圈之後，又進西點軍校指揮參謀學院進修，又在菲律賓待過，駐在中國長達二、三十年，連寫日記都有辦法用中文書寫，與中國官員溝通更可以華語與人辯論。況且他又根正苗紅，絕對忠於美國政府的中國政策，典型的美國愛國份子，絕對可以百分百落實美國政府在中國執行其利益導向「砲艦外交」政策。

史迪威和馬歇爾正如前述，在中國天津有共事之誼，長官部屬之交，所以馬歇爾對史迪威知根知底，當蔣介石吵著要撤換這名馬歇爾心裡最優秀的「中國通」高階軍官時，馬歇爾是滿懷納悶與不情願的，自此便種下了對蔣介石及其政權的嫌惡感。在竇爾恩書中敘述的史迪威那幕指使竇爾恩去落實殺死蔣介石秘密計畫，於今，合理推論，美國總統羅斯不可能在抗戰最艱困，美國對付日軍的太平洋戰爭，也夾處在勝負尚未最後確認的節骨眼上，從美國國家利益出發，斯時對蔣介石動殺機，實在並不「划算」，所以，合理懷疑，指使史迪威去做這檔勾當的「大老闆」，很可能便是馬歇爾將軍才有這個「膽氣」與「聲望」了。當然，這是後話，先不予論。

周中峰向蔣介石父子上報的《史迪威緬甸之役》一書，寫的是史迪威在華與遠征緬甸的一段故事，但卻神來一筆，連與主題無關的臺灣時期的一場流產政變計畫，也被這本書一網打盡，竇爾恩將軍等於完全把他的老長官及長官的長官的「底牌」全洩光了，而這「底牌」偏偏是最傷蔣介石父子尊嚴與威信的事件，自然周中峰必須「深體領袖苦心」，趕緊差人把重點摘譯給兩蔣父子。但畢竟周中峰只是聽差辦事，知道這樁大事不能太張揚，但又不能讓它埋沒在故紙堆裡，所以他只是請人擇要選譯，根本無法從中得知箇中神韻。而竇爾恩原書是怎麼說的呢？筆者不妨全文意譯如下：

……一九五二年稍晚策劃的第三種驅逐蔣介石方案，距離二戰結束已經是七年後的事了。美國一項關於如何推翻蔣介石元帥的「中國方案」，希望由一位能夠為美國政府及中國軍隊接受的人物去取代蔣某。

某將軍的計謀是突然起兵造反，在臺灣製造一場動亂，但軍隊很快平息這場騷亂，在保障其安全無虞的情況下，蔣介石、蔣介石夫人、蔣的兩個兒子，以及忠於蔣氏的核心份子，會被安置在一個安全的地方直到事件告一段落（按：這個地方曾被指出是菲律賓，但菲國總統季里諾拒絕了美國庇護蔣介石的「建議」）在事件爆發之初，每家中外媒體的特派記者或者媒體代表，將被適度保護起來，使他們免受暴亂波及。當然這樣的目標，必須有賴事變爆發時，警察與軍隊之間的密切連繫協調，使得這場暴亂能夠維持在一種可控制的狀態。在形勢未有效控制之前，軍隊和警察必須暫時關閉與掌控所有的廣播電臺、電視臺、電話公司的電纜線。軍警將透過大眾傳媒傳達最新而且是政變當局允許的新聞訊息。

賓爾恩在書中說：

儘管蔣介石執政時予人一種警察國家的印象，事實上美國人如果想要顛覆這樣的政權，亦是輕而易舉，不費吹灰之力。

書中繼續指出：

政變引發的騷亂，約莫會持續四天左右，如果有必要的話，會再延長一些時間間。政變期間，蔣委員長會被安置在適當的地方得到必要之保護，免於暴民的打砸搶與各種暴力行為。政變過程基本結束時，人們會發現，蔣介石和他太太以及他的多數核心份子們，都已經追隨他在逃亡的路途中，或許也有人被暴徒加害。這將使臺灣島上瀰漫著一股哀傷的氛圍。全島將舉行國葬儀式，悼念在暴亂中死難的人們，新政權將宣布一段時間作為國殤忌日，進行全國性的悼念儀式。臺灣島將暫時由發動軍事政變的軍事強人行使政權，直到情勢穩定時，再透過臨時軍政府舉行「自由選舉」。

賓爾恩在書中繼續隱晦地提出他有關臺灣政變後的政情分析：

儘管許多年輕而且幹練的中國將軍主張，蔣介石應該被臺灣島上新的中國政府所取代，但這些年輕的中國將軍們未必在每個方面都認同這項政變行動。他們並不清楚蔣介石命運如何，但他們相信蔣委員長和他的核心份子們，已經正前往一處安全的地點，度過他的餘年。數週之前當政變事件正在積極醞釀，蔣介石神經靈敏的秘密警察已經察覺出不祥的跡象，甚至於已經有人得知了政變的細節。

顯然，竇爾恩准將對一九五〇年代臺灣，那場美國意欲推翻最大反法西斯戰爭盟國元首的流產政變，知道的細節似乎遠超乎蔣家父子及其情報單位偵知的範疇。竇爾恩在接下去的敘述中生動描述道：

顯然有人的嘴巴太大了。一名美軍上校被迫悄悄地離開了臺灣，因為此君參與了太多的政變陰謀事務。這位上校是臨時在一個小時前被他的上級通知，要他趕緊準備快速離開臺灣。於是，上校連行李都來不及帶，便匆匆地衝上一架升火待發的美軍軍機，緊急撤走，他如果再晚點走，將難逃被逮捕的命運。後來，中國政府（指臺北當局）宣稱破獲共產黨陰謀推翻蔣介石，意圖奪取臺灣島政權的計畫。孫立人將軍的一名親近少校幕僚，被指控受到毛澤東指使的特務重金收買。孫立人的這名機要幕僚已經坦承罪名，但這可能是屈打成招，之後被執行了死刑。屬下說服蔣介石孫立人也涉入其中，然而畢竟孫立人名氣太大了，而且勢力龐大，蔣介石父子不敢草率地像處決那位倒楣的少校似的，槍決了事，所以那位少校無異被當成了代罪羔羊。

當局顯然為了向公眾交代，不便處孫立人太重的刑罰。而孫立人也為了承擔起部屬反叛行為的罪行，自動辭去參軍長的職務。而當孫立人辭去他的軍職之後，便立即被蔣介石當局軟禁在家，而且不准和外界任何人連絡。一九五八年，一位美國將領特地去孫立人寓所探望了他，強大的心理壓力和特務監控，已經使得孫立人連二戰時期親身經歷的往事都淡忘得差不多了，不論是用中文或英文，他幾乎都已無法像過去哪樣侃侃而談，顯得話語不清了。這位美國將軍敘述，孫立人明顯遭受到了心理和肉體上長期的虐待和壓抑，因而導致了孫立人如今的模樣。

一九六二年蔣介石當局對外宣稱孫立人仍活得好好的，但至於活得怎樣的「好」，卻語焉不詳。如果在十九年後的如今，孫立人還健在的話，他應該是備極滄桑而受盡折磨了吧！一位中國上校不久前在美國被問及孫立人近況時，他堅稱孫氏不但活著，而且活得很自在開心，所有外間的揣測都是誇大其詞。

賓爾恩將軍這本書中敘及的這一小段落，有關一九五〇年代發生在臺灣的這起流產政變的過程，雖說言簡意賅，要言不煩，但卻形象地描繪出了一九五〇至一九五六年間，有美國政府黑手在幕後策動的那場流產政變。

賓爾恩將軍提及的這場流產政變，和日後發生在亞洲其他國家的流產或者成功政變，巧妙的竟然有許多「神似」之處，這證明了美國政府較諸蘇聯在革命時期搞革命輸出是更見擅長了，而且更讓蘇聯都瞠乎其後望塵莫及了。

在此舉一具體例證，證明所述並非妄言。

越南總統吳廷琰兄弟死於一九六三年十一月的一場成功政變，然而在這場悲劇發生之前，美國已經策動了不計其數的政變，但都沒有搞成功，都被吳廷琰兄弟幸運地躲過或者幸運地平息了它們，但是就像美國蠶食鯨吞美洲大陸終成今日橫跨兩洋的大陸一般，美國意欲顛覆越南吳廷琰政權的狼子野心是無日或已。

或許是學習蔣介石、蔣經國父子在臺灣推動的秘密警察模式，吳廷琰和他那殘酷冷峻的弟弟吳廷瑈的一搭一檔，由吳廷琰在臺前扮演執政者，而吳廷瑈則是在幕後掩護哥哥，操控著越南模仿臺灣草創的秘密警察體系，在越南內部實施高壓恐怖統治。

根據曾經協助吳廷琰兄弟建構越南式的國民黨特務政工組織的王昇將軍，在他親口所述的《王昇的一生》一書中，便明確說明了越南歷次流產政變的經過。《王昇的一生》書中說：

一九六〇年元月，前越南共和國吳廷琰前來我國訪問，在參觀國軍作戰演習時，目睹官兵戰技精良，士氣高昂，感到非常高興。當他獲悉官兵的待遇，還不及越軍薪餉的一半時，更感到十分驚異。因此他在與先總統蔣公中正會談時，特別要求派遣一位將軍前往越南，協助其加強軍隊的整建工作。其後在與經國先生晤談時又提出此一要求。吳氏回國後，復循外交途徑來電催促，國防部乃簽報總統核定，派時任政工幹部學校校長的王昇擔任此一艱巨的任務。

越戰初期，越南明明有大批美軍駐紮，美軍向來以世界最強軍事力量自詡，吳廷琰為何還那麼急切要求臺灣派一位將軍協助他們強化軍隊整建呢？原因有二：一為對付越共；二為了對付內部的敵人和盟邦的滲透顛覆。這個所謂的盟邦，自然非美國莫屬。美國人陰險狡獪，可是吳廷琰兄弟也不笨，吳氏兄弟哪不知道美國無時無刻不在動他的腦筋，恨不得俟機而動，早一點把吳氏兄弟惡搞下臺。

王昇於一九六〇年五月抵達越南，又於一九六〇年八月五號離開越南，就在王昇離越後不久，越南當局循外交途徑要求蔣氏父子再派王昇前往，教導他們如何防止被盟邦暗害。照王昇的講法，有關方面正在幫他趕辦簽證，越南在這時候發生了一起重大軍事政變。為首的是越南傘兵部隊司令官阮正詩，照說那時吳廷琰身兼國防部部長，所有的軍事首長都是吳氏任命，不致於發生軍人政變，殊不知魔鬼總是隱藏於細節內部。越南傘兵部隊不是土生土長的原有部隊，完全是美國人訓練出來的，部隊幹部不但平常和美國軍官接觸機會多，還有甚多機會外派到美國本土的美軍傘兵集訓中心受訓，美國的傘兵部隊正是美國特務機關美國戰略情報局的搖籃，或者說根本是美國特務機關的大本營。

美國戰略情報局之所以會大肆訓練，主要是二戰期間，受歐洲戰場棘手的局勢所迫，戰略情報局局長鄧諾凡訓練了一批法國裔的美國人，施以他們突襲訓練，以及跳傘訓練，結訓之後便將他們空投到法國境內，從事情報破壞工作，他們成為近代第一批的特種作戰部隊，以策應法國境內的反德組織，配合盟軍打納粹德國。之後，中情局接管了戰情局的業務，繼承其衣缽，但這種訓練傘兵（特戰）部隊的傳統卻轉而作為對外國政府的滲透顛覆任務。

中情局藉著協助很多亞洲國家、地區代訓特戰或者傘兵部隊的機會，採取利誘的方式，吸收大批亞洲國家、地區的傘兵幹部。譬如，引誘外國幹部，告訴他們如果和中情局配合提供情報或者在必要時聽從中情局的指令辦事，將來可領一筆鉅額的「退休金」，而且一旦發生緊急情況，中情局保證不會過河拆板，一定會設法把外國幹部本人安全撤離，讓他和他全家老小到美國定居，並且立即核發給全家成員每人一張可供永久居留的「綠卡」。

美國代訓傘兵部隊的地點在美國班寧堡。亞洲各國的傘兵部隊指揮官，或者特戰部隊指揮官們，都在這裡和美國中央情報局的訓練教官有過密切的接觸，同時，美國人也透過這種面對面的訓練機會，針對那些被美國人認定有「培養價值」的人，施予小惠，並且在他們回國之後，仍透過各種管道和他們保持連繫，便利於日後「養兵千日，用於一時」。

在一九六〇年越南那場流產政變中扮演第一主角角色的阮正詩，在他發動政變當天，美國合眾國際社從西貢發出了一則電訊，這家通訊社在它於一九九一宣布破產之前，一直是美國幾個主要通訊社之一，發言一向從美國利益出發。合眾國際社如此報導著阮正詩主導的這場流產政變，以下是電訊內文：

合眾國際社西貢十一日電　傘兵上校阮正詩在西貢電臺向南越陸軍發佈命令，聲稱他的一旅部隊在同總統府衛隊交戰後獲得勝利。阮上校前往總統府同總統舉行會談，但是吳廷琰還未證實這個政變是成功的。叛亂指揮官阮正詩（一個三十多歲的人，據傳他在美國受過訓練）指責吳廷琰把家庭影響置於國家利益之上。他在電臺廣播的命令說：「政府表明它把家庭影響置於國家的利益之上。自由沒有得到保證，國家處於全面毀滅的危險中。鑒於這種情況，陸軍認為它的任務是推翻政府，在忠誠的公民的幫助之下暫時接管國家的管理權，同共產主義進行鬥爭，拯救國家。陸軍的革命是成功的。」消息靈通人士說，阮正詩正在趕緊同吳廷琰舉行談判，以免總統調進援軍消滅叛亂的傘兵。在西貢空投了傳單，聲稱叛亂「大概是同共產黨勾結的低級軍官」發動的。但是阮正詩堅持說政變完全是反共的。他在今天前往總統府以前對記者們說，他準備通過談判而不是通過攻擊總統府的辦法使吳廷琰辭職。

另一則由「美聯社」發佈的電訊則更是赤裸裸地表達了他們判斷一宗政變的是非標準，不是用是否合乎公道，而是用是否「親西方」，等同於是否符合公義原則。電訊稿聲稱：

美聯社曼谷十一日電東南亞條約組織總部的權威人士星期五獲知參加推翻吳廷琰政府的部隊是反共部隊的消息以後，看來很高興。一位拒絕透露姓名的官員說：「至少它是親西方的」。當八國聯盟的軍事顧問下週在這裡開會時，這將是進行認真的討論的一個問題。

歷來凡由美國發動的軍事政變都有一個共同特徵，發動政變者都愛宣稱自己是「重視國家與人民利益的」，而向來把被推翻者抹黑成貪腐罪惡的圖騰象徵。亞洲的李承晚、吳廷琰、馬可仕都是這樣的先例。而蔣介石也一度被美國人極度惡性地抹黑成集中國近代貪腐之大成者，實際上蔣氏本人極其清廉。但美國從不試圖為他們所作過的抹黑感到羞愧，包括所有就職時必須手按聖經發誓的那些偽君子政客們。

而近期美國在別的國家搞的政變，不外乎幾個進程程序：一、拉攏，吸收可能從事政變的外國動搖份子；二、說服，家族移民美國並贈送鉅額退休金為誘餌，重利說服外國軍政幹部背叛他的長官與祖國；三、共識與通知，美國派駐或特派之傳話人，傳達美國當局的指令或通知，在此同時，落實政變指令的外國軍政幹部必須與美國官員在政變計畫方面達成一定程度之共識；四、執行政變計畫，將美國厭惡的前執政者驅逐或者殺害；五、建立新的親美政權。

據了解，阮正詩策動的軍事政變失敗之後，他在越南成了過街老鼠，自然沒有他的容身之所，在美國的保護與協助下，他搭乘美國人的飛機，從越南逃到了美國。此刻，美國中央情報局自然已讓他免去了所有初到異鄉異地一切生活上的煩惱。美國政府為他華盛頓租了一間公寓房，並且為他給付他幾個孩子的所有學費，與全家的生活瑣費。他們一家在美國生活基本上不成問題，美國中央情報局與東西方「地下黑社會」具有雷同的「仗義」規矩，凡為我效命者一旦東窗事發，局裡一定「統包」所有的照養之責。也正因中情局有這種「仗義」規矩，美國才可以較諸蘇聯更順當的輸出美式革命，世界各個角落的政變動盪才會如此接二連三，層出不窮。

阮正詩逃離越南的狼狽情景，根據美國《時代雜誌》的形容，當阮正詩被迫離開越南時，他甚至連一套越南軍官的制服都沒帶，更遑論他得過的勛獎章以及一切的財寶家當了，他惟一帶到美國的一件私人物品，是他在越南部隊裡發的一床軍用毛毯。除此之外，身無長物。

然而，美國人是極其現實的，當他們發覺越南的形勢對他們極端不利，美國人掌握不住越南局面，他們就準備放棄越南，既然整個越南都可以放棄掉，那麼對阮正詩那種類似「地下黑社會」的「仗義」規矩便要作「彈性調整」了。

美國中央情報局原本信誓旦旦，對發動親美政變的外國傀儡份子，一定會善盡生活照顧之義務，但是，中情局原本每月固定撥給阮正詩的生活費用，包括房租和生活費，忽然在一九七三年中沒有預警地軋然而止。這期間，阮正詩曾經數度試圖重回越南，但都無功而返。一九七二年二月，阮正詩從美國搭機返回越南，飛機降落西貢之後，越南軍隊知道阮正詩想回越南，但部隊當中還有不少吳廷琰勢力，他們堅決不讓阮正詩這個叛徒下飛機。越南武裝軍人把飛機團團圍住，舉槍抵住機艙艙門，阮正詩不得其門而入，最後迫不得已，美國飛機只好把阮正詩原班飛機再把阮正詩送回美國。阮正詩最後客死於美國異邦。

阮正詩沒有成功推翻吳廷琰政權，但是，美國卻成功地伸出他的黑手，透過別的越南傀儡，讓吳廷琰倒臺了，所謂兔死狗烹，鳥盡弓藏。

美國在全世界各地暗推軍事政變，暗地裡伸出黑手的例證多不勝舉，阮正詩在越南搞的這一手，更充分印證明美國在全世界各地的醜行劣跡。當美國在越南對付吳廷琰使出政變賤招的同時，美國中央情報局在全球各地的分支機構（以各種職務美名隱藏在美國駐各國大使館內的假外交官，或者不掛美國國旗、掛羊頭賣狗肉的外圍組織，或偽裝成民間或所謂非營利、非政府、宗教、「慈善」機構內……）仍在時時刻刻積極策動任何可能的政變形式。

這裡，不免要再舉一個發生在蔣介石父子周遭極可能係由美國政府策動的流產政變，來說明與印證美國戰後「輸出革命」幾近狂熱的「宗教熱忱」，而這種狂熱的「宗教熱忱」，正是他們經常批評穆斯林激進革命份子對美國與西方發動「聖戰」，更為狂熱的一種「聖戰」典型，硬性逼迫別國必須無條件接受並實施美國式民主，否則便是不人道的、不文明的，就有必要透過政變手段顛覆它們。

美國人意圖顛覆蔣介石政府，已從大陸時期謀劃甚久，只不過不是時機尚未成熟，便是雖已如箭在弦，卻萬事俱備只欠東風，老是缺一張牌，胡不了牌。大陸時期，蔣介石籌碼多，靠山多，美國人想把蔣介石「政變」掉，諸多不便，也諸多不易。但到了蔣介石敗退臺灣，殘山剩水，加上殘兵敗將，蔣介石手頭上的賭資有限，這時候，美國人便又拿出他們「輸出革命」的看家本領，以一連串連環套式的政變圖謀來對付蔣氏父子。即使孫立人兵變陰謀說之後，儘管圖窮匕見，被蔣介石戳穿了西洋鏡，那把亮晃晃直指蔣介石心窩的尖刀匕首仍不想收起來。劉自然案可說就是一樁可疑的美國人使出的一計「苦肉之計」，更是顯見美國圖窮匕見的拙劣印記。而最能洞穿美國人奸計，當屬站在與美國情報戰的鬥爭最前沿陣線的蔣經國。

抗戰前後至抗戰勝利之後，在軍事和國內外政治，國內經濟決策上，蔣介石犯了太多歷史性和戰略性不易挽回的致命錯誤，最終鑄成他兵敗大陸，被迫選擇退居海隅一角臺灣孤島的不幸命運，此期間，蔣氏父子不免受盡美國文武政客和若干親美臺灣政客的窩囊氣。揆諸蔣介石後半生作出了那麼多的歷史錯誤判斷——不論是軍事或者國家大政的錯誤，惟有一件事，蔣介石是做對了，那就是到臺灣之後，他把整個情報特務組織的兵符交把兒子蔣經國手裡。這無疑是蔣介石最高妙的一著棋，也是最正確的一個人事安排。因為，在蔣經國領導下的國府情報組織，以靜制動，以拙制巧，以不變應萬變，破解了美國幾次意欲瓦解蔣介石在臺灣軍政組織，另以親美傀儡政客取蔣氏父子而代之的陰謀。

講到蔣介石之所以會把特務系統交給蔣經國，一方面，固然是因為戴笠空難猝逝之後，國府特務組織群龍無首所致，另方面也和蔣介石對兒子沉穩個性的長期觀察考核有關。更可從一封蔣經國年輕時代寫給父親的一封家書，略窺蔣介石會把特務系統重責大任交賦蔣經國的根本原由。

蔣經國寫這封家書時（民國二六年六月二十八號），才剛從蘇聯回國三個月，時間點上已經迫近抗戰爆發前夕了，蔣介石命令剛回國不久的蔣經國暫時在溪口老家讀書自修，惡補已經淡忘的中文和古書。在臺北國史館家書的原件，信紙還是拿溪口武嶺學校的公函信紙。由於蔣經國留蘇十餘年，出國之初才是初中生，毛筆字本來寫不好，這封剛回國不久寫的毛筆字家書，更可看出他的筆力生硬，但規規矩矩，不失工整。家書寫道：

父母親大人膝下：敬稟者，蘇俄政府成立以來，已有二十年歷史，此中政治變化、經濟改造，不為不大。最近紅軍八大將領之鎗決，舉世皆為震驚，然若以之與過去數大政變相較，則亦不過一極平常之事。此乃蘇俄鞏固政府地位常用之法。至八大將領對於革命事業皆立有殊功，而一旦犯法，遂置誅殺，不問過去功，祇顧今日之政局，尤為蘇俄黨國一向待人之道。蓋人民兵士均應聽從黨國主義，而不能以領導者個人為神聖，乃蘇俄黨國教民之法。故每次政變發生，雖被害者多為重要人物，而政治安定，未曾引起何人反抗也。

杜黑七夫司基乃兒所最敬佩之師，故其死亡使兒甚為不平。杜氏乃俄國貴族子弟，自德國逃回俄國後，即入紅軍，參加革命，其一生最得意之事，乃出征波蘭華沙之役，彼此時方二十八歲，以為華沙唾手可得，即不難長驅直入柏林，進而征服全世界。其志望可謂雄大，惟以輕視敵人過量己力，祇知速進，不顧後方，結果前線與後方相隔太遠，遂遭大敗於華沙，蓋缺乏忍耐心耳。

最近二三年來，蘇俄軍隊之進步異常迅速，此皆杜氏之功。伏洛希洛夫個性豪放，以自己參預國家大事，曾將國防與整軍之責全付杜氏，杜才高於伏，而受其指揮，故常有不服之心。八人者皆年富力強之士，奮勇好戰。而蘇俄之和平政策，使此輩無用武之地，故企圖推反蘇俄政府，而卒以此喪身。是仍以乏忍耐之心，而敗也。此次政變要點，在防備內部造反。杜氏等原本史達林之耳目心腹，數十年來共同甘苦，到處作擁護史達林之宣傳，安知其竟有反斯氏之陰謀乎。

欲得勝仗，須有千萬之眾。但如有敵人偵探留於參謀部中，則有一二匹夫即可殺千萬之士。在領袖之左右，必有企圖造反之人，而或即今日所謂最「忠實」之人，也不以言論而以事業與行動考察左右，此乃用人之必要方法。以上乃兒對赤軍八大將領鎗決之感想。

上星期兒讀《通鑑紀事本》末一百頁，寫大字將九成宮臨習一遍，民族主義摘記已寫成，讀古文二編（按：此「編」字應為「篇」之誤也）昨接緯弟來信，兒非常喜樂，前後已有三信致弟。望

大人玉體康健此請

福安

兒經國謹上 六月廿八日

蔣經國這封信，最重要而且最核心的意涵便在末段那段精華字句「欲得勝仗，須有千萬之眾。但如有敵人偵探留於參謀部中，則有一二匹夫即可殺千萬之士。在領袖之左右，必有企圖造反之人，而或即今日所謂最『忠實』之人，也不以言論而以事業與行動考察左右，此乃用人之必要方法。以上乃兒對赤軍八大將領鎗決之感想。」這段話，

對剛經歷過西安事變不過半年多的蔣介石而言，確實聽來是十分受用，而且是講到蔣介石心坎裡的。從這封信這段話來看蔣經國的心思理路，便可想而知，從一九四八年十一月，蔣經國結束失敗的上海「打老虎」工作，便直接回到蔣介石身邊。這時候，蔣介石一方面意識到國民黨軍軍政機關裡邊，潛伏了太多的共產黨特工（地下黨），一方面，蔣經國也考慮到蔣介石的安危問題，必須回到父親身邊克盡孝道，同時更要預防變生肘腋之不測。如果蔣介石在一九四九年以迄一九五七年這六、七年間，有機會回看一九三七抗戰前夕兒子寫給他的這封信，他應當更是感觸良深——萬萬沒有想到過去兒子提醒過他的，日後竟會惡夢成真，而且差一點連國民黨領導人的寶座，甚或自己的一條老命，都差點險些不保。

蔣經國從「打老虎」鎩羽而歸以後，便與父親長相左右，兩父子一起度過國民黨兵敗如山倒，危疑震憾的日子。蔣介石愴然下野，倉皇辭廟，揮別祖先廬墓，揮別大陸，然後再面對美國一連串的顛覆陰謀，這些都看在蔣經國眼中。為了確保父親的安全，蔣經國片刻不離身，即便是遠在美國的宋美齡也對蔣介石的切身安全感到憂心忡忡。一九四九年一月二十二號蔣介石下臺當天，宋美齡從美國拍發急電給蔣介石說：「報載兄已於馬日返鄉小住，對兄之健康與安全，妹萬分憂念，深信上帝決不會任共產主義在中國能夠成功，請勿忘兄之安全為第一，則余等仍可繼續為國家努力奮鬥，此間並非無希望，且與多方人士已有聯絡，正在極力推動中，妹已另電經國，請兄日內同來加拿大，妹當在加候兄會商一切，盼復。」

兩個多星期後，宋美齡又給蔣經國發了一通加急電報，仍是擔憂蔣介石下野之後的安危問題，為了讓宋美齡安心，蔣經國趕緊回了一封電報：「（總統府用箋）奉化溪口三八・二・一〇美國蔣夫人〇密電諭拜悉，父親於最近期內似不作離鄉之計，對於父親之安全問題，自應嚴加注意，人心之壞，出人意料，萬分寒心。薛之態度暫無特殊之表示，謹復。方良敬問大人安好。兒經國敬叩〇丑蒸」

此期間，宋美齡憂慮的是怕共產黨或者蔣介石的政敵，趁著蔣介石下臺之後，衛隊縮減甚或撤除的絕佳下手時機，對他動殺念。也不知這段日子以來，共產黨和政敵並未興起謀奪蔣介石性命之心，或者是蔣介石生來福大命大，即便生逢亂世，刀槍兵燹也離他遠遠的，或者真是蔣經國維護父親兼領袖的安全頗有一套良方妙策，教蔣介石果真變成了刀槍不入之身了。

譬如，蔣介石下臺回鄉之前不久，奉化老家的確遇到了共黨游擊隊的攻擊，地方上頗不安寧。縱使共產黨就在浙江奉化附近活動，哪怕這些共黨游擊隊的目標，未必真要對蔣介石切身不利，但經過蔣經國親自領導的侍衛部隊鎮壓，也消彌於無形了。據蔣介石侍衛李宗其在他寫的回憶文章「駐溪口三年回憶」中提到「……三十六年七月蔣公親自校閱總隊，經整編後奉調溪口，我們這區隊駐守白岩廟，保護墳莊為要。多年來尚安無事，但自三十七年共黨活動日益猖狂，有某日於光天化日，四明山下來數百名武裝叛軍，竟然大搖大擺穿越溪口街道，揚長而去，情況一度緊張，武嶺學校校長施寄言校務長速電南京告急，即獲得一個衛士隊支援，本區隊為加強防範，於飛鳳山頂加設工事與壕溝，另派班哨駐守。三十八年元月蔣公引退返鄉，閒遊之間步行至山頂發現山頂挖得亂七八糟，氣得大發雷霆，謂：風水都被破壞完了，馬上恢復原貌，後由新六隊完成復原。……」

為了擔心共產黨混進保護蔣介石切身安全的侍衛隊，一九四八年底之後由蔣經國督導帶頭的侍衛人員也格外重視軍紀與命令之貫徹，就在蔣經國經手督導蔣介石的安全工作前後，負責蔣介石安全戒護的「總統府警衛大隊」卻發了一樁令人不敢相信的共諜案。事件是一位名叫呂祖昌的年輕衛士引起的，他因為受不了班長樓國樑的嚴厲體罰，便在一九四八年九月二十九號，夥同另外呂伯應等六名衛士一塊趁夜摸黑逃走了。蔣介石的侍衛一下子逃走七個人，這事傳出去還像話嗎？嚴厲查辦，看看是不是有「匪諜」（共諜）作祟。隊長姓毛，既然上級震怒，自然得查個水落石出，給個交代。刑求沒跟呂祖昌等人逃亡的同案嫌疑人，好說歹說不肯老實交代，香菸抽了好幾包？訊問犯人問得舌敝唇焦，都還問不出個所以然來。蔣介石父子為此事發了好大脾氣，再查不出個眉目，大家都要被炒魷魚了。情急之下，毛隊長拿起辦公桌上一具軍用電話，拔下電線陰極和陽極，把犯人褲子褪下，一根電線金屬絲綁住犯人的生殖器……。毛隊長再給犯人最後一次機會，不說？行！搖電話線，搖不到半分鐘，犯人滿臉脹得通紅，青筋直冒，生殖器被電擊過後，整個人痛不欲生，就像癱瘓似的，三兩下就招認了。

令毛隊長嚇一大跳的是，犯人這麼一招供，竟然扯出一個共諜案，株連甚廣，不光是警衛大隊的各個隊有共諜，就連空軍總部，國防部好多單位都有這個共諜網的同黨成員。據說，當時蔣介石警衛大隊的隊員最怕聽見的一句話是「毛隊長有請」。有人就是拿這句話當玩笑話，差點沒把侍衛嚇得面無血色，魂不附體。可證這「白色恐怖」搞到蔣介石身邊的人都個個草木皆兵。

在蔣經國雷厲風行之下，警衛大隊全力緝捕那七個逃走的警衛大隊侍衛人員。這些人運氣實在不佳，才逃走不到四個月，便全部分別在江浙一帶先後落網。一九四九春節前後，當蔣介石預備在大陸度過他有生以來在大陸過的最後一個舊曆新年，這七個倒楣鬼也被全部逮獲。這還客氣嗎？蔣介石親自下條子，這些共產黨全部槍斃。這七個人便全被綁赴溪口荒野地方，全部死於槍下。

從這裡，可得知蔣經國先前寫的那封信，誠非虛言，他說「……但如有敵人偵探留於參謀部中，則有一二匹夫即可殺千萬之士。在領袖之左右，必有企圖造反之人……。」蔣經國會這麼「兇狠」，一個最重要的原因，如果你不那麼狠毒，那麼很可能會成為敵對勢力的槍下冤魂。

父子之間如此默契緊密長相左右者，凡六、七年。蔣介石對蔣經國做事情的謹小慎微，在自己眼皮底下抓「共諜」的高效率，一舉一動看在眼裡，點滴在心頭，別的單位上下都是「共諜」卻抓不到「共諜」，自己兒子竟然在警衛大隊職司保護安全的最核心機關，抓出了一籮筐的「共諜」，蔣介石不得不佩服兒子還真有兩手，也從而對蔣經國產生了堅定的信心，孺子可教，孺子也可托付予重任。於是，就在國家風雨飄搖，黨國危亡繫於一線之間的一九四九、一九五〇年（民國三十八年、三十九年）之交，蔣介石賦予蔣經國一個新而重要的職務「國防會議副秘書長」兼總統府資料室主任，蔣經國披著這兩件御前黃馬褂，國民黨大陸時期所有大大小小的情報特務機關，大自軍統、中統，小至憲兵、警察……穿制服的和穿便服的情治特務人員，全都被蔣經國一統天下，統歸經國一人轄制管理，他成為繼戴笠之後，國民黨當局最有權力的特務頭子。換言之，蔣介石還沒在臺灣坐穩江山，內憂外患，殺機重重之際，蔣經國這個超級特務頭子已經開始席不暇暖，秘密履行他的職務了。

蔣介石和蔣經國這一對「患難父子」從一九四八年底開始合作無間，蔣介石授權蔣經國掌握特務系統，大刀闊斧，目的並不完全在於除魔斬妖，而求在風雨八方之際，能先把局面安定下來，才好有機會奢談「反攻大陸」。

在宋美齡不在蔣介石身邊的孤寂日子，在黨國瀕臨崩潰邊緣的危急存亡之秋，在臺灣孤島坐困愁城險些命喪美國鬼子軍事政變陷阱的刀鋒邊緣，這期間，兩父子培養了高度的默契。因此，蔣氏父子與別的父子檔最大的不同，他們形式上是父子關係，實際上更是革命事業的伙伴關係，不但是中國倫常上的君君臣臣父父子子關係，更是歷盡了千百次淬鍊，水裡來火裡去的生命共同體。

在一九四九年到一九五八年的十年間，不但是共產黨對蔣介石政府所在地的臺灣，虎視眈眈，實際上，較諸共產黨對臺灣的蔣介石政府而言，威脅更大的倒不是共產黨，反而是美國這個開口閉口「盟邦」專門在人家家門裡搞政變的帝國主義者。這一點，讓蔣經國有深刻的切身感受。從一九五八年（民國四十七年）三月二十一號的一次對特務人員內部講演中，可以略窺一二。（見國史館庋藏之卿雲會報檔案，蔣經國以國防會議副秘書長身份召集特工人員講話）

……第三個觀念上的錯誤，是情報人員媚外的心理，我對這個問題比什麼問題都擔心，情報人員出賣我們的情報給外國人，以前有一個人已經槍斃，最近又有發現。同時最近我們在和外國人合作時，往往有一種不正常的心理，就是惟恐巴結不上外國人，凡是有一點可以向外國人討好的地方，就想向外國人討好。各位同志，要說危險的話，恐怕沒有比這種情形更危險的了。安全局曾經向各位講，任何人向外國人交往都報上來，任何情報報上來由安全局統一辦理，很多單位都不這樣做，自己以為和外國人交往，打出一個場面和外國人發生關係就是他的光榮，這是什麼光榮？這不但是恥辱，並且是罪惡。老實說同外國人無所謂合作，最多只能是交換，任何國家如果放棄自己的立場而與外國談合作，談情報買賣，那是一個國家最大的恥辱。

我們與友邦保持良好的關係，共同協調聯合起來，這是應該做的，毫無疑問。但是決不容存有絲毫媚外心理，而喪失自己的立場，如果上上下下都是這種情形，結果人家整體的，我們是分散的，人家以利益來引誘我們，我們上人家的鉤，這實在要不得，這三個錯誤的觀念，是我們必須提出來改正的！

從這段蔣經國對情報人員親口發表的講話，可以得到一個推論，蔣經國主要是針對美國人。他不反對和美國人作情報合作，但反對情報人員私底下和美國勾勾搭搭，牽扯不清，甚而做出出賣黨國利益的大罪惡來。甚至可以推論，蔣經國縱使不當特務頭子了，甚至當上中華民國總統之後，他的這一套和美國互動基本原則仍未絲毫改易，他的國家民族觀念仍然堅持不變。然而，作家江南，亦即劉宜良，被刺殞命之後，國民黨蔣經國政府的情報官員曾聲稱，江南是他們的「工作人員」。情報官員如此說法，一方面可能藉此來為「制裁」江南找尋合理化藉口（指控他和大陸方面接近）。另方面，官員沒有講出口的話，則是認為江南和美國情報人員也走得很近。這是否明示和暗示，江南既為國府情報人員（即便劉不是國府情報人員，但他畢業自蔣經國主導下的臺灣政工幹校，則為不爭事實），再接受外國情報單位提供資訊，撰寫不利於黨國領導人的書稿文章，實有腳踩兩條船，背叛組織之嫌。

江南早不寫，晚不寫，偏偏趁蔣經國接班就任行政院長，繼而登上總統大位前夕，寫就這本《蔣經國傳》。而且，書中類似描寫「五二四事件」之內容，直指劉自然被美軍下士雷諾在自宅門口開槍擊斃，經過美軍審判之後被判無罪，導致暴民怒火中燒，揪眾佔領並搗毀美國駐臺北大使館，此一打砸搶美使館暴動事件，依照江南該書第二五七頁的說法，指稱：「一九五七年的三月，劉自然遭美軍雷諾槍殺，經國靈機一動，認為是他報復華府的時機來矣！這就是我們所熟悉的『五二四事件』。」江南一方面辯稱，「五二四事件」是不是蔣經國背後指使，尚無具體證據，但他這本原意是要作為碩士論文的學術作品，卻又聲稱「五二四事件」如果「根據各種合理的假定，經國卻無法逃避置身事內的嫌疑。」

如果美國的學術論文立論基礎可以事事採取「根據合理的假定」而寫就，那麼堂堂美國高等學府的學術著作，尚有何學術價值可言呢？美國學府的學位夫復有何權威價值？但是，同樣的，國府當局的特務機關如果單就以一本書的內容是否「公道」，就驟下定論，驟下殺機，濫殺文人知識份子，這更有違尊重言論自由、尊重文人自由學術討論之普世精神。

然而，蔣經國手底下的特務機關唆使殺人誠然不法、不義，江南的筆下功夫自必亦有招致殺機的誘因。

假使江南死於非命確是為了《蔣經國傳》這本書，倒未必是他在書內寫了什麼蔣經國婚外情，或者繼母蔣夫人宋美齡有什麼不可告人的宮闈秘聞，而很可能是這本《蔣經國傳》的立論角度，取材源頭，招致他引來殺機。譬如說，江南引用美國《國家》雜誌（*The Nation*）一位作者愛德蒙·克勞勃（Oliver Edmund Clubb）完全沒有任何客觀根據就劈頭痛罵。

江南引述的這位美國《國家》雜誌作者愛德蒙·克勞勃究竟是何許背景？他是何許人呢？根據一九八九年五月十一號當天的美國《紐約時報》報導的一份當天逝者訃聞，詳盡介紹了這位愛德蒙·克勞勃先生的生平。根據這份訃聞介紹，他是美國資深外交官。《紐約時報》的訃聞版指出，克勞勃曾經是一九四九年中國大陸政權易手之前，國民政府時期，美國駐北平總領事。在他手上，美國駐北平總領事館降旗撤館。回到美國之後，克勞勃重新被任命為美國國務院中國事務辦公室主任，但是，那一年克勞勃運氣不佳，他碰到了麥卡錫參議員的刁難，美國國務院被迫以克勞勃有「安全上的風險」因素，而被停職了一年。復職之後，美國政府還是不太敢掉以輕心，只讓克勞勃擔任了一個不太顯眼，無關痛癢的職務，他因此憤而辭職。

對愛德蒙·克勞勃先生的履歷，和他從事新聞評論與寫作的立場，有幾點是值得質疑的。其一，愛德蒙·克勞勃被美國人稱之為知名的「中國通」之一，但眾所周知者，二戰時期派駐中國的所謂「中國通」外交人員，十之八九都出身特務系統，不是美國海軍情報處（Office of Naval Intelligence，ONI）的派遣人員，就是美國戰略情報局的探員，美國國務院官員特務充斥。第二個該被質疑的是，二戰時期派駐中國的美國外交人員，戰後回到美國國務院工作者，多半參與過一九四九至一九五〇年初美國醞釀製造的臺灣政變計畫，涉及驅逐蔣氏父子或者消滅兩蔣在臺政治力量的那批人。

所以，應當清楚的認識到，江南在書中撰寫「五二四事件」，撰寫臺北美國大使館被打砸搶的過程與評論字裡行間，如果一昧引述克勞勃的說法，會起到什麼偏頗的效果了。麥卡錫參議員固然存在著一偏之見，但別忘了麥卡錫是如何評論像克勞勃這樣的特工型外交官的，麥卡錫認為，這群所謂的「中國通」只不過讓美國輕易地「失去了亞洲」。

當然，從麥卡錫這種美國右翼反共人士眼中，美國最大的損失，是白白浪費了從一九四一年直到一九四九年，砸在蔣介石政權身上的數以百億美金的美國公民納稅錢，花了錢還無法消災，美國非但一無所獲，還沾上滿身罵名。美國最大的損失不光是失去中國這個超級親美東方大國，更大的損失，是美國失去了蔣介石曾經承諾過的，給予戰後美國絕佳特權的中國海空軍基地的無償使用權——這些基地包括山東青島、上海、福建、廣州、臺灣等地的一切海空軍重要據點。麥卡錫的惋惜，是美國失去了奴役與駐軍中國的絕佳特權，就像今天美國奴役日本與駐軍日本是同樣的道理。所以，如果以中國人的觀點審視麥卡錫主義，與其說二戰之後美國失去了中國，不如說二戰之後透過一場內戰，中國重新找回了自我！

吾人不認同麥卡錫，但是藉著麥卡錫對愛德蒙・克勞勃的批判，就好比藉著一面照妖鏡，彰顯出了愛德蒙・克勞勃的本來面目。因而，江南引述此君的說法去批判蔣經國，那還會有好話講嗎？「五二四事件」如果明明不是蔣介石父子幹的，愛德蒙・克勞勃也沒有什麼具體證據作為指控依據，硬要把白布染黑，蔣經國又徒然奈他何呢？

江南寫作《蔣經國傳》從舊報紙中引述新聞報導稱「美聯社的記者慕沙，差點受到圍毆，幸賴在場的中國記者幫他打圓場，始有驚無險。」殊不知，這位美聯社的慕沙記者固然事件發生當天，差點被激情群眾當成「美特」（美國特務），險些被民眾饗以老拳，但他也因為工作單位招牌夠硬，事件爆發不久，這位慕沙申請專訪蔣經國，蔣經國正愁憑白被人冤枉，真是何其倒楣，正巧可藉著慕沙的專訪還蔣經國清白，所以慨然應允受訪。以下是慕沙訪問蔣經國全部過程與內容。（按：慕沙名字在安全局庋存的檔案中，譯名為摩沙，檔案資料的稿紙還是使用「中國廣播公司」的稿紙，說明負責接洽這宗採訪專案的，是中廣公司的外事人員。這份檔案目前存放在臺北國史館，它的檔案編號 005000000161A）

美聯社記者摩沙訪問蔣經國問答全文：

問：閣下與總統之間對於中共問題是否有或曾經有不同的意見？我之所以提這問題，是因為常有一些外國記者說你們之中一位與中共談判，而另一位則表示反對？

答：以民主原則為立國基礎的中華民國，共產主義是他的敵人，中國共產黨在思想上破壞中華民國立國基礎並且無情的剝削人民，我們對中共的態度是不可能有不同意見的。總統是我們的國家領袖，也是我的父親。五十多年來，總統獻身於中國國民革命，他的個人歷史和中國的反共鬥爭歷史不可分離，從他最近出版的《蘇俄在中國》一書中，我們可以看出他是如何清楚的瞭解共產黨的政策和戰術，以及他是如何地決心進行反共鬥爭，以期光復中國大陸。我堅定相信，只有在他的指引和領導之下，我們才能達到爭取國家自由的目標，和得到反共的最後勝利。

抱有這種毫無根據猜想的作者們，既不明白我個人，也不懂中國人的倫理觀念，中國倫理觀念是人子唯孝為先，我既然是中國人，又是總統的兒子，竟對我們反共抗俄的基本國策發生歧見，實屬不可想像。

問：中國共產黨尤其是經由香港，曾一再設法使人相信，他們已經和你有過接觸，閣下能否說出作此項接觸之中共最高官員是誰？又如閣下有否收到註明來自周匪恩來的函電？如與閣下有過接觸閣下之反應如何？根據我所看過之報導，我猜想國民政府的態度是除非共匪無條件投降，是不可能和共匪謀得解決的。這一點不知道是否正確？如果條件中沒有無條件投降，是否可以接受？

答：和談謠言只是匪共廉價的詭計，他的目的在破壞我們三軍的戰鬥精神。並且使我們的友人懷疑我們反共政策的堅定性，對於這些謠言，我是不會浪費時間一一加以否認的。我絕對相信事實永遠存在，同時我根本就不知道有收到來自周恩來的函電，也沒有和我接觸過，我深深相信除匪共無條件投降外，是不可能有和共匪謀求解決的方法，這也是我國政府一貫不變的態度。

問：關於學生及其他團體在雷諾下士被判無罪的當天（五月二十三日）開始準備次日暴動之傳說，是否事實？如眾所周知，當局並未採取行動，鎖定當時的情勢？

答：絕非事實，我以中國青年救國團主任的身份，能負責宣佈，沒有學生團體曾經準備或想到要準備發動五月二十四日所發生的不幸事件。雷諾下士被美軍法庭宣判無罪，引起不安確是事實，但在當日群眾中，學生則很少。

■第二部份

問：在臺灣武裝部隊、憲兵、警察、青年團、學校等所進行的訓練傾向於建立一種強烈的排外心理，而導致反外情緒，此等所陳，可能是鑄成黑色星期五暴動事件的最主要原因，假使這種訓練確係如此，是否有任何改變的計畫？以使能符合蔣總統六月二日的文告。

答：我不認為在軍隊中進行的政治教育傾向於導致排外主義或者反外情緒！

問：這次衝入並搗毀美國大使館的暴徒某些方面人士認為，是有暴動專家的領導，必須要受過特別訓練。問題是誰訓練的？

答：俞鴻鈞院長在他向立法院提出的五月二十四日事件報告中，曾經詳細解釋當時組成暴動的環境，我相信每一個公平的人，不論是中國人或美國人，都會同意俞院長所說的，事件是當時暴動情緒的結果，並無其他目的或預謀。俞院長在他的報告中指出，在暴徒中並沒有經過訓練的專家，俞院長並公布了被逮捕的本案有關份子的姓名，後來軍事法庭證明了俞院長的報告，每一字都是真實的。

問：有人說這次攻擊美國大使館的事件，是來對中國機構，為政府機構或立法院採取行動的預演？

答：除非存有不良意圖或缺乏常識的人，才會作此推測，這是不值得加以評論的。

問：普遍認為青年救國團曾被牽涉在暴動事件之內，而閣下曾以規劃。我曾聽說受過青年團式的訓練的人，也是大陳退後破壞時裝表演事件的人。

答：在我的命令下，中國青年救國團曾經盡最大的努力促使學生保持冷靜，並在事件前後，遵從政府的決定，我之所以如此，因為我全然知道我們國家的利益，繫於中美友誼的重要性，不認為五月二十四日事件和三年前的時裝表演事件有任何連帶關係，或可以作任何比較。

第六章

屠牛士計畫

美借刀殺人核攻擊大陸

美國自二戰以來，不論是歐洲戰場、亞洲戰場，可謂一路高奏凱歌，戰無不勝，攻無不克。尤其是自從投擲兩枚原子炸彈於日本廣島、長崎，迫使日本帝國主義者無條件投降以後，美國這隻蒼鷹常勝軍，更是趾高氣昂，威風八面。所謂美國世紀於焉揭開新頁。從大西洋到太平洋，從歐洲大陸到亞洲大陸，從多瑙河流域到長江黃河，大凡有美國軍隊活躍之處，不論是白皮膚或者黃皮膚的法西斯軍隊，莫不望風披靡，一路慘敗。無奈二戰停戰不過五年光景，一場規模遠小於歐戰與太平洋戰爭的朝鮮半島之役，堂堂美國勝利大軍在麥克阿瑟元帥領軍之下，竟然如此不堪一擊。在朝鮮半島中北部，與中國人民志願軍幾個回合下來，美國軍隊吃了大虧。面積僅及美國加利福尼亞州一半略大的朝鮮半島，竟然讓堂堂美利堅合眾國損兵折將高達三十九萬七千餘眾，朝鮮戰爭美軍死傷人數甚至比整個二戰，耗損的美國子弟還多出三分之一。向來，美國朝野盡是些貪生怕死之輩，哪怕死了一個美國大兵，都會在美國國會議事廳嚣擾吵上老半天。美國朝野檢視這場戰爭，權衡利弊得失，驚覺得不償失，尤其懊惱二戰時期得之不易的英名與榮耀，毀於一旦，殊為不值。

被揍倒在地 ✷ 美國想丟核彈報復

二戰之後，美國國力臻於鼎盛，財富亦佔全球之半，國富兵強，不可一世。荒唐弔詭的是，像美國這種頭號強國，竟然被方才經歷過八年抗戰與四年國共內戰，連年征戰，民窮財盡的中國所擊敗，打趴在地，這未免讓美國人面子上掛不住。

然而，國際上原本就是形勢比人強，真正有力量而且能展現實力的國家，才說得上話。朝鮮戰爭停火後，美國與蘇聯、中國之間，在朝鮮半島上，進入了一個「戰略相持」的時期，兩方軍隊隔著一道三八度線，彼此虎視眈眈，遙遙相望。自恃經濟與軍事實力舉世無雙的美國，挾著橫空出世的霸氣，無奈硬生生被八年抗戰慘勝的中國，揍倒在地，這口窩囊氣，美國哪裡嚥得下去？

朝鮮戰爭，美國這只贏得二戰勝利的美洲蒼鷹與戰爭怪獸，在與中國人民志願軍對壘，打的這場「全新的戰爭」——中國軍隊以慣用的運動戰、奔襲、迂迴等游擊戰法，讓美國深感難以招架，如果不想第二次被中國軍隊揍倒在地，只有拿出贏得二戰的殺手鐧——原子彈——來與中國人一決勝負。

歷史檔案證實，使用原子彈打一場熱核子戰，始終是美軍自杜魯門總統以來，美國白宮與五角大樓，未曾放棄的最後絕招。朝鮮戰爭期間，美國至少曾經四次考慮動用原子彈的計畫。第一次，是在一九五〇年七月下旬，美國惟恐中國派兵參戰，將根本影響戰局，匆忙從美國本土調遣十架可攜帶核子武器的Ｂ－２９轟炸機，到關島美軍基地。遭原子彈轟擊的日本廣島和長崎，就是由這型轟炸機執行的轟炸任務。美國為向中國施加核子恫嚇，刻意將調遣Ｂ－２９轟炸機的消息，洩露給美國媒體，公諸於眾。

這是二戰結束後，美國首次對尚未擁有核子武器的中國，實施核子恫嚇與核子敲詐。美國當局企圖利用大眾傳媒，對華散播核威脅的恐嚇言論。稍後，美國復次考慮到國際輿論壓力，只好乖乖將Ｂ－２９轟炸機調回美國本土。美國不敢冒然動用核武，有一個重要原因，蘇聯已經在前一年，一九四九年八月二十九日試爆成功一枚原子彈。繼美國之後，社會主義大國蘇聯成為世界核子俱樂部第二個成員國家，美國核子壟斷只維持了四年光景。殊不知，在朝鮮戰局日趨不利於美國時，美國軍方至少有三次，圖謀在朝鮮戰場與中國東北地區，動用原子彈。

美國第二次對中國核恐嚇，是在一九五〇年十月一九日，美國參謀首長聯席會議正式建議，再次著手研究對朝鮮、中國實施核打擊議題。一個半月後，同年十一月三十日，美國總統杜魯門在記者會上聲稱，美國將「採行一切手段圍堵共黨在朝鮮的擴張，包括使用原子彈」。數日後，十二月初，美國軍機飛臨朝鮮首都平壤上空，進行模擬核子彈襲擊。

美國對中國進行明目張膽的核威攝，是在一九五一年四月，美國空軍九架Ｂ－２９轟炸機攜帶核彈頭，從美國本土飛往關島，之後又飛到琉球美軍基地，在那裡舉行核戰演習，並邀請美國媒體公開採訪。兩個月後，美軍偵察機侵門踏戶飛到中國東北和山東上空，侵犯中國主權，悍然進入中國領空，肆無忌憚收集空襲中國境內核子攻擊目標的相關情報。

一九五二年，二戰歐洲戰場盟軍統帥艾森豪威爾，當選就職美國總統。艾森豪走馬上任之初，朝鮮戰爭仍處於膠著狀態，難分勝負。更糟糕的是，從朝鮮戰爭帳面上不斷上升的費用支出，乃至美軍主管後勤撫卹的單位不斷提報上來的官兵傷亡數字報表，都讓這位前歐洲戰場美軍指揮官，久歷沙場的老將為之觸目驚心，五內俱焚。艾森豪心裡有數，如果朝鮮戰爭不能盡早結束，那麼他這個總統的位子絕對是坐不安穩的。美國的國會議員和納稅義務人，還有每天議論囂囂的傳播媒體，絕對不會輕易放他過關。因此，他必須在戰爭手段和策略上，想出穩妥有效，而又快刀斬亂麻的辦法來。

既要不擴大戰爭，又要不增加美國子弟兵傷亡，更不能增加戰費，還要從朝鮮半島光榮撤退，而且又能像第二次世界大戰那樣，以勝利者的姿態，「光榮」地結束戰爭。要符合以上各種條件，艾森豪似乎沒有太多更好的選擇。於是，這位黔驢技窮滿面愁容的歐戰英雄，老狗玩不出新把戲，又想起了原子彈。

艾森豪威爾與前任杜魯門截然不同的是，他對退居臺灣的蔣介石政權有著南轅北轍的立場，這使得美國政府外交政策方向，有了大轉變。在制定新的亞洲政策過程中，艾森豪威爾與他的國務卿，有一段相當關鍵性的對話。杜勒斯在一九五三年三月三十一日一份文件中寫下他與艾森豪意見一致的共同看法：「對於多數人而言，蔣介石是二戰戰爭年代的英雄。可是我們在雅爾達會議中，我們沒有忠誠對待他。美國今後不能重蹈過去的覆轍，我們必須切記，蔣介石仍舊是中國惟一傑出的反共領袖，即便到今天，仍然看不見有高瞻遠矚的後起之秀能夠取代他。」

蝸居臺北的蔣介石，就像剛從漫長冬眠中甦醒過來似的，他從烏雲與冰雪的夾縫中，見到了一絲溫暖的陽光。蔣介石誤以為嚴冬即將結束，他即將東山再起。而艾森豪威爾便是他的「貴人」。果真如此樂觀嗎？蔣介石的機會來了嗎？

剛上臺的艾森豪在一次公開講話中，再度語出驚人地警告，如果戰爭無止境地延續下去，美國將重新考慮對中國進行核打擊的可能性。艾森豪指出，採行擴大戰爭的方法，主要目的是要結束戰爭，使用核武器的目的也是如此。眾所周知，美國投擲在日本廣島與長崎的那兩枚原子彈，威力驚人，軍事上被界定為「戰略武器」，它並不適合在戰場上當成一般的槍砲武器。當敵我雙方，同時處於戰場正面狹小的空間裡，如果使用廣島級原子彈，它的爆炸威力達到兩萬噸級ＴＮＴ當量，不僅給敵人造成毀滅性打擊，也將同時給予我軍及友軍同樣威力的殲滅性損害，這也是朝鮮戰場上，美國人再三叫囂卻始終不敢當真使用戰略性核子彈的原因。

換言之，核武器是一把雙面刃，損敵三千，自傷一萬，用它不見得比不用來得更有勝算。

然而，在朝鮮戰場上，當美軍不斷飽嚐敗仗之苦，美國子弟傷亡數字直線飆升，官兵死亡報告如雪片般堆疊在五角大樓的辦公桌上時，情勢迫使美國總統認真思考，在必要的時候，只有不顧世界道德輿論壓力，不顧原子彈可能給自家人帶來的等同損傷，必須在戰場處於逆勢階段，大膽啟用原子彈。為達戰勝之目的，完全不擇手段。基於把戰場上自家人的損傷降到最低的考量，美國軍工科研單位經過多次研發挫敗以後，發展成功了原子彈彈頭微型化的工程技術。由於當年攜帶原子彈頭的導彈研發尚未臻於成熟，戰術性核子武器的投射工具，仍以飛機空中投放為主，如何把彈頭微型化，製造成大砲砲彈的彈頭，用擊發砲彈的方式，把原子砲彈投放到敵軍陣地，始終是軍工科研單位的核心努力焦點。

美國的戰術核彈到一九五二年中期，才研發成熟，並很快部署了第一種適合用轟炸機運載的輕型核子炸彈，以及可以用二八〇毫米巨型加農砲擊發的原子砲彈，並在一九五三年開始大量部署這種戰術核彈到西歐，專門用來對付蘇聯及華沙公約組織的東歐諸國。戰術性原子彈研發與部署的速率驚人，但美國始終僅止於拿它作為「壯膽」用途，而不敢真正讓「寶刀出鞘」，更不敢真的把戰術核彈運用於實際戰場之上。然而，戰場形勢瞬息萬變，朝鮮戰局對美國愈來愈不利時，美國在一九五三年二月十一日，開始計畫對朝鮮開城地區使用戰術核武器，所幸，不久朝鮮戰爭隨即停火，免去了一場核子災難。當然，也有一種說法，朝鮮戰爭的嘎然而止，似乎與蘇聯警覺到美國可能使用戰術核武，有著微妙的密切關聯。換句話說，核陰影多多少少起到了朝戰移轉到談判桌上解決的政治作用。

問題是老狗玩的老把戲，如果一再重複，一再被看破手腳，接下來再玩同樣的把戲時，是不是可以再三奏效，便大有疑問了。

儘管朝鮮戰爭終於和平落幕了，但是中南半島的形勢又跟著緊張起來。亞洲爆發熱核彈戰爭的陰影，卻仍舊揮之不去。奠邊府戰役爆發了，戰況打到最激烈最危急的節骨眼上，美國擔心法國根本打不過以胡志明、武元甲為首，有中國與蘇聯為靠背的越南民主共和國。當法軍被越軍團團圍困在奠邊府，包圍圈愈來愈壓縮的危急時刻，美國國務卿杜勒斯曾經向法國外長皮杜爾（Georges Bidault）透露，美國願意「提供」——或者是「借給」法軍兩枚原子彈，用來驅退如潮水般湧來的越南軍隊。但是，法國婉拒了美國的這個「好意」！

法國方面緣何未接受美方「出借」原子彈的「盛情」呢？曾任法國外長的職業外交官莫里斯．舒曼（Maurice Shumann），在一九九八年接受媒體訪問時，回憶美國提議借原子彈給法國擊退越盟軍隊時說：「我認為杜勒斯並未真的許諾，他只是提出建議或提問，皮杜爾外長並沒有把他的話當真。」

雖然法越戰爭並未真正動用原子彈，而出土文獻證實了美國曾經再次企圖對中國及越盟，重施核子恫嚇的故技。法國拒絕美國「出借」原子彈的「好意」，還有一個戰場自私的考量，法國外長皮杜爾和奠邊府法國軍隊指揮官清楚地意識到，假使美國真的願意借原子彈，法國也不敢輕易嘗試使用，因為，一旦核彈引爆，蘑菇雲竄升，近在咫尺的法軍何能倖免？

奠邊府之役，法國以失敗告終，法國原本希望重新在中南半島複製昔日殖民統治，但這一迷夢卻因為越盟的頑強抵抗，以及中國供給軍事顧問及大量後勤補給支助，而歸於飛灰煙滅。法國固然殖民夢碎，但他們卻燃起另一個夢想的希望：製造屬於法國人的原子保護傘，晉身世界核子俱樂部的成員國。

死了二個美國顧問✷艾森豪想丟原子彈

法國人滾出了亞洲，但是，美國人製造的核恐懼魅影依舊在中國大地東南方盤旋。這一次，核恐懼魅影更貼近中國人。

一九五四年九月三號下午五點左右，福建中國人民解放軍使用數百門大砲，對福建省金門島上的國民黨軍，進行了猛烈砲擊，才幾個鐘點，已經擊發了數千枚砲彈。那時金門缺乏地下掩體，不論是官兵營舍或是砲陣地與軍事設施，大部是在地面，因此，不單是砲陣地被摧毀九處，就連遠在近海的國民黨軍艦隊，也在砲擊中被擊毀七艘艦艇。

由於這場砲擊變生肘腋，猝不及防，最讓國民黨軍下不了臺的是，竟然隨軍的兩名美軍顧問，也在猛烈砲擊中喪命。

這兩名美軍顧問，分別是美國陸軍中校林恩（Frank W. Lynn）與美國陸軍中校孟登道（Alfred Medendorp），砲擊瞬間，兩人同在金門水頭因為躲避不及，當場被炸死。兩名美軍中校不幸喪生的消息傳到美國白宮，引起一陣錯愕。根據美國軍方的情報研判，解放軍在廈門地區集結了十五萬軍隊，準備對金門動武。艾森豪威爾的白宮幕僚因而提出大膽的建議，應該考慮把即將簽署的臺灣「協防條約」適用範圍，延伸到蔣介石軍隊控制住的外島地區，並准許蔣介石的空軍對大陸沿海據點實施轟炸。白宮幕僚甚至提出更大膽的假設，如果這些步驟仍不能遏制解放軍對外島的軍事行動，不妨考慮對中國大陸施行核子攻擊。

當然，白宮幕僚這一大膽建議，當即被艾森豪給否決了，道理很簡單，沒有一個美國總統膽敢承擔挑起第三次世界大戰的歷史責任，無疑這將在美國社會引起天翻地覆的政治風暴。

九三金門砲戰的煙硝很快煙消雲散，浙江沿海的一江山島，成為美國新一輪賭局中的賭注。這座位於浙江溫州東方外海臺州灣裡的彈丸小島，原本被蔣介石認定是反攻浙江的跳板，象徵著蔣介石對浙江老家難以割捨的依戀之情。

胡宗南將軍，蔣介石昔日的頭號愛將，抗日戰爭時期統領三、四十萬大軍，雄踞陝西甘肅，人稱「西北王」。卻在國共內戰中一敗塗地，「西北王」虎落平陽，部隊在四川、西康等地遭共軍全殲命運，胡宗南僅以身免，逃出重圍，搭乘蔣介石派遣的最後一架運輸機，從西川失魂落魄逃往臺灣。一則是為了負荊請罪，一則是為了戴罪立功，兩年後，胡宗南化名「秦東昌」，自動請纓，出任「江浙人民反共游擊總指揮」，蔣介石並任命他為「浙江省主席」，實際上他這個「省主席」的管轄區域，還不及一個縣，其幅員範圍僅限於浙江沿海少數小島。最初，為了建立游擊武力，胡宗南整編六個大隊的「江浙反共救國軍」，人員實際上全是些七拼八湊從大陸撤退下來的散兵游勇，部隊建制零亂不說，武器裝備殘缺不全，缺槍少砲，沒有任何機動車輛，從一開始便註定難成氣候。

胡宗南早年曾經被蔣介石委以重任，抗戰初期，胡宗南被蔣介石派到淞滬戰役戰場，他率領的國軍第一軍在上海戰場犧牲慘烈，胡宗南僅以身免。上海失守之後，蔣介石把胡宗南的殘部調到河南等地整補，休養生息，整補結束之後，蔣介石把胡宗南派往陝西、甘肅，繼續委以重兵，任務是看住在陝北的中共，謹防共產黨趁抗戰兵荒馬亂，乘機擴大勢力範圍。

胡宗南所統領的江浙人民反共救國軍，活躍區域是以浙江沿海的大陳島、福建沿海的馬祖、金門為主要核心基地。而江浙人民反共救國軍的背後，是美國中央情報局的外圍組織「西方企業公司」。大陸時期雖然胡宗南身邊潛伏了不少中共地下黨，並且從胡氏核心偵悉了大量極有價值的國民黨戰略情報，對中共在抗戰期間擴大解放區勢力範圍，防止國民黨軍對延安實施突襲，乃至日後國共內戰期間成為中共中央決勝千里，制敵機先的有利條件。胡宗南到大陳島和美國中央情報局合作，似乎有「哪裡跌倒，就從哪裡站起來」的況味，更有兼雪前恥，向蔣介石表忠，負荊請罪，盼望戴罪立功的用意。只是形移勢禁，外部環境容不容得他東山再起，顯然已經不是胡宗南所能算計。

西方極樂世界是東方人民間信仰中，一個死後，魂歸來兮的淨土。美國人不懂「西方」在中文意涵中除了有「歐美國家」的意思，更有死後世界的喻意。美國中央情報局高層不清楚「西方」兩字在中文裡邊的雙關語境，糊里糊塗拿來用為中央情報局在遠東設立的外圍組織名稱，實際上是犯了東方民間大忌尚不自知。果不其然，由美國中央情報局專搞全球地下特務活動的「政策協調處」，幕後主持的這家晦氣無比的「公司」，開張才不過四年光景，便因為朝鮮戰爭告一段落，美國暫時沒有必要再在中國東南沿海從事破壞顛覆活動。西方公司的業務既然再也進展不下去了，只好挑個良辰吉時，悄悄關門大吉。遺留下半途而廢的情報爛攤子，便直接拋給了美國海軍輔助通訊中心，舊瓶換新酒，繼續幹些見不得天日的勾當。

核爆一江山島？

美國後臺老闆打烊不幹了，大陳島這片殘山剩水，也成了蔣家末代皇朝的燙手山芋。大陳島畢竟是浙江外海最後一塊屬於浙江本鄉本土的土壤，誠所謂人不親土親，蔣介石自從倉皇辭廟，告別了家鄉父老與祖先廬墓，把國民黨中央播遷到臺北，這彈丸之地的大陳島，便被蔣介石視之為具有指標與象徵意義的斯土斯民了。於是乎，當美國逼著蔣介石把胡宗南的部隊從大陳撤出，蔣介石便下了一道命令，凡是走得了的人，不論是男女老少，一律強迫撤退。

一江山島被解放軍攻佔，此刻隨著朝鮮戰爭的結束，解放軍空軍戰機大批南進轉場，大陳島甚至再南邊的馬祖、金門，失去了空中掩護，大陳島天天空襲警報響個不停。為了避免解放軍渡海攻島，引起國際視聽負面影響，美方向蔣介石施壓，希望能主動從大陳撤退。一個名叫「金剛計畫」的秘密撤退行動，便在蔣方和美方全體總動員之下，悄悄展開了。與其說金剛計畫是為了「解救同胞」不如說金剛計畫是為了「解救老闆」——解救在大陳島工作的美國中央情報局美國幹員，與解救中情局設置在島上的硬體設施（諸如電臺之類的東西）。所以美國人在動用大批美國兵艦的同時，蔣方就「順便」裹脅島上所有大陳籍居民，不管是否願意，全部一網打盡，統統撤退到臺灣去。

在中國人民解放軍首次採行三軍聯合作戰方式，一舉奪下一江山島的同時，艾森豪威爾在美國白宮召集了他的幕僚，正慎重其事地討論，美國是否應該在必要的時候，對中國共產黨動手，在人類戰爭史上第二次使用原子武器。其後，美國國會便正式通過了授權，讓美國總統可以在「必要的時候」對中國使用核武器。美國白宮根據這項授權，下令美國軍方研究草擬使用戰術性原子武器攻擊中國東南沿海地區的多個選擇方案。

一九五五年一月一江山島戰役爆發的時間點，美國戰術性核子武器的技術，已經發展得相對成熟許多，甚至已經開始在西歐與華約國家接壤的戰略前沿地帶，大量佈署這種新式的戰術性核子武器。

所謂戰術核子武器具有以下特點：第一，核原料以鈽二三九為主，逐步將過去之鈾二三五核彈改用鈽二三九核彈；第二，最初，係使用更換藥盤的方式調節核彈頭威力，戰術性核武係採用刻度盤的方式，只要轉動彈體上的刻度盤，即可調節核彈的威力；第三項特特點，也是戰術性核武最重要的特性，它的核彈頭越來越「乾淨」，亦即戰術性核彈頭在核爆時，所產生的放射性物質相對戰略核彈頭減少許多，所以，當使用戰術性核彈頭時，在爆炸後不久，甚至於在空爆後十分鐘，部隊即能安全地進入戰區繼續進行作戰任務；第四個特點，由於戰術核子武器的核爆當量小，重量輕，（一般戰術核子武器的當量在一百噸以下，彈頭重量可以輕到十公斤上下），由於威力相對減少，也不會對交戰區人民造成過重程度的戕害。

既然戰術性核武都已經在與華約接壤的西歐前沿地域，開始佈署，緊張程度僅次於歐洲戰場的臺海地區，自然成為美國當局積極考慮佈署戰術核武的地方。當美國當局向蔣介石表達將在臺灣「存放」戰術核武時，顯然他是展開雙臂歡迎的，因為這意味著臺灣的「戰略地位」仍居高不下。

日本挨原子彈十年後＊美國又伺機而動

在一江山島被人民解放軍攻略，緊接著美蔣又「主動」從一江山的主島大陳島撤退之後兩個月，亦即一九五五年的三月十二日，杜勒斯在美國發表了一篇措詞頗富玄機的演講，他說：「美國現在已經研發出能徹底摧毀敵人軍事目標，但不會對周邊無辜民眾造成傷害的新式強大精密武器」。三天後，杜勒斯更在一次公開談話中聲稱：「假使臺灣海峽發生戰事，美國將考慮使用戰術核武器。」這是美國官方多次對中國赤裸裸進行核訛詐的又一次事例。

就在杜勒斯這番恐嚇性談話後不久，針對新聞媒體提問，艾森豪威爾石破天驚地答覆記者：「如果一旦爆發了不是由我們主動挑起的戰爭時，我們當然會使用某些小型戰術原子炸彈。」艾森豪威爾甚至狗尾續貂地說：「我想不出我們有什麼理由不使用原子武器。」

杜勒斯與艾森豪威爾先後發表與前期態度不同的談話，自然與美國軍工部門研發戰術核武的進程，有絕對的相關性。從一九四五年八月迄至一九五三年，廣島級原子彈始終是人們避免再在常規戰場上被採用的戰略武器，與其假惺惺說這是基於一種崇高的「道德主義」，不如說美國一旦失去了核武的寡佔獨霸局面後，對核武「相互保證毀滅」的一種本能恐懼。而此時，美國不但成功地把戰略武器轉化為戰術武器，而且讓它成為戰場上可以實用，而且成為一般官兵可以「接近」的武器。艾森豪威爾與杜勒斯的發言，除了恫嚇的政治目的，也實際上付諸於行動。美國軍方於大陳島撤退後三個月，正式發交美軍部隊一本美軍野戰手冊，英文名為「FM 100-31 tactical of atomic weapons」，這本小冊子證實了美軍已經在一九五五年五月間，作好了萬一發生大規模常規戰爭時，美國軍方決定在某種情境下，授權部隊指揮官使用配發到部隊的戰術核彈，對付緊急的戰場形勢。而這種形勢自然也包括亞洲在內。

艾森豪當局不光是在戰術武器配發到其三軍部隊，而且也透過臺灣的美軍顧問團，發交了這份野戰手冊，蔣軍所屬的「三軍聯合參謀大學」便將這份野戰手冊，翻譯成中文，再發交給國民黨軍一定位階的軍官閱覽研讀。這不辯自明地說明了一九五五年春天之後，嚴峻的兩岸形勢，一旦戰爭開打，極有可能是蘑菇雲朵朵開的慘烈局面。

這本野戰手冊中，也揭示了爾後核武器的實用性質。手冊稱：「原子武器可分配作為泛世界之戰略性使用，以及作為戰區戰術性與戰略性之使用。戰區司令官得保留可使用之原子武器供戰區使用，亦可將全部或一部分配與下級司令官。不論如何，戰區司令官應密切督導其使用、務使於戰役過程中能適切變更此項武器之分配以迎合狀況之發展。」

可證蔣軍在一九五五年艾森豪威爾及杜勒斯發言恫嚇之後，美軍確實作好準備在臺海當面打一場以常規武器與戰術核武交互使用的戰役。但是，必須注意的是艾杜發言的時機，是十分重要的。他恫嚇的時間點，正值朝鮮戰爭結束未幾，二戰之後美國人打的頭一場對外戰爭，美國子弟在朝鮮這個東方異邦，死傷俘虜與失蹤人數，高達十七萬兩千多人（根據中國與朝鮮的估計，美國在朝鮮半島損兵折將高達三十九萬七千餘眾），相較二戰美國死傷被俘及失蹤人數的一百零一萬多人，一場小小方朝鮮戰爭，幾乎是二戰損失人命的六分之一（或者如朝鮮統計數字是二戰戰損人數的近百分之四十）。二戰美國是光榮勝利的一方，在全球範圍贏得榮耀及掌聲，而朝鮮戰爭卻適得其反，這場沒有勝利歡呼，也不曾從戰爭中爭得任何戰利品，反而被中國與朝鮮施以教訓，揍倒在地！就美國而言，這是一場仗多麼教人屈辱的戰爭啊！

核導彈佈署清泉崗

堂堂美利堅合眾國竟然被中國與朝鮮揍倒在地！這是何其難堪的羞辱啊！這也正是美國好幾次想拿核彈修理教訓中國的心理因素，無奈朝戰以後，美國根本找不到興兵為難中國的適當時機，朝鮮戰爭停火以後的一江山島役，是美國觀察中國大陸進一步軍事行動的絕佳機會，然而，大陸方面在取得一江山和大陳各列島之後，並未進而對金門、馬祖採取任何行動，美國自然沒有任何動用核武的有利藉口。美蔣之間，繼續營造著協防關係的黃粱大夢。美蔣兩軍之間的核武資訊交流關係，仍在持續進行。一九五七年六月二十七日，蔣介石在臺北陽明山官邸接見美國太平洋區海軍上將史登普的談話過程中，蔣介石向史登普詢問關於美國近期製造「清潔」氫彈的情況，並且詢及何謂「清潔」的核子專業問題。史登普向蔣介石作了簡報，他向蔣說明了美國製造「清潔」氫彈的情形，以及美國如何偵測別的國家核子武器試驗的方法。

上述不論是所謂「乾淨」，或者「清潔」的核武，都是美國發展戰術性核武的新概念，蔣介石對它表達了強烈的興趣，而且對當時美國明示暗示，要在臺灣佈署這種戰術核子武器的建議，均採取了來者不拒的態度。在艾森豪威爾及美國國務卿杜勒斯、參謀首長聯席會議主席雷德福海軍上將等美國軍政大員的唆使下，美國與臺灣當局在一九五五年著手在臺灣部署戰術性核子武器。美國第一步驟便是在臺灣中部的公館地區，興建遠東規模最大的空軍基地，專供投擲戰略核彈的B－52重轟炸機起降之用。其次，在臺中公館機場落成啟用後，在這處機場中部署攜帶戰術核彈頭的屠牛士導彈（Metador）。

臺中這處新建的巨型美國空軍基地，原名公館機場，早在日本殖民統治時期，日本人就在這裡修建了一座所謂「臺中飛行場」，國民黨當局於一九四五年十月正式光復臺灣以後，改名為公館機場，蔣介石退居臺灣後，又於一九五〇年改名為清泉崗。新改此名是為了紀念淮海戰役之中戰死的國民黨軍將領邱清泉。淮海戰役時，邱清泉被蔣介石任命為部徐州剿總前進指揮部副主任兼第二兵團司令，所部被中國人民解放軍圍困於陳官莊一帶。一九四九年一月六日，共軍發動全面總攻，九日，共軍攻進陳官莊陣地，十日凌晨，邱清泉所屬兵力傷亡殆盡，邱清泉親率兵團部特務營發動反擊，歷經激戰後殉職身亡。邱清泉死訊傳到南京，蔣介石與蔣經國父子聽國民黨軍第五軍軍長熊笑三口頭報告，邱清泉戰死過程，不勝感喟。隨後，國民黨當局追贈邱清泉為陸軍二級上將。

公館機場之改名，另有一說，雖然中文名字改為清泉崗，但因這座巨型機場擴建過程中，美國人接談的窗口主要是蔣經國，美國為了感謝蔣經國的全力協助，同時討好蔣介石父子，因而這座機場又別名「蔣經國機場」，因蔣經國的英文名字的三個開頭字母，也恰巧是CCK，以後美軍均以CCK稱之，兼有清泉崗及蔣經國雙重用語的意思。

美國妄想十二枚核彈瓦解中國

當然，蔣介石真正介意的，倒不是清泉崗機場取什麼名字，而是這座早期美軍專用的機場中，貯存的戰術性核武，或者屠牛士導彈，在臺灣防務，以及可能隨時伺機而動的「反攻大陸」迷夢般的軍事行動中可能發揮的作用。清泉崗機場是美國選擇的第一批駐防臺灣的戰術核武地點，稍後，美軍曾經進而在臺南美軍基地佈署了配備核彈頭的屠牛士導彈。然而，蔣美雙方真正對外宣稱，在臺灣配置了這款導彈，還是在一九五四年到一九五七年間，臺美軍方逐步把清泉崗周邊私人土地徵收之後，陸續擴建以後的事情了。屠牛士導彈在臺灣的倉儲基地與佈署重點，則是以臺南空軍基地為重心。一九五八年，正值臺海第二次緊張時期，美國當局惟恐臺海形勢無法掌控，甚至進一步在臺南美軍基地內，建成一座核彈頭專用的儲存庫。

由於朝鮮戰爭重創美國在二戰之後的國際威望，這也使得美國與中國大陸之間的矛盾加劇，換言之，朝鮮戰爭後半期乃至戰後六、七年間，一直是臺灣蔣介石當局與美國共和黨艾森豪政權軍事合作關係最密切的階段，基於對中國大陸的「新仇舊恨」，美國才肯「大方」出借屠牛士導彈，並且把它佈署在臺海的前沿位置，一方面固然是向踐履「共同防禦」協定的「盟友」蔣介石示好，另一方面則是向大陸方面展示戰力，意味只要大陸方面膽敢越過美方預設的紅線，便會嘗到核子報復的苦果。

屠牛士導彈是美國早期研發的地地導彈，乍看之下，它的外觀和二戰時期納粹德國研發的V－1及V－2火箭（或者導彈）相像。這自然與美蘇兩國最初的導彈研發過程，均大量仰仗納粹德國火箭科學家提供技術協助有關。有的甚至連圖紙都未作大幅修改，就「蕭規曹隨」依樣畫葫蘆，把德國原先的導彈設計圖樣全盤「山寨」過來。屠牛士導彈嚴格而言，是一架無線電遙控噴射機，機身可攜帶一枚核子彈頭，或者重量三千磅的常規高爆彈頭。由於早期導彈系統的射擊準確度不佳，必須依賴威力強大的核彈頭來確保其殺傷力。

屠牛士導彈的射程可達一千公里，因為這款導彈的導引電波，無法法跨越地平線障礙，如果要從臺灣對大陸發射，屠牛士導彈能否準確命中大陸的軍事目標，大有疑問。因此，蔣介石軍方當局希望能把屠牛士導彈轉移到接近大陸的金門或馬祖，但白宮方面卻以金馬外島並非蔣美協防條約的適用範圍，而加以拒絕。根據美國解密檔案顯示，艾森豪總統當政時期，亦即一九五二年至一九六一年之間，美國在臺灣部署的核彈數目為十二枚。

為什麼美國會在臺灣貯存的核彈數目，會是十二枚？十二這個數字是否有戰略或戰術上的意義呢？其實，蔣介石斯時也有同樣的困惑，一批國民黨軍駐美武官，一九五〇年代以迄一九六〇年代，蒐集的情報，提早解開了這個謎團。其後，隱藏著一個更大的秘密，也就是傳說中一九五〇年代美國有意協助蔣介石「反攻大陸」的秘密計畫。

蔣介石密取美國核攻中國大陸計畫

蔣介石從駐美國武官手上得到這份絕對機密情報，時間點是在一九五八年五月二十三日，這也是蔣美雙方達成關於屠牛士導彈協防臺灣的共識之後的十六天，發生的事情。這時距離金門爆發大規模砲戰尚有整整三個月，蔣介石當局似乎已經嗅出來自海峽當面一股刺鼻的火藥煙硝味，敏感的神經細胞不斷地四處逡巡、搜羅各式情報線索，乃至蛛絲馬跡。

蔣介石最重視的是美國的意向態度，更重要的，退守臺灣以後，國府當局承風希旨，美國當局的一舉一動攸關臺灣禍福。派駐美國的駐美武官團團長盧福寧將軍，就在五月二十三號這天，給了蔣介石一封密函，這封以鋼筆書寫的密函，令蔣介石大感振奮，他目不轉睛地看著這份密函的內容：

本年二月底開始，各軍事部門均忙於提呈各項有關我國判斷資料，經職及友研究，必有其原因存在，各方探悉，迄五月中旬，始明瞭上項資料，係提供美國國家安全委員會擬定決策之參考。國家安全委員會五月七日採取對（中共）進犯外島或臺澎地區時，可能行動及決策，經職友強記，要點如左：……

這段密函內容，究竟在說些什麼呢？國府駐美武官團團長，在蔣介石時代，都是由他最信任的人員負責。寫這封密函的盧福寧，民國三年（一九一四年）生，浙江杭州人，一九三三年九月黃埔軍校第十期畢業，擔任駐美武官團團長之後，又先後歷任金門防衛司令官、陸軍指揮參謀大學上將校長等職。在國民黨當局退居臺灣後，是蔣介石相當信賴的駐美武官，肩負對美連絡及蒐集戰略情報之重要使命。

盧福寧在駐美期間，官拜少將，幾度為蔣介石立下大功。駐美武官的主要任務，是要竭盡所能，在美國蒐集艾森豪政府當局的軍事情報，尤其是朝鮮戰爭結束以來，美國對中國大陸的策略走向，對臺灣防務，尤其對蔣可能的反攻大陸佈署的態度，此正是蔣介石再三對盧福寧少將耳提面命，再三叮嚀的情報蒐集重點。

盧福寧終究不負蔣介石期待，弄到了這份重要情報。密函指出，當大陸解放軍「侵犯（臺灣方面）控制下的外島及臺澎地區時，美國軍事方面採取之手段包括：第一、美軍準備供給空軍掩護，及對（國民黨軍）後勤支援。」盧福寧並在附註說明中指出：「美國空軍在高空飛行，掩護（臺灣方面）空軍執行作戰任務，其行動如大陳撤退時，中美雙方所採取者。」

密函內容接著寫道：「第二、美軍準備供給（臺灣方面）一般火力支援及後勤支援。第三、美軍準備供給（臺灣方面）有限度戰術原子彈支援。第四、美軍準備供給原子彈，以對軍事目標實施攻擊，其目標已選定為上海及廣東，其次在臺灣對岸福州、廈門共軍集中地區，爾後（臺灣方面）軍隊立即繼續登陸，擴大戰果，後勤支援自然包括在內。以上行動方案，其中一、二、三項行動無法阻止共軍攻擊，更無可能解決問題。如欲阻止共軍攻擊，以採取第四項行動為有利。」

共軍攻台，艾森豪就下令用核彈

盧福寧少將在密函中，作了他的分析與判斷，他認為美軍之決策是「美軍於共軍攻擊外島或臺澎地區時，採取第四項行動方案決策。」換句話說，盧福寧的情報來源指出，如果大陸解放軍若是在一九五八年上半年的那個時間點，渡海攻臺，或者對福建沿海的金門、馬祖發動猝不及防的突襲，美軍將供給國民黨軍原子彈，對大陸的軍事目標實施攻擊，以示反制與報復，其目標已選定為上海及廣東、其次在臺灣對岸福州、廈門共軍集中地區。

前面曾經提及，美國近年解密檔案顯示，艾森豪威爾當政時期，亦即一九五二年至一九六一年之間，美國曾經在臺灣部署十二枚核彈。而兩個主要貯存核彈以及屠牛士導彈的美軍基地，一是臺南空軍基地，一是臺中清泉崗空軍基地。一個值得注意的重點是，早在可以配置核彈頭的屠牛士導彈進駐臺灣之前五、六年，美國在朝鮮戰爭打得最激烈，美軍幾乎招架不住人民志願軍凌厲攻勢的節骨眼，在殺紅眼的情況下，美國的確曾經想以臺灣為基地，把貯存在軍火庫中的毀滅性戰術核武作為報復性攻擊的工具。而根據盧福寧蒐集回臺灣，向蔣介石邀功的這份情報恰恰證實了日後大家的議論，美國確確實實想對中國動手，甚至可以說距離真正動手，大概僅只一線之隔。現階段出土文獻顯示，在中國人民志願軍出兵朝鮮之前，美國至少兩次威脅中國，如果中國介入朝鮮戰爭，恐嚇將對中國東北或者直接核攻擊平壞。到中國派遣志願軍進入朝鮮之後，又分別在一九五二年及一九五三年初，向中國作出核攻擊的恫嚇。

而前述美國艾森豪執政期間，預備在萬一中國對臺動武，便被迫對中國南北方各戰略要地投擲十二枚核彈的計畫，美軍的基本構想，一如盧福寧所取得之美軍內部情報所稱，美軍投擲原子彈的目標區，已選定為上海及廣東，其次在臺灣對岸福州、廈門共軍集中地區，貯存在臺灣臺南與臺中空軍基地彈倉裡的那十二枚原子彈，之所以恰恰好是十二枚，正是美國軍方精算過，第一階段對中國的全面戰爭所使用的戰術核武的數目。換句話說，美軍的估算，以中國當時的軍事力量（中國那時尚在努力研發核武之中），在陸續承受到十二枚核彈攻擊之後，便會被徹底擊敗，除非蘇聯立刻出手。

盧福寧武官向臺北匯報的這份密件，證實了艾森豪上臺以後，貫徹執行其鷹派政策與作風，艾森豪曾透過他的國防部長、國務卿等軍政首長，不斷向北京釋放強烈的警告訊息，假如北京在臺灣海峽複製朝鮮戰爭經驗，派遣百萬大軍渡海攻臺，或者在中國大陸週邊地區，發動類似朝鮮戰爭等級的大規模區域性戰爭，那麼美國將不惜動用核子武器，遏阻共軍的軍事行動。

盧福寧在這份密函中，向蔣介石透露了另一個訊息：艾森豪威爾當局的策略，為了避免他在美國政治舞臺上處於不利地位，將採取初期坐視兩岸軍事衝突的態度。換言之，假如解放軍先下手為強，先行採取攻勢，美國將在「適當時機」伺機對大陸展開報復之舉。

盧福寧花費了四、五個月時間取得的這份密件，對蔣介石處理一九五八年八月二十三日爆發的金門砲戰決策事宜，起了決定性的影響力。

蔣介石收到這份密函的同時，金門的形勢已經出現相對緊張的態勢。誠所謂一將功成萬骨枯！蔣介石畢生戎馬生涯，每每遭逢臨戰狀態，其內心也不免焦慮反覆，憂心如焚。特別是在一九五八年五、六月間，這個風雲詭譎的月份。在蔣介石過往的戎馬生涯中，一九二七年五、六月，他的北伐部隊向京滬挺進，奠定他在北伐之後「君臨天下」的基礎，同樣的五、六月份，南京、上海又被解放軍攻下，蔣介石倉皇辭廟，遠走臺灣孤島，風雨飄搖，在他驚魂未定之際，朝鮮戰爭突然爆發，又是在五、六月之交。似乎終其一生，蔣介石的恩怨情仇均與五、六月脫離不了干係。在這種季節轉換時機，人們似乎更容易做出異乎尋常的誤判。

金門的安危，臺灣的地位，固然蔣介石操心慮患，但是，他內心深處更念茲在茲的，莫過於「反攻回去」——雖然聰明人都明白，這根本是痴人說夢。但是，艾森豪威爾的決策，很有可能讓蔣介石一償夙願，儘管蔣介石很清楚，靠別人是靠不住的，依賴所謂的盟友，經常無異鏡花水月，虛幻一場。只是，此時此地，主客觀環境容不得他有太多選擇。腦中疑慮不停盤旋轉悠，是耶？非耶？真的反攻得成嗎？不會再落得黃粱一夢嗎？

盧福寧在傳回第一封密函之後不久，緊接著又越洋傳回第二份密函，內容更讓蔣介石閱後血脈賁張，興奮得夜不成眠。原來，第二份密件還夾帶了美國秘密檔案與機密軍事地圖。

盧福寧武官的第二份密函應該也是得自他的美國「朋友」的「博聞強記」（現場不能拍照，更無複製之機器設備，完全仰賴目視與記憶），情報來源自然是得自美國軍方核心部門。確核這份第一手文獻，盧福寧密信中還夾附了由盧氏之美國軍方朋友提供的兩幀軍事地圖。從這兩幅軍用地圖來甄別，可知這份軍用地圖確實有些來頭。以精緻印刷的這份美軍軍用地圖上，分別在金門、廈門、福州、閩江口等處，分別標註了英文地名，並且在中心點位置標記了大小不一的圓圈，這些大小不等的圓圈，實際上就是美軍預想的，萬一大戰開打，美軍在這些位置投擲原子彈的彈著點，以及原子彈爆炸後瞬間形成的輻射物質摧毀之能量半徑範圍。

盧福寧在這封密件的開頭作了梗概說明，盧福寧說：「總統鈞鑒：茲請黃雄盛武官返國吉便，帶呈鈞座參考資料共八件，以上資料陸續蒐集，因無可靠妥人，待機迄今。」

足證這份密函夾附之美國軍方情報的重要性。凡是絕對機密層級的文件，一般都是承辦人親自遞送，以保證它的機密與重要性。

盧福寧接著寫道：「密件的附件第一及附件第二、第三的整套文件計畫，迭經努力設法，限於保密太嚴，僅能獲得如附件所呈者，職恐操之過急，反而誤事，其要點請參考上信附件第一及第二及此次附件第一及第二，即可明瞭。」

國府和各國相似，傳遞秘密情報慣常如遇絕對機密文件，照慣例都是由主官管或執行者親自遞傳到蔣介石或領導人手上，避免經由他人之手，以免因為轉手而發生情報外洩，甚至遺失或掉包情事。上文，盧福寧武官遞送機密情報，則是透過他最信任，同時也是蔣介石最寵信的黃雄盛負責傳達，（黃雄盛也是負責執行此案的武官處人員）這說明盧福寧對蔣介石交辦的這項情報業務重視之程度。

武官傳遞情報 ✷ 宋美齡為孔大小姐牽紅線

黃雄盛因是盧福寧的手下，大抵因為替他奔走美臺之間，經常進出士林官邸，黃雄盛長得儀表堂堂，舉手投足溫文儒雅，給宋美齡留下極深印象。蔣夫人慧眼識英雄，一眼就相中了黃雄盛，她想起大外甥女孔令儀美中不足的婚姻，便權充了一次月下老人，成就了一段美好姻緣。

話說孔令儀年輕時代，個性很要強，父母親人跟她介紹了好多豪門貴族的子弟，希望她擇定與之共結連理，但孔令儀卻全不看在眼裡，家人以為她眼界太高，婚姻大事，由不得父母強逼，也不好再插手。哪裡曉得孔令儀竟然在上海某酒吧的舞池裡，結識一位聖約翰大學畢業生陳紀恩，兩人一舞定情，難分難捨。孔令儀看上了陳紀恩，得悉消息，父母孔祥熙、宋藹齡卻大為光火，認為儘管陳紀恩個人還算很上進，可是陳先生的家世卻無法與孔宋家族匹配。原來，孔家早就派了包打聽去摸陳紀恩的家底，一查之下，方知陳父是酒店樂團指揮。孔家兩老雖然都是留洋喝過洋墨水的人，但門當戶對的封建老觀念依舊牢不可破，對女兒這樁婚事起先堅決不同意，但是孔令儀紋風不動，你們不同意是你們的事體，跟我大小姐無關，我非陳紀恩不嫁。無可奈何之下，孔祥熙夫妻便想方設法，為陳紀恩安排好工作，不讓女兒、女婿受凍餒之苦。孔祥熙以他當年在財政機關的通天本事，給陳紀恩安插了國民政府中央銀行業務局副局長的好差事，而且稍後還外派到美國任職中央銀行駐美國辦事處業務代理。於是，舞場樂隊指揮之子陳紀恩就此躋身官宦世家之列。

萬萬想不到好事多磨，孔令儀這樁婚事，還沒拜堂，就上了報紙版面。孔家從抗戰之前，就在美國置產，再加上陳紀恩又蒙准岳丈愛屋及烏，深獲垂青，在美國安排了新職，所以小兩口自然歡心喜地領受乃父好意，等待大喜之日。宋藹齡動用財政部婦女工作隊的關係，吩咐她們連夜為女兒趕工製作嫁妝。等這些精美女工製作完成，包了一架飛機，把裝滿八大箱子的嫁妝，全部交運美國。

人算不如天算，哪裡曉得這架貨機剛起飛不久，便失事墜毀，連飛機帶那八大箱子嫁妝，綾羅綢緞，精巧女工，全部毀於瞬間。這在一般人家哪能消受得起，就算消受得起也不免感到晦氣倒楣，而孔家有錢有勢，並不覺得這是什麼了不得的什麼「壞兆頭」，既然前面那八箱嫁妝化為灰燼，再叫財政部婦女工作隊趕工製作就是。惟孔家畢竟不比一般富商大賈，孔祥熙還兼任行政院副長，兼理國府財政大權，還有一個更要緊的身份，他還是蔣介石委員長的連襟，如此顯要之地位，包飛機運嫁妝，遇空難，再包第二架飛機運送，自然成為當日傳媒競相報導之熱點新聞。

長沙《大公報》便以〈談孔小姐飛美結婚〉為題，大肆挖苦渲染。文章尖酸刻薄地宣稱：「孔令儀乘飛機赴美的花費（暫以損失一架飛機計算），可以使二千名災民一年有吃有穿，還可以使他們維持簡單再生產。如果把孔令儀的全部花費加起來，是可以救濟萬人以上的難民。第二是財政部連夜為其加工製作嫁妝也實在令人驚嘆。如果把財政部兩次為孔令儀製作嫁妝的人力，用來趕製前線將士的服裝，大約供應兩個師的被服不成問題。如果用這筆款子建一所大學，那麼在決定了校長之後，只需聘任教授，出示招生廣告就夠了。……」

質言之，這篇社論文章，固然責備得鏗鏘有力，有理有據。但是，衡情論理，婚嫁固屬人情之常，此時正值一九四三年抗戰之艱難環境，前線戰局吃緊的時節，偏偏孔家在後方緊吃，當然令人聞之忿忿不平。只是社論文章，仍不免有過度誇大之嫌。譬如說「製作嫁妝的人力，用來趕製前線將士的服裝，大約供應兩個師的被服不成問題」。試想，孔令儀的嫁妝即便裝滿八大箱子，再大的箱子，也萬萬不可能足供兩個師的部隊的被服之需，一個師是一萬兩千人，兩個師就是兩萬四千人，即便是八百箱被服也未必夠兩萬多人用！當年傳媒對國府高官的不友善態度，作報導時也極盡醜化誇大之能事，由此可見一斑。

孔大小姐這段婚姻，後來終因兩人不合而仳離。多年之後，因為黃雄盛擔任駐美武官之便，經常奉武官團團長盧福寧之命，往來美國與臺灣兩地，代盧福寧傳遞情報呈送到士林官邸，幾進幾出後，被宋美齡一眼相中。後來，宋美齡到美國紐約短期居留，黃雄盛又時常奉命走動紐約孔公館，宋美齡便把黃雄盛介紹給孔令儀認識，給孔大小姐留下良好印象。

某次，孔令儀陪同父母同赴臺灣旅遊，孔祥熙夫婦自大陸一別之後，再未與蔣介石聚首，這回連襟相逢於大陸政權丟失之後，兩老相對無語，倒是孔祥熙承諾將在「反攻大陸」工作上多付出心力，以彌補過去有虧連襟蔣介石的「罪愆」。蔣介石夫婦見到陪同父母到臺一遊的孔令儀，不免又想起外甥女的終身大事，無巧不成書，恰巧黃雄盛已經卸下駐美國武官職務，回到蔣介石官邸任職侍從武官，急於想扮演月老角色的宋美齡，老實不客氣，命令黃雄盛護送孔令儀遊歷日月潭。名為護送實為同遊，這麼一趟護駕之旅，湖光山色，花前月下，美景當前，兩人自然而然擦出愛的火花。再加上宋美齡親自敲邊鼓，積極撮合，不久，黃孔兩氏，才子佳人鳳凰于歸，成雙成對，這已是後話。

盧福寧交黃雄盛帶回蔣介石處的密信，給臺灣方面的衝擊極大。盧福寧在信上報告蔣介石：「美國軍事方面，力主以軍事行動壓制俄帝，俟機與俄帝局部戰及全面戰，判斷俄帝當前因內部等問題，不至於正面還擊，但時間尤久，美方軍事優勢必將下降，近中東問題已使若干人士認清俄帝陰謀及其面目。」

盧福寧在這份密信中，透露了一個十分緊要的訊息，美國軍方人士當中，有一股極力支持臺灣「反攻大陸」計畫的勢力」他們主張此時不動更待何時，他們篤定蘇聯不敢正面與美國衝突，也不至對蔣介石方面採取對大陸的軍事冒險行為，作出任何相對冒險的反制措施。換言之，此時不「反攻」，更待何時？

盧福寧取得，送交蔣介石手上的這份密信，一共有八件絕對機密情報與地圖，這八份情報和軍用地圖上面，標示的日期時間點，是一九五八年五月底，公文書上頭註明的機密等級劃分是「絕對機密」及「最高機密」，這說明了這些文件有些甚至連美國最高軍政首長，恐怕也未必人人得窺堂奧。值得留意的是，這些機密情報早在一九五八年初，便已作成具體綜合匯報，遞送給美國總統艾森豪威爾，是否可行，就等艾森豪一句話了。如果具體可行，那這項計畫便隨時可能付諸實施，如果不可行，它們便會被束之高閣，塵封在不見天日的檔案室裡。

美國核攻大陸計畫✷蔣介石夢一場

在標示了若干圓圈的美軍繪製的中國大陸軍事地圖上，盧福寧在一旁空白紙面上附註說明：「附圖第一，○者，為預想共軍集結地區時，投擲原子彈威力圖，……附圖第二，（甲）根據附圖第一，放大金門當面地區。（乙）大圈為原子彈威力圈，（丙）小圈為原子彈投擲中心，其位置已決定如圖上所示，屆時大擔、二擔在威力圈內。」

在密函中又提到：「附圖第三（甲）原子彈投擲後，國（民黨）軍接著登陸，反攻大陸；（乙）一、第一時期（D＋15）預想收復地區。二、第二時期（D＋45）預想收復地區。三、第三時期（D＋120）預想收復地區、（丙）南韓於第一時期開始時，反攻預想到達地區為遼河，積極策應國軍作戰。」（註：所謂D＋15即D－DAY攻擊發起日，加十五天，餘類推。）

盧福寧蒐集回臺灣的這兩份密函，夾帶的幾份重要情報，對蔣介石的意義非同小可。至少，在杜魯門執政時期，美國當局數度恐嚇中國大陸，意謂美國將不惜核攻擊，除非中國大陸不再逾越美國所設的紅線。從杜魯門時代乃至於艾森豪接掌政權之初，美國對中國大陸的對策，始終僅止於「紙老虎式」的核恐嚇，並無真正強烈積極的戰略意圖。但是，從艾森豪領銜的美國政府草擬的這份最高機密檔案裡，蔣介石嗅出了美國政策轉變的氣味！而從美國軍隊在臺灣的某些佈署行為，蔣介石更能印證自己的推估的準確性，譬如蔣介石在得知美軍在臺灣貯存十二枚核彈頭的情報後，蔣介石更加堅信時局正朝對他「反攻大陸」迷夢有利的方向發展。

從杜魯門時代，美國執政當局對蔣政權的極端不友善，到艾森豪執政初期的游疑觀望，蔣介石酷似鄉間叫賣的販貨郎，叫賣了老半天的「反攻大陸」計畫，始終乏人問津。直到一九五七年夏天，蔣介石依舊困坐愁城。那年七月二號蔣介石當局駐華盛頓武官盧福寧傳回密電回臺北稱：「據確息美總統與國務卿於三週前會議有關我國者，國務卿謂美國政策既係反共而吾人應以實際行動支援中國政府反攻大陸，美總統未作肯定答覆，國務卿繼續謂吾人未能採取此項行動為何不如此做？艾森豪總統仍無表示。謹聞職盧福寧。」

一個多月以後，盧福寧給蔣介石的密電中，仍匯報美國艾森豪當局對臺灣「反攻大陸」政策興趣缺缺，而且即便是國務卿杜勒斯及駐臺代表藍欽向艾森豪提醒「美國現行對中國（按：此處之中國，係指蔣政權）政策與其反共國策不吻合」，艾森豪威爾仍無動於衷。換句話說，艾森豪威爾儘管支持蔣介石政權立足臺灣，支持蔣介石當局作為美國在太平洋戰略前沿的馬前卒，但這並不意味著美國首肯為蔣介石「打回」大陸承擔任何政治風險。這與艾森豪威爾過去人生似有暗合與關聯之處。艾森豪威爾幼時父親經商失敗，據說他的父親性格懦弱，優柔寡斷，經營事業時又漫無章法，最後以破產收場。但艾森豪母親卻與父親風格完全不同，她精明幹練，嚴格管教艾森豪七兄弟，並且鼓勵艾氏兄弟愈是困境愈要奮發圖強。艾森豪也許受到父母雙重影響——父親優柔寡斷，母親則是強勢作風，說幹就幹。比較起來，艾森豪還是比較像乃父作風。艾氏算盤打得很精，豈可能聽信蔣介石一個人自賣自誇，而置美國國家利益於不顧。是故，不論身邊幕僚再怎麼勸，不論美國內部親蔣介石的「中國遊說團」再怎麼鼓其如簧之舌，艾森豪威爾一貫不為所動。

艾森豪威爾的精打細算，他的寸步不讓，使得蔣介石陷入一個新的痛楚之中。除了前述一九五七年七月二日盧福寧的密函，透露的情報，同年九月七日的另一封密函，依舊讓蔣介石處於焦慮狀態。盧福寧武官給蔣介石的匯報中說：

> 總統鈞鑒：極機密（一）謹呈美國總統與國務卿有關支援我國反攻大陸會談一節，詳細經過呈明如下：藍欽大使於三月二十八日及四月二十五日報告國務院有關美國對中國政界之檢查，經多方設法蒐集於附件第一及第二國務院根據此項報告及其他資料於五月中旬報告艾森豪總統有關美國對中政策之檢討，其內容大部根據藍欽大使之報告，認

為美國現行對中國政策與其反共國策不相吻合。職親見此報告，因限於條件未能複印。六月九日艾森豪總統召開特別會議邀請杜勒斯國務卿及少數重要人員根據國務院報告，專門研討中國問題，關於艾森豪總統及杜勒斯國務卿會談概要已如前電所呈。

杜勒斯國務卿復稱，如果中共侵犯金門、馬祖或情況需要，美國政府因國內政治關係，既不能事先下令美國海空軍予以支援，是否授權下級，視當時狀況獨斷處理。包括予共軍以海空反擊而不必事先請示，艾森豪總統未予反對，但未納入紀錄。關於上項文件列為最機密文件未能攜出室外。無法親見，現正設法。

（二）上項特別會議資料係職運用主管內線供給，來源可靠。並據其主管業務經驗認為杜勒斯國務卿及藍欽大使極力支持我國反攻大陸，毫無疑義。但艾森豪總統因美國內政治關係，未能積極援助我國，與其反共國策相矛盾等語。謹聞，職盧福寧。

值得關注的是，固然艾森豪威爾鑒於蘇聯核子力量的崛起，以及新中國建國以後，在軍事國防與經濟建設的出色成績，令艾森豪在作成軍事決策時，不敢太過於情緒化，在決定是否在戰場上採用核武的問題，更不敢稍有差池。在一九五〇年代美國核武仍維持一面倒的優勢時期，當軍事幕僚提出有關以核武攻擊中國大陸計畫，艾森豪始終裹足不前，不敢因一時情緒化，作出讓世人唾棄的錯誤決策。相對於美國，在面對是否使用核彈對付中國大陸自己同胞時，蔣介石又何嘗不是如此。儘管在得知美國有意於臺灣美軍基地儲存十二枚以屠牛士導彈為載具的核彈，一度表現出極大的興趣，但當蔣介石思慮到一旦把原子彈使用在所謂「反攻大陸」軍事行動時，又流露出少見的兩難與憂色。

非僅如此，蔣介石對於是否在「反攻」大陸的軍事行動中動用核武器，他所抱持的態度，可以看出這個獨裁者在面臨內戰中是否使用原子彈的基本態度。其實，早在盧福寧帶回這一系列情報之前的三、四年間，美國的中國政策已經因為內在與外在條件的變化，出現了新的轉機。美國國內，對蔣介石極不友善的杜魯門下臺，歐戰英雄艾森豪上臺，美國政治舞臺出現些許令蔣介石鼓舞的新形勢。國際地緣政治版塊的劇烈移動，美國與蘇聯在全球各地激烈爭奪勢力範圍的戰略形勢，更讓蔣介石心中產生一種「反攻大陸」此其時矣的假象。他朝思暮想「打回大陸」出現奇蹟。因此，蔣介石曾經命令國民黨軍方草擬了一個作戰計畫，名之為「光計畫」。

蔣介石光說不練的反攻計畫

此一計畫名之為「光計畫」，寓意國土「重光」之意，可是，計畫草擬之後，即束諸高閣，是以從今日角度視之，堪可稱之為「光說不練計畫」！

在艾森豪威爾上臺後的第一個任期內，蔣介石這個「光說不練計畫」的「光計畫」

一共修改了兩次。到了一九五六年六月，蔣介石下令國民黨軍方草擬了一個「光計畫」的修正計畫，在一項由參謀總長彭孟緝主持，名為「反攻大陸初期作戰大綱之考察」的極機密報告中，凸顯了國民黨軍在面對大陸軍隊的日趨強化時，一種兩難與矛盾情境。彭孟緝在這份秘密考察報告中向蔣介石匯報：「前於民國四二年（按：即一九五三年），曾擬呈光作戰計畫案以該計畫所設想之內容，與今日國（民黨）軍之作戰準備情形相對照，其進度實未能盡如理想，顯有遲延之感。反觀大陸政權，則在此期內，其防禦設施，已較前更為鞏固，殊覺遺憾。茲再想像明年六月前後之狀況為基礎，而策定作戰計畫……。」

國民黨軍在遞交蔣介石作戰計畫時，實事求是地把大陸軍隊力量的強化，作了輪廓式說明，似乎先向蔣介石暗示，不是我們不夠努力，也不是我們無能為力，而是大陸比我們力量相對大太多了，強太多了，萬一日後兩方對壘時，我方不幸落敗，也請蔣介石不要昧於現實。

令人驚訝的是，彭孟緝這份作戰大綱考察，也充分凸顯了退守臺灣以後，當蔣介石在考量核子環境方面的問題時，蔣介石的多重矛盾情結。蔣介石既迷信原子武器的巨大攻擊效果，卻又強烈顧慮使用核子武器帶來的政治效應，以及使用核武對人民生理及心理帶來的衝擊。因之，蔣介石接連幾次勸阻美國方面對大陸使用核子武器的意念，也多次拒絕美國欲「出借」原子彈給他。這樣的複雜心緒，彭孟緝在揣摩蔣介石想法之後，寫就的這份作戰大綱考察，提及原子武器時，彭孟緝便說：「對原子武器，暫置於考慮之外……國內戰爭為避免過度之損害與破壞，最好能不使用原子彈。」

從蔣介石指示國民黨軍「對原子武器，暫置於考慮之外……國內戰爭為避免過度之損害與破壞，最好能不使用原子彈。」即可充分明瞭，蔣介石固然極端重視核武，重視核武在戰略與戰術上的發展與運用問題，但他面臨核武是否用於國共內戰的戰場上兩難情境時，他非常堅決地作出了「最好能不使用原子彈」的決定。

這說明蔣介石三番兩次拒絕美國當局，欲以原子彈或者戰略核武解決大陸問題時，他總是堅定反對使用原子彈對付大陸上的軍民。當我們今天看到這些解密的文獻，能不對蔣介石的整體思維，有一番重新審視的觀察嗎？在兩岸尖銳對峙過程中，國共雙方雖然在政治宣傳上，彼此你來我往，過招激烈，用辭遣字也不無欠缺理智之處，但難能可貴的是，即便在失去大陸政權不到二、三年時光，猶能以天下蒼生社稷為念，不情緒化動用（借用）核武殺自己的同胞，絕不單單一味只想到一黨之私，一己之利，光憑這一點，蔣介石就值得後人肯定。

彭孟緝在作戰大綱考察提及使用原子砲戰術核武問題時，也不是純粹從惟武器論的觀點看問題，彭孟緝在報告內容中說：「……至於原子砲，若僅我方能使用，在作戰上固屬十分有利，但共軍亦有同數量之原子砲時，則對我方為不利，依使用之實際情形，應對作戰計畫，作相當之變更，現因無可靠資料，故暫不考慮。」

換句話說，在這份一九五六年六月的作戰大綱之考察報告中，蔣介石和彭孟緝的作戰思維，在考慮核武器時，一度十分兩難而且矛盾。一九四九年八月底，蘇聯試爆原子彈成功後，美國不敢貿然發動對蘇聯集團及中國大陸的核攻擊，而只敢侷限於常規作戰，只敢使用傳統武器，最大的原因自然是擔心蘇聯在必要時用原子彈反撲，報復。但是，相對的，蘇聯方面也從來不敢動念在戰場上採行核打擊手段，這說明世界戰爭歷史在進入核子時代之後，參戰雙方反而因此更為保守與投鼠忌器。蔣介石一度見獵心喜，美國軍方針對中國大陸以戰術核子彈作為利器的作戰計畫，正中他下懷，這不正與他朝思暮想，念茲在茲的「反攻大陸」計畫不謀而合嗎？但最後他又否定了自己的見獵心喜之心，蔣介石在自己的日記上寫道：使用原子彈「對於民心將有不利之影響！」

一九六四年，美國國務卿魯斯克訪問臺北，在與蔣介石會面時，魯斯克問蔣介石如果在反攻大陸時，採用原子彈攻擊人民解放軍，閣下意下如何？蔣介石當場便嚴肅地告訴魯斯克：「你們永遠不該設想以原子武器對付中國！」數度堅決反對美國人拿原子彈對付中國大陸，蔣介石至死不失其民族主義者之本色！

第七章

國光計畫

反攻大陸激化美蔣矛盾

一九六〇年九月，當時任職於國民黨軍臺灣第一軍團副司令的朱元琮將軍，奉命擔任那年「雙十國慶」閱兵大典總指揮官。那年參與閱兵的單位，包括陸軍第二軍部直屬部隊、陸軍第六七師、三軍官校學生隊、政工幹校女生大隊、陸戰隊、蛙人部隊、空軍作戰司令部和高砲部隊浩浩蕩蕩，不下兩三萬部隊通過閱兵臺前，站在臺北「總統府」三樓閱兵臺上的蔣介石，向受閱部隊行舉手軍禮答禮，表情嚴肅，威儀棣棣。

一九六〇年，恰值蔣介石退守臺灣宣佈「復職」後十年，這是國民黨當局敗退臺灣十年後，一場最大規模的閱兵典禮，蔣介石一心效法春秋越王勾踐「十年生聚，十年教訓」，在他的思維裡，直把臺灣島當成昔日他擔任黃埔軍校校長，北伐前夕那個國民革命軍誕生而且「秣馬厲兵」的黃埔島。三十多年前，他從黃埔島發家崛起，他也想再從臺灣島東山再起。這次閱兵，蔣介石不無宣示「枕戈待旦」「誓師反攻」的意味。然而，蔣介石卻輕忽了一個最重要的客觀事實，黃埔島時代，他面對的敵人是一群受到全中國老百姓唾棄、組織鬆散、思想落伍的反動軍閥。而此時此地，共產黨早已在大陸站穩腳跟十年，共產黨建立的這個共和國，不比民國，共和國是一個擁有講究紀律的黨組織、擁有強有力領導和堅強戰鬥力的軍隊。這支為數四、五百萬的正規軍隊伍的前輩，解放了全中國，還差一點渡海解放了臺灣，這個共和國還擁有控制嚴密的社會體制，共和國的無數科學家正埋頭研發「兩彈一星」，這樣的一個共和國，曾經在一九五〇年在朝鮮半島打敗美國，繼而又在中南半島打敗法國（奠邊府之役，打敗法軍的實為解放軍顧問），這一個新的共和國的真實力量，是蔣介石以過去的鬥爭經驗無從體會，也無從估量的。蔣介石有自知之明的部將明白，此時「反攻大陸」，無異以卵擊石，卻沒有人敢當面戳破這件「國王新衣」。

雙十閱兵後不到一個月，蔣介石下令調升朱元琮為「國防部作戰次長室執行官」。又過了一個月，朱元琮被急召至士林官邸，蔣介石開門見山的說：「元琮，我派你即日啟程，代表我去一趟滇緬寮邊區，去看看柳元麟的部隊。」朱元琮即刻啟程，前往那個充斥著戰火與瘴癘的叢林地域。

柳元麟，黃埔軍校第四期步科學生，浙江慈溪人。抗戰時期曾任軍事委員會委員長侍從室警衛團上校副團長，侍從室少將組長，曾是蔣介石嫡系中的嫡系。一九四七年「陸軍大學」將官班畢業後，柳元麟被晉升為「總統」侍從室少將副侍衛長。國共內戰末期，任第八軍副軍長。一九四九年底，第八軍軍長李彌與柳元麟等，率第八軍殘部敗退至緬北、寮國、泰國交界處一個三不管的角落，負隅頑抗，國民黨當局任命李彌為「雲南省政府主席兼雲南綏靖公署主任」。

從滇緬邊區悄悄打回去？

稍後，柳元麟輾轉從緬北回到臺灣，蔣介石賦與他島內的新職是國防部作戰督察研究委員會委員。一九五四年，緬甸政府軍對緬北國民黨軍殘部發動猛攻，蔣介石命柳元麟從臺灣兼程趕回緬北，重整隊伍，集中四千五百多人，成立「雲南人民反共救國軍」。蔣介石一度希望藉著柳元麟在緬北組織的這支游擊武力，配合臺灣的國民黨軍部隊，分別從大陸的東南和西南兩個方向，發動「鉗形」攻勢，兩面夾攻，「反攻大陸」。

蔣介石要朱元琮前往滇緬邊區找柳元麟，其實就是要為日後發動鉗形「反攻」計畫鋪路。

朱元琮以「國防部作戰次長室執行官」的身份，帶著慰問金新臺幣二十萬元，遠赴跡近蠻荒之境的泰緬寮邊區。這塊蠻荒之地和大陸雲南省雞犬相聞，是一大片被深不見底的亞熱帶叢林包圍的化外之地。柳元麟帶領的部隊，對外號稱是「雲南人民反共志願軍」，實則是仍擁有國民黨軍番號的雲南反共游擊隊，他利用這塊遍地是螞蝗、瘧蚊和鴉片煙的三不管的叢林山區，紮營墾荒打游擊，擴大與鞏固勢力範圍，隨時聽候臺北的命令，俟機而動，對大陸發動攻勢。

曾任蔣介石座機駕駛的國民黨軍將領衣復恩，在回憶錄中，形容柳元麟游擊隊駐紮的地方「那裡生活很苦，瘴氣瀰漫，我們稍停休息，即見無數螞蝗掉在馬身上吸血，當然也會掉在人身上，情形極為可怕！由柳總部，我們乘船沿瀾滄江南下，到達一小村，那裡有一些由大陸逃去的難民，也有幾位我政府人員在那裡工作，設有電臺與臺灣聯絡。」

朱元琮見到柳元麟，轉交給他一封蔣介石的手令。朱元琮說，總統的意思，要你們堅守陣地，日後配合臺灣從大陸東南沿海登陸，你們從西南攻進雲南，兩路並進，對共產黨發動鉗形攻勢。遵照蔣介石的指示，朱元琮在那個自古被視為西南瘴癘之地，到處是螞蝗與瘧蚊，各種疾病叢生，物質條件極度艱困的滇緬寮邊區，生活近兩個月。

朱元琮事後追憶，蔣介石對柳元麟在游擊區的表現並不滿意，一度有意以夏濟平將軍取代柳元麟，寄望夏濟平整頓游擊隊，將雲南邊境變成「反攻大陸」的支戰場。但在夏濟平尚未進入情況時，不便陣前換將，只好先派夏濟平去當游擊區的「主任」，打算等夏熟悉當地情況，再把柳元麟調回臺北。

「思恩亭」前下令成立反攻秘密基地

一九六一年春節過後，朱元琮風塵僕僕回到臺北，才剛回到家裡，接獲副參謀總長賴名湯緊急電話：「總統要召見我們，你趕緊準備一下吧，我們一起上桃園角板山。」

（角板山距臺北市區約五十公里路程）兩人匆匆趕到角板山賓館，侍衛長胡炘單獨帶領朱元琮走到賓館後側，一座名為「思恩亭」的八角亭，此處景致酷似奉化妙高臺，故而蔣介石甚喜在此處遠眺靜思。朱元琮但見蔣介石身著一襲長袍，端坐亭中一張籐椅子上，若有所思。朱元琮雙腳併攏，向蔣介石行了一個軍禮，蔣介石點點頭，招呼朱元琮坐在對面石凳。

「元琮，柳元麟那邊的情況如何？」蔣介石急切地想清楚滇緬邊境的近況。

朱元琮一五一十地把這趟泰緬寮之行，向蔣介石作了匯報。諸如泰緬寮邊區的環境，官兵生活，部隊士氣，部隊戰力等等，都作了詳盡說明。蔣介石聽完朱元琮的匯報，又細部詢問了邊區部隊內部情況，蔣介石最後告訴朱元琮：「好！好！很好！我有更重要的任務要派給你，你先回去休息吧。」

一九六一年四月一日，蔣介石下手令，成立一個名為「國光作業室」的新單位，指派朱元琮擔任主任，並調派三十餘名來自陸海空軍各個兵種的將校級軍官，即刻進駐位於臺北郊區三峽鎮大埔，一處原定作為「行政院戰時疏散辦公室」的營區裡（按：朝鮮戰爭爆發後，大陸空軍逐步配屬了米格－15噴射戰鬥機，臺灣方面擔心米格－15速度太快，七、八分鐘即可能飛越海峽，臺灣隨時有遭受空襲疑慮，故而進行了一項疏散計畫，把官方單位盡量往郊區疏散，以免這些機關在臺北市遭受空襲時受波及而癱瘓）。「國光作業室」才成立不過三個禮拜，一九六一年四月底的一個早上，蔣介石就召集

「國光作業室」核心參謀將校，在三峽大埔營區的地下兵棋室開會。

蔣介石急切地命令參謀取來一張又一張的大型軍用地圖，多半是福建、廣東沿海的精細地圖。朱元琮回憶，「總統」不斷端詳那些地圖，不時陷入沉思，久久靜默不語，一旁的軍政幹部也都不敢吭聲，跟著蔣介石凝視著那一張張地圖，冥想著那久違的祖國錦繡河山。「那年他七十五歲，年齡慢慢大了，心裡急的不得了，大陸是從他手裡丟掉的，責任沉重，再不反攻，來不及了！」朱元琮的記憶中，蔣介石的臉上洋溢著難以言說的焦慮之情。

不久，「國光作業室」正式召開第一次秘密會議，副總統陳誠在會議上說了關鍵性的一段話：「我們的力量只夠支持初期的登陸作戰，登陸成功以後，就要靠在大陸上以戰養戰。必須以三個月的戰備，包含軍需民用，打六個月的仗，以後的人力、物力只靠臺灣是不夠的，要從大陸就地補給。」

蔣介石派兒子遊說甘迺迪支持反攻

衝著陳誠這句「以三個月的戰備，打六個月的仗」，國民黨當局開始在臺灣島內徵收「國防特別捐」，據估算，這項專門為實現蔣介石反攻夢想而徵收的「國防特別捐」，總金額約為新臺幣二十億元（一九六〇年代幣值）。這二十億臺幣，就是蔣介石的「賭本」。朱元琮說：「老先生認為，光是依靠臺灣的力量是不夠的，所以命令經國先生到美國去，希望能說服美國政府，支持我們『反攻大陸』的計畫。」

「國光作業室」成立兩年後，一九六三年九月六號，蔣介石命令蔣經國（時任「行政院政務委員」），到華盛頓密見美國總統甘迺迪。但是，由於一九六一年四月豬玀灣事件突襲古巴失敗的教訓，以及考慮與北京進一步改善關係的可能性（斯時中美兩國早已密集展開於維也納、日內瓦之秘密會談），甘迺迪拒絕了蔣經國請求美國支持「反攻大陸」的構想，儘管蔣介石言明再三，不會要美國人犧牲任何人命，白宮僅僅只需點頭同意「美國出槍砲，臺灣出軍隊」，成敗毀譽完全由我老蔣一肩扛下。蔣介石的這趟充滿風險的買賣，給甘迺迪毫不遲疑地回絕了。兩個半月後，一九六三年十一月二十二號，甘迺迪總統遇刺身亡，副總統詹森繼位。

根據蔣介石的一份秘密談話紀錄，蔣介石曾經親口透露，一九六四年四月間，美國國務卿魯斯克（David Dean Rusk）訪問臺灣時，曾經與蔣介石討論越南問題，當時蔣介石曾經表示，要贏得越戰，必須切斷自中國大陸至北越之交通線。

這份秘密談話紀錄顯示，蔣介石當面向魯斯克建議，使用國民黨部隊佔領北越與雲南、廣西邊境的若干軍事據點，截斷大陸與北越的連繫。但是，魯斯克並未採納蔣介石的這項提議，顯然，美國人清楚蔣介石的目的，是想藉著「協助」越戰之名，行「反攻大陸」之實。蔣介石事後表示，一九六四年七月以前，共軍尚未在雲南及廣西地區加強兵力佈署，他向美國建議，假使能以空降方式，將國民黨軍送入這一地區，將可有效控制這一帶地方。由於美國不接受他的建議，蔣介石遇到美國軍政領袖就抱怨，一九六四年八月以後，整個局面為之改觀，共軍大量增兵雲南、廣西。

蔣介石在一次談話中，透露了曾經向美國提出的另外一次「反攻大陸」計畫：「有一時期，有些人主張攻取海南島，認為此舉可以牽制在華南共軍，並可以支援越戰，但是此一主張過去可能有利，目前已經失去意義。因為共產黨亦已經在海南島增兵，並且進佔海南島。」

為此，蔣介石亦屢屢向美國方面抱怨：「中華民國政府雖然始終願意協助越南及美國，解決越南問題，但始終無從獲得提供援助之途徑。」國民黨當局連續錯失了好幾次「反攻大陸」的機會，雖然接二連三吃了美國好幾次閉門羹，蔣介石並未就此放棄他的圓夢計畫。事實上，蔣介石早有心理準備，他心知不能完全將賭注放在美國身上。

多年來，因惟恐美國從中作梗強力阻撓他「反攻大陸」，蔣介石巧妙而慎重地布置著他的秘密計畫。為求萬無一失，並避免美國從中破壞，蔣介石採取一種兩手策略，模仿韓信「明修棧道，暗渡陳倉」的兩面手法。蔣介石想藉著這個兩面手法，一方面大量爭取美援，厚植軍事實力，另方面是要掩護他真正的反攻計畫。蔣介石的「明修棧道」，是由國防部負責「聯五」的余伯泉將軍，草擬一套蔣美聯合「反攻大陸」的「巨光計畫」。而其「暗渡陳倉」，則是委由朱元琮及其麾下眾多將校參謀，日以繼夜秘密從事的「國光計畫」。（按：國民黨軍及今之臺灣國防部採行美軍分工制度，在「國防部」轄下，「聯一」掌管人事、「聯二」管情報、「聯三」管作戰、「聯四」管後勤、「聯五」負責作戰計畫）

簡單地講，「巨光計畫」不過是一套誘騙美國人的幌子，蔣介石希望以「巨光計畫」掩飾他真正的底牌「國光計畫」。蔣介石想拿「巨光計畫」來「掩其耳」，以「國光計畫」來「盜其鈴」。

蔣介石閱兵時說：我們在大陸上見！

以這套真真假假，假假真真的手法，從一九六一年四月，到一九六五年六月，蔣介石整整對美國人虛與委蛇了四年多時間。從一九四九年敗退臺灣以來，蔣介石醞釀「反攻」已經有十六年時間，蔣介石判斷，一九六五年前後，大陸內部正忙於一連串的政治運動，對外防備鬆懈，是對大陸動武的大好時機。一九六五年六月十六號，蔣介石在主持紀念黃埔軍校校慶時，在臺灣鳳山陸軍官校的大校場上，對著全體國民黨軍高級將校，和受校閱的官校學生，慷慨激昂地向將校們訓話：「大陸在我們手裡丟掉，就要在我們的手裡把它拿回來！」在這篇訓話的尾聲，蔣介石竟然出人意表地當眾宣佈：「我們在大陸上見！」

蔣介石在陸軍官校宣佈「我們在大陸上見！」，這無異於半公開地揭開了自己的底牌。蔣介石長期以來始終以「巨光計畫」混淆美國人，以掩護真正落實反攻行動的「國光計畫」，這套師法韓信「明修棧道，暗渡陳倉」的兩面手法，儼然即將走入歷史，蔣介石想玩真的了。「我們在大陸上再見！」意味著蔣介石吹起了「反攻號角」。

證諸史實，蔣介石這句「我們在大陸上再見！」其實決非造次之言，他已下定決心準備大幹一場。

蔣介石在臺灣鳳山陸軍官校，講完：「我們在大陸上再見！」之後的一個半月，亦即一九六五年八月一日，一位神秘的訪賓——克萊恩（Ray Steiner Cline），從美國悄悄來到臺灣。克萊恩比蔣經國小十歲，畢業於美國哈佛大學，二戰時期加入美國中央情報局前身，美國戰略情報局，抗戰時期派駐中國工作。蔣介石敗退臺灣之後，克萊恩一度調回美國，復於一九五七年至一九六一年，調任美國中央情報局駐臺灣代表。這段期間，蔣美雙方相互依賴程度很深，克萊恩因工作關係，與蔣介石父子過從甚密。為示親暱，蔣介石父子為他取了一個中國名字葛來英（或葛萊茵）先生，臺北官方則譯之為克萊因或克萊恩。蔣氏父子甚至連寫信給克萊因，都和寫給中國人一樣的格式，用毛筆在信封上親書「葛萊茵先生收」，可證彼此感情之親暱。一九六五年八月一日，蔣介石邀請克萊因到臺灣訪問時，克氏已於一九六二年被調回美國，在中央情報局局本部擔任掌理情報事務的代理主任。因此，克氏當時是以美國中央情報局高級官員的身份到訪，負有工作任務。

以情報單位在美國政府決策上扮演的吃重角色，克氏之身份，仍具有舉足輕重之份量。蔣介石和克萊因會談的地點，就選在臺北陽明山蔣介石的夏季官邸（按：原址已於兩蔣過世後，改名「草山行館」，並曾遭宵小之輩縱火焚毀，後經臺北市政府修復）。兩人表面上是就越戰和兩方合作事宜為主題，接連密談兩天，然而，蔣介石邀請克萊因密談的真正目的，是想藉著越戰升高的機會，假藉幫助美國打越戰的理由，從大陸廣東或福建實施其「反攻大陸」計畫。

蔣介石希望假手克萊因，將此一重要訊息傳達給美國當局。

就在蔣介石和克萊因在陽明山密談的同時，一支負責到大陸東南沿海偵察共軍防備實況的特遣部隊，已經一切就緒，隨時可以整裝待發。照「國光作業室」的安排，這批特遣人員如果任務順利，國民黨軍將多管齊下同時從金門、澎湖、臺灣各個兵力集結地點，朝預定登陸地點進發——幾個預定的反攻登陸地點，首要目標是廣東沿海，其次是福建沿海。按照蔣介石的構想，國民黨軍就像一把利刃，從廣東插進越南的大後方，表面上為截斷越南補給線，實際上是遂行其「反攻」計畫，然後，他可以重演一九二五年的陳年劇碼，循著北伐戰爭的路線，一路直逼北京。當然，這是蔣介石的如意算盤，美國人並不領情蔣介石的這番盛意，白宮對他缺乏新意的劇本從開始便興致索然。

再把場景拉到陽明山，那場原本極具歷史意義的蔣、克密會的實況。根據大溪檔案記載，當天與會的人，除了蔣介石、克萊因兩人，在場者還有宋美齡、國防部長蔣經國、外交部長沈昌煥、美國大使館代辦高立夫、新聞局長沈劍虹（擔任會談翻譯）。

會談從亞洲局勢和世界各國局勢談起，蔣介石和克萊因談到末尾，將談話重點從那時正打得如火如荼的越南戰爭，直接談到大陸核子試爆與製造原子彈對臺灣造成了嚴重威脅。蔣介石告訴克萊恩：「越戰將無法在越南內部來求解決，而必須在越南以外地區來求得解決，這是我對美國朋友的忠告，去秋共產黨作第一次核子試爆後，我曾對你說明了亞洲局勢之嚴重性，而今第二次試爆以後，更加上了一層陰影。第一次試爆後，共產黨說：不投降就要毀滅，現在第二次試爆以後，共產黨又說：不是統一就是滅亡。」

蔣介石接著說：「共產黨對於核子武器能力，倘以一月製造核彈一顆來論，一年就有十二顆；而事實上祇要三顆，一顆用在臺北，一顆用在左高地區，一顆用在公館機場，就可以毀滅臺灣，因之我們不但不能再等一年，就是半年亦等不及了。共產黨對外宣傳，說他現有核彈可以炸毀臺灣，屆時即是第七艦隊要來保衛臺灣，亦不可能了。自共產黨第二次核子試爆以後，我軍民心理上都有空前的恐懼和憂慮，這是不容忽視的心理趨向。美國在目前祇注意越戰而忽略中國情勢，須知越南與中國是不可分開的問題的一體兩面。」從蔣介石告訴克萊因的這段話，可以得知，他之所以選擇一九六五年四月，成立「國光作業室」，積極搞所謂的「反攻大陸」計畫，其目的和動機，有很大一部份原因，與大陸製造原子彈，造成蔣介石心理恐慌，有密不可分的關聯。

所以，蔣介石說的「自共產黨第二次核子試爆以後，我軍民心理上都有空前的恐懼和憂慮，這是不容忽視的心理趨向」是最最關鍵性的一句話。蔣介石時時刻刻擔心大陸把原子彈「一顆用在臺北，一顆用在左高地區，一顆用在公館機場，就可以毀滅臺灣」。

一九六四年十月十六日，大陸第一枚原子彈試爆成功的消息，很快傳到蔣介石耳裡，大陸方面研製原子彈成功，蔣介石震驚之餘，他一度希望以強烈的武裝反制行動，摧毀大陸的核子彈相關設施。數日之後，蔣介石在臺北石牌對一群國民黨軍高級將領說：「我們只有戰，才有生路；不戰，只有死路一條，與其在共產黨原子彈轟炸下而死，不如戰死；與其死在臺灣，不如死在大陸；與其被美國人出賣而死，不如戰死在戰場。」一九六四年十二月二十號，蔣介石在金門對一群國民黨軍幹部說：「我明年就是八十歲的人，我一定要在有生之年，帶著你們打回大陸去。」

可以這麼說，三個重要因素促使蔣介石急於在一九六五年，發動一場具有決定性的「反攻大陸」戰爭。這三個重要因素是：一、中共研製成功原子彈；二、越戰的持續擴大；三、蔣介石擔心自己年壽有限，他必須儘早發動反攻戰爭。

蔣介石與克萊因在一九六五年八月三號，進行第二場密談。這場密談的最高潮，無疑乃是「反攻大陸」問題，蔣介石希望透過克萊因，向華盛頓當局宣示國黨當局的「反攻」軍事行動，實際上是要對越南的美軍部隊施以援手，作圍魏救趙之舉。蔣介石希望以協助越南美軍為出發點，能爭取美國對其「反攻大陸」行動的認同。

蔣介石向克萊因提出他的「錦囊妙計」——實質上這套方案根本就是眾多「反攻大陸」方案之一，蔣介石向克萊因娓娓道來：「……間接幫助美國解決越戰之方式，可以將中國軍隊在沿海適當地點，及北越後方登陸，或著陸以牽制匪軍並打擊北越後方。因為吾人是獨立作戰，與美國及蘇俄均無關，且距越戰範圍尚有一段距離，吾人之目標是為拯救大陸同胞，恢復中國人民之自由，自然不會牽連美國。」

蔣介石明確告知克萊因國民黨軍預備登岸地點：「吾人如在廣東或福建，最好是在廣東來攻打共產黨，即可切斷共產黨接濟北越交通線，因為共產黨接濟北越之物資，都是自廣東經由陸路及水路而運入北越。此一構想如能實現，則越南問題不解決也能解決，余之所以認為最好是在廣東，是因為能佔領廣東，即可控制香港，斷絕共產黨經濟生命線百分之七十，且控制廣東，亦可以切斷共產黨通往北越之海陸交通線，斷絕所有運往北越物資之來源，使越南問題容易解決。其次廣東人民及社會團體反共情緒高漲，一旦國軍反攻，必可群起響應，此種情緒與福建不同，因為在福建必須先能佔領若干戰略要點，並且初期作戰能獲順利進展，才能使人民起而響應，其性質較為緩進，不如廣東之反應迅速。余認為惟有採取此一辦法，方能縮短越戰之時間，幫助美國減輕負擔，減少美國在越戰中之危險性，既可使美國贏得和平，又可使中華民國恢復人民之自由，此對中美雙方均屬有利，余深信讓中華民國國軍獨立對匪作戰，決不會牽連越南、美國與蘇俄，因為其性質純粹是內戰，是中國內部的問題。」

克萊因針對蔣介石提及有關越戰及「反攻大陸」的各點說法，也作出了他的回應，克萊因說：「美方態度，是以美軍在越南與共黨作戰，被消耗之程度為轉移。如果美國認為共產黨確實對美國實施消耗戰，且美軍在越南被消耗之程度逐漸增大，則可能促使美國改變對中華民國反攻大陸行動之態度。」

克萊因這段答覆，已經間接且委婉告訴蔣介石，美國政府迄今仍挺得住越南戰場的消耗，所以仍然反對國民黨當局對大陸動武。

克萊因接著又說：「吾人必須能確實判明，亞洲發生全面戰爭時，蘇俄不致於介入之情況，並且要培養美國人民心理，使其不以為此一戰爭是由中華民國政府所引起，而是由於中共，使此一戰爭不可避免者。在美國有許多對中華民國不友好人士，亦可能指責中華民國政府引起此一戰爭。故吾人必須特別謹慎，等待最好時機來發動對中國大陸之攻擊，使世人將戰爭責任歸罪於中共，此種時機之到來已日益接近，美國多數人亦已經覺悟，對美國之真正威脅是來自北平。」

其實克萊因這段答覆蔣介石的話，重心是在這句：「吾人必須特別謹慎，等待最好時機來發動對中國大陸之攻擊，使世人將戰爭責任歸罪於中共，此種時機之到來已日益接近……。」

克萊因的這句話一方面明告蔣介石，所謂「反攻大陸」的「最好時機」尚未降臨。並舉全美國一年車禍死亡人數，和過去一年越戰死亡人數作比較，他說：「在過去一年中，美國在越戰死亡不過五百人，而每年在美國因車禍而喪生者有五萬人之多。也許在今後一年半載，美國人民會明白認識中共是在逼迫美國打消耗戰，本人相信屆時美國人民之反應一定很激烈，並且願意拿出最大之力量，或者使用中華民國之軍隊在越南作戰。本人認為在今後一年內，總統之卓見將會迅速為美國人所接受。」

蔣介石的急切顯然無法再如克萊因所言繼續等待，他堅稱此刻便是「反攻大陸」的最佳時機，而非一年之後，他所持的理由是：「余想再從共產黨之立場，以說明共產黨對越戰之陰謀：（一）拖延越戰時間；（二）引發越南人民厭戰及反美心理；（三）打擊在越美軍之士氣；（四）引起美國人民厭戰心理，並反對美國政府；（五）利用越南政府及軍隊內部之不穩，加強進行滲透顛覆。」

在會談接近尾聲時，蔣介石仍再三強調：「越戰之拖延，只有對共黨有利，同時亦將使美國遭遇更大之困難，此點應特別注意，請你報告詹森總統，須知共產黨絕不容許美國再有等待一年之時間，如果錯過了時間，則越南問題益將不可收拾。」

總的說來，蔣介石藉著和克萊因的密談，原想「投石問路」，看看克萊因的態度和意見，同時，也等於透過克萊因向美國當局「打招呼」，暗示美國當局國民黨當局準備動手了。因為，照蔣美之間簽訂的〈共同防禦條約〉的規定，遇有重大軍事行動，必須事前知會對方。

八六海戰✷蔣介石反攻大陸夢碎

然而，克萊因恐怕做夢都沒想到，這次陽明山密會三天之後，就在蔣介石聲稱最合適「反攻大陸」地點廣東、福建交界處的某個海岸，在伸手不見五指的拂曉時分，發生了令蔣軍猝不及防的一場海戰，國民黨海軍兩艘兵艦在那場海戰中，嚐到滅頂式敗仗的滋味，此即所謂的「八六海戰」，這場突發而慘敗的海戰，讓蔣介石顏面大失，迫使臺灣改變原定的「反攻大陸」戰略，甚至迫使「反攻大陸」計畫基本走進歷史。

據國民黨軍海軍中將徐學海說，這場突發的海戰，導因陸軍總部要派十幾名特種作戰隊員，到汕頭外海的東山島，實施偵察與襲擾。據了解，這項行動主要是為爾後的「反攻大陸」作戰預作準備，而非真正的反攻軍事行動。徐學海在回憶中指出，海軍為了慎重起見，特別成立了「海嘯一號」督導小組，副總司令馮啟聰中將率領了五位督戰官，進駐臺灣左營，專門督導這項作戰計畫。

而陸軍總部執行的偵察任務，名為「點火行動」，依往例是由情報局和陸軍總部轄下的一支特種部隊，負責聯合執行。所謂「點火行動」，顧名思義，就是派遣「特種人員」——蛙兵、或者特務人員，到大陸沿海的特定地點執行破壞、襲擾、偵察、或者蒐集情報等任務。

海軍方面雖然由作戰部門的助理參謀長室負責，派遣船隻艦艇接送要到大陸執行任務的特種人員，但是，至於特種人員到大陸執行任務的內容，海軍方面是從來不過問也無權過問的。所以，海軍只管派船接送，不管人員的任務執行事宜，而陸軍總部和情報局，也不過問海軍的計畫安排，只要海軍安然把人接送到預定地點。

據徐學海回憶，最常執行的任務，就是把人送到金門、馬祖，再由蛙人部隊划著橡皮艇滲透到對岸去從事任務。這些特種人員通常會拿回廈門電影院的戲票、公車票等「證物」，證明他們曾經進入預定的地點活動。

前述「海嘯一號」人員，即於一九六五年八月六日，按預定的計畫，把十餘名特種人員接上軍艦，參加這次行動的軍艦，是「劍門」和「章江」兩條兵艦。海軍總部因相當重視「海嘯一號」行動，故而組成一個任務艦隊，委派胡嘉恆少將擔任艦隊指揮官。「劍門」艦剛於一九六五年初，從美軍手上接收過來，是一艘巡邏艦，船艦機械情況相當良好，艦長是王韞山上校。「章江」艦在國民黨海軍的分級標準上，屬於「江」字號的艦艇，是一條小型驅潛艦，艦長名李準。

一九六五年八月五日，「劍門」和「章江」兩艦從臺灣高雄左營軍港啟航。為了混淆對岸大陸雷達系統，這兩條軍艦故意繞行到香港外海，再往北航駛，讓大陸軍方誤以為兩艦是前往香港的普通商船。兩艦航行到廣東、福建兩省交界處的東山島附近，將突擊隊人員放到海面，旋即駛離現場，在約定時間再衝進會合區的水域，把突擊隊人員接回艦上。

事實上，「劍門」和「章江」這兩條軍艦駛離高雄時，大陸的「觀通系統」早已辨識出這是兩條軍艦，而不是商用船隻。大陸方面的南海艦隊根據情報判斷，國民黨軍這兩艘軍艦可能在東山島海進行偷襲，或對大陸漁民進行心戰活動，於是預為布署，以逸待勞，組織了一支突擊船隊。廣東汕頭水警區護衛艇四十一大隊派遣護衛艇四艘、快艇十一大隊也派遣魚雷艇四艘，在八月五日晚間九時至二十四時，配合人民解放軍南海艦隊的參戰艦艇，分別編隊起航，駛往預定海域等待「劍門」、「章江」。

南海艦隊指揮員經共軍總參謀部核准，將這次與「劍門」、「章江」接戰的準則定為「放至近岸、協同突擊、一一擊破」。因為「劍門」、「章江」兩艦的行蹤與目的早已被識破，共軍首先以高速砲艇數艘圍攻「章江」。根據共軍方面的說法，砲火炙烈之際，「劍門」一面還擊，卻一面往東撤離戰場，留下「章江」在接戰區，獨力作戰，以致被共軍四艘護衛艇緊緊纏住，共軍護衛艇從五百公尺逼近到一百公尺以內。「章江」艦被擊中，艦身起火，企圖往後方逃脫，共軍兩艘快艇加速衝擊堵擊。據徐學海將軍的回憶稱，「章江」艦的彈藥庫中彈，起火爆炸，艇身很快下沉。

徐學海將軍指出，「劍門」艦發現「章江」艦遭共軍艦艇包圍，馳援參戰，但「劍門」艦卻由於艦舷較高，共軍砲艇迫近時，「劍門」艦火砲形成死角，打不到位於艦舷下方，迫近「劍門」艦的共軍艦艇。這時，共軍艦艇趁勢以機關槍猛烈射擊「劍門」艦甲板上的國民黨軍官兵。徐學海說，「劍門」艦的艦面官兵幾幾乎悉數遭機關槍射殺，緊接著，在「劍門」艦官兵幾乎已失去回擊能力時，共軍魚雷快艇接近「劍門」艦，施放三枚魚雷重創該艦。在「劍門」艦上的指揮官胡嘉恆少將，身負重傷，受震落海死亡，艦長王韞山上校頭部重傷受震落海後，被共軍俘獲。

八月六日凌晨五時二十分，海戰結束，「章江」、「劍門」相繼葬身魚腹。據徐學海將軍回憶，清晨四、五點鐘時，臺北通信站按既定時間呼叫負責戰術指揮的「劍門」艦，未獲回應，隨後不斷呼叫，斷斷續續收到「劍門」艦無線電微弱的回覆，徐學海懷疑這訊號是共軍冒用頻道出呼。到清晨時分，國民黨軍派出空軍戰鬥機飛臨汕頭上空，飛行員回報指出，海面上發現有大批漂流物，該處海域並無「章江」、「劍門」兩艦的蹤跡，而共軍的艦艇則編隊返回汕頭方向。

徐學海回憶：「這時我們心想，狀況惡劣透了！」八月六日當天大清早，國民黨軍參謀總長黎玉璽，急電海軍總司令劉廣凱，稱蔣介石在陽明山等他們上山出席總統會報，兩人兼程趕赴陽明山官邸，趕到陽明山官邸，見蔣介石、蔣經國兩人愁容滿面，等劉廣凱報告「章江」、「劍門」兩艦遇襲沉沒的經過，蔣介石臉色鐵青，不發一語。

據當天在場的朱元琮將軍形容，蔣介石聽完劉廣凱的報告之後，氣得直跺腳。朱元琮將軍事後回憶說，「八六海戰」是為了登陸作戰前夕對登陸目標進行巡弋偵察而引發的。這場海戰的失敗，嚴重打擊了蔣介石對國民黨軍反攻作戰的信心和決心。一九六九年，蔣介石座車又不幸在陽明山遭逢車禍，他因病所累，年事日高，又無人能代替他作反攻決策。因此，所謂反攻大陸的計畫，終於束諸高閣。

多年之後，蔣介石一位機要秘書接受筆者訪談時，回憶一幕相當令其感慨系之的親身經歷。那是一九六五、一九六六年間，某個秋末冬初的下午，夕陽火紅，滿目蕭颯，蔣介石步出臺北市重慶南路總統府，坐上凱迪拉克七人座總統座車。總統車隊像往昔日一樣，沿著臺北市中山北路，往北朝士林官邸方向疾駛，中山北路是臺北市南北走向的一條交通大動脈，也是當年臺北整理得最整潔寬敞的一條大馬路。

年近八旬的蔣介石，透過車窗，遙望天際夕陽，驀地他猛然伸手用力拍打座車皮椅，「啪！」的一聲，拍過椅子，他長長嘆了一口氣，最後還發出「哎呀！」感喟聲。

上下班途中，機要秘書通常奉命隨車坐在蔣介石左手邊的座位上，隨時聽候使喚。那天機要秘書突見蔣介石猛然拍打座椅，誤以為老先生要發脾氣了，嚇得直盯著蔣介石瞅，深怕是什麼公務出了差錯，觸怒了老先生，觀察了大半分鐘，才曉得是蔣介石看著夕陽若有所思，不是發脾氣。（按：若蔣介石偕宋美齡外出，機要秘書通常坐隨從座車，宋美齡則坐在蔣介石同一部車的左後側座位。）

據悉，那段時間正是所謂「八六海戰」吃敗仗之後，蔣介石必定感慨國民黨失去大陸政權，心心念念實現「反攻」迷夢，卻又終難「圓夢」，千萬愁緒湧上心頭，才會突然拍座長嘆。

艾森豪威爾逼退蔣介石「反攻」計畫

蔣介石退居臺灣以後，度過了最難挨的一九四九年底，以迄一九五〇年上半年的風雨飄搖歲月，到一九五〇年下半年，第一批且小量的美援軍備物資運抵臺灣，朝鮮戰場美韓聯軍一路敗退，美國杜魯門政權亟思鼓動蔣介石在大陸東南沿海騷擾襲擊，並特地籌設西方企業公司，作為美國中央情報局在臺灣活動的外圍組織掩護。

「光計畫」之前的「一年準備、二年反攻、三年掃蕩、五年成功」政治號召與承諾，隨著時光的流逝，成為了一張過期不兌現的空頭支票。然而，蔣介石並不是刻意不讓支票兌現，也不是刻意買空賣空，而是客觀上遭遇了他無法克服的艱難——他非常清楚，以臺灣蕞爾之島，萬萬沒有能力與把握奢談反攻，除非有外來勢力挹注，那就是他既愛又恨的美國，因此，蔣用盡一切能量打點美國關係，但是，仍然難以遂其所願。

例如，在他得知艾森豪威爾當選美國總統之後，滿心喜不自勝，總以為蔣美關係自此雲闊天開，步入坦途，「反攻大陸」終於望見曙光，因此，特地派長子蔣經國為特使，親訪美國，謁見艾森豪。而蔣經國此行的重要意義，除了蔣介石透過長子代表他親訪美國，傳達強烈的友善信號，更要緊的，蔣介石要長子親手遞交了一份「光計畫」的作戰計畫書。這份作戰計畫，既象徵著蔣介石當局的旺盛企圖心，實際也是在作類似投石問路，試探艾森豪威爾政府，對臺灣的基本態度是否與前屆杜魯門政府有所差異。但顯然艾森豪政府對蔣介石的「計畫」，採取了不置可否的態度。

據蔣經國一九五三年九月二十九，從美國華盛頓臺駐美機構拍回臺北的電報上稱：「臺北〇密 總統鈞鑒：今晉謁艾總統，彼表示甚親切，留兒多住，東日繼續考察軍事，除托兒向大人致敬外，並表示願我政府能早將李彌部隊撤退以減輕美政府之重大困難，餘情續稟敬祝康泰 兒經國謹稟 豔（二十九）」

蔣介石接到這封電報，一則以喜，一則以憂。喜的是蔣經國能在美國考察軍事，說明美國終究並未放棄蔣氏政權，憂心則是為了李彌部隊，美國政府硬要逼迫他們撤出滇緬邊界，這對蔣氏父子最初設想，分別從雲南、臺海當面「反攻大陸」的鉗形反攻計畫，何異是一大打擊。此外，令蔣介石略感失望的是，他看不出艾森豪威爾對他的「反攻大陸」政策，有任何出人意表的與前屆政府不同之處。

李彌，一九〇二年生，雲南騰衝人，黃埔軍校第四期畢業。國共內戰期間，淮海戰役中兵敗，化妝逃出重圍，從陳官莊一帶往北逃到山東濰縣、青島，復搭海輪展轉逃往南京、上海。時蔣介石已經下野回鄉，李彌尚應蔣介石之召，到奉化溪口與蔣氏父子會面，敘說渠所目擊之淮海戰役經過。蔣介石命李彌到福建，及老家雲南補充兵員，職務是第十三編練司令部司令兼重編第八軍軍長。一九四九年八月，李彌接到蔣介石命令，要他回雲南駐守，意在防範監視盧漢等滇籍軍人。殊不知國民黨軍兵敗如山倒的速度，已經不以人的意志能轉移。盧漢在李彌派駐雲南後不久，宣佈迎接共軍解放。雲南全境基本解放之後，一九五〇年初，李彌被迫率部撤往緬甸、寮國（即老撾）、泰國三國交界的三不管地帶，蔣介石封了他一個名聲響亮的官職：雲南省政府主席兼雲南綏靖公署主任，繼續帶領「雲南反共救國軍」負隅頑抗。

一說，李彌所屬的第八軍殘部，在進入一片蠻荒的緬甸、老撾、泰國三國交界區域後，自知那裡是死絕之地，勝算極小，曾經一度跑到香港當地寓公來。當時李彌小舅子龍昌華，住在香港銅鑼灣蓮花宮，他過去第八軍的軍需處長鄒瀾清，都已經事前在香港作了安排。等李彌到香港後，也在這些親朋故舊照顧之下，寓居北角七姊妹繼園臺七號。鄰居不乏國府昔日名流首長，像是吳鐵城、何紹周。出入乘大汽車，備有司機，生活享受更勝昔日。

李彌做夢也不曾想到的是，他手下第八軍殘部，竟然在緬甸絕處逢生，還和緬甸政府軍打了好幾仗，把緬甸政府軍打得潰不成軍，後來，緬軍與第八軍殘部媾和，承諾讓這支孤軍暫時安身於泰緬邊界的猛撒，大家井水不犯河水，兩不相欠。消息傳回臺北，蔣介石忽然在絕望邊緣燃地一絲希望之火，急召李彌，要他趕緊返回緬甸，重整旗鼓，並加官晉爵，要他擔任所謂雲南人民反共救國軍總指揮，及所謂雲南省政府主席兼雲南綏靖公署主任」。

但是，第八軍大敗緬軍，反而引來美國當局的嚴重關切，話說緬甸軍方在吃足了國民黨軍這支殘兵的苦頭之後，走頭無路，只好在聯合國大會中投訴，要求聯大逼迫臺灣方面撤軍，否則即是侵略行為。緬甸政府這項請求與控訴，於一九五三年四月二十三日，列入了聯合國第七屆常務理事會，並且正式登錄第七〇七號決議案通過，要求臺灣方面著即撤軍。

蔣經國奉父命訪美期間，艾森豪威爾便直接要求蔣經國，如果不把李彌這支部隊撤出緬甸地盤，美蔣之間的「共同防禦條約」及軍援臺灣，將被迫停頓。這麼一來，蔣介石當然不敢不就範。但是，蔣介石還是背後留了一手，雖然從蔣經國返臺兩個月後，亦即十一月十八日至一九五四年三月三十日，先後完成由緬甸經由泰國南梆，空運撤離第八軍殘部與眷屬共七千兩百八十八人，但仍在所謂金三角地帶，殘留不少國民黨軍殘餘勢力，就地按兵不動，徐圖再起。這是後話。

「反攻大陸」案外案

一九四八年十一月，蔣經國到上海「打老虎」的最後階段，發生了一樁轟動全國的「揚子公司事件」，鐵面無私的蔣經國原想藉著這件案子，揚名立萬，沒想到老虎不死，倒讓蔣經國先黯然下臺。「揚子公司事件」也成為民國史上不堪回首的一頁。孰料上海「揚子公司事件」才過去不到五年時光，蔣介石父子退居臺灣腳跟都還沒站穩多久，卻又爆發了另外一樁同名的「揚子木材公司案」。這宗案子雖然和蔣經國無關，可是卻與另幾位臺灣大官與商人，尹仲容、胡光麃等人有關。「揚子木材公司案」的敏感性，除了與官商相關，更與蔣介石的「反攻大陸」口號有關，所以成為當時海內外眾所矚目的大案。

為準備「反攻大陸」，蔣介石勢必要秣馬厲兵，先搞好軍隊的後勤準備工作。所以，登陸艇是對大陸發動戰爭時必備的運載工具。美國國會在戰後援助國民黨當局的艦艇名單裡邊，共有二十五艘機械登陸艇（ＬＣＭ）與二十五艘車輛人員登陸艇（ＬＣＶＰ），要交給臺灣當局，可是這五十艘登陸艇，恐怕才夠運載一團人渡海，運送這麼少的部隊怎麼能打仗？蔣介石當然清楚，但是登陸艇這種裝備，在美國人眼裡是十分敏感的，美國人哪會讓蔣介石得到讓他「反攻」的利器。他自然得瞞天過海，不讓美軍顧問團有一點風聲，私底下透過關係想辦法去國外購置大批登陸小艇。這樁「買賣」，蔣軍方面的人員是決計不方便出面的，有人就想到一位和美國軍方關係良好的人，臺灣揚子木材公司老闆胡光麃很適合承擔這樁生意。國民黨當局萬萬沒有想到，胡光麃卻給當局捅了一個天大的漏子。

胡光麃生於一八九七年，卒於一九九三年，他是四川廣安人。他特殊的資歷是庚子賠款最後一年錄取的年齡最小的留學生，一九二〇年胡光麃畢業於美國麻省理工學院。一九三一年返國回到老家四川，他把早年的智慧與心力投注在發展西南實業建設上，由於他有留美學生的優勢背景，地方政府對這位喝洋墨歸國的青年極為信賴，在地方政府配合下，胡光麃創辦了幾十種事業，成為盛名遠播的新秀實業家。一九四七年，民國政府為了獎勵對抗戰有功的實業家，胡光麃也被民國當局列名為有功人員，並且在民國政府接收淪陷區時，分給胡光麃一份頗有「油水」的公司——位於上海閘北的原敵偽資產——「揚子江木材株式會社」，收到這份天上掉下來的禮物，胡光麃就把這家日偽公司名稱改為「揚子江木材廠」。

從四川到上海，胡光麃靠民國政府發了家，一九四九年，國民黨大陸政權垮臺了，胡光麃趕忙轉移到臺灣高雄開了一家新工廠，慢慢地也做出了一點成績，並且和臺灣當局繼續過去的官商合作關係，正如前述，蔣介石想搞「反攻大陸」，海上運輸工具奇缺，一九五四年，受國民黨當局之私人委託，便以「揚子木材公司」的名義，和美國海軍部簽約，承造一百艘登陸艇。當時美國艾森豪威爾政府明知「揚子木材公司」不過是蔣介石當局的「白手套」，所以對這筆軍事採購案採取「睜一隻眼，閉一隻眼」的蒙混過關立場。這些登陸艇都已經按時交貨，木已成舟，卻出了大事。

一九五五年，一名「立法委員」郭紫峻向那時的「行政院院長」俞鴻鈞開砲質詢，郭紫峻指控胡光麃向各銀行、「國防部」及美援會騙取貸款外匯，有官商勾結之嫌，郭紫峻砲轟完，其他立委也跟著起鬨，指責委託「揚子木材公司」承造之登陸艇是「偷工減料，貽誤軍機」。

斯時正值蔣介石雷厲風行，大搞特搞「反攻大陸」精神動員的階段，「偷工減料，貽誤軍機」這八個字，前四個字還好解決，後四個字，弄不好會鬧出人命被槍斃的。觸動紅線，事情可大可小。果然，胡光麃被法院羈押，連當紅的經濟部長尹仲容也吃上了官司，最後甚至還因而被迫辭官下臺。不久，美國駐臺涉外機構也被迫對外聲明稱：揚子公司所製造的登陸艇全部都通過了查驗，品質與規格均合格，並未發現揚子公司有財務上不法證據。

連美國老闆都說沒問題，蔣介石自然更不會去深究這宗案件，卻無奈此事已被立法委員吵得沸沸揚揚，不辦下去也不行，勢成騎虎。最後，法院只好判尹仲容等無罪，但尹仲容卻對辭官下臺，以示道德上之無瑕疵。此事件堪稱蔣介石「反攻大陸」一幕插曲，一場國民黨內部吵吵嚷嚷的茶杯風暴而已。

沒錢買登陸艦✴要孔祥熙把錢吐出來

到了六〇年代初期，當另一波「反攻大陸」高潮突起時，蔣介石又想起登陸艇，這次他動主意動到了自己人身上，這便是只有極少數蔣介石核心軍政幹部才略微知悉的「大業計畫」。

這「大業計畫」的原始構想是這樣的，蔣介石退居臺灣後，尤其是在一九五〇年代，美國艾森豪威爾政府開始大量軍援蔣介石之後，國民黨當局一心想趁艾森豪威爾反共情緒高張的節骨眼上，制定一連串「反攻大陸」計畫。臺灣的優勢是隔著一道海峽，大陸想攻也很困難，但蔣介石想「打回大陸」時，這灣淺淺的海峽，又成為阻隔蔣介石動武的天塹，沒有足夠的艤裝船隻，或者像美國那樣龐大的空運能量，所以，在船隻有限，空軍實力不足的情勢下，只有想出一些變通的巧門，去解決上述之客觀限制。

原本有軍政幹部主張從海南島反攻，也有人提從潮汕之間的海岸登陸，朝鮮戰爭吃緊的時刻，連美國人也建議何妨從海南島打大陸。可是，蔣介石掐指一算，軍用民用船隻加總起來，也不見得能應付龐大的登陸運載需求。到最後沒辦法了，有軍政幹部急中生智，告訴蔣介石，金門島花崗岩石地形，十分適合把島挖空，在洞裡安放大批登陸艇，要行動的時候，只要蔣介石一聲令下，躲在洞裡的登陸艇便可順著山洞預先挖好的水道，把載滿部隊和隨攜武器的登陸艇開出來，高速航向金門當面適當的登陸地點——

例如潮汕地區——軍事幹部原本提議直接登陸廈門，但蔣介石以廈門有解放軍重兵把守而否決。但不論登陸地點是選擇福建或廣東，直接從金門進發，都是解決臺灣欠缺足夠的渡海載具的有效解決方案。

基於這樣的戰略構想，便一方面趁著挖掘金門地下工事時，也同時在金門靠海岸位置，秘密大興土木，把海邊的岩壁掏空，另一方面大量採購或者密造合宜尺寸登陸艇，落實所謂的「大業計畫」。一九五〇年代初期以至一九六〇年代初，美國給予臺灣比較穩定的軍經援助以後，美方時時刻刻惟恐蔣軍搞小動作，把每年軍經援助計畫的款項與物資，另外囤放積攢起來，以偷天換日的手法，挪為「反攻大陸」相關軍事項目用途。蔣介石考慮到，假使要建造上百艘登陸艇的話，需錢好幾百萬美金，這與年度美國軍援款項相較，雖然是戔戔之數，但帳面上實在不可能用任何「會計技巧」掩飾這筆用作「反攻大陸」的「額外費用」。釜底抽薪之計，便是臺灣另外想辦法自行籌款，去置辦這批登陸艇。

所以，蔣介石便把腦筋動到自己連襟孔祥熙的身上，據參與「國光計畫」核心軍政幹部胡附球將軍，在日後臺灣官方出版《塵封的作戰計畫》一書中受訪時回憶稱：「……我聽說的一個消息：海軍為使LCM能裝載M二四戰車，還設計較寬型的LCM（A），這個計畫代名叫『大業計畫』經費達XX億，是領袖讓在美的孔氏家族出資的（這項經費無正式公文）。」

注意胡附球將軍附加說明的那句關鍵話語：「這項經費無正式公文」。意謂大業計畫根本沒有任何報銷資料，既不是臺灣方面出的錢，也不是美國人軍援款項，而是孔家出資的，因此不方便在帳目上有任何官式的紀錄了。問題來了，孔家到底出了多少錢用於承造那一大批的登陸艇呢？只需從建造多少艘「ＬＣＭ－六」型登陸艇，倒推回去，便可以得出具體的金額了。

據了解，第一批的「大業計畫」建造了一百一十艘的「ＬＣＭ－６」型機械登陸艇，成軍時間是在一九六四年八月一日，半年後，又建造了五七艘的「ＬＣＭ－６」型登陸艇，又隔了四個月，亦即一九六五年六月又交貨了五十艘的「ＬＣＭ－６」型登陸艇。所以前後三批，在孔祥熙家族資金「挹注」之下，蔣軍一共在一九六四至一九六五年的十個月間，一共購置了兩百一十七艘的「ＬＣＭ－６」型登陸艇，若以當時造價每艘美金三萬元的費用估算，共花了六百五十一萬美金，相當於那時的新臺幣兩億六千零四十萬元。

固然民國時期山西孔家富可敵國，付出這六百五十一萬美金白花花的銀子，給蔣軍去打造登陸艇，再怎麼富可敵國，再怎麼海派大方熱愛黨國的資本家，也不可能拿自家祖業的錢去一擲千金的。人生是三十年河東，三十年河西。拿了人家的東西，總有一天要歸還。因果循環，報應不爽。猶記得一九四二年，當全民勒緊褲腰帶，艱苦抗戰的階段，孔祥熙身為行政院副院長，兼財政部長與中央銀行總裁三大重要職務，竟然藉著美金公債案，大慷國家之慨。一九四四年，國民參政員陳賡雅指控孔祥熙，套得不當利益計美金一千一百五十餘萬元。

為「反攻大陸」✷美蔣反目成仇

退居臺灣之後，為了以政治號召，挽狂瀾於既倒，扶大廈之將傾。蔣介石把「反攻大陸」口號喊得震天價響，「反攻大陸」之政治宣示，更形諸各種節慶場合發表之文告或所謂領袖訓詞之中，「反攻大陸」亦成為蔣介石在臺灣鞏固統治基礎，及凝聚大陸撤退臺灣軍心士氣的至高無上法寶，如果放棄了此一基本政策，不但蔣介石在臺灣所建立的法統與政權基礎，將不復存在，蔣介石更可能成為「退此一步，即無死所」的明朝崇禎皇帝第二。因之，蔣介石在內部各種公開或半公開場合發言時，都拳拳服膺，三復斯言「反攻大陸」是其「責無旁貸的歷史使命」。在自己的私人日記上，亦不嫌辭費，不怕嚕嗦，經常在日記裡邊反復矢言，要以爾後具體的反攻大陸行動，煎雪丟失大陸政權之恥辱。並且揭櫫了「一年準備、二年反攻、三年掃蕩、五年成功」的具體時間表，形同蔣介石敗退臺灣後，開出的第一張政治支票。

但是，大凡一個政治家要兌現他的政治諾言，更得付出高於一般人實現承諾萬倍的高昂代價。綜合歸納蔣介石退居臺灣二六年，其所作所為，可用八字概括之，即所謂「建設臺灣，反攻大陸」。然則，這八字沉重之承諾，兌現前四字已經是千辛萬苦——民國政府在一九四五年十月光復的寶島臺灣，不過是一座戰後民生凋敝，飽受美國經年轟炸，電力交通系統殘破不堪，一派戰後蕭條破敗，人民窮困，面有饑色，百廢待興的彈丸孤島。雖然這座孤島被蔣介石稱之為「復興基地」。老實講，要讓臺灣從戰後的廢墟中復甦已經誠非易事，更別說要在美援斷絕，國庫空虛，民窮財盡，部隊僅餘殘兵敗將的情況下，徐圖再起，所以兌現後四字「反攻大陸」，那更是比登天都要艱難了！

但是，當蔣介石在與美國軍政界領袖會晤時，固然時時矢志恢復過去在大陸統治之「法統」，是其畢生職志，但卻對「反攻大陸」的秘密計畫，始終三緘其口，諱莫如深。這對和臺灣當局簽有所謂〈共同防禦條約〉的美國而言，確實備感頭疼難辦。在防止大陸對臺灣軍事攻略的面向，蔣介石與美國的確存在著唇齒相依、相濡以沫的共同利益交集點，但從美國當局的視角看來，蔣介石或者臺灣，只不過是一個幫美國看守西大門的「司閽者」（這還是一種比較好聽的稱謂），這個司閽者是在美國老闆的「施捨」下，給你機會賦予任務為美國看住第一島鍊的前沿崗哨，而且，這個司閽者是不拿薪水的「義工」，無給職。可能是史上最廉價的看門人。但令美國始終頭疼的是，這個司閽者動不動想翻牆，想去「收復」過去被他敗得精光的朱門華宅。美國誠惶誠恐深怕蔣介石的「翻牆」動作——「反攻大陸」行動，會把美國一起拖下水，進而觸動第三次世界大戰的導火線。為了防堵蔣介石隨意逾越紅線，美國做了各式各樣光怪陸離的防範措施，這些措施看在蔣介石眼裡又是防賊又是防盜，簡直是污辱人格，丟盡顏面，令蔣介石大為光火，雙方自然嫌隙頻生。

茲舉一例，一九六四年五月二十七日，美軍顧問團從各種情報管道得悉，最近蔣介石可能會有行動，故而對蔣軍的監視行動幾乎到了凡有風吹草動，必定一路緊盯的地步。當天，蔣軍舉行一項代號「騰海二號演習」的任務科目，美軍顧問團深恐蔣介石極可能假借演習名目，假戲真做。當天拂曉時分，蔣軍一個師的陸戰隊在澎湖登陸演習，美軍協防司令部那天極為緊張，以為蔣介石這天要開打了，一口氣派出二十九名軍事顧問，到各裝載港口及動員兵員報到地點，詳細目視核實，一分鐘也不敢放鬆，另外還加派了五名美軍顧問，隨船出海演習，看看你們到底是真演習，或者是背地裡搞「反攻大陸」。

不但在臺灣本島派出了眾多的眼線，嚴防蔣軍出其不意，不遵照〈協防條約〉有關調動軍隊，蔣美彼此應該先行知會的規定，出其不意，突然展開「反攻大陸」行動。美國第七艦隊更在海上設置了一道嚴密的防線，美國軍艦分分秒秒監視著蔣軍的一舉一動，讓你動彈不得。是故與其說美國軍艦是在「保護」臺灣，不如說是綁住蔣軍的手腳，讓他們動彈不得。

例如，蔣軍於一九六一年八月及九月，分別向蔣介石報告稱，在臺灣海峽回定巡弋的美國第七艦隊軍艦，常態性尾隨跟監蔣軍負責運補金門、馬祖的船隻，而且美軍顧問人員更是防賊防盜地嚴密清點，觀察蔣軍兩棲登陸作戰舟車的移動詳情，每天都作紀錄，務求滴水不漏，無所遁形。

一九六〇年代，通訊設備之方便性尚無法與今日之網絡通訊相匹敵，但即使在金門、馬祖地區，美軍顧問團派駐人員都隨時可與遠在美國之國務院直接通聯，如果蔣軍有任何風吹草動，美國政府即會在第一時間獲悉第一手情報，而適時研判是否立馬伸手阻撓。

因此，美蔣合作打從一開始，就存在著極為微妙的矛盾與衝突點。雙方始終處於一種既聯合又鬥爭的互不信任長相猜忌的「同床異夢」關係。除了怕蔣介石「反攻大陸」，觸動世界大戰的引信，另一個重要的癥結點在於美國對臺灣的領土野心，這是頂重要的一點。美國從二戰戰勝日本之初，隨即從日本帝國主義者手中奪取了之前日本侵佔的領土，這些領土包括中國在內的亞洲各國領土，中國大陸基本上歸還中國，但對中國境內一些戰略要地，像是青島軍港、上海軍港，以及戰敗國日本本土全境，美國是存有強烈的侵佔慾念的，如果中國大陸不是被共產黨解放，親美的民國政府垮臺，美國派駐在青島、上海等軍港的軍隊，必定和駐紮在日本本土的美軍一樣，至今仍未撤軍。換言之，美國在二戰之後，不論是戰敗國、戰勝國，大凡只要被他染指過的領土與領海，垂涎三尺的美國向來是緊抓不放。就因為美國對臺灣存有這麼一份「非份之想」，所以，套一句臺灣本地的俗話，美國老是想「乞丐趕廟公」，老是想把臺灣真正的主人

——中國人趕走，就因為美國對臺灣的「心術不正」，因之打從抗戰勝利之初，就對中國來光復臺灣，頗不是滋味。

美國的潛意識中總有一種心術不正的思維：臺灣這塊地方是我們美國人用武力把日本趕跑的，是美國原子彈逼日本投降的，按照他們既往「砲艦外交」的思考路徑，臺灣的主權本應歸打敗日本的美國所有。只是二戰末期美國顧慮到國際現實利害，為了誘使蔣介石及中國軍隊牽制住中國戰場上的百萬日軍，美國總統羅斯福才會開羅會議上，欣然同意戰後應將東三省與臺灣、澎湖等日本之前侵佔自中國的領土，完全歸還給中國。

可惡的是，美國從其開國兩百餘年以來，便練就了一套偽君子的詐偽之術，他們明明垂涎臺灣到無以復加的地步，儘管早已惡從膽邊生，卻一時難以啟齒，所以羅斯福的繼任者杜魯門，在蔣介石政權危急存亡之秋，竟然恬不知恥地極力鼓吹所謂「臺灣地位未定論」，而且還積極醞釀組織一支以美軍為主的多國部隊，想趁中國軍隊在臺灣立足未穩之際，把中國軍隊趕下海，由這支多國部隊控制局面，在臺灣升起聯合國旗幟，名為託管，實則掌握在美國人手裡，把臺灣當成美國屬地，關島、琉球都是這麼取得的。如此居心能不與蔣介石爾虞我詐，彼此算計呢？

伸手要美援✷美軍顧問囂張跋扈

蔣介石不是省油的燈，自也有一套對付美國人的辦法，那便是當好第一島鍊司閽者的角色，蔣介石很清楚美國深怕共產黨強大，所以用封鎖的老招式，以兩道島鍊遏制中國的發展。只要這個事情上好好配合美國當局，其它的問題都好辦。這麼一來，蔣介石進可攻，私底下偷偷摸摸搞「反攻大陸」，公開場合退可守，搞革新保臺，把自己立於不敗之地。蔣氏父子便是抱持著這種生存哲學，在臺灣安身立命，一直延續到蔣經國去世，維持了近四十年的小朝廷薪火傳承。

美國由於長期提供臺灣各種軍經援助物資，進入一九六〇年代之後，蔣介石軍方單位經常使用偷天換日的手法，從常態性美援軍用物資中，大量囤積美援軍需物資。美軍派駐臺灣的軍事顧問團，也全是一群精明刁鑽的窺伺者，他們經常發覺美國配發給臺灣的軍用物資，被大量存放於庫房之中，用意不明。而且帳目上迭次增加防務預算，要求美國全部買單。這自然引起美軍駐臺單位嚴重質疑，勢必要求蔣介石當局說明囤積物資之目的，是否係用於日後「反攻」之軍事用途？這種情緒累積到一定程度，大為光火的駐臺美軍顧問團團長，帶著一名隨從人員，怒氣沖沖，直接上門找國民黨軍「參謀總長」彭孟緝當面質問。從下面這段美軍顧問團團長戴倫與彭孟緝的談話紀錄，話語中間，似乎還隱隱然透露著戴倫頤指氣使趾高氣揚的囂張氣焰：

總長與戴倫團長會談紀錄

日期及地點五十一年（一九六二年）五月三日上午十時於「國防部」

參加人員：戴倫團長、施密德上校（顧問團作戰計畫副參謀長）、伍建沾上尉、總長、馬副總長、胡局長旭光（翻譯及紀錄）

戴倫團長首述此次請見總長之目的，係奉美國大使館之命向總長轉達昨日美國大使館代辦高魯夫晉謁「副總統」（按：係指陳誠）談話之內容討論之主題係有關軍事費用增加之問題美方之意見可歸納為三點：

一、美國政府對中國政府軍費之大量增加，而引起對臺灣經濟安定之威脅深感關切，美政府認為根據目前之軍事需要此項（額外）支出並不適當，「中國政府」（按：係指臺灣當局）為準備重返大陸之願望深為美方所瞭解。但根據一切之情報資料，美方認為共（產黨）在大陸之安全控制尚未崩潰至適當之程度，故目下或最近之將來對中國大陸之反攻行動尚無成功之希望。反之，目下以及以及以後計畫之軍費支出，事實上可能對臺灣基地有嚴重之損害，而影響「中國政府」對完成反攻大業之努力。通貨膨脹之威脅甚為嚴重，同時因通貨膨脹，而引起一般民眾對政府失去信心，可能有嚴重之後果。

二、華盛頓對中國政府有關增加軍費支出事項，未能隨時通知美國政府一事表示失望，有關此事之各項事實，直至最近方通知美方，中美兩國對有關安全之事項，向來密切合作，如今此項軍事計畫，不顧兩國之合作精神，將成為既成事實，美方亦至表關切。

三、有鑒於美方對建立中國國軍之軍事態勢及創立臺灣為經濟基地之深入關注與承諾，高魯夫代辦請求駐華之美國機構，對最近及計畫中之特別軍費支出之範圍及性質，能獲知全部事實，高魯夫代辦並建議儘速召開中美雙方協調會議，以討論如何減少最近軍費支出增加對經濟上之不良影響，及如何對以後數月之支出制定限額。

戴倫將軍將美國大使館交辦之意見轉達以後，繼續表示其顧問團長立場之意見，有關影響軍援計畫之執行之職責各項問題，已與馬副總長多次討論，例如聯勤總部事先未經協調，動用美援原料及不在計畫中之額外生產問題，及據報各庫房有屯積美援裝備，作國防部控制之儲備等等問題。

戴倫團長個人之看法，對此事之發展及影響，亦深表關切，戴倫團長認為中國政府計畫中軍費支出數量之多，與稅務措施範圍之廣，不可避免的將使華盛頓對美援（經濟與軍事）計畫，重行檢討，此種發展，將不但影響中國之遠程目標，且亦將影響目下中美雙方所作加強現在及將來防禦力量之努力。

根據美國大使館指示之第三點意見，戴倫團長正式向總長請求提供有關額外支出軍事計畫之範圍與內容，戴倫團長並強調其職責僅為軍援裝備之供應，故對於有關計畫之理由及作戰方面之考慮不擬過問。

總長因與戴倫團長均已分別獲悉副總統與高魯夫代辦昨日談話之內容，故建議不再討論「美國大使館」所提出之三點，對於戴倫團長奉命提出之意見，總長表示知悉，有關國防部與顧問團階層討論之問題，馬副總長自戴倫團長處所得之九項問題，均係細節問題，總長相信在中美雙方政策指導之下，必能以合理可行之答案解決，至於超出國防部政策以外之事項，則總長自必請示政府。

有關軍費支出之內容，總長云二週前已由馬副總長將有關五億之使用範圍面告戴倫團長，至於國防部特別稅征收後之使用範圍，尚待陳兼院長審核分配後方能知悉軍事部份究有若干。

戴倫表示馬副總長所告之五億使用情形尚不夠具體，目下華盛頓所要之資料為整個二十四億國防特別費中軍事準備部份之細目。對於戴倫團長上項之要求，總長未作任何承諾，僅表示已知悉此項要求。

總長繼稱國軍員額六十萬人除美援員額五十六萬餘人外，尚有一部份非美援員額，屬於警備總部、特種部隊之二個總隊等等此類非美援部隊所需之物資裝備，均由中國政府以國款向美購買，多數裝備均須美國政府發給執照，故亦自然為美政府所悉，此次加強戰備，亦為各非美援部隊添補服裝及少數武器裝備之修復，因為數不多，我政府認為不必再申請。美援五億新臺幣合美金一千萬元，實不足以購大量之裝備，關於美援武器之借用，過去亦有先例，東引因需要七五山砲，曾向前任杜安團長商量，杜安團長口頭上曾同意借用八門。

總長繼稱，我政府之反攻作戰計畫內容，已先後透過克萊恩、本迪、哈里曼、李尼茲上將，費爾特上將等人，使美國總統及高階階人員獲得瞭解，如今美國大使館再提出如此之意見，恐係幕僚階層未曾貫通瞭解之故，相信不久應可獲有較為透徹之瞭解，雖然總長未悉二十四億僅合美金五千萬元，實不足作反攻作戰之用，美國政府為應付緊張多變之世界局勢，亦已追加國防預算，舉行核子試驗，中國政府此項措施，亦為準備應付大陸上突發狀況之用，動機完全相同，中國政府曾多次向美政府保証，在採取任何反攻作戰行動之前，必先與美方協商，中國政府對遵守條約義務之誠意與信譽，應可自過去之歷史中獲得充份之証明。

最後，總長指出，任何一個國家均有其特殊之立場，觀察中國之問題，當可易於瞭解，中美軍事合作就其本身觀察對中國國軍困難及問題之瞭解，向美政府解釋，使現存之誤會能減少或消除。（國史館檔案號碼2006000069）

蔣、美之間的齟齬與言行衝撞尚不僅止於此，為了落實蔣介石的「反攻」決策，蔣、美之間的矛盾也進一步激化。戴倫與彭孟緝的這次秘密談話，應該是長期以來美國方面對蔣介石當局執意私底下大搞「反攻大陸」備戰，積怨已久的強烈情緒之總爆發，美國在臺灣的情報蒐集做得很徹底，乍看之下，美國似乎是蒙在鼓裡，實際上蔣軍內部應有許多美國內線，隨時通風報信，因此，即便蔣軍內部政工人員與負責反情報之「保防細胞」無所不在，但似乎都無法有效剋制美國眼線的偵察窺探。

那麼，戴倫為什麼早不出來，晚不出來，偏偏在一九六二年這個時間點，「國光作業室」都已成立快一年才出來向蔣方表達不滿，美國人情報不是很靈通嗎？此正是美國人厲害之處，他們早就發覺蔣軍許多事情遮遮掩掩，但卻又欲蓋彌彰，「國光作業室」成立不滿一年，大陸方面推行大躍進運動也逐步進入尾聲，蔣介石判斷大陸整體力量下降，自認是最好的「反攻大陸」時機，頻繁調動部隊，同時在部隊內部半公開地鼓吹隨時準備動員「反攻」。如此大張旗鼓，自然逼使美國當局不得不飭令美軍顧問團，表達美國當局的嚴重關切，這也因而使得美蔣關係進入有史以來最緊張的一個階段。這種緊張氛圍，又可以從蔣介石與軍政幹部之間的秘密對話，最能凸顯情況的尖銳性。

長期追隨蔣介石，策定「反攻大陸」參謀幕僚計畫書的段玉衡將軍，曾經摘要性地把他親耳親身見聞，收錄成為一系列的談話錄。這些談話內容不僅僅突顯了美蔣之間關係從相濡以沫，到彼此各有所思，同床異夢，甚至爾虞我詐，關係惡化。

民國四十一年五月九日（按：即一九五二年），總統與美太平洋總司令雷德福會談時，雷氏主張由美海空協助我攻佔海南島，但總統力主在閩浙登陸。

民國四十二年一月四日，總統接受美國紐約論壇報記者希金絲小姐訪問時，答覆其「如美以斷絕援助為要挾阻我反攻時」說：不管有無武器供應，我都要反攻。

以上兩段對話，正足以說明，適值朝鮮戰爭美國打得焦頭爛額，窮於應付之際，美國軍事主管幹部當然希望能善用一切可能的策略與手段，轉移中國人民志願軍在朝鮮戰場上的專注力，期望採取「圍魏救趙」的方式，要蔣軍騷擾大陸東南沿海，意圖迫使中共中央軍委把軍事行動的重心，從朝鮮戰場轉移東南沿海，這麼一來，朝鮮戰場上處於劣勢的美軍，壓力便得以緩解，從而能夠休養生息，在幾近窒息的戰場形勢中，稍獲喘息機會。惟美國白宮擔心，這招「圍魏救趙」策略固然高妙，但仍然有可能弄巧成拙，一旦蔣介石反攻心切，把原本一場有限的「騷擾戰」，假戲真做，擴大戰場，演變第三次世界大戰，如此火中取栗的冒險行徑，只不過順遂了蔣介石「反攻」的心願，而與美國的「國家利益」背道而馳。

美國《紐約論壇報》記者希金絲小姐揭露的蔣介石訪問談話，也揭示了臺灣時期美蔣之間，從一開始簽約〈共同防禦〉，便滋長了不信任的因子，這不信任的因子，固然與美國一度想採取政變手段，驅蔣，去蔣，甚或謀奪蔣介石的性命，脫不了關係。不信任的源頭，更與大陸時期充滿疑懼與怨懟的第一次美蔣合作有關。美蔣在臺灣的第二次合作關係，雖然極力掃除歷史因素造成的疑懼與怨懟，但仍不免在蔣介石的潛意識中時時浮現過去不愉快的合作經驗。而常與蔣介石交手的「老朋友」們，亦早已對蔣介石的兩手策略與固執己見，痛心疾首，但基於臺灣在冷戰格局下遏制大陸的絕佳戰略位置，美國人也只好暫時隱忍，直到臺灣的利用價值徹底被榨乾為止。

包括段玉衡在內的重要軍政幹部，摘錄的蔣介石秘密談話，越到後來，越能讓人洞悉美蔣關係的脆弱與敏感。段玉衡指出，一九六一年五月三日：「總統下給彭總長五個手令中，有三個手令是指定閩粵沿海可供我突擊登陸灘頭之代名。第四個手令，是有關國軍部隊應如何擴編。第五個手令，是規定擔任突擊登陸的步兵師應由陸戰隊派出人員到各師擔任副職，並在臺澎尋找相似地形，實施專精任務訓練。」

蔣介石怒罵與其被美國出賣而死✷不如死在戰場

一九六一年七月十一日，蔣介石在日月潭召見彭孟緝（蔣軍「參謀總長」），蔣介石說的一番話最為露骨：「建設臺灣，為的是反攻大陸，否則，我們可以不幹，當前革命形勢，對我有利，過去在臺十二年，雖有機會，但沒有現在的形勢有利，再不奮鬥打回去，則絕回不去了。」

同年十月，蔣介石講的一番話，更突顯了蔣美之間矛盾的根深柢固不易化解，這段話是蔣當著日本教官白鴻亮等人主持的「石牌訓練班」中，受訓的國民黨高階將校說的。蔣介石非常直白地講：「據最新情報，美國有與中共妥協，允諾阻我反攻，我們只有戰，才有生路；不戰，只有死路一條。與其死在臺灣，不如死在大陸；與其被美國人出賣而死，不如戰死在戰場！」

這段談話的悲壯程度，可謂是見所未見，聞所未聞者。蔣介石之所以悲壯，之所以義憤填膺，之所以怒不可遏，便是蔣介石從情報研判，美國這個號稱是朋友的「盟國」，竟然背叛他，出賣他，是可忍孰不可忍？如此盟友，能不有裂痕？能不生嫌隙？

退居臺灣之初，蔣介石已年逾花甲之齡，到了一九六〇年代中期，蔣介石轉眼即將過米壽，對一個將屆八十歲的暮年老人而言，竟然還會冒那麼大的火，對美國作出悲憤交集的發言，可想而知，如果不是被美國逼到牆角，逼到退無可退之境，蔣介石又何至於此？

駐臺美軍顧問團人員對國民黨軍政首長的煎逼羞辱，頤指氣使，張牙舞爪，有時實已至令人尊嚴喪盡的地步。例如，段玉衡將軍回憶：「一九六一年七月上旬，有一天在一次酒會上，美顧問團長戴倫，詢問我彭總長，為何我空降團及陸戰隊不按年度計畫訓練，又我兵工廠日夜加班修理武器。是何原因？同年八月九日，有幾名顧問團人員不理我憲兵阻止，硬闖進我三峽陽明營區『成功作業室』查看。同年八月間，美協防部直升機數次在三峽我『國光作業室』辦公室上空盤旋偵察。」

美國人向來視他國之主權如無物，蔣介石既然選擇和美國簽訂所謂〈中美共同防禦條約〉，就要有心理準備把主權與國格賤賣給美國人，這便是孟子所謂的「人必自侮而後人侮之」。這也很像為了交換權力，拿自己的靈魂作交換酬碼的浮士德。蔣介石至少在某種程度上，出賣了一部份的靈魂給美國人，以換取美國援助與在臺灣的苟安之局。失去尊嚴，便成為蔣介石與魔鬼美國交往，必須付出的沉重代價。

為了達成他「反攻大陸」的迷夢，蔣介石暫時出賣了自己的靈魂。但是，他終究不失為一位植基於中國儒家道統的軍人，他的歷史使命感，民族主義者襟懷，又不時喚醒他的良知良能，令他找回自己的靈魂。可從軍政幹部的若干見聞紀錄中，找到蔣介石企圖找回自我靈魂，內心掙扎的蛛絲馬跡。

在一九六三年五月二號舉行的一次秘密「特別會談」中，蔣介石對軍政幹部講話時稱：「我們可以不管美國人對我反攻的態度如何，我們應該主動創造有利形勢，不能坐以待斃。如果等到美國人同意我們反攻，這是不可能的。虎嘯和龍騰，無論如何都無法對美顧問保密，與其隱隱藏藏，不如乾脆明白告訴美國人我們要反攻了，除了目標區保密外，其餘不必避諱他們。」

同一場合中，蔣介石又說：「我的指導概念是：先持續三、四天砲擊，誘發砲戰，我向世界宣佈，中共向我挑釁，便於我發起行動藉口。繼之，空軍開始反制作戰，數日後，接著就是登陸。美國協防條約中，並沒有規定不准我反攻，我反攻，是我們實行國家主權。」

第八章

核武之夢

根據十餘份分別拍發於一九四五年至一九四七年間的國民政府機密電報證實，中國曾經在抗戰勝利初期，網羅被俘虜的日本原子彈專家，結合中國自己的核子科學家，秘密從事中國首波原子彈研製計畫，並且準備試爆一枚「酸化鐵原子彈」。

九一八事變到八年抗戰時期，日本軍閥佔領了東北，成立偽滿洲國。之後陸續又竊據內蒙古及華北鐵路沿線地區，盤踞長達十四年。抗戰晚期，日本鬼子為擴大侵略戰爭，俾與美國等反法西斯國家負隅頑抗，日本軍工科研人員曾經在前述竊據地區，大肆挖掘收羅放射性礦石，將這批放射性元素礦石精煉後，分別在北平及東北偽滿洲國轄內幾處原子彈研究室，進一步完成研發原子彈之工序。抗戰勝利後，這批日本軍工科研人員，依日本大本營之規定向開赴當地的國民黨接收人員投降，他們向國民黨審訊人員供稱，渠等已經接近研發成功一種威力驚人的「酸化鐵原子彈」。據他們推估，這種「酸化鐵原子彈」的當量，約六千噸黃色炸藥威力，相當於美國投擲的廣島級原子彈的四分之一。如果日本軍工科研人員所言屬實，「酸化鐵原子彈」的威力將是十分可觀的殺傷毀滅性武器。惟令人困惑的是，假使日本原子科學家所言屬實，何以日本軍閥從未將它運用在實際的戰場上，與美國生死一搏？而卻要交給中國的民國政府當局呢？情節合理性確實令人匪夷所思。

趕四五年造彈熱潮✷中國吹起核旋風

乍然接到來自華北各地傳來之密電情報，遠在重慶的蔣介石，自不免喜出望外，基於二戰結束之初，全球吹起的一陣原子熱，更對原子彈計畫，表現出極高的興緻與企圖心。這時，不光是中國積極想一探原子彈的神秘力量，蘇聯更是在佔領柏林之初，便與美國展開了一場搶奪德國原子彈資源的爭奪戰。目標擺在搶德國原子科學家、搶奪納粹德國原子實驗成果，及原子實驗室珍貴儀器設備的拉鋸戰。

這時，有「蔣介石配劍」之稱的軍統局代局長戴笠，向蔣委員長提出了一項建議，主張延聘中國著名科學家吳大猷、鄭華熾、曾昭掄、華羅庚等十餘人，成立「原子能研究委員會」，之後又籌組「中央原子物理研究所」，積極佈署與落實原子彈研製方案，蔣介石非常欣賞戴笠極富戰略意義的建議，並且支持其逐項落實。情報頭子戴笠，與研發核子彈，兩者劃上等號，這恐怕大出一般人意料之外。由於美國在日本廣島、長崎先後投下兩枚原子彈，其強大的毀滅性威力，震動全世界。原子彈亦成為抗戰勝利之初，舉世矚目的「新科技」。

抗戰勝利尚不滿兩個月，國民黨重慶政府駐瑞典大使何鳳山，從斯德哥爾摩給國民政府主席蔣介石打了一通密電，這雖是駐外大使定期呈給蔣介石的例行「輿情報告」，但卻引起蔣介石極大關注：「據瑞典新聞社稱：莫斯科科學院物理研究所，自一九三四年，在卡普甲教授督導之下，已完成分離原子之試驗。據蘇聯發言人稱，用蘇聯製造爆炸性原子之方法，製造原子彈，其成本較美國所製者為廉。」

在這裡，也費點筆墨講講外交家何鳳山博士其人——這位有中國辛德勒美譽的偉大外交官。

一九三八年十一月九號，被德國納粹黨人稱之為「碎玻璃之夜」，納粹黨人對德國境內的猶太人住家與商店，大肆劫掠與打砸搶，並且展開了有計畫的迫害猶太人行動。許多猶太人被關進了集中營，剩下沒被抓捕的，也是膽顫心驚，危在旦夕。有辦法的猶太人拼命想逃出德國，遠離歐洲，但是猶太人苦無外國簽證，許多平日信誓旦旦維護人權的「民主國家」，絕大多數採取拒人於千里之外的政策。像是美國、加拿大、澳大利亞、紐西蘭、愛爾蘭等三十二國，全部拒絕給猶太人簽證。這麼一來，納粹德國統治下區域的猶太人只有坐以待斃。

這時，任職民國政府駐維也納領事館總領事的何鳳山，想到這些可憐的猶太人如果拿不到外國簽證，逃不出納粹德國的手掌心，便只有死路一條。何鳳山此時惻隱之心油然而生，他完全不管上司駐德大使陳介不准發猶太人簽證的命令，逕以民國政府駐維也納領事館的名義，至少發給猶太人好幾千張簽證。納粹當局為報復何鳳山大發慈悲之舉，藉口民國駐奧地利總領事館，其原始產權屬於猶太人，依德國政府規定猶太人房產一律沒收，意圖阻撓何鳳山再核發簽證給猶太人。

何鳳山這種義舉，也給民國政府帶來頗多困擾，為了一定程度的劃清界線，民國政府拒絕給何鳳山主持的駐奧地利總領事館出資租房，但是何鳳山卻在約翰巷二十二號，自費租下一套小公寓，把總領事館的地址搬到那裏，升上中國國旗，繼續向猶太人發給簽證。

據說有猶太人遠遠看見何鳳山的座車迎面而來，便擋在座車前，希望何總領事高抬貴手，何鳳山當場命令司機停車，猶太人把護照和申請書塞進車窗縫裡，何鳳山看了證件，知道又是走頭無路的猶太難民，二話不說，就在車上為那位擋車的猶太難民，作好簽證，令那位猶太難民當下感激泣零。何鳳山這種抗命之舉，民國政府私底下固然十分諒解，但為了顧及中國那時與德國微妙的外交關係，形式上給何鳳山記過一次，以此行政處份向德國政府作交代。

據猶太人團體事後統計，二戰時期抵達上海的猶太人高達三萬之眾，這些來自歐洲的猶太人，多數是持有何鳳山簽發的旅行簽證。非正式統計，何鳳山至少發出去近萬張簽證，給受困德國的猶太人。何鳳山發給猶太人的簽證，甚至比加拿大、澳大利亞、印度、南非、紐西蘭這些國家加總起來都要多。何鳳山因而被猶太人視為救星。奈何天道無常，如此大愛無私的忠良外交家，竟然遭受奸人無端陷害，尤其令人憤懣不平。一九七二年（按：當時蔣介石雖然仍在領導人任上，但實已因臥病，不理政務，軍政大事已由蔣經國一肩扛下），何鳳山擔任臺灣當局駐哥倫比亞大使，可能統御下屬太過嚴格，竟有一名館員挾嫌報復，誣指何鳳山侵佔一筆兩百美元的專款、虛報圖利。當時臺灣法院不起訴結案，換言之，連法院都找不到何鳳山有任何違法之處，明顯是一種政治迫害，臺灣涉外部門竟仍對何鳳山作出停職之處分，強迫退休，並剝奪其退休金。所謂一罪不二罰，臺灣監察部門又對何鳳山施以「彈劾」處分，司法院公務員懲戒委員會決議撤職，並停止任用三年。何鳳山本人憤懣不平，宣稱無罪，認為指控與彈劾、懲戒皆是因為政治因素，但當局仍不予理會，任令這麼一位具有濃厚人道關懷的優秀資深外交官，臨老蒙受不白之冤，天理何在？公道何存？

戰後初期，何鳳山在民國駐瑞典大使任內，克盡職守，為蔣介石匯報了蘇聯正在趕製原子彈的情報，因此加深了蔣介石製造原子彈的迫切欲念。

蔣介石是一個十分重視公文書面作業的人，他非常仔細地批閱這份電報，並且用紅鉛筆輕輕點上標點句讀，雖未註記任何批示，而蔣介石侍從室的文書侍從們，都摸清楚了蔣介石脾胃，凡是提及原子彈的公文，是他每日必看，經常關切的頭等大事。因此凡遇有談論原子武器的公文，必定儘早上呈，一分鐘就耽擱不得。十天後，另外一封有關外國發展原子炸彈的密電，又由侍從秘書以工筆楷書謄寫好放在蔣介石的辦公桌上。那份密電發文單位是「軍事委員會」專門管情報的第二廳中將廳長鄭介民，送上一份〈情報輯要〉給蔣介石，這份簡短情資報告是軍統局駐伊朗德黑蘭的情報官黃于安，呈報回國的密電，電報聲稱：「據伊朗參謀本部密息，德國流亡科學家在喀爾巴阡山，造成新原子彈，較美國者簡單，力大，成本亦低，英蘇兩方正力圖羅致，確否待証。」

蔣介石真正起心動念，開始積極籌謀研製原子彈，竟然是受到黨內死對頭，桂系大將李宗仁的刺激，因為，蔣介石擔心李宗仁近水樓臺先得月，李氏也因緣際會成為蔣介石最初嘗試研製原子彈的最有力推手。

日本核彈研究隊伍成追捕要犯

一九四六年一月間，當時任職軍事委員會委員長北平行營上將主任的李宗仁，得到了一項極為可靠的情報，訊息指出，日本發動侵華戰爭期間，日本陸軍省秘密派遣了一支技術人員隊伍，人數多達七十餘人，他們此行目的是到張家口地方採掘原子放射性原料，預備用這批放射性原料供作日本發展原子彈之用。未料，美國不但搶先一步製造成功原子彈，並率先使用原子彈，迫使日本無條件投降。據情報指出，日本投降後，這個研發原子彈的小組中，有三十餘人被中國共產黨逮捕，其餘未遭逮捕的人員，全都隱姓埋名藏匿在北平。

李宗仁有意按圖索驥，尋覓蟄伏躲藏在北平的日本原子彈專家的下落，希望這些日本專家協助國民政府研發原子彈。一九四六年，世界四個主要強國中、美、英、蘇當中，美國依舊是惟一擁有原子武器的強權，那時種種跡象顯示，蘇聯正努力爭取成為世界上第二個原子國家。

匯集了所有的情報訊息，李宗仁於一九四六年二月一號，拍發一份密電給在重慶的國民政府主席（兼軍事委員會委員長）蔣介石。這份密電內文稱：

渝　委員長蔣：（九九六五密）據報，敵『華北交通會社』據日人西田稱：（一）日陸軍省曾派來我國張家口地區，技術人員七十餘，耑事採取原子原料，於日軍投降後有三十餘人投入奸黨，其餘人員均散居北平。如我政府願予留用，西田決能招集彼輩在中國研究，並將原子能設計成功報告，盡量使其早日成功，否則均不願予以發表。（二）該項技術人員曾在張家口取得一部原子彈原料，空運回國，對察綏各地礦產，探查甚詳，兩地原子鈾之出產，僅百靈廟一處，年產鈾可達六噸。（三）在日本投降前，日本已裝有五部機器，開始研究製造原子彈，後以美國發現，致將該項機器全部破壞。但此項技術人員，均在日本內地，並詳悉其姓名住址等情，關於是項研究工作，我國尚無人主持，似應由中央指派專家商討研究，如何之處，謹電呈核。

李宗仁這份密電讓蔣介石聞之震驚的，第一件讓他吃驚的是，日本投降的原子技術人員七十幾個人，竟然有三十幾個人被共產黨抓走，其他沒被共產黨帶走的，則是「隱姓埋名，藏匿在北平」，假使這三十幾個被共產黨捉去的日本原子技術人員，被共產黨運用，甚至被送給蘇聯，幫助俄國人造原子彈，一旦共產黨或者蘇聯造成功原子彈，將對國民黨處境極為不利。想著想著，蔣介石也不由自主緊張起來。

況且，李宗仁密電中所提及的事，也提醒了蔣介石，不但應該趕緊搜尋散居在北京那些日本原子技術人員，更要組織起中國的原子彈研究計畫的團隊。李宗仁提及：「關於是項研究工作，我國尚無人主持，似應由中央指派專家商討研究，如何之處」顯然，李宗仁是一個腦子很清醒的人，他認為應該運用這批日本原子專家，協助中國製造原子彈。

老對手畢竟就是老對手，蔣介石對李宗仁的提議，滿腹狐疑。第一，蔣介石主觀上認定，像原子彈這種屬於戰略層次的秘密武器，基本上應該由領導人一手抓，別的軍政首長未經蔣介石授權，安可任意越俎代庖？這在任何國家都是天經地義的事。比如美國曼哈頓計畫便是直接歸羅斯福或者後來的杜魯門總統親自掌管。蘇聯的原子彈製造也是史達林說了算，不容其他人置喙。英國最早的原子彈計畫，也是邱吉爾決策。

共產黨搶走日本核彈專家✷蔣介石緊張

但是，蔣介石最介意的，還是共產黨爭取了那三十幾個日本原子技術人員，這實在是一件十分棘手的事，因為如果此事屬實，它無異像是一枚不定時炸彈，後續影響很難評估。他當然第一時間便召來軍統局代局長戴笠，但是，在沒見戴笠之前，蔣介石交代軍務局局長俞濟時，給李宗仁草草發了一則電報，敷衍一番，電報上說：「北平行營李主任：參二華子世電悉，（密）此事待研究後再定可也。中（丑陽府軍愛）國民政府電稿民國三十五年二月六日下午九時事由：原子能事待研究俞濟時代電」蔣介石意思明顯表示，這件事目前我還沒腹案，有了決定再告訴你。

由於蔣介石不放心李宗仁，故而私下交付給軍事委員會調查統計局代局長戴笠一項重要任務：仔細查明抗戰時期日本鬼子在中國境內研製原子彈的詳細經過。

蔣介石之所以會作出這樣的決策，自然與他在一九四五年十二月的一次北平之行，有著密不可分的關聯。這次的北平之行，讓蔣介石不無君臨天下威風凜凜之感，所以，他更覺得研發原子彈這種戰略性武器的事情，更不能造次隨便了。親身隨同蔣介石視察北平的官邸侍衛官錢漱石將軍，完整回憶了那次蔣介石的北平之行：

民國三十四年十二月，蔣公由重慶飛往北平視察，並且參觀北平故宮，這是事先排好的行程，可能當地司令和警局有進行管制，所以現場沒有老百姓。蔣公心情高興，本來預定參觀一個鐘頭，實際上看了兩個鐘頭，直到十二點多才結束。但夫人臨時想在外面吃，讓我們在維安方面很傷腦筋，後來侍衛長叫我到餐廳廚房去，每道菜一做好，就由我先試吃，沒問題了再送出去給蔣公吃。

十二月十六日，蔣公在故宮太和殿對二萬餘名大專院校學生訓話，各校學生齊聚廣場上，包括清華大學、燕京大學等校，一個學校站成一排，聆聽蔣公訓示，非常整齊。

哪知意外的狀況，讓蔣介石大為吃驚。蔣公演說結束後，從高臺走下去進入學生群當中，這個舉動不在我們原先的計畫之中。由於北平曾經是淪陷區，我們不確定是否安全，於是我建議蔣公不要下去，但他說：沒關係！沒關係！蔣公愉快地步下講臺，走入學生群裡，邊走邊看第一排的學生，到了第六個學生的時候，有名女子大學學生伸出手要跟蔣公握手，蔣公自然地跟她握手，其他學生見狀，一時情不自禁，紛紛湧向前，爭相跟蔣公握手，秩序頓時大亂。擁擠的人潮把蔣公推向了另一側，但那邊沒有出口，我們必須把蔣公帶向出口的方向，我抱住蔣公，同時請身材高大的黃仁霖、孫連仲兩位將軍幫忙用身體擋人。開路，更前則是其他侍衛人員，他們盡力把人潮推開，就這樣過了一個鐘頭才把蔣公推到車上。

由於蔣公的手一直被熱情的群眾拉過去，進了車裡，我關心蔣公是否受傷，他說：沒什麼，白手套沒有了，鞋子的馬刺也不見了，我的腰有點疼，其他沒什麼。」錢漱石可以感受到那天北平青年的熱情，經過了八年抗戰，蔣介石在一般老百姓心目中的聲望如日中天，那一天的日記中蔣介石寫道：

青年之熱情有如此者，能不為之感奮乎？

蔣介石當天參訪了北平故宮帝王文物，還刻意在清朝乾隆皇帝的衣冠盔甲前攝影留念。正如張學良對蔣介石的評語，如果環境允許，蔣介石是想當皇帝的。因此，這時的蔣介石，聲望之隆，正達於頂點，研製原子彈更視為一己之天職，絕不容被他人染指。

追查日本研製原子彈後續情報的任務，蔣介石固然未將之交付給李宗仁，但李氏畢竟是軍人出身，他對原子彈的製造原理，以及原子彈在戰略和戰術上的重要價值，有一種源自於職業性敏感的高度興趣。雖然蔣介石並未委他以重任，但是，李宗仁依舊對日抗戰時期那個神秘的原子研究計畫，保持著高高度好奇心。但顯然戴笠這邊廂的動作比李宗仁更快，不消兩三天功夫，戴笠已經匯整了調查人員的情報給蔣介石兩份密電，詳細匯報全案狀況。戴笠在第一份呈送給蔣介石的密電中指出：

日人研製原子彈經過及該項技術人員現況

據敵華北交通會社總裁宇佐美之專任醫官兼特務西田稱，日軍投降前，日本陸軍省曾派技術人員七十餘名，至張家口一帶，專事採掘原子能原料，日軍投降後多人投入共產黨，均被留用，其餘人員現散居北平（彼等地址西田知之甚詳）我國如准予留用，彼決協力招集彼等留華研究，該項技術人員曾在張家口獲得一部份原子彈原料，空運回國，並對察綏各地礦產探查甚詳，該二地均有鈾之出產，即百靈廟一處，年可產鈾六噸，且有貴金屬礦產甚多，日本原已裝有機器五部開始研製原子彈，至美軍登陸時，將該項機器全部破壞，但製造機器之技術人員，現在日本內地等語。（電報字號：情渝零九九五號情報機關或姓名馬秉忠地區北平發報日期民國三十五年二月四日（函）收報日期民國三十五年二月五日戴笠（章）呈二月七日）

戴笠這份密電揭露了李宗仁密電中未注意的幾個重點。李宗仁密電中提及的「日人西田」，經過戴笠的調查，乃是「華北交通會社總裁宇佐美之專任醫官兼特務」。戴笠回報的內容，其實和李宗仁密電的內容大同小異，蔣介石自然更加確信此事的真實性。在百靈廟地方蘊藏的鈾礦，一年就可以挖掘六噸，原材料供應不成問題，而專業人才又有日本留在中國的原子專家，天時、地利、人和，三大條件已經俱備了兩者，激發了蔣介石原本對原子彈的濃烈興趣。（註：百靈廟位於今內蒙自治區，烏蘭察布盟達爾罕茂明安聯合旗政府所在地）

軍統局的第二份密電到達之後，由國民政府軍務局上校參謀陳廷縝，轉呈給蔣介石。陳廷縝對此案也下了點功夫，寫了一份機密報告簽呈，夾附戴雨農的最新情報，經軍務局長俞濟時批准之後，直接呈報給了蔣介石，機密檔案寫道：

刊呈：一、查日人有西野者，係日本最負盛名之原子物理學家，東京理化研究院有西野研究室，東京及大阪帝大有西野原子分解器一部份尚係得之美國，於上年十一月初，始被麥帥沉入海內，當時西野嘆稱十年心血付諸流水云云。李主任所報日人西田未悉是否西野化名，免人注意，果係西野（或其弟子）似宜速即秘密羅致免為他國爭取。

二、查提鍊鈾235（原子彈主要材料）之方法已知者共有五種，西野所用者為（一）使帶電之U235及U238通過強大磁場而分離（二）利用擴散方法使U235與U238分離，皆為美人實驗成功之方法。其第（一）法且係美國首先使用者，西野並有鈾二十二磅，故若能立予羅致，實可使吾國原子能之研究立入坦途。

三、查美國最初研究原子彈始於一二外國物理學家，繼即成立一顧問委員會，由工兵軍官三人與科學家數人主持之逐漸推進，我國似亦可先組一顧問委員會主持其事，暫隸兵工署辦理，以保機密而專責成。（按鈾之含量全地球甚富惟鈾礦所在地則尚未十分明瞭）

戴笠奉蔣介石命令作進一步調查時，證實日本確實有一名叫西野的原子物理學家，日本當局並在東京設置了「理化研究院」，並且有西野專用的研究室，早在戰前，日本東京和大阪帝國大學，以學術研究為名義，自美國進口了一部原子分解器，這部機器據查是日本政府買來專供西野研製原子彈之用的，日本戰敗之後，美軍佔領日本，這部原子分解器和西野研製原子彈的部份成果，全部被盟軍統帥麥克阿瑟下令拋入海中，化為烏有。

戴笠向蔣介石報告，假如李宗仁之前提及的西田，如果正是西野本人的話，應該趕緊派人把他爭取過來，以免日本原子彈專家西野落入其他國家手中。據戴笠的查證，西野的實驗室已提煉鈾元素二十二磅，如果能把西野爭取到手，要他為中國原子研究工作奉獻心力，不但二十二磅的精煉鈾掌握在中國人手上，要進入原子能研究的堂奧，顯然要事半功倍得多了。

戴笠密電中最有建設性的一項建議，是希望蔣介石仿照美國最初研製原子彈的成例，成立一個「顧問委員會」，由專事製造武器槍砲的兵工署督導研製。

軍務局上校參謀陳廷縝在這份簽呈報告的末尾，以工整的毛筆電寫下：「謹擬辦如次。擬：密飭俞次長大維即將各該專家速予羅致，並先組一原子能顧問委員會辦理。擬抄送國防部第六廳及中央研究院參考」蔣介石看過報告全文之後，在公文的批閱欄上用毛筆寫下「如擬」二字，表示批准之意。

然而，對日本原子專家西野或是李宗仁電報中所說的西田，蔣介石希望能得到更深入的訊息，他親自給戴笠下了一道電報手令，電令寫著：「（國民政府電稿民國三十五年二月九日下午三時事由：可續報原子彈情形代電）軍事委員會調查統計局戴代局長勛鑒：二月七日情渝九九五號報告悉，此等技術人員能擔任何項工作？希將繼續接洽情形隨時查報為要。中佳府軍愛」（註：蔣介石在電報裡一向以「中」自稱及署名，而電報末尾的「佳府軍愛」則是電報的密碼代號。負責處理這份電文幕僚作業的，仍舊是上校參謀陳廷縝。）

李宗仁在給蔣介石第一通密電之後二十五天，又發來第二通密電給蔣介石，這封電報詳細呈報了日本原子彈專家草擬的全新研究計畫，說明這批日本人願意為國民黨當局效力，願意為中國發展原子彈。但畢竟李宗仁係軍人，不懂原子科學，難辨真偽與價值，李宗仁所以請示蔣介石派出原子物理方面的專家，和日本人西田氏洽談，以免誤事。

李宗仁轉呈的這份原子彈研究計畫，內容印証日本在二戰期間，確實曾經致力於放射能研究工作，只不過因為研發時程落後於美國，才遭致戰敗之命運。日本將中國北方當成採掘放射性元素的主要地點，而實驗室的研究基地仍集中於日本本土。李宗仁呈給蔣介石的原子彈研究計畫，主要是由日本人西田草擬，經由李宗仁的幕僚翻譯成中文，這份譯文的大意表達了西田有人脈管道連絡日本原子專家，組織研究工作：

「重慶委員長蔣鈞鑒：丑陽府軍電奉悉，茲續據西田呈來對放射能之研究計畫一份，隨電抄呈鑒核。可否派專門人才來平，與該西田先作初步連繫，謹電呈察。平職李宗仁。參森專丑宥二印。附抄件一件。」（國民政府軍事委員會委員長北平行營代電參

二字第四〇四號民國三十五年二月二十六日）

李宗仁掌握原子彈研究計畫

李宗仁隨密電呈送給蔣介石的原子彈研究計畫，全文摘要則分成二大項：

一、關於原礦石關係

調查。

採掘。

精煉。

二、關於化學關係

僅用現在中國所直接留用之日人可能進行之事項如次。

調查：僅對蒙疆地區與山東地區之一部，已調查完了；太行山脈方面，尚未調查。

由日本所派遣之地質學者，東北帝大教授，及朝鮮市城帝大教授一行，雖已於勝利前回國，但直接擔當者之古川孫八氏現尚住於北平。

採掘：一部已於勝利前開始採掘，但於勝利同時即亦停止。擔當者之石澤平次郎氏現尚住於北平，其他對現地指導精通者，現亦集結於平津等待回國。（特應注意）

日本駐軍美麥克阿瑟司令部已命令在中國之礦山技術關係者第一批歸國，其理由頗值研究。

精煉：不需要大規模之設備，就現地情形已可能充分製造，對其技術者亦可能由日本內地招聘一二人。以上僅由留用之日人，與用華北所製造之機械，已可能從事作業。

化學關係：關於化學方面，現在全中國不問中外人，可以說無專門家，鄙人原係醫化學者，就專門的立場來說，醫藥上倘能利用放射能，則雖係同一醫藥，亦能發揮其本能以上之效能。鄙人於民國三十一年，辭去北京大學醫學院職，而專心研究放射能，其間曾七、八回得日本內地之放射能研究科學者之指導，於民國卅三年七月而完成。目下尚繼續研究中，鄙人之研究所係個人經營，既極微末，但過去與放射能化學研究者之知人等，關於擬於當地設立研究所一層，亦曾計及，倘於適當時期歸國後，將與化學者們盡力於原子研究，至對與化學者們之連絡一層，鄙人確有充份之自信。

這份研究計畫在呈給蔣介石本人批閱之前，首先交給軍政部核辦，軍政部長時為蔣介石最信任的陳誠。

一九四六年初，國民黨當局正忙著把部隊和軍政人員大批運往淪陷區，進行復原工作，哪有心思和精神投入研製原子彈？因此不論日本人西田提出的計畫是否切實可行，軍政部都無暇立即付諸施行。然而，有關日本人過去從事原子彈研究計畫的片段消息，仍從接收北平的國民黨駐軍和行營主任李宗仁那兒，斷斷續續呈報來零星的訊息。

一九四六年六月一日，第十一戰區司令部參謀長，兼第十一戰區華北受降區北平前進指揮所主任呂文貞，從駐防的北平市發了一通密電，致蔣介石。根據呂文貞將軍呈報的訊息，第十一戰區司令部秘密留置了一個日本人，此人名叫石原茂光，據稱他是日本研究原子彈專家之一。

石原茂光在接受國民黨軍偵訊時聲稱，日本東京帝國大學教授遠田彥造，抗戰期間曾經在北朝鮮、東北、蒙古、新疆各地採集鈾原料，先後已採集了將近五公斤的鈾礦，這批鈾礦後來儲存在日軍駐華北野戰軍的兵器庫中。呂文貞將軍發給蔣介石的密電中表示，第十一戰區正秘密追查鈾原料的下落，石原茂光接受偵訊時聲稱，以儲存在中國的現有材料，即足夠試造「酸化鐵原子彈」，這種原子彈的威力估計為鈾原子彈的四分之一，破壞範圍可達六十四平方公里之廣。呂文貞向蔣介石請示「查原子彈為國防潛力所關至鉅，除已照實驗計畫準備各項材料外，擬請指定地點准予秘密試驗，俾獲成果，以資利用」。

從呂文貞這份給蔣介石的密電看來，除了軍事委員會委員長北平行營上將主任李宗仁對原子彈研製，躍躍欲試，興趣甚濃，就連國民黨軍第十一戰區的參謀長呂文貞，也對原子武器流露出極大的好奇心。在日本鬼子吃了兩顆原子彈，一命嗚呼，宣告無條件投降以後，彷彿只要和原子彈沾一點邊的軍政大員，都想大顯身手。這個繼李宗仁之後，密電蔣介石，聲稱他已作好原子彈實驗的呂文貞，究竟是何許人也呢？

呂文貞籍隸河北省，字石如，出身東北講武堂第十期，算起來是張學良張少帥的子弟兵。東北易幟之後，進入南京陸軍大學第十一期畢業，抗戰時期重慶國防研究院第一期畢業。一九四五年八月十五號，日本宣佈無條件投降。九月初，那時擔任國民黨軍第十一戰區參謀長的呂文貞，由蔣介石任命為「北平前進指揮所主任」，他被賦與的任務，是在國民黨軍大隊人馬前往北平復員之前，迅速趕赴北平和日軍方面接洽受降事宜。呂文貞是上級派任的中國首席洽降代表，他負責帶領北平前進指揮所人員，與日軍華北方面軍司令官根本博和參謀長高橋坦，作了多次洽商後，費盡許多唇舌，歷經多次折衝，才在一九四五年十月十日，於北平太和殿舉行的受降典禮上，接受北平地區日軍的投降。

北平受降儀式，是由民國政府國防部長白崇禧上將擔任監督，呂文貞是受降典禮主持者，呂文貞的頂頭上司，第十一戰區司令長官孫連仲，代表中國政府在日軍簽署的投降書上用毛筆簽字。這是北平市民值得紀念的日子，經歷日本鬼子八年鐵蹄魔掌欺凌蹂躪的苦難歲月，一旦國土重光，日軍驅逐，百姓人人額首稱慶。受降當天，北平萬人空巷，鑼鼓喧天，近十萬餘激情市民擁簇到太和殿觀禮。太和殿、午門、端門、天安門，萬頭鑽動，軍民齊聚，景山山頂軍號齊鳴，太和殿的隆隆禮砲，迎來了中國八年抗日聖戰的偉大勝利，象徵著日本的毀滅末路。

呂文貞以北平前進指揮所主任的身份背景，讓他掌握充份條件，迫使日本人老老實實交出戰時研發原子彈的所有秘密檔案。所以，呂文貞才敢向蔣介石密電匯報，聲稱「已照實驗計畫準備各項材料外，擬請指定地點准予秘密試驗，俾獲成果，以資利用」。這封密電證實在抗戰剛勝利的那幾個月，國民黨軍政幹部普遍陶醉在勝利的情緒中。試想，原子彈在研發實驗過程中，豈止是呂文貞所謂「已照實驗計畫準備各項材料」，之後，便可以直接進入按「指定地點……秘密試驗」。

吾人皆知，原子彈計畫經緯萬端，哪是那麼輕鬆簡單的事？即使是納粹德國和美國，也都是經歷了四、五年的艱苦製程，都還未必有把握能一舉成功。何況德美等國，是窮盡全國之資源與人才，方有成功之希望，絕對不是單單一個第十一戰區，或者李宗仁的北平行營，便有能力承擔起研製原子彈，甚至試爆原子彈這種巨大繁複的軍工事業。

蔣介石自己也不是學理工出身，也沒有任何核子物理知識，但他身邊畢竟仍有不少專家可供諮詢商議。呂文貞密電中請求試爆「酸化鐵原子彈」，到底蔣介石是否同意了呂文貞的請求呢？到底呂文貞所說的「酸化鐵原子彈」，果有其事？果有其談？真的有這東西嗎？還是被日本唬弄耍弄了？日本果真有這麼一項神秘計畫，何以不在他們得勢時試爆，而偏偏要等戰敗之後雙手奉交中國人？呂文貞的理想有沒有實現呢？或者根本是日本因為畏懼身受戰犯審判，故意揑造了一個神秘原子彈計畫的幌子，虛晃一招，試圖逃脫膺懲，根本是一場空洞的騙局，難道是要藉此緩兵之計，拖延中國政府對他們的戰犯審判？

蔣介石當然不是傻瓜，最後自然不可能同意呂文貞的建議，在北平第十一戰區轄區內，尋覓場地試試爆所謂的「酸化鐵原子彈」。呂文貞多次提到的「酸化鐵原子彈」，最後當然沒有進行真正的實驗。但是，蔣介石對原子彈計畫的興趣不減反增。

蔣介石當局在抗戰勝利初期的半年內，陸續接到來自四面八方關於研發原子彈的情報，畢竟，研製原子彈對當時的中國而言，不僅是科技上的考驗，更是財政能力的一大考驗。然而，在蔣介石接到這些匯報時，考量核武研發實在攸關國防科技之重大突破，象徵中國國力巨大提昇。因此，蔣介石即使無法從專業層面思忖研判，他還是很認真的研究這些情報訊息，逐一查證它們的真確性及可行性。蔣介石很清楚，以中國當代的國力與技術水平，儘管距離自力研發核武，還有非常漫長的路要走，在案牘勞形瀏覽成堆的原子彈情報公文過程中，蔣介石燃起了心中更強烈的研製原子彈興趣。

根據蔣介石日記及其日常行程，抗戰勝利之年，蔣已屆花甲之齡，他每日工作時間仍長達十六小時，足證他的案牘勞形，戮力從公，從未因老之將至而稍有懈怠。

為了逐一過濾抗戰勝利之初紛至沓來的原子彈情報，軍政部長陳誠整合各種訊息之後，淘汰糟粕之後，給蔣介石上了一份堪稱完整的報告，針對從抗戰勝利以來，那些自稱能研製原子彈的情報來源，詳細考察其可行性和真確性。陳誠在一九四六年七月廿四日提出的這份報告中表示：

……。二、辦理經過經轉電北京大學吳教授大猷洽辦結果如後：

（一）、日人西田已返國，未能晤及其所擬計畫。可注意之部份，僅為日人調查我國北部鈾礦之結果，所擬「提煉」及「化學」部份俱無具體計畫。該日人既已離華，其調查結果現亦無法取得。

（二）、日僑石暢茂光等所擬之計畫及圖樣等，多屬謬誤，顯未受物理與化學基本訓練，無考慮之價值。

（三）、探詢日人古川孫八石澤平次郎等之行蹤皆無結果。

（四）、日俘平尾等三人，至六月十八日（吳大猷離國時），尚未抵平，已函呂參謀長，請其與北大鄭華熾教授接洽。

三、擬定辦法俟呂參謀長與北大鄭教授洽復後再行呈核。

陳誠這份給蔣介石的匯報，說明自抗戰勝利以來，各種有關日本科研人員在中國研製原子彈的訊息，經過逐一查證過濾，結果證明都只是鏡花水月，徒然空歡喜一場。

事實證明，日本在戰時的原子彈研究計畫的成果與研究人員，其核心部門均集中在日本本土，精華人才與研究成果幾乎全給美國人「整鍋端走」。日本鬼子原子彈研發計畫的「剩餘物資」、「殘羹剩飯」殘存在中國的已經所剩無幾。因此，對研發原子彈產生高度興趣的蔣介石，不得不被迫另起爐灶。是故，他早已把注意力從尋求日本專家協助的方向，轉移到由中國人自行研製的途徑。

陳誠在給蔣介石報告的結尾，提到北大教授吳大猷、鄭華熾等我國著名科學家，就是受命組織班底研製原子彈的第一批中國軍工科研生力軍。

蔣介石下令著手研製原子彈

其實，早在李宗仁向蔣介石匯報，北平尚有逍遙法外沒被俘虜的日本原子彈專家的情報之前，蔣介石正悄悄計議著如何組織訓練中國專家，自行研製原子彈的可能性，負責執行此一計畫的，是兵工署副署長俞大維。他是中國近代軍工歷史上，一位最具關鍵地位的靈魂人物，闡述俞大維在中國軍工科研整合的宏大貢獻。

俞大維，一八九七年出生，他從小在湖南長沙成長，父親籍貫浙江紹興山陰，母親是曾國藩的孫女。如吾等所知，蔣介石畢生最欽敬兩位古人，並終身奉為圭臬，一位是王陽明，另外一位就是曾國藩。風雲際會，蔣得識俞大維這位青年才俊，留學德國、美國，得悉俞大維竟是曾國藩孫輩，愛烏及屋。俞大維先祖和曾國藩的這一層血脈關係，先天上為他的仕途，甚至爾後到臺灣能和蔣介石家族結上姻親，預先鋪設了絕佳的客觀條件。

然而，俞大維之所以能從芸芸眾生的民國政府官員中，鶴立雞群，出類拔萃，又是什麼樣的機緣，讓他能夠出人投地？這實在與日後與蔣介石鬧翻，蔣介石翻臉不認人，將之綁赴臺灣殺之以謝國人的陳儀密切相關。話說一九二八年北伐成功，東北易幟，蔣介石一統天下之後，除了與地方軍閥角力編遣軍隊，另一樁大事便是蔣介石有感於中國軍隊殘破落後，實不堪與日寇在沙場上一較長短，日後日閥一旦侵我國土，拿什麼部隊與日軍衝殺比拼？是以，軍隊的現代化是蔣介石刻不容緩之要務。陳儀奉蔣之命，到德國考察是否兩國之間能取得軍事合作之諒解。就在德國那次，陳儀得悉德國的留學生裡頭，有位俞大維十分了不得。俞大維二十一歲去美國讀哈佛大學，靠著他的天賦奇才，及在聖約翰大學打下的根基，勤學努力，他三年拿到哈佛博士學位，又赴德國學數學，論文被刊載在德國最負盛名的數學期刊上，陳儀對這位號稱「大考大玩、小考小玩、不考不玩」的奇才激賞不已，當下禮賢下士，邀聘俞大維回國服務。

完成德國的學業之後，一九二九年六月，俞大維應聘回國任職軍政部參事。這職務的位階相當高，一般考上公務人員高等考試的青年學子，從基層政府職員幹起，幹到參事，即使平日不犯大錯，也要十幾二十年才爬得上參事職位，可證陳儀對俞大維這位二十郷鐺歲的小青年，的確是破格任用，賞識有加了。然而，俞大維之得識「天顏」又是緣何機遇呢？

這又與另一位民國政府的軍事奇才蔣百里密不可分，蔣百里即蔣方震，中國留學德國的兵學耆老，他與德國的興登堡元帥，魯登道夫元帥交情菲淺，與德國軍界建立起良善之人脈網絡，蔣介石便運用蔣百里的德國關係，多方培植青年後進。

日後對中國抗戰建立眾多戰功的民國軍事將領，有許多人都是蔣百里推薦前往德國學習軍事的，例如王叔銘（國民黨軍空軍總司令，曾先後留學蘇聯、義大利習飛行）、桂永清（德國步兵學院畢業，先後出任駐德武官，與德國上層關係密切）、毛邦初、邱清泉、徐培根（中國著名兵學家，德國參謀大學畢業）、李忍濤（中國化學兵之父，德國參謀大學畢業）、黎玉璽等都曾赴德、義研修深造。而俞大維也是再次留學德國，公費出國研習軍事的特別保舉人才。一九三〇年五月，俞大維第二次赴德留學，他還被民國政府派任為駐德國大使館的商務專員，專門負責採購軍備，同時專門深造軍事科學，諸如兵器製造之學、戰役分析，彈道學等。留德兩年，俞大維用德文寫了四十多本的學習筆記，嘗自喟兩年德國之行，學習到的智識與經驗比在美國哈佛讀三年博士還學得多。

一九三二年，俞大維從德國回到祖國，此刻正值蔣介石如火如荼建軍備戰，即近代史家慣稱「黃金十年」的大力建設階段。蔣介石求才若渴，次年，三十六歲的俞大維被蔣介石破格晉升為兵工署署長兼任兵器教官，按照斯時民國政府的軍政官制，由於俞大維任職署長，縱使沒有當過一天兵的俞大維也被授以陸軍中將官銜。兵工署職司軍火製造與軍器維修。蔣介石對俞大維的賞識，可以從一樁小趣事窺見一斑。

有一次，兵工署預備在靶場檢測國造中正式步槍，到底合不合格。蔣介石非常重視這次的檢測，特地抽空到場巡視，隨同蔣介石前往靶場的高級軍政首長有何應欽、陳誠、張治中、馮玉祥、程潛、俞濟時、程潛、商震、蔣經國等人。試射完畢，蔣介石等首長們對俞大維等人的神準槍法及武器精良性能，都大為稱讚。錢大鈞和俞大維開玩笑：「你們武器馬戲團表演得真動人，不但槍法百發百中，而且有聲有色，太精彩了！」俞大維也哈哈大笑對曰：「我還真希望我是馬戲團的團主，我保證場場客滿，一本萬利，這樣我就可以收門票大賺鈔票了！」蔣介石聞言一點不以為忤，也跟著軍政首長開懷大笑，對這位後生小輩格外青睞。

俞大維之所以具有神射手的能力，是因為赴德國深造期間，努力鑽研槍砲武器的「彈道學」，學以致用的成果。然而，俞大維真正得蔣介石歡心絕對不僅止於此，而是他的留德背景資歷，恰巧配合中國積極建軍備戰，預備枕戈待旦對抗日本帝國主義者的侵略的客觀需要。放眼當代所有的東西方列強，實踐證明，只有德國願意幫助中國整頓其落伍殘破之軍隊，使之成為一支足以抗衡日本軍閥保衛中國領土主權的現代化武裝力量。民國政府在完成北伐之後，早先幫助國民革命軍完成北伐的蘇聯紅軍顧問，刻已由於國民黨當局之「清黨」運動，中蘇關係空前緊張，憤而全部撤出國民革命軍。從一九二八年起，蔣介石開始轉向求助德國，重金禮聘德國顧問，一直到抗戰爆發的第二年，一九三八年，希特勒納粹德國中止和民國政府之間的外交關係，德國顧問主動撤離中國為止。

中國大量啟用德國軍事顧問的十年間，總共經歷了五任總顧問，數百位德國顧問在中國，為改造中國軍隊，作出了巨大的努力與貢獻。從一九二八年以迄一九三八年，這十年間，亦可謂蔣介石畢生最值得紀念的一段黃金歲月，正是這十年寶貴光陰，中國得以整頓武裝力量，昂然力抗強鄰倭寇之侵凌。

蔣介石因為早年留日學習軍事的經驗當中，日籍顧問對德國軍事備極推崇，及至掌權後，受同儕及智囊如陳儀、蔣百里、楊永泰、黃郛等人之力薦，更是惟德是崇，大凡只要是德國東西必惟其馬首是瞻。對來自德國的顧問更是備極禮遇，空前絕後。以德國國防軍之父漢斯·馮·塞克特上將為例，蔣介石批示支付他的薪水是每月二千美元，這個數字甚至比蔣介石本人的薪水都來得高。此外，蔣介石特許塞克特擁有專車、專機、侍衛、廚師，甚至還有一支專屬於他的樂儀隊。更神氣的是，蔣介石交代軍政首長及侍從人員，凡他不在南京的時候，塞克特有權坐鎮在他統帥的辦公桌召見中國軍官。

塞克特也對蔣介石的厚待，湧泉以報。他給蔣介石三大重要建議：其一，建立六十個師的常備兵；其二，訓練軍隊的先決條件，需要一個安定的環境和自給自足的軍工業；其三，中國應該成立一個訓練團，調集各部隊將官來集訓，逐步推廣德制軍事訓練，完成中國建軍的任務。以上三項，蔣介石幾乎均奉若圭臬，無愧於德國國防軍之父的傳授。

為了達到建立「自給自足的軍工業」蔣介石自然需要延攬像俞大維這樣，兼具德國通及軍工專業雙重專長本領的才俊之士，來紮根中國的軍工民族產業。塞克特的繼任者法肯豪森總顧問，與俞大維草擬了一套「五年軍火發展計畫」，最高期望是爾後中國即使進入戰爭狀態，外援斷絕之後，基本的武器裝備仍舊能夠自行生產、不虞匱乏。德國顧問和德國軍火商提供中國策略指導和技術支持，固然為蔣介石的建軍備戰，提供了客觀條件，更重要且可喜的是，中國當時能有像俞大維這樣一大批確實而專業的執行者，因而，架構起了抗戰前夕武器國造的軍火工業基礎。

譬如仿造自德國毛瑟步槍的中正式步槍，改造自捷克式輕機槍的國造輕機槍，改造自德國馬克沁重機槍的中國國造機槍。都為抗日戰爭準備工作，作出了傑出的基礎性貢獻。更值得嘉勉的是，抗戰爆發後，我國為數有限的軍工器械工廠設備，全在俞大維氏的督責之下，陸續跋山涉水，千艱萬險，自東南地區遷移至西南大後方。俞大維自己形容我國兵工廠的遷移是「有條不紊，全師而退」，洵為大時代悲壯之奇蹟。

中國的八年抗戰，數百位德國軍事顧問於戰前來華應聘，為國民革命軍的再改造、再強化，扮演了關鍵性的脫胎換骨角色，甚而至於盧溝橋事變後，我軍奮勇迎敵的幾場關鍵性戰役，諸如淞滬戰役、臺兒莊戰役，從作戰計畫，到戰場臨場指揮與應變，在在都有德國顧問的身影。是故，蔣介石半生戎馬當中，真正在他軍政生涯烙下不滅印記的，與德國顧問的互動，以及包括朱家驊、徐道鄰、俞大維這些「德國通」軍政官員，都是蔣介石政治生活中不可或缺的角色。

抗戰中國軍隊之所以立於不敗之地，俞大維創建自給自足之軍工產業，功績昭著，更增加蔣介石之信賴，俞大維官運亨通，又高升為軍政部次長。戰後，各種問題紛至沓來，尤以原子彈製造這種專業問題，蔣介石及軍政部長陳誠等人，自必再次運用俞大維之長才不可。在蔣介石交辦之下，一九四五年十一月，軍政部部長陳誠、次長兼兵工署長俞大維，邀請西南聯合大學知名學者，物理學家吳大猷博士、化學家曾昭掄、數學家華羅庚等人，共同商議我國自力發展原子彈的問題。吳大猷等學者認為，以中國當年脆弱的軍工產業，技術上實在不足以研發核子彈，如要突破瓶頸，端賴自培育人才開始。

造原子彈第一步＊學者赴美考察

當天的會晤，陳誠、俞大維與吳大猷等專家學者最後的共識，希望能夠籌組一個考察團，到原子彈首先研發成功的美國學習。吳大猷等學者便開列了一份名單，專家考察團的人員還包括：王瑞駪、唐敖慶、孫本旺及楊振寧、李政道、朱光亞等人，這個民國政府籌組的原子彈專家考察團於一九四六年啟程赴美學習之旅。在蔣介石規劃中的這十幾位中國核子與核彈研發相關學門的種子科學家，

稍後雖然因為內戰烽火成燎原之勢以後，隨著民國政府的核彈計畫灰飛煙滅，種子團隊也跟著星散無蹤，但是，這十幾位中國當代最優秀的種子科學家，有的在異邦科研領域大放異彩，甚至位躋諾貝爾獎得主而享譽國際，有的則是繼續沿著民國種子科學家的路徑，埋頭苦幹，但日後卻因為各奔前程，而分途成為兩岸軍工科技的拔尖人物。蔣介石的無心插柳，卻意外資助了他的死敵中國共產黨領導的「兩彈一星」軍工大業，成就不朽功業。也仍有像吳大猷這樣「不忘舊情」的科學泰斗，回到蔣氏父子身邊，竭智盡忠，為臺灣的軍工產業勞心盡粹。而民國政府核計畫的「徒子徒孫」們，不僅在「兩彈一星」事業中，取得偉大的成就，也有不少人在臺灣成立「中山科學研究院」之後，為臺灣日後折翼之「兩彈一星」（儘管臺灣不叫兩彈一星）作出了突出的奉獻。

從留德青年才俊，到先後受陳儀、蔣百里、陳誠等國民黨軍政首長大力提攜，不次拔擢，又受蔣介石慧眼識英雄的知遇之恩，俞大維一路平步青雲，春風年少即任軍政部參事，固然與俞大維頭上好幾頂光環（曾國藩曾外孫、留學美國、德國博士、兵學奇才等等）有關，但俞大維本身的專心致志，戮力從公，無怨無悔，紮紮實實地為中國軍工事業的現代化幹下的一些實事與根基，尤其是俞大維始終平步青雲一路陞遷的最大原因。

古語云：「爬得越高，摔得越重。」又有句俗話說：「大紅大紫，紫得發黑。」這些話都在警惕世人，逢高處不勝寒，便當自我警醒節制，不可忘我。俞大維才氣縱橫，個人修為謙沖大度，他不但在科學專業、軍工產業、與戰略修為上，有傲人的成就與不凡的貢獻，他更具有高度的政治智慧，與知所進退的人生哲學，即便他萬萬沒料到會成為蔣介石的兒女親家，成為蔣介石孫女的家翁，這樁婚事更把俞大維頂上了政治舞臺的鋼索上，但他竟然亦能涉險如夷，甚且更能在蔣經國悲憤交加下，仍能全身而退，這確是俞大維更教人欽佩的高妙之處。此是後話，茲不贅述。

憑著大陸時期軍政部次長、交通部長的資歷，到臺灣之後，蔣介石當局整軍經武，頗思有一番新氣象，中興既以人才為本，蔣介石自然對俞大維這位股肱幹才更是不次拔擢，仰仗如昔。蔣介石一九五〇年三月復職之次月，即任命俞氏為「國防部長」，在風雨飄搖的五〇年代初期，臺灣孤島風聲鶴唳，解放軍即將渡海解放的傳言四起。美國方面又處心積慮，除掉蔣介石，以親美之傀儡人物替代之，以遂行其臺灣中立化、臺灣交聯合國託管，進而由美國直接染指臺灣之野心。蔣介石啟用俞大維為防長，有幾層對內對外之政治意涵：其一，俞大維曾經留學美、德，與西方淵源頗深，美國因厭惡蔣介石不聽美國指揮，故於國共內戰中期停止軍械經濟援助，並且放話如果蔣介石不放權給「開明派人士」（意即留美親美派），將不恢復軍經援助。其二，俞大維做過很長一段期間軍政部次長，抗戰以迄國共內戰戰，對民國政府獻替良多，表現傑出，擔任防長，熟門熟路，況且任用俞氏尚可堵塞同為留美系統，有親美動搖之嫌的孫立人。其三，可以制衡國民黨軍體制內，傾軋嚴重之黃埔系人馬，既不致墜入派系惡鬥之漩渦，又有利蔣氏父子在臺灣孤島整頓軍隊。

又有一說，在眾多黃埔門生，眾多軍政高官爭取之下，蔣介石又是緣何會把「國防部長」這樣動見觀瞻，掌握重要軍事機密的官位，給俞大維做的呢？和國共內戰時期，一樁「小事」有關。那是在一九四八年底，淮海戰役（國民黨方面稱之火徐蚌會戰）打得最白熱化的階段，國民黨軍被解放軍團團包圍，給養完全斷絕，蔣介石下令交通部長俞大維派飛機支援空投糧食。早上剛空投完，下午蔣介石電話來了，蔣介石劈頭便問：「糧食投下去沒有？」俞大維斬釘截鐵回說：「投下去了。」蔣介石很納悶，怎麼俞大維答得這麼乾脆，又多問了一句：「你怎麼確定投下去了？又怎麼知道這麼清楚？」俞大維直言以對：「早晨是我親自坐運輸機看著大米一袋袋投下去的。」

據說蔣介石就衝著俞大維的切實不敷衍，認定他是一個能夠委以重任的好官，所以才任命俞氏為「國防部長」。俞大維任職防長後，除了中途因耳病（一說耳癌）赴美國就醫三年外，蔣介石一口氣讓俞大維幹了十年有奇，防長十年不易其位，誠國府北伐以來向所少見，可證蔣介石對俞大維真是寵信有加，聖眷甚隆。尤其在二戰以後，德國一分為二，今昔國勢不可同日而語，俞大維的「德國背景」，對蔣介石的「反攻復國」，猶不如與臺灣簽有〈共同防禦條約〉之美國關係，來得務實有利，但蔣介石仍相信放眼當下，俞大維還是防長不可替代的不二人選。這實在是蔣介石識人以其識見高度，不僅以其華麗背景為惟一之思考的具體表徵。

是故，也惟其像俞大維這樣具有一定高度與眼光的科學官僚，能夠獨具慧眼，為國家籌謀長遠的科研方針。而這種眼光，正是蔣介石最珍惜，也是最想重用俞大維的核心價值所在。

蔣介石重溫原子彈舊夢

退守臺灣之後的蔣介石，夢想效法越王勾踐，十年生聚，臥薪嘗膽，幻想「反攻大陸」即可水到渠成。畢竟臺灣不過蕞爾小島，資源與人力、物力均屬有限，奢談反攻，談何容易？撤退臺灣後六、七年，雖有「中美共同防禦條約」保護傘，著眼於「反攻大陸」，蔣介石仍念念不忘發展原子彈。幾份國民黨軍方的密件檔案，證明一九五〇年代初期，蔣介石及蔣軍首長，再三強調原子彈在戰場上的重要性，又萌發研製原子武器念頭。

例如，一九五五年一月十日，蔣介石在批覆一份簽呈時寫道：

……本年度軍事教育，各部隊應注重防毒面具之訓練，以及原子戰爭一般要領，預

防原子毒氣之簡易方法之講解，應擬定具体辦法呈閱。中正一月十日

又例如，國民黨軍陸軍中將艾靉等人，在一九五六年二月十八日，向蔣介石當面報告《原子武器之戰術運用》時，指出：

……一、美軍自民國三十四年在日本廣島、長崎，使用原子彈以來，由於技術上之發展，原子彈之種類及數量均已增多，可供戰術上之各種運用，今後使用將更普遍，在美國參校中，軍、師作戰諸想定，均已加入原子彈戰狀況，盟國軍官亦均參與學習。二、俄寇亦已擁有原子彈，將來無論利用中國戰場作為試驗，或逕以原子彈支援共匪，我軍反攻大陸過程中，均有遭遇俄寇、共匪使用原子彈之可能。三、國軍目前雖無原子武器，但研究及準備之工作，似宜急起直追，期能發揚戰力，減少損害。

而一九五六年三月二十八日，一封來自美國的密電，更直截了當告訴臺灣當局，美國願意把原子科技轉移給臺灣，並美其名為「原子和平使用合作」。這封由國民黨軍將領蕭勃發來的密電中寫道：

臺北密。總統鈞鑒：（一）前據美國國防部次長麥克尼面告，渠在臺北時，曾面

呈鈞座，以美國原子技術進步，三、五年後原子發電及醫療與發展工農業等用途不可限量，建議我國及日研究等語，（二）美國原子委員會主任委員史特勞斯，原為海軍少將，係中美合作舊友，麥克尼囑職與之密切聯繫，史邀職公餘即往原子委員會研究其組織職掌，放射性同位素對醫療工農業之用途，及原子反應爐之種類各點，能希望職將來對中美原子和平使用合作方面，能充份效力，（三）職去年二月起，由博德將軍特許參加美軍部核子防禦訓練夜班，九月畢業。最近三月來，公餘完成原子委員會之研究。（四）據美國原子委員會告：（甲）美國在中美兩國經費各負一半原則之下，願意資助我國原子和平使用器材費，最高至三十五萬美元。（乙）美現因放射性同位素出品日多，價值低廉。我國似可先設同位素試驗室，作醫療及發展工農業之用（丙）中國似宜及早訓練核子有關之物理、化學、冶金、優生學醫士，及工程師等人才（丁）我國如已有上列各種之大學畢業生，美原子委員會願意協助來美作原子必須之各種專門訓練等語，謹呈鑒核，職蕭勃。

到了一九六四年九月二十七日，隨著大陸研發原子彈日趨加快步履，蔣介石亦處於焦慮狀態，他在一份親筆書寫的文件中寫道：

對原子彈作戰之性能，及其所發生之效用與限制性之闡述。

對原子彈與核子彈作戰中，可能發生之效用，以上二者性能之分別說明。

原子彈與原子彈頭裝置於普通炸彈，及核子彈與所謂核子彈頭之功能，及其製造系統，及其程序之經過如何之分別說明。

原子彈與核子彈一般有關作戰性能，及其最大作用如何之說明。

防護原子彈之普通一般方法，與訓練計畫之擬訂。

對於原子作戰一般要領，其對於攻勢、守勢與行動及停止中，所能發生之效用應詳加闡述。

原子作戰中，對夜間行動與日間不斷移動位置，及利用地形與廣正面疏散等運動，更為重要，如此另定今後陸軍訓練之計畫。

上述文件的意義至少有二：其一、國民黨軍幹部在島內及美國等地，不斷接觸原子武器相關資料，這自然是來自蔣介石的授意；更足以說明，蔣介石在臺灣站穩腳跟以後，基於「反攻大陸」之目的，又開始著手發展原子彈之計畫。其二、美國當局原本一度將原子彈科技視為國家機密，但是一九五〇年代中期，美國強烈暗示臺灣，美方有意將原子技術暗助蔣軍，似乎蓄謀撩撥臺灣，拿原子武器對付大陸的同胞。

蔣介石的怨與怒

一九六二年一月十三日，這天是美國中央情報局（在臺灣之代號為「西方公司」）和國民黨當局首度合作對大陸空中偵察的日子。「西方公司」派遣了代號「黑貓中隊」的U－2偵察機，對大陸進行秘密偵察照相。第一次飛臨大陸上空的U－2，經飛行員目視發現，大陸西北雙城子地方，設置一處飛彈試驗場。一九六二年三月廿一日，大陸首次成功試射「東風二型」導彈。不久以後，自臺灣起飛的U－2偵察機陸續發現，大陸正積極研製原子彈，而且即將進入正式試爆階段。

先是發現大陸已經具備遠距離攻擊能力的「東風二型」導彈，繼又發現大陸原子彈接近完成，原子武器和發射載具（導彈）一應俱全，蔣介石不禁憂心忡忡。北京成為核子俱樂部成員，甘迺迪政府備感芒刺在背，一度考慮以突襲手段，炸毀大陸原子彈基地。一九六三年九月，時為國府行政院政務委員的蔣經國，奉乃父之命訪問美國。蔣經國在與美國總統甘乃迪，及美國中央情報局局長會晤時當面提議，如果美國同意，臺灣方面可以承擔摧毀大陸原子彈設施的責任。蔣經國告訴美國，臺灣可以派遣三百到五百名突擊隊員，以空降方式攻擊大陸核武設施。

於此同時，甘迺迪政府一度想趁中蘇交惡，考慮與蘇俄聯手，以軍事或外交手段迫使中國停止發展核武，但為赫魯曉夫所拒絕。甘迺迪總統想突襲摧毀大陸核設施，卻又投鼠忌器擔憂重演豬玀灣事件，諸多顧慮，終於裹足不前。敵視中國發展核武的甘迺迪總統，突於一九六三年十一月二十二日遇刺身亡，繼任者詹森總統，擔心過度干預中國發展核武，可能刺激大陸更積極介入越戰，只好採取消極不作為政策，對蔣介石亟欲摧毀大陸原子設施的叫囂，充耳不聞。

如此，引起了蔣介石極度焦慮與憤怒，可以從一份蔣介石在臺灣會見包括美國駐臺涉外代表，美國中央情報局重要幹部的秘密談話紀錄中，得知蔣介石當局的緊張，與惶惶不可終日的狀況。以下是正式談話紀錄之全文：

■總統民國五十三年（按即：一九六四年）十月二十四日召見克萊因談話紀要

時間：民國五十三年十月二十四日上午十時至十二時二十五分

地點：大溪行邸

在座者：總統、夫人、沈昌煥部長、蔣經國副部長、賴特大使、克萊因先生、納爾遜先生、約翰甘乃迪先生

克萊因：本人奉詹森總統，魯斯克國務卿，麥納瑪拉部長，麥康局長之命，來向總統閣下報告，美國所得到的關於蘇俄境內飛彈設施與中共大陸原子設備的各項情報。美國總統認為，在中共核子試爆以後，中美兩國都應該密切的注意此一問題，同時向總統就教如何來應付這個新的局面。

（克萊因此時起身，向蔣介石出示一堆空中照相資料，這些空中偵察照片，均係蘇聯與中國境內軍事據點與飛彈、核子基地有關者。蔣介石看完一段落，克萊因繼續講話……。）

美國認為中共核武在軍事上並不發生多大影響，但在政治上所產生之影響至大，敬請總統對此明示卓見。

總統：不知道詹森總統已否有什麼辦法來處理這一問題？

克萊因：在政策上，魯斯克國務卿於中共試爆前後皆有聲明，而詹森總統在中共試爆後一小時之內，也發表了一項聲明，這就是表示了美國的基本態度。現在美國就是要向盟邦——特別是中華民國，商量如何處理這一個問題。

總統：克萊因先生有何意見？

克萊因：我對這個問題，尚沒有作過周詳的考慮，不能提供有系統之答覆。但本人深知美國對中共所採取的是孤立政策。

總統：在共產黨悍然試爆之後，孤立共產黨，不惟不可能，而且孤立共產黨愈久，共產黨愈將製造出更多的原子彈。

克萊因：目前亞洲人民是不是懷著兩種心理？一種是怕中共以原子彈來攻擊亞洲國家，一種是因中共核試，而提高了中共的地位和勢力，開始對中共產生恐懼。

總統：這兩種心理都存在，由於這兩種心理影響的結果，首先使非共國家，為了想保障其自身的安全而向共產黨投降，將為勢所必然的現象。

克萊因：關於這一點，希望能向亞洲人民和中國人民解釋，中共雖然進行了核子試爆，但並不可能以核子武器來攻擊任何國家，否則中共即無異於自己毀滅自己。

總統：你們一向都是這樣說的。但這種說法現在不再發生效用，這對歐洲、非洲人來說也許還有點作用。但對亞洲各國以及我國人民而言，則完全不同，他們了解共產黨雖然還沒有發展一種投擲器設備，但是它何嘗不可以用轟炸機攜帶原子彈來攻擊臺灣，先下手毀滅臺灣，臺灣被毀滅了，美國已無從保護，而且亦沒有什麼需要美國的保護了。

共產黨明明知道，美國不會去攻擊它的，共產黨造原子彈的唯一目的，即在攻擊臺灣，共產黨只要有二三十顆原子彈，它就可以轟炸臺灣，毀滅中國政府，統一它所謂的國家，並輕而易舉可以佔據整個的亞洲——當然共匪最後的目標，還是在對付美國的。

今天共產黨以消滅蔣某某為其主要目的，一天蔣某某被打倒了，那就是把共產黨所說的美國這頭「紙老虎」的牙齒拔掉了。

克萊因：本人同意總統的分析，中共自然是以總統為其攻擊的對象，但個人站在朋友的立場上，卻希望中共用武力來攻擊，反倒可使美國政府起而採取報復的行動。

總統：到那時刻，臺灣已受到了原子毀滅，美國尚再有何保護可言？

克萊因：美國同樣受到蘇俄的原子威脅，在此一情況之下，美國亦唯有加倍準備，發奮圖強，做到使蘇俄不敢用原子彈來毀滅美國的地步。

總統：臺灣的處境與美國完全不同，第一，臺灣沒有原子彈，第二，臺灣為一海島，在一小時以內，即可完全被毀。

克萊因：我們要使亞洲人民向心美國，使大家確知當亞洲國家受到原子彈攻擊的時候，即一定可以得到美國的保護。

總統：這種說法對臺灣而言，是沒有用處的，因為，我們的政府和人民都知道，共產黨之所以費這麼多的錢，經過這麼長的時間，不避任何艱苦製造原子彈，其作用就在對付臺灣，毀滅臺灣。

克萊因：中共只有十架可供攜帶核子武器的轟炸機，而中華民國則擁有F－104飛機及防空飛彈，中共自不可能以轟炸機攜帶核子武器轟炸臺灣。

總統：共產黨在目前雖然只有十架可攜核子武器的轟炸機，但是它不但可以改裝其他的飛機，並且也可以新買。臺灣雖有防空的力量，但是只要有一架匪機漏網，臺灣就可能遭受核子毀滅，陷我們於癱瘓失敗。

雖然我也告訴過民眾，共產黨不可能發動核子攻擊，以安定人心，但現實問題，如果不注意到，那就將後悔無及。

今天我們的要著，乃在中美雙方共同商量，如何破壞共產黨製造原子的設備和基地，原子彈本身就是一種攻擊的武器，尤其對海島一隅，更容易發揮其攻擊的效力。現在共產黨已擁有此種製造原子的能力，則任何口頭的對人民的安慰，都不會見效，只有採取實際的行動，才能讓人民安心。

克萊因：請問總統，如果美國使用原子彈對蘭州、包頭及其他核子工廠地帶進行破壞，使無數中國人遭受毀滅，亞洲人對美國將如何看法？

總統：我並沒有要美國去轟炸中國大陸，我始終堅持由我們自己來採取行動，只要美國提供其破壞核子裝置的設備以及其必要的條件而已。

克萊因：請問總統，假使在此時中華民國對大陸採取行動，會不會引起中共的原子報復？如中共反擊，中華民國將如何應付？

總統：我們的要著，首在摧毀共產黨的核子設備及其基地。當共產黨核試之後，美國尚如此持論，實令人費解，且將引致亞洲人的重大反感。因此美國政策乃無異勸要我們等待死亡也。又共產黨不能把臺灣消滅，則蘇俄與共產黨即不可能妥協。同時，在共產集團裡，亦不可能恢復其過去的一元領導。以往美國以為我們反攻大陸，即可能引起世界大戰，現在已十分明顯，我反攻行動，絕不致引起大戰，同時俄共在埋葬共產黨，它們也了解，除蔣某某以外，無人能埋葬共產黨，這一點，不知道美國瞭不瞭解？這是關鍵之所在。尤其美國此時，已不必害怕蘇俄會再幫助共產黨，此時蘇俄是決不會幫助共產黨來和我們作戰的。

在共產黨核試之後，過去一部分美國「兩個中國」的妄想，顯已完全踏空。

目前，美國應即有一明確的抉擇，是即以共產黨為友抑以蔣某某為朋友，現在是美國抉擇的時候了。

一九六五年八月，蔣介石在與美國中央情報局骨幹、蔣氏父子密友克萊因的一次密談中，憤怒抱怨：

去秋，共產黨作第一次核子試爆後，我曾對你說明了亞洲局勢之嚴重性，而今第二次試爆以後，更加上了一層陰影。第一次試爆後，共產黨說：不投降就要毀滅，現在第二次試爆以後，共產黨又說：不是統一就是滅亡，共產黨對於核子武器能力，倘以一月製造核彈一顆來論，一年就有十二顆；而事實上祇要三顆，一顆用在臺北，一顆用在左高地區，一顆用在公館機場，就可以毀滅臺灣，因之我們不但不能再等一年，就是半年亦等不及了。共產黨對外宣傳，說他現有核彈可以炸毀臺灣，屆時即是第七艦隊要來保衛臺灣，亦不可能了。自共產黨第二次核子試爆以後，我軍民心理上都有空前的恐懼和憂慮，這是不容忽視的心理趨向。

密談中，克萊因答覆蔣介石關於大陸發展原子彈，表達了美方態度：

八年以來，多次與總統閣下討論重大問題，自信個人對總統之中心思想，十分瞭解，而美國政府對總統之意見尤素所尊重。今天華盛頓對亞洲問題之看法，與二十年前已完全不同，而臺灣地位與總統之威望，在美國人心目中尤為崇高。我去年來臺，曾面承總統告以中共第一次核子試爆後的人心變化，返美後曾將上情報告政府，美國政府對此已有深刻之瞭解。不過，我認為中共在最近用核彈來轟炸臺灣一事，言之尚早，中共亦不敢一時作此行動。

克萊因言下之意，認為大陸對臺灣的核威脅，並不足懼，因為暫時「中共不敢作此行動」。軍人出身的蔣介石，敵我意識非常清楚，蔣的想法是「勿恃敵之不來，恃吾有以待之」。因此，蔣介石聽了克萊因一席談，當面雖未展露不悅之色，但語氣已略顯激動，他告訴克萊因：「人民所要求的是生存。」

為平撫蔣介石內心的焦慮感與憤懣之情，克萊因說：「關於施用核彈問題，對大陸可作相反宣傳，如中共果欲轟炸臺灣，則此一行動之後果，大陸所有各大城市將受美國核彈的轟炸與毀滅。」然而，蔣介石對克萊因的講法完全不以為然：「這種宣傳似無多大用處，如美國把我政府看作朋友，希望能設身處地的為我著想，要給人民一生路，以及更大的生存空間。」

這時，會見時間已經接近尾聲，克萊因告訴蔣：「今天總統閣下所發表的一篇坦白而真誠的談話，相信對美國決策者，將有莫大之裨益。在未來一、二年之間，美國一定將以行動來證明其對友邦之忠實，要世人共見紙老虎不是美國，而是毛澤東、胡志明。」蔣介石對克萊因這番說法仍然不滿意，他反唇相譏地結束了兩人的會見：「一、二年以後的事，恐怕已經等不及了。」

大陸原子彈陸續成功試爆，可供投射原子彈頭的導彈也獲致飛躍進展，蔣介石深恐臺灣籠罩在原子攻擊陰霾。蔣介石幾個常駐的官邸與行館，紛紛於此時大興土木，修築鋼骨結構及配備厚鋼門之防核攻擊防空洞，軍隊也不斷操練防止核生化攻擊的戰術操演，臺灣各地密集實施防空演習，空襲警報聲不絕於耳。但是，除了這些消極作為，蔣介石不願意坐著等挨打，因而決心重新啟動原子彈研製計畫，與大陸展開一場原子彈競賽。

第九章

三十載
強國夢

核武與強軍之夢

一位已退休的蔣介石時代科技官員慨談昔日承蔣介石之命，在臺灣研製原子彈的詳細經過。他講述的故事是這樣開始的，日本遭受美國原子彈轟炸後不久，蔣介石研讀美國政府送來的一份〈史邁斯報告〉（Smyth Report），並經「軍政部」次長俞大維剖析研發原子彈之重要性，激發蔣介石希望由中國人自己研發原子彈的意念。在俞大維襄助之下，悄悄展開了原子彈計畫。然而，這項秘密計畫不久即受挫於國共內戰，大陸解放後，一九五〇年代，中國政府積極投入原子彈研發，為謀對抗，退守臺灣的蔣介石秘密重整昔日原子彈團隊，在臺灣北部一個秘密地點組建「中山科學院」。「中山科學院」由蔣介石親信唐君鉑將軍主導，在選派大批軍職人員赴美國受訓的同時，他引進了以色列專家，秘密提供技術援助，花了近十年時間，耗資近三十億元新臺幣，克服重重困難，完成原子彈先導工廠，進入原子彈製程最後階段，第一枚原子彈製成如箭在弦，這時候……

史邁斯報告勾起中國造原子彈第一波熱潮

當象徵死亡的原子蕈狀雲，相繼在日本廣島、長崎拔地而起，比一千個太陽還要炙烈的強光，夾雜著數以百萬攝氏度的高溫烈焰，瞬間造成二十萬人以上的傷亡。第一枚投擲在廣島被稱為「小男孩」的鈾原子彈，和第二枚投擲在長崎被稱為「大男孩」（譯名或作「胖子」）的鈽原子彈，改寫了人類戰爭史，世界軍事科技進入了原子時代。一位參與了歷史上第一次原子彈轟炸任務的美軍機組人員回憶：「兩分鐘前，我們還可以很清楚地看見整座城市，但現在我們卻什麼也看不見了，只見濃煙和大火由山邊往上蔓延開來。」

廣島自甲午戰爭至二次大戰期間，一直是日本軍國義者向外擴張侵略的主要後勤基地。長崎則是日本西部重要的港灣城市、軍工重鎮，設有三菱重工業公司造船廠，及三菱重工業公司長崎兵器製造廠，明治維新時期即為日本造船業大本營，日本海軍搖籃，軍艦製造及軍火工業基地。日本這兩座極具戰略意義的城市，遭原子彈轟炸致命襲擊，幾乎從地圖上消失的恐怖消息，立刻傳遍全世界，日本帝國主義者的酋領裕仁（昭和）在極度的震怖中，被迫宣佈無條件投降！

華盛頓當局為了向美國社會大眾解說這種毀滅性武器的來龍去脈，同時向包括英國、蘇聯、中國等幾個與他併肩作戰的主要盟國，說明美國研製這種劃時代毀滅性武器的全盤經過，美國政府按其既定時程，在一九四五年八月十二日，也就是第二枚原子彈投擲在長崎之後七十二小時，公開發表了一份〈史邁斯報告〉，向美國大眾及主要盟邦領導人，提供了簡明扼要的書面報告，這份〈史邁斯報告〉的全名是〈原子能的軍事用途；美國政府發展原子彈之官方報告〉（Atomic Energy for Military Purposes;

The Official Report on the Development of the Atomic Bomb under the Auspices of the United States Government，一九四〇—一九四五。）。（按：如果要將「史邁斯報告」全名，以中文意譯，或可直譯為：「原子能之軍事用途：一九四〇—一九四五美國政府資助原子炸彈研發之官方報告」。美國政府竟然以「資助」一詞（Auspices）概括他們研製毀滅性武器的行為。製造毀滅性武器又不敢好漢做事好漢當，充分凸顯了美國偽君子式的政治傳統。）

〈史邁斯報告〉是美國原子彈計畫——「曼哈頓計畫」（Manhattan Project）的主持人美軍中將葛洛夫（Lieutenant General Leslie Richard Groves）命令參與「曼哈頓計畫」的美國普林斯頓大學教授史邁斯（H.D.Smyth），於執行曼哈頓計畫的過程中，在美國洛斯阿拉摩斯（Los Alamos）國家實驗室撰寫而成，這個實驗室正是推動「曼哈頓計畫」的核心。（按：葛洛夫任職「曼哈頓計畫」之初，其官階為少將，美國政府因其造彈有功，特晉升為中將。）

美國發表〈史邁斯報告〉有兩大主要作用，其一是作為美國官方有關原子彈發展的官方史料與說明，輪廓性地闡明洛斯阿拉摩斯國家實驗室研發原子彈的過程，重點解說製造原子彈的物理與化學原理及其大致工序。其二是，提供參與曼哈頓計畫的科學家，一種在公開場合介紹原子彈科學原理的標準官方說法，這套說法，可以避免相關科學家在公開談論原子彈計畫時有意或無意間洩露原子彈核心關鍵機密。

換句話講，〈史邁斯報告〉有兩大功能，一是告訴美國社會大眾，原子彈是什麼樣的神秘武器，它是怎麼研發成功的。第二個功能，是提供原子彈科學家對外發言的一套規範，防止洩密。因此，〈史邁斯報告〉只簡要說明原子彈的物理原理，並未涉及細部的研製過程。美國當局想藉此昭告天下，他們就是靠科技力量打敗日本侵略者的。

〈史邁斯報告〉公諸於眾不久，美國當局同時也以最快的速度把這份〈史邁斯報告〉送到主要盟國元首手中，各國元首據此大致明瞭了日本廣島、長崎是受到何種新式毀滅性武器的攻擊。〈史邁斯報告〉送到中國，當然是直接呈給同盟國「中國戰區最高統帥」、國民政府主席蔣介石。蔣介石首先把〈史邁斯報告〉交給了軍政部次長俞大維，命渠尋覓適合之專家學者作完整之翻譯與報告。

俞大維首位建議蔣介石造原子彈

擁有美國哈佛大學博士學位、德國柏林大學博士學位雙學位的俞大維，他本身的學術專業是數學，而〈史邁斯報告〉當中有太多原子物理專業名詞和理論敘述，隔行如隔山，俞大維小心翼翼的將這份英文報告，交給西南聯大物理系教授吳大猷，準備委由吳大猷翻譯成中文後，再呈給軍政部部長陳誠、國府主席蔣介石。

俞大維以他受過的科學訓練，及閱讀〈史邁斯報告〉的心得，建議陳誠，中國人應該開始積極研究原子彈的製造，並且自行研製這種武器，以免再遭外國勢力欺凌。身為軍人，陳誠很快就接受了俞大維的意見，因此，英文版的〈史邁斯報告〉連同吳大猷翻譯的中文版本，一併送到了蔣介石的辦公桌上，陳誠指定俞大維向蔣介石作口頭匯報。（據悉，吳大猷拿到英文版〈史邁斯報告〉，指定高足李政道，作初步之翻譯，再由其審訂譯文內容，定稿上呈。）

蔣介石讀完俞大維呈閱的〈史邁斯報告〉譯文，也聽取了俞大維的口頭簡報，深刻體認原子武器已徹底改變戰爭型態，在未來之戰爭場域，乃至地緣政治及戰略、戰術運用上，原子彈將佔居極其重要的主導地位。俞大維在匯報過程中，向蔣介石直陳，如今抗戰勝利，中國躋身世界五強之一，實應儘早研製原子彈這種戰略武器，以強化中國在世界上的戰略地位。

〈史邁斯報告〉給蔣介石莫大震撼，更給他帶來無限的靈感，他暗自計議著，從民國元年以來，內亂外患，接踵而至，黎民飽經戰亂，沒有一時一刻喘息機會，國家創痛深巨，得不到絲毫空檔埋首建設，所幸，如今抗戰勝利了，國家民族正待浴火重生，祖國人才薈萃，地大物博，領土遼闊，蔣介石計議著如何以中國人的智慧和力量，規劃一套中國的「曼哈頓計畫」。

然而，讓人好奇的是，美國「曼哈頓計畫」主要是針對納粹德國、日本軍國主義者，但是，現在日本已經被「驅逐於國土之東」，蔣介石的「曼哈頓計畫」要打擊的敵人是誰呢？是止戈為武，抑或是備而不用？其實，蔣介石動念組織原子彈計畫，更大的動力是來自軍政要員的建議。例如前述陳誠、俞大維主張，以五強之一的地位，中國理應儘速擁有原子武器，對外國侵略者造成一定的威懾作用，不敢再輕啟戰端。還有不少國民黨軍政要員，也陸續提議中國應該自行研製原子彈，壯大中國的戰略地位。例如曾任軍委會北平行營主任的李宗仁，在一份呈給蔣介石的文件中主張，有關原子彈「研究工作，我國尚無人主持，似應由中央指派專家商討研究。」主管特務工作的軍統局局長戴笠，也在一份密電中建議蔣介石：「查美國最初研究原子彈始於一二外國物理學家，繼即成立一顧問委員會，由工兵軍官三人與科學家數人主持之逐漸推進，我國似亦可先組一顧問委員會主持其事，暫隸兵工署辦理，以保機密而專責成。」後來擔任國防部長的白崇禧，亦對推動原子彈研究不遺餘力。在一份密電中，白崇禧向蔣介石建議成立「中央原子物理研究所」致力於發展原子彈。

蔣介石採納了戴笠等人的具體建議，並屬意俞大維，承擔起這項秘密任務實際領導工作。蔣介石並手諭俞大維組織一個核心顧問委員會，展開原子彈研究計畫。

俞大維和美國曼哈頓計畫靈魂人物葛洛夫中將具有類似特質，他是中國兵工先驅，在出任軍政部次長之前，當過十二年的兵工署署長，俞大維更鮮為人知的經歷，是他在留學德國柏林大學研究數理邏輯與哲學期間，曾經聽過物理大師愛因斯坦講授相對論，稍後，俞大維在德國曾修習「彈道學」，成為中國少數鑽研此學的專家。

葛洛夫的父親是美國軍中牧師，他年輕時畢業於美國華盛頓大學及麻省理工學院，之後就讀西點軍校。服役美軍期間，最負盛名的兩大任務成果，就是監造美國國防部五角大樓，及稍後主持研製原子彈的「曼哈頓計畫」。

抗戰勝利之初，即便對中國知識階級而言，原子彈仍是一門深奧神秘的學問。在具體作為方面，蔣介石完全認同俞大維等人的建議，若欲研製原子彈，首先需在原子物理學、化學、數學等學門，具備一定基礎，進而解決與克服研製原子彈技術上的系列難題。針對這個充滿挑戰的「孵蛋」工程，必須先組織一個核心團隊，進而從國內頂尖大學相關科系中，選拔派遣一批優秀的青年到美國深造，訓練精研原子物理學的專門人才，等這批出色的青年科學家學成歸國，再投入研製原子彈的任務。

在籌組原子顧問委員會的過程中，俞大維建立的學術人脈，發揮了微妙的作用。俞大維籍隸浙江紹興，他卻和湖南籍，中國當代鼎鼎大名的化學家曾昭掄頗有淵源，原來，曾昭掄和俞大維是表兄弟關係。俞大維的母親是曾國藩的孫女；而西南聯大化學系教授曾昭掄，則是曾國藩的曾孫。因此，俞大維和曾昭掄之間是姨表遠房親戚。俞大維最初就是透過曾昭掄和學術圈的人際關係，組織起一個研究原子彈科學的核心團隊。

除了曾昭掄，俞大維和中國當代數學泰斗華羅庚之間更有一份特殊的情誼。留學德國攻數學的俞大維，曾經在愛因斯坦主編的德國數學雜誌《數學現況》上，發表過一篇學術文章，俞大維是在《數學現況》發表論文的第一位中國學者。華羅庚緊追其後，是在該期刊發表論文的第二個中國人。彼此惺惺相惜而結成至交好友。

在表兄曾昭掄的引薦之下，俞大維又認識了西南聯大物理系教授吳大猷，之後又結識了西南聯合大學物理系主任鄭華熾，和更多的青年物理、化學專家學者成為了朋友。在曾昭掄、華羅庚等人協助之下，吳大猷將全中國最頂尖的物理、化學、數學方面的權威專家，匯聚一堂，在很短的時間裡，編織成一長串綿密的科技人才網絡。具有顧問委員會性質的研究班子，「原子能研究委員會」儼然成形。史學家毛子水教授，在他的憶往文章中有這麼一段敘述：「民國三十四年我們的抗日戰爭勝利後，部長陳誠先生和次長俞大維先生，邀約西南聯大的吳大猷、華羅庚、曾昭掄教授商議為國防建立科技發展計畫。」

毛子水說的「科技發展計畫」，實際上就是研發原子彈的秘密計畫。俞大維從〈史邁斯報告〉中充分理解到，研製原子彈主要需要三個學門的專家：物理學、化學和數學。吳大猷恰巧是馳名中外的物理學家，曾昭掄是化學家，華羅庚是數學家，三位一體，組成了原子彈製程的黃金拍檔。

在國民黨還都南京前，名列「原子能研究委員會」的這十一位學者，由俞大維率領，在重慶會見了蔣介石。為了展現研發原子彈的決心，蔣介石指示軍政部撥給經費十萬元法幣，作為啟動中國原子彈計畫的開辦費用，並且指示兵工署挪出一間大禮堂，供作研究人員辦公場所。蔣介石也欣然同意了由俞大維提出的一份原子彈專家培育計畫。

按俞大維的方案，由軍政部派遣青年科學家，到美國學習最新的原子物理新科技，等他們學成回國，再啟動參與原子彈計畫。蔣介石允諾，撥用美國退還中國的八國聯軍庚子賠款，作為青年科技人才遠赴美國深造的經費，派到美國的留學生名單，則由吳大猷、曾昭掄、華羅庚分別從物理、化學、數學等各自專精的領域中，選拔優秀青年學子，讓這些出色的青年學者，追隨他們連袂到美國考察學習原子彈的相關理論與技術。吳大猷挑選了朱光亞、李政道；曾昭掄挑選的是唐敖慶、王瑞酰；華羅庚則挑選了孫本旺、徐賢修。

一九四六年秋天，曾昭掄、華羅庚、吳大猷出發赴美，唐敖慶、王瑞駪、李政道、朱光亞、孫本旺等人，以助手身分隨同啟程。這不僅是國民黨當局進行原子彈「種子計畫」的起步，更是中國原子科學史上一頁重要的篇章。

為了落實原子彈研究計畫，軍政部不惜巨資，先後撥付了好幾筆經費，提供吳大猷、曾昭掄、華羅庚等人，在美國考察原子物理研究期間的相關費用支出，為未來研製原子武器作準備。

原子能研究委員會✷第一個國防科研單位

一九四六年六月，悄悄成立了「原子能研究委員會」，它是軍事委員會改組為國防部之後，第一個成立的國防科技研究單位，俞大維希望「原子能研究委員會」和稍早前成立的「國防科學委員會」，能緊密配合，進行原子彈研究。斯時，國共之間戰雲密佈，科研經費日益拮据，蔣介石手諭撥給美金五十萬元，作為原子彈研究經費。

令人扼腕的是，中國這項有史以來第一次的原子彈研發計畫，卻由於國共鬩牆，戰費浩繁而陷於停頓狀態，愈來愈龐大的軍費支出，讓國民黨的「國庫」由捉襟見肘直至瀕臨崩潰邊緣。

一九四七年四月廿一日，國防部長白崇禧建議蔣介石，設立「中央原子物理研究所」，同時增加國立物理科學所的相關研究設備，預計撥給經費一百四十餘萬美元，外加第一年補充設備費一百萬美元，共為二百四十餘萬美元。但是，在批覆白崇禧的公文上，蔣介石親筆寫道：「目前國庫支應浩繁，外匯亦須節用，所請設立原子物理研究所一案，似應緩辦。」之後，國共內戰局勢愈來愈不利於蔣介石，研製原子彈的方案，就此石沉大海，「緩辦」兩字，為蔣介石的第一場原子彈大夢，暫時譜下了休止符。

一九四九年十二月，國民黨被完全逐出大陸。李後主〈破陣子〉：「最是倉皇辭廟日，教坊猶奏別離歌，揮淚對宮娥」。李商隱〈登樂游原〉：「夕陽無限好，只是近黃昏。」即似描寫此境此情。這位六十三歲的老人悻悻然退守臺灣孤島，個人生死猶在未定之天，更別提猶如鏡花水月般的原子彈計畫了。在國共逐鹿沙場，爭奪江山浮沉的兵荒馬亂年代，獲得庚子賠款補助川資出國的青年科學家們，遭逢離亂，星散四處，隨命運飄零浮沉於蒼茫人海。

吳大猷滯留美國，華羅庚選擇留在大陸，因與俞大維的淵源，曾昭掄則選擇去了臺灣。但是，曾昭掄於一九四九年到臺灣後，在「臺灣肥料公司」短暫任職一段時日，旋即悄悄經香港返回大陸。由吳大猷、華羅庚、曾昭掄等人選拔推薦，支領國民黨軍政部及庚子賠款經費出國的青年科學家，他們又是何去何從的呢？

以吳大猷的高足朱光亞來說，他於一九四五年自西南聯合大學物理系畢業後，吳大猷奉軍政部之命選拔他赴美留學，一九五〇年，朱光亞獲美國密執安大學物理學博士學位後，隨即束裝返國。返回大陸後，朱光亞先後任職北京大學物理系副教授（一九五〇～一九五二年）、韓戰停戰談判中國代表團外文秘書（一九五二～一九五三年）、東北人民大學物理系教授（一九五三～一九五五年）、北京大學物理系教授、物理研究室副主任（一九五五～一九五七年）。

一九五七年，大陸方面開始研發原子彈，朱光亞又被徵召為二機部四〇一所二室副主任、研究員（一九五七～一九五九年），而二機部四〇一所就是中國科學院原子能研究所的代號。之後的十三年時光，朱光亞都在二機部任職，他從二機部第九研究所副所長，最後做到二機部第九研究院副院長。從一九五七年，朱光亞潛心從事核反應爐的研究工作，與鄧稼先等人負責領導大陸原子彈、氫彈的研製工作，為大陸的原子彈、氫彈、核子武器與核子工業奠定了穩固的根基。

吳大猷另一位得意門生李政道，由軍政部支助到美國留學後，於一九四六年進入美國芝加哥大學就讀，追隨知名的原子物理大師恩力克·費米（Enrico Fermi）教授學習。費米是美籍義大利裔物理學家，並於一九三八年獲得諾貝爾物理學獎，美國原子彈「曼哈頓計畫」的靈魂人物之一。一九五〇年，李政道獲得博士學位之後，繼續從事統計物理的相變，以及凝聚態物理的極化子的研究。一九五三年，李政道獲聘為哥倫比亞大學助理教授，主要研究工作是在粒子物理和場論領域。李政道二十九歲那年，獲聘為哥倫比亞大學正教授，成為該校二百多年以來最年輕的正教授。

由曾昭掄挑選赴美留學的青年化學家唐敖慶，於一九四九年獲得美國哥倫比亞大學博士學位。一九五〇年一月年，唐敖慶旋即束裝返回大陸，擔任北京大學教授。唐敖慶以後擔任過中國科學院院士，是大陸著名的理論化學家及教育家。

曾昭掄推薦留美的另一位高材生王瑞駪，選擇留在美國，並於一九七二年受聘美國紐約大學第一任「愛因斯坦講座」教授。

華羅庚選薦的研究助手孫本旺，完成了美國學業之後，也回到大陸。

惟獨在美國被選拔的徐賢修，是軍政部支助的六位青年科學家中，惟一投效臺灣的。徐賢修在美國布朗大學修得數學博士學位。他對臺灣最大的貢獻，就是協助建立新竹科學園區。

一九七〇年，因蔣經國即將被他的父親內定擔任行政院院長，父子接班勢將美夢成真肩負大任，充滿家國使命感的蔣經國，期盼能在最短期間內銳意革新，闖出一番與他父親不同的新局面，因而特邀徐賢修到臺灣擔任國立清華大學校長。三年後，徐賢修又兼任行政院國家科學委員會主任委員，此期間，他先後到過美、歐、日、韓等多國考察科技發展的狀況。借鏡外國成功的經驗，徐賢修於一九七六年，向蔣經國建議成立科學工業園區，一方面吸引海外學人回國創業，同時也藉以吸引國外大公司投資生產，為臺灣科技產業紮根，著有成效。

回顧從一九四五年，蔣介石苦心孤詣想在抗戰勝利後，籌謀一套由國民黨領導宏偉的富國強工兵計畫，其中，最具代表性的計畫，便是研發原子彈計畫。蔣介石始料未及政權那麼快便摧枯拉朽，南京政權既已崩潰，富國強兵再宏偉，也成為水中撈月，毫無意義。國民黨當局原本希望匯集以吳大猷、曾昭掄、華羅庚為首的優秀科學家，由他們帶領各自舉薦的青年科學家，到美國深造學習涵蓋原子彈研製所需的主要科學知識，這六位年輕的科學家，除了徐賢修之外幾乎沒有一個人在學成之後，到臺灣追隨蔣介石。不論是原子能研究委員會乃至中央原子物理研究所、國立物理科學所，最後都成了徒託空言的南柯一夢。國民黨當局發端於抗戰勝利後的原子彈研究方案，就像落花流水春去也，繁華落盡，最後依舊是一場空。

夢想打造年產千架飛機大空軍

蔣介石在抗戰勝利後不久，非但領導了中國人第一次的原子彈研製計畫，他還在國民革命軍的海空軍現代化的軍工建設歷程中，作出現今中國人鮮少知悉的宏偉規劃，雖然大部份計畫終成泡影。中國空軍在抗戰時期，由於空中武力不能與日本帝國主義者之空軍相匹敵，中國擁有之軍機質與量，無法與相抗衡，中國脆弱之航空工業，更不能支應空戰中折損之軍機，是故中國軍隊在戰時之空優完全為日寇所攫奪，兼以防空力量薄弱，日機進入我後方腹地，如入無人之境。如此，中國軍民在八年抗戰期間，廣大之領空竟淪為倭寇之殺戮戰場，鑄成抗戰時期難以盡訴之血淚悲劇，思之誠可痛憤！抗戰勝利後，蔣介石感喟八年抗戰軍民驚恐眺望長空，彈如雨下，血流成河之慘痛記憶，痛定思痛，亟思從根救起中國之軍工產業，圖謀根本扭轉中國海空力量之劣勢，防止外敵入侵之悲慘歷史重演。

蔣介石雖然不是出身空軍，但他深刻體認空軍武力擁有自製戰機之重要性，但在自製之前，吾人必須先學會飛機設計與製造，中國的航空工程師先學會洋人的設計本事，功夫學會了，再進而逐步研究發展，自力更生，自己設計，進而紮根中國航空民族工業。這種理念，和晚清自強運動中國人「師夷之長技以制夷」的概念如出一轍。

如今鮮為人知者，蔣介石領導的民國政府，抗戰勝利前一年，以迄大陸整個政權失敗，退守到臺灣初期，確切的年份就是從一九四四至一九六〇年間，蔣介石當局曾經規劃過一項噴射軍機研製計畫，這是中國人有史以來第一個有系統的軍用飛機自製計畫。中國航空史上第一架由中國人參與設計製造的噴射戰鬥機。它的起始時間點——一九四四年——與前蘇聯設計製造蘇聯的第一架噴氣機——米格—15高亞音速噴氣式戰鬥機相較，幾乎更早兩年起跑。

嚴格說，蘇聯的工業基礎紮根遠優於中國，但他自己產製噴氣軍機的歷程，卻與中國的踉蹌學步，相差無幾。米格—15是脫胎於蘇聯虜獲自納粹德國的第一架噴氣機TA—183（代號烏鴉），而米格—15在研製之初，製造該型飛機發動機時，在技術上遭逢難關，始終無法試飛。稍後，英國工黨政府同意出口蘇聯兩款英國製的離心式噴射發動機，才總算讓蘇聯突破了瓶頸。然而，命運多舛的是，米格—15也是經歷了兩次試飛，才真正成功。因此，米格—15能在朝鮮戰場空域——米格走廊，與美國噴氣戰鬥機在空戰中較量，還得要拜美國的老盟友英國之賜呢！不是英國釋出發動機的技術，米格—15恐怕更要延遲其成功之日。而就在米格—15還只是圖紙上的虛擬飛機的時候，國民黨當局已經在抗戰勝利前不久，派人到英國，和英國人洽商合作設計製造中國空軍專屬的噴氣機。為何俄國人「後發先至」，而國府之噴氣機研製計畫，反而成為黃粱一夢，思之實在令人喟嘆與汗顏。

中國的現代航空工業其實起步不算晚，早在民國初年，中國的航空愛好者，及民初的政治領導者就曾經希望打造屬於中國人的軍用飛機，近世第一位中國駕駛飛機飛上青天的，是馮如一九〇九年在美國奧克蘭市派特蒙山的一次實驗性飛行，那天在場觀看的，還有中國未來的偉大革命先行者國父孫中山先生、孫先生或許就在那次觀摩中，燃起了他日後提倡飛行事業火苗的一個發端。甚至於把廣東時期建造的一架飛機，以他至愛的妻子宋慶齡女士的英文名字，取名「樂士文」，足證孫先生對航空事業的重視與偏愛。

然而，真正迫使我國軍機進入有系統的圖紙設計階段的，還是受日本帝國主義者侵略，及其輪番狂轟濫炸所致，蔣介石為復仇雪恥，打造了近代中國第一個組織化的航空工業研究部門：航空委員會航空研究院，它誕生在中國飽受日本帝國主義者鐵翼欺凌，領空主權幾乎完全淪喪，碧血長空的戰爭歲月，中國主政者和志在報國殺倭的中國青年，主要的著眼點乃是在如何振興航空事業，再將日軍「驅逐於國土之東」。然而，科學技術是最講究務實的工作，中國航空工業在萌芽草創時期，更有不計其數的無名英雄積累其畢生心血結晶，鞠躬盡瘁，死而後已。

例如，抗戰時期擔任我國航空研究院副院長兼理工系主任的王助，便是一位卓具專業，默默耕耘，從不計個人得失的中國航空工業先驅。王助個人的人生故事，更值得今之史家大書特書，留傳中華青史。

王助一八九三年生於北京，十二歲就進入清朝培養海軍專門人才的煙臺海軍水師學校，四年後畢業，清政府把一批優秀的煙臺海校的少年學子，送往英國學習海軍事務。王助先在英國阿姆斯特朗海軍大學就學，之後又進入德蘭姆大學學習機械工程，一九一五年畢業，隨即又奉命前往美國麻省理工學院，主修航空工程。二十三歲那年，王助以優異的成績畢業，獲得航空工程碩士學位，這在當時的美國也是拔尖的人才，許多企業搶著爭取王助進入他們公司服務。王助在麻省理工學院讀碩士時，跟美籍同學威斯特夫很要好，威斯特夫和友人威廉波音（William E. Boeing），兩人合開了一家「太平洋航空器材公司」，無奈這時第一次世界大戰爆發了，威斯特夫被美國海軍征調去服役，只好退股，被迫辭去既是金主又是技術提供者的雙重身份，但威斯特夫把王助推薦給了威廉波音。讓王助提供航空專才，協助「太平洋航空器材公司」草創。威廉波音成為這家公司的獨資老闆，並將公司易名「波音」，成為今日「波音飛機製造公司」之嚆矢。

就這樣，王助選擇任職美國波音飛機公司，並成為波音公司第一任總工程師，這在早年強烈種族偏見的美國社會，亦是聞所未聞的新聞。然而，令當美國人更聞所未聞的是，一位中國籍的總工程師，讓波音公司賺得第一桶金，奠定了波音成為世界航空巨人的第一塊基石。

早先，王助的同學威斯特夫為威廉波音設計了一款水上飛機，B&W-1飛機，但是威斯特夫設計的Ｂ＆Ｗ－１飛機起降的成功率不夠高，性能不穩，原本預下訂單的美國軍方打算取消訂單，這事相當困擾威廉波音。王助到任之後，首先必須解決同學留下的爛攤子。王助想了很久，發現Ｂ＆Ｗ－１飛機必須改弦更張，他重新設計了另一款新飛機，名為Ｂ＆Ｗ－１型水上飛機，這架有著雙浮筒雙翼的Ｂ＆Ｗ－１型水上飛機，順利通過了美國軍方的測試。美國海軍部認定這型飛機性能穩定，可供軍方巡邏艇和教練機兩種用途，當場向波音公司下訂單五十架。為公司帶來第一筆財富：五十七萬美金，波音公司能夠存活乃至日後發展壯大，就是靠王助給公司賺的第一桶金。

山洞裡的夢工廠✷航空工業計畫室

可是，美國社會對有色人種的歧視，卻促使王助看清楚了西方國家的真面目。照理說王助為波音公司設計了第一型有市場意義，而且賺來第一筆營收資金，像他這樣的「財神爺」八人大轎都不容易請到，Ｂ＆Ｗ－Ｃ水上飛機作飛行測試時，卻把王助擋在了門外，理由竟然是不希望「美國最高航空技術」外流。王助一氣之下，決定束裝返國，他決心為航空事業尚屬一片荒蕪地的祖國，開拓出一番新氣象。回國後，王助在一九一九年八月，和留美同窗好友巴玉藻，聯手為北洋海軍設計成功了第一架水上飛機

——「甲型一號初級教練機」。

王助後來在一九三八年做到軍事委員會航空研究所副所長，一九四一年航空研究所擴大為航空研究院，王助改任副院長。

抗戰時期王助的頂頭上司朱霖，也是蔣介石時代，對航空軍工產業有較大企圖心及奠基功勞的領導人物。例如一九四四年成立於航空委員會之下的「航空工業計畫室」，便是抗戰末期，蔣介石領導下的航空委員會（主任委員周至柔，秘書長宋美齡）之下，為執行龐大而宏遠的中國航空工業而成立的一個部門。朱霖便是「航空工業計畫室」負責人。此前，朱霖的職務，是航空委員會參事，第二飛機製造廠廠長。在為成立航空工業計畫室擬具的計畫書中，這位湖南籍優秀的航空專家為未來中國航空工業劃出了這麼一個宏偉的「輪廓」：未來每年生產一千架飛機，其中包括教練機四百架，驅逐機三百五十架，轟炸機一百五十架，運輸機一百架，並且期望能在四年內落實成功。這項鉅細靡遺的計畫在「航空工業計畫室」，改組為「航空工業局」之後，更為如火如荼進行。

試想，早在一九四〇年代，中國的軍工前輩就已經試圖於戰後打造一支年產千架軍機，甚至組建一支具有萬架軍機的偉大空軍，如果這個夢想能夠成真，中國空中有一萬隻鐵鷹組建的強大空中武力隊伍，環伺亞洲，甚至遠至天涯海角，還有哪個國家膽敢再輕侮我國？

可是，有誰知道，立下這麼一個雄心壯志，敢與比天高的軍工領袖，便是抗戰時期，在山洞裡邊為捍衛祖國的領空，日以繼夜，打造能與鬼子空軍一拼死活的軍機，軍工前輩錢昌祚先生。錢昌祚，江蘇常熟人，從上海私立浦東中學畢業後，於一九一七年考進清華學校，畢業成績優異而獲得庚子賠款保送赴美國留學，進入麻省理工學院機械系就讀，一九二二年獲得機械工程學位，之後又轉讀航空機械工程，一九二四年獲得航空工程碩士學位。

然而，錢昌祚這位具有航空專長的一介書生，又是怎麼與軍機製造結下不解之緣，則始於一九二八年任職民國政府中央航空學校秘書兼編譯、教授、教育長之後的事，五年後，錢昌祚又相繼擔任蔣介石領導的軍事委員會管轄下的航空署技術處處長，隔一年，他又調任航空委員會技術處處長。那是一個國家需人孔急，蔣介石所謂「攘外必先安內」政策推動的時機，中國徘徊在究竟是抗戰或打內戰，中國人自相殘殺的踟躕年代、也正是後世史家評說的抗戰前夕中國埋頭軍工建設的「黃金十年」這位三十幾歲事業正待大展宏圖的青年，心中充滿著國家與自我的憧憬。抗戰前夕，他又受命擔任中國航空工程學會會長、航空機械學校校長等職。當日本鬼子鐵蹄一步步踏進祖國的領土領空與領海，錢昌祚又進入民國政府空軍擔任二等機械正。日軍果然打進來了！一九三八年三月，錢昌祚奉命擔任航空委員會技術廳副廳長、代理廳長。

這時，一個沉重的擔子落在了錢昌祚的肩頭——製造飛機！從淞滬戰役，以迄南京保衛戰、武漢保衛戰相繼失利，民國政府遷都重慶，抗戰已然進入戰略相持的膠著時期。在這段最艱苦而暗無天日的日子裡，中國的領空成為日本帝國主義者屠戮的戰場，中國要如何扭轉空優喪失的不利局面，大概也只有一條路：造更多軍機、訓練更多的飛行員，和日軍在萬里長空決一死戰。

無奈，這話說來容易，做起來是千艱萬難，有盤根錯節、千絲萬縷的問題需要一一克服解決。然而，錢昌祚這位天不怕地不怕的年輕人，正是基於一股書生報國的熱忱，在四川南川那叢山峻嶺之中，激盪出他個人生命最光輝燦爛的篇章，更為中國尚處一片草萊之中的航空事業，開創最值得謳歌的史頁。一九三八年初，錢昌祚的生命正式和一家軍工廠結下不解之緣——「國民政府航空委員會第二飛機製造廠」。

「國民政府航空委員會第二飛機製造廠」原本的廠址在江西南昌，因為提供製造廠飛機製造技術的是義大利，所以這家廠又名之為「南昌中義飛機製造廠」。但是，抗戰爆發後，由於我國空優喪失，日本飛機隨處選擇戰略目標狂轟濫炸，再加上開戰後，義大利選擇和日本靠攏，撤資走人，飛機工廠一方面隨民國政府撤退至四川南川叢林溝一個叫「海孔洞」的巨大洞穴之中，機器設備就在這伸手不見五指的山洞裡架設，在這兒繼續為抗戰空中鬥爭而努力。飛機廠改名為「國民政府航空委員會第二飛機製造廠」。這時的廠長是朱霖，遷廠四川之後第二年，一九三九年一月，錢昌祚接替朱霖，成為這家山洞飛機製造廠的廠長。

一九三八年底，在朱霖廠長任上，工廠職工在海孔洞這座由內陸海形成的自然洞穴內，闢建了一座可供裝配二十架飛機生產線空間，山洞的外觀也作了適當的偽裝。蔣介石和宋美齡非常重視這座戰時軍機裝配廠，為了確保工廠的安全，還指派黃埔嫡系邱清泉所屬的新二二師底下的一個連，調到「海孔洞」「第二飛機製造廠」附近，負責守衛及防空任務，以謹防來自地面與空中的突襲。

錢昌祚接任廠長以後，陸續生產了近七十架軍機，其中包括「忠一二八甲式驅逐機」，三十架訓練機，及十餘架有軍事用途的滑翔機。「第二飛機製造廠」製造的軍用飛機固然不能與日機等量齊觀，殊不知，這些中國自製軍機均是在極端困難的物資條件下生產的。譬如，大後方極度缺乏柴油，導致「第二飛機製造廠」柴油斷了料，廠方為了維持正常生產，被迫改用菜籽油發電，這麼一來，附近的菜油價格三級跳，連漲了五倍。不但發電機沒油燒，連汽車用的汽柴油也奇缺，飛機工廠的十部大卡車不得不改用酒精，車子經常開到一半，連酒精都燒光了。

儘管如此艱困，錢昌祚和他的工作伙伴們還是硬挺了過去，然而，真正讓錢昌祚等職工感到切齒痛恨的，不是艱難的客觀環境，而是漢奸的賣國。光是一九三九年秋天，日本海軍航空司令部所屬的日本軍機，前後五批次來轟炸「第二飛機製造廠」，所幸而海孔洞外樹木叢林掩敝良好，日軍的飛機幾次都未得逞。

難以置信的，這座山洞飛機製造廠，截至抗戰勝利為止，共製造了包括：仿製的蘇聯伊一七驅逐機（忠二八甲式）等各型軍機共約一百架，為祖國抗擊日本帝國主義者的空中屠殺，作出了巨大貢獻。

賡續抗戰時期在山洞裡邊所進行的游擊戰式的軍工製造事業，隨著抗戰聖戰的光榮結束，中國軍工產業進入一個可能大為蓬勃發展的「織夢期」。

「航空工業局」正式成立於抗戰勝利第二年即一九四六年的九月二十日。因為戰爭年代中國和美國並肩作戰的關係，「航空工業計畫室」及其繼承單位「航空工業局」的合作項目，也首先找美國洽談。這時它的上司單位航空委員會已經改名空軍司令部。然而，「航空工業計畫室」和美國的合作洽商並不順利，一九四六年一月，中美之間有關合作製造飛機的談判擱淺，「航空工業計畫室」的談判人員只好轉往英國，去敲英國人的大門。出乎意料之外的，一九四六年八月，談判竟然談成了。

飛機最重要的關鍵零組件首推發動機。我國航空工業局人員和英國人談判，英國勞斯萊斯公司同意將他們一款黑雁（Nene）離心式噴射發動機，授權給中國國民政府生產製造，這即象徵著雙方合作成功的起步。根據談判的協議，勞斯萊斯和另外一家英國公司格洛斯特公司，必須協助中國培訓噴射戰鬥機的研究人才。協議談成以後，國民黨當局馬上組成了一個小組前往英國，參與噴射機與噴射轟炸機的研製工作。

為什麼英國人會那麼大方？這有兩個主要的因素：其一，英國在經歷了第二次世界大戰之後，全國一片殘破，百廢待興，他們亟需在經濟上有一股助力，幫助他們戰後復興，能夠把技術換成錢，這才是生財之道。其次，他們的噴射機發動機技術，固然大部份是英國人本來就有的東西，但是有不少也是攻進德國時俘虜德國的戰利品，例如英國軍隊從德國虜獲的大批德國航太人員、技術檔案資料，便對戰後英國突飛猛進的航空工業幫助很大。譬如第二次世界大戰末期於一九四四年夏天出現的德國梅塞施密特飛機公司出產的，世界第一種噴射戰鬥機，代號「飛燕」的梅塞施密特ME－262飛機，它典型後掠翼的特徵，也被英國飛機設計師所採用。

中國派出的技術學習隊伍裡邊，人才濟濟，這當中有一位，後來在大陸非常出名的飛機設計師陸孝彭。在民國政府航委會時代成立的「航空工業局」階段，陸孝彭即已是一位非常出色的青年技術員，他是江蘇常州人，畢業於中央大學航空工程系，大學畢業以後，曾經在國民黨空軍雲南昆明空軍第一飛機製造廠工作，一九四二年又被派到成都空軍機械學校高級班學習，一九四三年又調到南川第二飛機製造廠擔任設計員。在國民黨空軍飛機工廠前後工作了三年。因為這段服務期間，工作表現傑出，一九四四年即奉派先後前往美國麥克唐納飛機公司，與英國格羅斯特飛機公司，學習他們的先進研製飛機技術。解放後，陸孝彭留在大陸，他的人生歷程中最值得人們記憶的大事，便是他一九六五年在物力條件極為艱困的情況下，設計成功了強－五攻擊機（即以前蘇聯米格－19為改良版本，中國自力更生研製的第一代超音速攻擊機）。

然而，當包括陸孝彭這批年輕的中國空軍技術人員，在英國專心學習噴射機的相關核心技術時，國共內戰的砲聲已經隆隆響起，中英合作研製的噴射戰機連英文代號都取好了名字，CXP－1001：C，當然是代表中國，X則是試製，P代表驅逐機，即今日吾人所稱戰鬥機的代號。中國（國民黨方面）和英國的協議是，中方出資金，而英國主要負責技術的提供，換言之，英國人只管飛機怎麼造，不管錢的問題，而中方的義務，主要是出資金，但中方的技術員可以邊看邊見習，並從而自英國工程師的研發CXP－1001過程中，把該學的內容全部學會。

英國在打造CXP－1001設計圖樣時，大量採用了德國ME－262上的後掠翼的設計風格，所以形式上CXP－1001是英國人幫國民黨空軍設計，其實又何嘗不是承襲了德國人的設計風格，更直接地看，CXP－1001根本是英國設計師拿著德國人在二戰時設計的那款ME－262噴射機，設計精神上大量予以「山寨」，予以複製。是故，嚴格說來，中方（國民黨）不過是拿錢去向一個「寨匪」買他們搶奪自德國家裡的財寶，如此而已。

然而令人氣憤的是，在三年的研製過程中，CXP－1001其實已經完成了百分之六十五的設計工作，時運不濟的是，英國和國民黨的關係，因為共產黨的節節勝利，而發生了戲劇性的變化。那時的國民黨當局老實講也還沒到「床頭金盡」的絕境，但英國技術方則已經變了臉色，當國民黨當局被迫與英國合作關係終結時，中方人員打算把所有認為屬於「自己的」各項技術資料撤回國內時，英國人卻橫加阻攔，態度強硬地要求，中方人員只能自行運回百分之三十一的CXP－1001機密資料、設計圖，中方研發人員必須限時返國。規劃與落實已經五年的CXP－1001噴射機計畫，就這麼中途折翼，國民黨當局在內戰失利，失去大陸政權之依托之後，希望勸使CXP－1001全組技術人員播遷臺灣，但已有許多人基於不願離家及政治態度轉變，而寧願留在大陸，投靠新成立的中央人民政府，成為共和國軍工產業航空工業的一股新力軍。陸孝彭便是一個具體的例證，他在上海，為解放軍華東軍區航空處航空研究室效力，成為共和國航空工業發展的種子部隊。

國民黨當局的航空研究院雖在一九四九年十一月遷至臺灣臺中，經過組織精簡，改名為航空研究室，隸屬航空工業局。CXP－1001在航空工業局朱霖局長努力堅持下，研發計畫又持續了十年整，後來終歸煙消雲散，胎死腹中的命運，這與新敗之後退守臺灣的國民黨當局，上下瀰漫著一種失敗主義的氣氛，不無關係。原本抗戰勝利初期那個具有恢宏企圖心空軍造機計畫，也隨著蔣介石「萬事莫如反攻急」，自力研發飛機畢竟遠水救不了近火的成見與偏見，消失得無影無蹤。

第十章

秘研核彈

美諜滲透上校叛國

受大陸研製核彈繼而成功試爆之刺激，國府曾於一九六三年至一九八八年間，秘密進行核武研製計畫。創立「中山科學研究院」初期，蔣介石重金禮聘以色列核彈之父柏格曼教授，在臺灣桃園複製以色列狄蒙納（Dimona）核基地計畫。陰錯陽差，臺灣核武計畫因美國外力干預，三次受挫，未臻成功。蔣氏父子雖賫志而歿，但以政治智慧，保有研製核彈之技術而不製造核武，兩岸也倖免於一場核子浩劫。更重要的，蔣氏父子將「中山科學研究院」部份軍用技術，轉移民用，無心插柳之舉，促進了臺灣產業升級，造就了今日臺灣傲視全球的高科技產業。

蔣介石請以色列專家重溫核彈之夢

一九六二年三月廿一日，大陸首次試射東風二型導彈。自臺灣北部基地起飛的U－2偵察機，高空偵照照片驚見大陸西北部幾處神秘據點分佈可疑核子設施，國府當局研判北京第一枚核子裝置距離成功之日不遠。稍後，U－2偵察機又在甘肅雙城子、新疆羅布泊一帶，偵照發現導彈及核武基地。相關情資從美國中情局得知後，均由國家安全會議副秘書長蔣經國，直接面報蔣介石。斯時，蔣介石醉心籌謀「反攻大陸」，致力與大陸軍力平衡，決心秘密發展核武。

為啟動核計畫，蔣介石悄悄做出幾項安排。派遣唐君鉑將軍出席一九六三年在奧地利維也納召開的「國際原子能總署」年會。唐君鉑的任務表面上是出席原能總署年會，真正目的，是要和參與該會的以色列「原子能委員會」主席恩斯特・大衛・柏格曼（Ernst David Bergmann），在「國際原子能總署」年會「不期而遇」。柏格曼與第一任以色列總理大衛・本古里安（David Ben-Gurion）、前以色列總統西蒙・培瑞斯（Shimon Peres）三個人，早年被稱為以色列原子彈計畫的鐵三角。柏格曼更是國際核能界熟知的以色列核彈與原能計畫之父，以色列化學界先驅。

因為最大靠山本古里安去職，一九六四年，柏格曼本欲辭卸以色列「原子能委員會」主席職位。然而，本古里安的繼任者，新任以色列總理列維・艾希科爾（Levi Eshkol）挽留柏格曼，邀他繼續留任兩年。一九六六年四月，柏格曼辭去了「原子能委員會」主席及以色列國防部的兩個重要職務。惟柏格曼依舊在以色列軍事科技界與政壇，擁有一言九鼎的地位。

（按：美國於一九五八年派遣U-2偵察機偵悉以色列正秘研核彈，但以色列官方始終否認。一九六〇年代初期，中情局據信以色列核武已研製成功。柏格曼去職之日，以色列已位居核子俱樂部成員。）

唐君鉑事後追憶，他在原能總署年會的開幕酒會上，和柏格曼碰面結識，正式邀請他秘訪臺灣，會晤蔣介石。柏格曼欣然告訴唐君鉑，蔣介石是他熟知而景仰的二戰英雄，他將儘速前往寶島造訪蔣介石。

「國際原子能總署」年會後不久，柏格曼秘密抵臺，蔣介石待之以上賓之禮。為了避開耳目眾多的臺北（尤為迴避美國特務及美軍顧問團人員），在日月潭涵碧樓賓館與柏格曼促膝密談。據唐君鉑事後回憶，蔣、柏兩人會談歷時三天。為保密，蔣介石刻意選定唐君鉑全程翻譯，不假手其他翻譯人員。柏格曼知悉蔣介石決心研發核武，建議複製以色列發展核彈及原子能計畫的模式，成立專責機構，分設核能、火箭、電子三個研究單位。萬一核武計畫受阻，第二步再成立研發化學戰劑或生物戰劑的研究單位。日月潭晤談三日，蔣介石當即決定成立專責研究機構，積極發展包括核武在內的新武器系統。

蔣介石密會柏格曼之後，唐君鉑奉派前往陽明山「實踐學社」高級兵學研究班第三期受訓（按：「實踐學社」即「白團」）。此意味唐君鉑即將被賦與更重要使命。一九六四年春節後，蔣介石發佈人事命令：調退除役官兵輔導委員會主任委員蔣經國，為國防部副部長；調原陸軍總部供應司令唐君鉑，為國防部常務次長。蔣介石這兩項人事安排，即為研發核武而作之先期準備。蔣氏尊崇中山先生領導革命，將專責研究核武的研究機構命名為「中山科學研究院籌備處」，歷四年之籌備，選定孫中山先生百年誕辰，正式命名「中山科學研究院」。

唐君鉑是核武研製執行部門主其事者，蔣經國堪稱蔣介石派來督促研製核武的監軍，真正擁有技術知識（know-how）的是柏格曼教授，他是核心關鍵人物。所謂名不正則言不順，唐君鉑請示蔣介石，禮聘柏格曼為中科院顧問，柏氏亦是第一人獲此禮聘的外籍科學家。

未幾，蔣介石任命唐君鉑為「中山科學研究長籌備處主任」。中科院籌備處最初僅有的少數建築物，是桃園石門水庫興建後留下的若干西式平房，包括餐廳、宿舍等，這幾處建築物座落的小區域，後來被稱為「石園」。中科院籌備處稍後又在距離「石園」約一點五公里的龍潭鄉淮子埔地方，徵收八十公頃土地，作為中科院預定地，於荒煙蔓草中大興土木。蔣經國將「淮子埔」更名為「新新埔」，寓意《禮記》所謂「君子苟日新，日日新，又日新。」

唐君鉑將早期服務空軍「航空工業計畫室」、「航空研究院」的科研人員，盡量集中到中科院籌備處，成為中科院重要骨幹成員。國共內戰期間，原「航空工業計畫室」、「航空研究院」成員，或因撤退不及，或因起義投共，泰半滯留大陸。這批軍中科研人員，及南京「中央研究院」工程研究中心人員，即成為大陸日後「兩彈一星」基本力量。跟隨國府撤退臺灣的軍方科研人員，即成為中科院重要奠基者。錢學森在追憶大陸「兩彈一星」成就時，曾特別提及感謝西南聯大的梅貽琦，及兵工署署長俞大維，因許多科研人才是這兩位前輩戮力培育出來的。梅貽琦到臺灣之後，曾任新竹清華大學校長，並於一九六一年間，為臺灣建立第一座原子爐。

唐君鉑任命顧光復及海軍中將夏新，為中科院籌備處副主任，成為其左右股肱。

顧光復出任籌備處副主任前，曾經做過空軍「航空研究院」研究專員、空軍技術局副局長、航空研究院院長，並進行火箭研製工作。夏新除了擔任過海軍要職之外，亦曾任「軍事工程局」局長，國防部「研究發展室」主任等職。籌備處副主任以下的骨幹諸如：第一研究所（核能研究所）所長錢積彭、副所長李育浩，第二研究所（火箭研究所）所長程嘉垕，第三研究所（電子研究所）從所長劉曙晞、周敢、韓光渭等人以降，則係國府撤臺後，自美國深造返國或新竹交通大學畢業之電子科技精英。稍後成立的第四所（化學研究所），包括首任所長張量、繼任之吳謀泰等人，均係國府撤臺後培育之幹部，其轄下成員，主要來自美、德、以色列等深造歸國之化學、化工專家。這其中還包括唐君鉑的次子唐嘉濱博士，他畢業自以色列魏茲曼研究院，回國後即在中科院第四所從事高分子研究工作（按：唐君鉑育有三子，長子唐瀟泮、次子唐嘉濱、三子唐宇平）。其餘協助唐君鉑統籌企劃的計畫處處長劉元發，及其繼任者宋玉，都是來自陸軍或空軍的留美科技人才。

在蔣氏父子鼎力支持，唐君鉑銳意擘劃之下，中科院菁英薈萃，濟濟一堂，其組織架構與科研團隊，堪與當代世界一流科技研發單位匹敵，毫不遜色。

唐君鉑恐怕不曾細究，中科院籌備處副主任顧光復，和大陸執行「兩彈一星」的靈魂人物錢學森，曾經兩度同窗。錢、顧兩人係一九二九年交通大學機械系同學。交大畢業後，錢、顧兩人同時考取庚子賠款公費留學考試，同年進入美國麻省理工學院航空工程系。錢學森後來轉學到加州理工學院，而顧光復則拿到了麻省理工學院航空工程碩士學位，碩士論文是《發動機提前點火角（Advanced Ignition Angle）研究》。職是觀之，國共雙方在兩岸埋頭發展核武尖端武器的第一代科研人員，其實根本是「師出同門」。

一九六四年春，為配合核武計畫，當局提出一項科技軍官十年進修計畫，每年選送五十名優秀科技軍官，送往美、歐、日等著名學府研讀。所謂科技軍官的報名資格是：一、具有理工碩士學位者；二、曾任飛彈部隊科技職務者；三、軍中研究單位現役研究人員。唐君鉑在敲定了中科院主管幹部人選後，立即考選五十名軍官，於一九六四、一九六五年間，送往國外大學進修。第一批科技軍官，於一九六七年陸續學成回臺，成為中科院於一九六九年七月一日正式成立後，第一批生力軍。

唐君鉑更採行人盯人式的人才培訓法。例如，某位猶太裔光學教授享有世界知名度，唐君鉑命兩名中科院學員追隨這位教授學習，採取緊盯不捨的方式，盡得其真傳，再返回中科院服務。唐君鉑開創的這套人才培育進修計畫，默默實施至今，已有四十餘年歷史，對臺灣科技產業的影響尤為深遠，兩岸開放後甚而惠及大陸。

唐君鉑在籌備中科院過程中，還有一樁頂重要的任務，就是營造與柏格曼的緊密良好關係。畢竟，以色列是當時惟一肯將原子彈關鍵技術，及各種尖端武器科技，出售轉移給臺灣的國家。國府在籌備中科院期間，曾經多次邀請柏格曼到臺灣指導，把以色列研製原子彈的製程模式和人員組織，比較完整的複製到臺灣的中科院。

某位負責全程陪同柏格曼的人士，事後追憶柏格曼歷次訪臺往事時說：上自蔣介石、蔣經國，下至唐君鉑，待柏格曼可謂奉若上賓，照料得無微不至。除了由唐君鉑本人親自交給柏格曼數目迄今成謎的顧問費之外，柏格曼夫婦歷次訪臺，國府當局援例全程高規格接待，提供高額旅費程儀，下榻臺北最高檔的圓山飯店總統套房，每天還額外付給美金五百元日費。一九六〇年代初期，美金臺幣匯率一比四十，臺灣基層軍公教人員，月薪僅相當二十元美金，而國府給柏格曼的每日零用金，即高達五百美金。

柏格曼夫婦熱愛中國文化，最愛參觀故宮；柏格曼夫人雅好中國古文物，酷愛臺灣特產珊瑚手工藝製品。據陪同人員回憶，柏格曼夫人每次來臺，都要求陪同人員，陪她前往位於臺北市徐州路「手工藝品推廣中心」，選購珊瑚雕刻藝品。柏格曼夫人頗識門道，盡是選購最精緻最昂貴的藝品。

陪同人員說：我們開著中科院軍用轎車，車上隨時備妥大筆現金，跟隨柏格曼夫婦左右。柏格曼夫人總是挑選單價成千上萬元的珊瑚藝品，而且一買就是好幾樣工藝精品，結帳時，我們當場付現取貨，總是引來店家驚嘆，真是豪客上門，闊氣十足。

某日，唐君鉑在中科院召見這位陪同人員，唐將軍詢問接待柏格曼夫婦過程有沒有遭遇困難？這位幹部向唐君鉑報告，接待工作很順利，但有一個疑問要請示主任，這幾天陪同柏格曼夫婦選購手工藝品，買了不下數萬元新臺幣，國家經費困難，他們這筆鉅額支出，是不是要從柏格曼每日五百美金的零用金中扣除呢？這位幹部「扣除」兩字剛脫口而出，唐君鉑臉色一沉：「你竟然連這點道理都不懂？還扣除什麼？他們買越多越好！盡量給他們去買！」幹部如夢方醒，連聲說：「是，是，我明白了，明白了。」

一九六四年十月十六號，大陸試爆成功第一枚原子彈，此事造成蔣介石極大的心理震撼。中科院籌備工作就緒，代號「新竹計畫」的原子彈發展方案，在以色列科技顧問柏格曼的協助下，快馬加鞭著手推動。大陸核爆成功以後，蔣介石鎮日憂心臺灣遭核彈攻擊，蔣介石前往桃園龍潭中科院「石門籌備處」視察的次數，明顯增加。據中科院人員保守估計，光是中科院大門口登記簿上記載的蔣介石視察紀錄，一年即達七次之多。尤其慈湖賓館落成之後，他微服出巡臨時到中科院訪視更是不計其數。

蔣介石將「後慈湖」規劃為「反攻大陸」戰時中樞指揮所，為因應戰時疏散需要，和整體調度方便，國府當局將中科院設置於龍潭淮子埔；中正理工學院設置於中科院近鄰；陸軍總部也從臺北市疏遷到距離中科院僅一公里處的龍潭三林村。換言之，以上這幾個地方，都在蔣介石眼皮子底下，想去哪裡，就上哪裡視察。

中科院資深人員表示，一九六七、一九六八年間，蔣老先生時常到慈湖渡假，從慈湖賓館到「石門籌備處」不過二十分鐘車程。他每到慈湖渡假，必蒞臨中科院視察，搞得中科院人員個個神經緊繃，惟恐老先生未事先通知即臨時抵達，讓人措手不及。

這位官員回憶，有一次，蔣介石偕同夫人宋美齡翩然而至，視察中科院類比計算機實驗室，有關人員向蔣老先生作簡報，並當場在計算機上作模擬試驗。蔣介石著深色中山裝，對科研人員和藹可親，頻頻點頭說好。宋美齡著高領白底黑碎花旗袍，陪在一旁，不發一語。

當年中科院人員私下流傳著這麼一則笑話。中科院正門旁邊有一座火箭造型的球形儲水塔，遠遠看去，有點像是一枚火箭。笑話是這麼調侃老蔣的：某日，蔣介石蒞臨中科院巡視，到了大門之後，猛一抬頭看見這座火箭造型水塔，老人家刻意停下腳步，舉起拐杖指了指水塔，用寧波官話問道：「這個是勿是我們造的原子炸彈？」

這當然純係笑話一則，就算原子彈造成功了，也不會掛在水塔上，供人參觀吧！

第一次挫敗✷「新竹計畫」的啟動與流產

一九六八年，「新竹計畫」正式起動。一九六九年七月一日，「中山科學研究院」正式成立。蔣介石採納了柏格曼的建議，先行設置第一研究所（核能研究所），第二研究所（火箭研究所），第三研究所（電子研究所），之後，還增設了一個第四研究所（化學研究所）。核心工作是以落實「新竹計畫」，研製原子彈，為首要目標。並同時發展戰略彈道飛彈、戰術飛彈，及其他重要國防科技項目。在柏格曼的指導下，「新竹計畫」基本複製了以色列狄蒙納（Dimona）核基地的原子能計畫，重點工作項目，主要建立重水核反應器一座，還包含重水廠及鈽分離廠等整套設施。

恰在「新竹計畫」啟動前一年，蔣介石邀請吳大猷擔任「國家安全會議」管轄的「科學發展指導委員會」主委，繼而又接任「國家科學委員會」主委。一九四五年抗戰勝利不久，蔣介石曾透過國府軍政部，禮聘吳大猷負責核彈研究計畫。如今事隔二十餘年，蔣介石重起爐灶，期待吳大猷能再度擔綱原子彈計畫，因而，蔣介石把「新竹計畫」內部文件，交吳大猷審閱，寄望吳大猷供獻智慧，發表意見。出乎蔣介石意料之外，吳大猷寫了一份萬言書，向蔣介石表達強烈反對臺灣發展核武的看法。此外，曾參與美國曼哈頓核彈計畫的旅美物理學家吳健雄，也在蔣介石徵詢其意見時，與吳大猷不約而同表達了反對立場。

吳大猷反對研製原子彈，主要基於幾方面的理由：臺灣腹地狹小，在戰略上不利於從事核子戰爭，造之何用？況且臺灣經濟尚在發展階段，核計畫必須浪擲巨大經費，勢將造成臺灣沉重財政負荷。

吳大猷不但大潑蔣介石冷水，也不斷在臺灣一些內部會議中，以不留情面的直率言詞，力陳製造原子彈將引來無窮後患。因而形成與國府軍方科研官員的尖銳對立。在一次蔣介石主持的高層會議中，唐君鉑與吳大猷等人均在座，會議針對原子彈計畫進行討論，唐君鉑、吳大猷之間，發生言詞交鋒，講到激動處，吳大猷疾言厲色質問唐君鉑：你哪裡懂原子物理學？唐君鉑聞言氣得臉色鐵青。唐氏畢竟是軍人，在座還有蔣介石，唐氏不願與吳大猷正面衝突，極力吞忍憤懣。然而，一位資深中科院人員至今仍餘憤難平：要比較量子物理學，唐君鉑當然不如吳大猷造詣高深，但要是談到發展核能，唐君鉑在工程方面的知識和實務，豈是吳大猷所能比擬。這位官員說，主持美國「曼哈頓計畫」的葛樂佛將軍（Leslie Groves），亦不過是一位後勤工程軍官出身，其原子物理學知識又何嘗比留學英國七年，擁有兩個英國學位的唐君鉑懂得更多呢？

無獨有偶，幾乎就在吳大猷疾言反對，「新竹計畫」形同流產的同時，一九六八年五月間，美國傳媒繪聲繪影地報導了臺灣研製核武的新聞，此事立即引起國府外交單位震撼，急電臺北，向層峰反映，這份由國府駐美國大使周書楷，在一九六八年五月六號發回臺北的密電聲稱：

臺北外交部：《波士頓地球報》今日已刊出該文略稱：我總統於一九六五年六月，下令從事發展核子武器，在蔣部長及唐君鉑將軍指導下，約五十名科學家在龍潭中山科學研究院分三組進行，彼等每週一晨乘車前往，星期五返臺北。此項計畫不露聲色，著手已二年餘，為最高機密。據我方消息來源表示，我盼於一九七四年試驗首枚此項武器云。並稱唐將軍曾於大前年來美國、加拿大及歐洲洽購核子反應器事。現我正與西德方面談判購置兩億至五億瓦反應器一座，據我方消息來源謂，政府預備花費五億至十億美金等語。外界來詢時，應如何置答，祈核示。職周書楷。

一般相信，類似美國傳媒的「權威報導」，應該都是美國中央情報局刻意洩露的，意在製造輿論壓力，為美國政府向臺灣施加外交壓力創造客觀條件。一九六八年五月間的這波輿論攻勢，似乎並未為中科院的核武秘密計畫帶來任何災難性後果。但是，迫於來自美國的「關切壓力」，及吳大猷等人極力反對，蔣介石不得不改弦易轍，暫將「新竹計畫」束諸高閣。然而，柏格曼也勉力勸說，讓蔣介石重燃研製核武的強烈企圖心，準備另起爐灶。

柏格曼以當年說服大衛·本古里安同樣的說詞，力陳研發核武及發展核能和平用途的好處。柏格曼認為，發展核能將對日後臺灣的經濟繁榮，將起到關鍵性積極作用。研發核武在軍事上更重要的目的，不在於使用核武，而在於「核威攝」。擁有核武形成之「核威攝」將使得我方與敵方談判時，有實力作為後盾，取得談判優勢。況且臺灣所需之能源，如石油、天然氣、煤炭等，幾乎百分之百仰賴進口，一旦爆發戰事遭遇封鎖，這些能源物資均將斷炊。核能燃料易於裝運與儲存，相較傳統能源，實為較佳之能源選擇。

柏格曼告訴蔣介石：美國當初研製原子彈，總計投入了六十萬名科技人員，資金花費二十五億美金，確實耗費不貲。之所以如此，主因當時處於核武研發摸索階段，用了五種以上不同的研製方法，同時進行，自然耗費大量人力物力。而今核武技術累積二十多年經驗，知識和技術進步，與二十年前不可同日而語，自然可以運用更精簡有效的方法，從事核武研究。

柏格曼同時指出，以色列土地面積不過兩萬平方公里，人口僅為臺灣三分之一，外匯儲備實力猶不及臺灣，尚能研製成功原子彈，可證前述因素均不足懼。

為增強蔣介石信心，柏格曼邀請唐君鉑，親赴以色列實地參觀核武裝備及相關設施。唐君鉑即率同中科院計畫處處長劉元發，秘訪以國。返臺之後，唐君鉑向蔣介石詳實報告訪以見聞。

一番深思，蔣介石採取折衷辦法，既尊重吳大猷建議，且逃過美國水銀瀉地之偵騎，又能繼續執行原子彈研製計畫。固然「新竹計畫」擱置，重挫了中科院科研人員的士氣。但是，事情很快有了轉機。

蔣介石終於採納了柏格曼的建議，一個代號「桃園計畫」的秘密方案，在「新竹計畫」擱淺的二年後（一九七〇年）重新出檯。經過前次教訓，蔣介石顯得極其審慎，他既採納吳大猷的提議，把中科院「第一所」（核能研究所），劃歸行政院原子能委員會管轄，使中科院核能研究所在名義上脫離了國防部，藉以沖淡中科院「第一所」研製核武的色彩，為中科院「第一所」披上了一件「和平用途」的外衣。而中科院正式成立後，固然實際操控院務的是唐君鉑，蔣介石又任命臺灣大學校長閻振興掛名中科院院長，刻意予人錯覺，誤以為中科院是一個「學術單位」。

所謂「桃園計畫」，主要是指一項披上「研究用途」外衣的核武計畫。實際上，蔣介石是要藉著這項計畫，建造一座四萬千瓦的重水核反應爐，作為研製原子彈之用。蔣介石並綜合各方面的意見，把原本包裹在「新竹計畫」中的鈾礦探勘、磷酸提煉鈾、鈾燃料棒製造、燃料再處理等項目，全部化整為零，成立各自獨立的計畫項目，分別執行。換言之，「桃園計畫」是一套掩人耳目，化整為零的核武研製計畫。

核武研製工作項目中，除了鈾燃料棒製造係與法國合作外，蔣介石在一九七〇年推動桃園計畫時，他接受了柏格曼教授的建議，同時尋求與美國合作，興建核能發電廠。臺灣「核能一廠」於一九七一年底開始施工，採用的是美國奇異公司輕水式反應器，這與「桃園計畫」重水式反應器的方式不同。「核能一廠」的功率是六十四萬千瓦，其功率是「桃園計畫」的十六倍。美國和臺灣談妥的條件是，「核能一廠」使用過的「乏燃料棒」，依規定要運送至國外處理，臺灣不得保存。唐君鉑建議當局的對策是，中科院「桃園計畫」對重水式反應器的採購，絕對不以採購反應器為滿足，一定包含反應器的設計、建造、安裝和運轉等技術能力在內，以備日後能自力建造核能發電廠，排除外國人的干預。

「桃園計畫」的執行，也確實依照唐君鉑的主意推動著。中科院核研所派至國外的採購團隊，包含了各個領域的科學家及工程師，人數達三十八人。採購團隊以一對一的方式研習，參與外國廠家人員進行的反應器規格擬定、材料與部件的選擇、系統設計等工作。一年後，這三十餘位科技人員返回臺灣，再依原設計建造、組裝，最後依規格操作運轉。

所以，「桃園計畫」重水反應器臨界運轉之日，不僅是中科院核武研製的起點，也是國府自力興建核能發電廠奠基之時。蔣介石清楚認識到這一點，於是，他調派中科院籌備處副主任顧光復到經濟部擔任技術總監，再調顧光復出任工業技術研究院副院長，這說明了蔣介石充份理解軍事應與經濟緊密結合，齊步發展，從而作出了上述之縝密佈局。從此事例，亦可旁證蔣介石這番籌謀，是為日後臺灣經濟升級與發展，奠定了堅實的基礎。

國府的原子彈研製工作，原先的「新竹計畫」山窮水盡，而「桃園計畫」竟柳暗花明。此證蔣介石研製核武之心未變，他只是從吳大猷等人的言談中得到某種啟發：萬一受到美國壓力，「桃園計畫」必須被迫中止時，在不能研製核武的情勢下，也該有替代方案，用以確保臺灣的防務安全。

然而，從早先的「新竹計畫」迂迴前進到「桃園計畫」，都有柏格曼幕後加持的身影。

柏格曼早年主導開創的以色列核武計畫，是源自法國的秘密協助。在一九五〇年代以色列開展核武計畫時，法國悄悄為以色列建造了一座核子反應爐及核原料處理廠。以色列透過法國，向加拿大法語區曹克河（Chalk River，位於加拿大安大略省）地方的核子工廠，採購了一套兩萬千瓦的重水式反應器。「桃園計畫」實施後，國府也透過柏格曼的人脈關係，向加拿大曹克河核子研究基地買了一座四萬千瓦的原子反應爐。耗資美金四百萬元（新臺幣一億六千萬元）。

為了防範核武裝置萬一被迫拆除，是否有其他的替代方案，柏格曼這位以色列化學專家建議蔣介石，應該在中科院設立研究化學戰劑的單位。之後，他又建議成立生物研究所，研究生物戰劑。但是，唐君鉑不贊成在中科院成立生物研究所，稍後，此一單位被安置在國防醫學院的第一試驗所，但經費納入中科院項下。

柏格曼除了在軍武科技方面，予臺灣助益良多，也曾在外交戰線上暗助國府。一九七一年十月，國府在聯合國的會員席次告急，行政院副院長蔣經國為力阻北京進入聯合國，特命唐君鉑兼程秘訪以色列，當面情商柏格曼運用他在以色列政界的影響力，說服以色列能在聯合國投票支持臺灣當局。

柏格曼與蔣介石幾乎同日與世長辭

蔣介石最後歲月，不僅研製核武的「桃園計畫」重水廠正在積極運轉，在柏格曼協助下，國防尖端武器製造更是日趨成熟，重要據點遍及全臺各地。重要據點諸如：臺北三峽某地有一座飛彈製造廠，桃園的東山及青山各有一座化學研究基地。桃園龍潭新新埔則為核研所基地。臺灣南部有一處佔地二十一平方公里的「九鵬基地」，專供飛彈及武器試驗。此外，在臺中市水湳的「航空發展中心」，則為戰機研製基地，它源於抗戰末期國府的「航空研究所」。

巧合的是，苦心孤詣發展原子彈的蔣介石，在一九七五年四月五日病逝於臺北，而鼎力協助國府催生核武及尖端武器的柏格曼，也在蔣介石去世的第二天，一九七五年四月六日病逝於以色列。是時，臺灣正值蔣介石去世的國殤期間，蔣經國命唐君鉑以國府代表的身份，親赴以色列弔唁，並致贈奠儀五萬美元。稍後，唐君鉑下令中科院總務人員，製作一幅放大加框的柏格曼遺照，特命經常負責接待柏格曼教授的軍官，把這幀遺照懸掛在中科院圖書館二樓期刊室。這是中科院除了孫中山、蔣介石及元首、副元首玉照外，唯一一幅公開高懸的照片。軍官在柏格曼遺像前，立正行了一個軍禮後離去。這位軍官除了負責接待柏格曼，也曾多次應邀訪問以色列。據他長時間接觸柏格曼，其教授對中華民國的協助，似乎已超越了「中科院科技顧問」的範圍，柏氏竭智盡慮，鞠躬盡瘁，絕對不像單單是為了領顧問費而效命馳驅。

唐君鉑辦公室位在二樓，只要唐君鉑抬頭朝窗外望去，即可遠遠望見圖書館二樓期刊室，高懸的以色列老朋友的遺照，這位推心置腹的異國友人，不僅是國府核武計畫初期擘畫者，核武關鍵技術的輸入者，也是協助早期臺灣尖端軍武研發的主要外國友人。

柏格曼遺照至今仍高懸於中科院圖書館，因未附帶任何文字說明，現今新進人員恐已鮮少人得知照片裡這位老外是何方神聖了。

蔣介石、柏格曼兩天內先後去世，但是，國府在以色列協助之下，在臺灣遺留的核武科技與尖端軍武研製能力，卻在這座島嶼留下了深遠的影響。唐君鉑和李國鼎（曾任國府經濟部長、財政部長等職）取得共識，設立了「創新工業技術移轉公司」，及工業技術研究院，將中科院若干尖端科技轉移為民間及商業用途，為臺灣社會創造了兆億元產值的產業，日後並且澤及大陸。

蔣介石、柏格曼相繼亡故之後，國府原子彈研製工作卻遭逢了戲劇性的變化。一九七五年，臺灣「十大工程」項目之一的「第一核能發電廠」裝機完成，在此同時，中科院核能研究所燃料再處理之鈽分離先導工廠也已完成試運轉。值得注意的是，「桃園計畫」的核子反應器，較之以色列狄蒙納（Dimona）核反應器的功率大一倍。據國際估測，以色列目前約有核彈一百五十枚左右。如果臺灣的「桃園計畫」核反應器未被美國人拆除，運轉至今，核彈數量應在三百枚以上。況且，中科院核研所同時具備了自行設計建造核反應器的能力。假如臺灣的「核能二廠」採取自行興建的方式，「核能二廠」又具備「新新計畫」燃料再處理的能力，國府核武力量更將持續發展，核彈產製數量達到千枚，也將只是時間問題。然而，臺灣假使擁有數目龐大的核武器，一旦島內政情不穩，勢必對兩岸關係造成極為難測的影響，後果不堪想像。

無所不在的ＣＩＡ滲透

既然有以色列從旁協助，國府核武計畫為何在差一步就到位的最後時刻，灰飛煙滅，化為烏有了呢？歸結而言，還是因為美國橫加干預的緣故。美國對臺灣當局核武計畫的對策，按時期先後，可區分為最初的「暗助」，之後的「暗阻」，到最後的「明阻」三個階段。但是，無論是哪一階段，美國對臺灣核計畫的進程，始終了然於心。

一九六四年十月大陸試爆原子彈成功，由於此時正值冷戰最嚴峻的階段，美國當局非常忌憚中共成為核子俱樂部成員，故而對國府秘密發展核武，最初是抱持「暗助」的態度。接受國府派遣科技軍官，到美國田納西大學等學府進修，就是明顯的例證。初期美國的態度似有任令臺灣發展核武，讓臺灣制衡大陸的意味，目的在使兩岸中國人相互抵消。雖然是「暗助」，美國對臺灣核武發展的進程，卻絲毫不含糊，一切盡在中央情報局的掌控之中。

一九六四年夏天，國府甄選的第一批科技軍官，準備讓他們赴美國進修，可是，當局發現大部份科技軍官語文能力不行，無法通過美國檢測非英語系國家留學生的語文考試，所以，軍方下令這些科技軍官趁公餘之暇，到臺北市徐州路的「語言訓練中心」補習英文，俾能順利通過語文能力考試。

參加「語言訓練中心」訓練課程，要先填寫許多報名表件，當年的表格資料詳細詢問包括年籍、出身、學歷、親屬狀況、供職單位、專長技術等各種細節，這些表格資料最後全部被美國中央情報局存留了一份備份。換言之，國府甄選的科技軍官的背景資料，美方均已全部存檔，瞭若指掌。中情局儘可根據檔案，研判該吸收哪些軍官為中情局效犬馬之勞。中科院一位資深官員表示，他當年被送出國時，也曾到「語言訓練中心」加強英文。那時「語言訓練中心」當家的是「Director Wu」，臺灣省人。這位資深官員表示，在「語言訓練中心」報名時，的確規定他們填寫好多細膩繁瑣的表格。等這些科技軍官到了美國深造，美國當局在自己地盤上，自可輕而易舉下手吸收「細胞」，為其馳驅。

張憲義是最典型的個案。張某中正理工學院二十六期物理系畢業，一九六七年被派赴中科院籌備處工作，一九六九年被選派到美國田納西大學攻讀碩士、博士學位（按：國府派赴美國進修的科技軍官，絕大部份被送到田納西大學，攻讀核子物理、化學、電子、機械等與核武研發相關之學程），一九七六年返臺，一九八四年升任中科院核研所副所長，官拜上校。據信，張憲義應係於美國就讀田納西大學時期，被中情局吸收為間諜。但是，張憲義絕非惟一的中情局潛伏間諜，早在他之前，中科院就已經被中情局滲透。

據悉，張憲義隱蔽中科院期間，為人貌似謙和忠謹，與中科院計畫處處長劉元發，公餘之暇，時常在一塊下圍棋，張憲義是圍棋高手，張、劉二人棋逢對手，均有「初段」水平，孰知張憲義本人是一位心思極端細密的「死間」。張憲義藉下棋機會，之所以經常與劉元發聚會接近，諒因劉元發多次前往以色列參訪核基地，唐君鉑對劉氏信任有加，時常命劉元發參與密笏，所知中科院內部機密，當比張憲義更為權威。張憲義悄然失蹤，在中科院例會中，引起不小風波。

一九七六年八月二十九日，中情局重施故技透過美國《華盛頓郵報》釋放有關臺灣「正秘密處理可用於製造核彈之鈾燃料」訊息，同年九月二十四日，《華盛頓郵報》又發表了一篇題為〈臺灣對核子的新承諾〉的社論，這一連串的新聞報導，為以色列協助中科院執行的核武計畫（即「桃園計畫」）帶來了致命性的警訊。

斯時，美國已與北京洽商「關係正常化」（建交）多年，臺美關係長期處於脆弱狀態。臺北方面似乎察覺情勢嚴峻。

唐君鉑自恃有蔣介石父子欽命，及以色列技術支持當「靠山」，曾多次峻拒美國官員要求進入中科院「查看」。但是，這一回，不僅唐君鉑難以招架，就是蔣經國也必須作出妥協的準備。因為，華府顯已改變先前「暗助」、「暗阻」政策，轉為「明阻」，來勢洶洶，直逼臺灣當局。國府如不放棄核武計畫，美國不僅將禁運核能電廠相關設施及燃料，更危及極端脆弱的臺美關係。臺灣甫歷經全球第一次石油危機，國府對核能發電的需求更為殷切，蔣經國與唐君鉑商議後決定，允諾美方拆除中科院核研所鈽先導工廠，條件交換「第一核能發電廠」如期運轉發電。

一九七七年一月二十七，臺北《中央通訊社》在一份電訊中，發表了蔣經國（時為行政院長）的一段談話，蔣談話大意指出：美國卡特總統有關分階段銷毀核子武器的主張，值得我們熱烈支持。蔣經國指出：我國政府一貫主張原子能的和平使用；雖然我們具備發展核子武器的能力，但是我們絕不從事核子武器的製造。此一嚴正立場為世人所週知。我們今後仍將竭盡一切力量與美國充分合作，以防止核子武器的擴散。

卡特總統就任前後曾多次表示，美國將盡力防止核子武器的擴散，並停止全球各地的核子試爆，最後目標是要消除現有的核子武器。

CIA人員衝進中科院✷「桃園計畫」毀於一旦

一九七七年春某日，美國卡特總統正式就任之後，中科院同仁最不樂意見到的場面終於降臨！一個由核武技術專家組成的工作小組，從美國抵達臺北，他們由美國駐臺北大使館領事李文（按：此人主管情報，之後他調往香港，從事對大陸之情報蒐集）領銜，乘坐美國大使館大型座車，浩浩蕩蕩進入中科院大門。他們也是中科院創辦以來，第一批被准許進入該院的美國官員。幾乎與美國官員同時抵達的，還有參謀總長宋長志。宋上將是當天國府最高層級官員，奉蔣經國之命，代表臺北當局，會同美方人員到中科院巡察，目的在拆除美方認定「有疑慮」的核設施。

一位中科院資深官員回憶，中科院核研所同仁在唐君鉑的指示下，將鈽先導工廠的設施拆除。美方人員並在核反應器的兩旁，架設國際原子能總署專用的攝影監視器，防止中科院人員再啟動相關設備。這位官員感慨回憶：「同仁歷經十餘年的辛勞努力，瞬間全部化為烏有，在場不少同仁眼中湧現淚光……。」據中科院資深官員回憶，美國官員確認中科院人員已完全拆除鈽先導工廠相關機械儀器後，即行驅車離去。當天晚上，參謀總長宋長志曾經再度驅車來到中科院視察，目的在確認拆除設施未被啟動復原，宋長志院內巡視半小時後離去，回臺北向蔣經國覆命。

經此巨變，蔣經國密令唐君鉑，將中科院核研所人員全部留任，完整保留研究實力。蔣經國並多次對外籍記者表示，國府雖然具備研製核武的能力，但不會研製核武器。

蔣經國為了迎合「友邦」總統卡特的人權與禁止核擴散政策，忍痛拆除了經營近二十年的研製核武設備（即所謂的「桃園計畫」相關設施），蔣介石的夢想和柏格曼的擘畫，悉數付之東流。所謂抽刀斷水，水更流，這仍無法改變卡特當局與北京建交的決心。一九七八年十二月，卡特宣佈與臺灣斷交。據中科院資深官員回憶，蔣經國為了穩定民心士氣，決心把中科院多年蓄積的科技實力，開放給黨、政、軍、學術、及各界民眾參觀瞭解，並且開始有計畫地將軍事規格的精密加工技術，逐步開放予民間電子、光電、資訊等產業，為臺灣的產業升級和進入高科技領域，奠定深厚良好基礎。蔣經國這項明智的決定，更為臺灣經濟奇蹟注入強力活化劑。

換言之，蔣介石的原子彈之夢，柏格曼的苦心擘畫，固然化為烏有，但是他們在中科院播下的種子，卻無心插柳柳成蔭，核武周邊技術轉化成為民間產業升級的關鍵技術，為臺灣經濟作出了巨大貢獻，惟獨這段史實在臺灣「去蔣化」的浪潮中，被刻意淹沒，導致今之世人無從知曉。

據中科院資深官員回想，長期服務臺灣「外貿發展協會」的武冠雄，在與中科院院長唐君鉑面談時，兩人談及中科院電子研究水平，較諸臺灣公民營機構領先二十年。一位螺絲釘製造公司的負責人寫信給中科院，在承接中科院訂單之前，從來不知道有「軍用規格」這回事。

儘管發生了一九七七年春天災難性的「桃園計畫」設施拆除事件，蔣經國並曾公開申明國府雖具備核武研製能力，但不會研製核武器。據瞭解，拆除事件之後，中科院核研所的科技專家照舊保持原有編制，未遣散一兵一卒，以期保持蔣經國所謂的「核武研製能力」，因此，中科院核武研究工作並未就此中止或廢置。唐君鉑銜蔣經國密令，繼續保持中科院之正常運作。

遭逢空前挫折，中科院仍意圖從不同途徑，接續從事核武研究工作。唐君鉑任命核能研究所雷射組組長馬英俊外派德國。馬英俊赴德目的，是要蒐集與學習同位素分離法提煉核武原料之技術資料。馬英俊德國之行，自然引起美國當局高度關切，加之美方對中科院研發實力，已有充份認識，得知馬英俊德國之行的目的，更有芒刺在背之感。馬英俊博士留學德國期間，已娶德國女士為妻，馬博士亦歸化德國籍，美國對他無可如何，但卻為國府這項派遣行動埋下悲劇性的伏筆。

臺灣核彈計畫全面停擺✷蔣經國吐血而死

所謂螳螂捕蟬，黃雀在後。一九八八年元月，中科院核研所副所長張憲義上校，攜帶國府發展核武的多項資料，在中情局掩護之下，突自臺灣消失，叛逃美國。中情局官員為張憲義在華府召開了一項秘密聽證會，張某在會上如數家珍道出臺灣發展核武之歷程。聽證會召開六天之後，亦即一九八八年元月十五日，美國官員再次會同國際原子能總署人員，馳赴臺灣突擊檢查中科院核能研究所，拆除了包括重水式反應爐等多項研究設施，又帶走了大批儀器設備。這是國府自一九六三年在臺灣展開核武計畫以來，最致命性的一次打擊。更詭異而引人遐思的是，一九八八年元月十三日，蔣經國於「七海寓所」吐血暴卒，經國先生是否因得知張憲義叛逃，攜走重要檔案，背叛國家，出席聽證會，指控國府密製核彈，聞訊氣憤而死？目前已無從查證。

張憲義叛逃赴美，蔣經國吐血暴卒，離奇事件接二連三爆發，最後甚至連德國也傳來驚人訊息。早先銜命到德國蒐集同位素分離法技術資料的馬英俊，竟然在德國離奇亡故，更引發神秘恐怖之聯想。

蔣氏父子的核子強國夢，在兩蔣相繼亡故，離奇事件接踵而至的情況下，悄悄走進歷史，化作泡影。

唐君鉑於一九八二年底，自中科院院長任上退休，一九九九年二月十四日，因心肺衰竭病逝臺北，享壽九十。

唐氏去世後迄今，仍偶見傳媒報導臺灣重起爐灶秘密研製核武之傳聞，但均為臺灣當局否認。

第十一章

殺蔣陰謀的尾聲

回不了南京的藍鯨

一九九五年一月十六號，美國知名通訊社「美聯社」，從韓國首都首爾發出了一則電訊，標題名為「DOCUMENTS SHOW U.S. URGED SOUTH KOREAN PRESIDENT TO RESIGN IN 一九六〇」──文獻顯示，一九六〇年美國政府驅迫韓國總統下臺。這篇電訊稿證實，時任韓國大使的馬康衛（Walter P. McConaughy）因為韓國總統李承晚「不聽話」，所以馬康衛便利用各種手段逼迫他下臺，馬氏素以「顛覆大使」盛名，遠近馳名，果真是名不虛傳。

顛覆大使馬康衛的第一份成績單

在深入了解李承晚被美國政變逼下臺的全般事實之前，可先看看美聯社是怎麼講這樁內幕的。這則電訊的消息來源點明是來自韓國首爾。電訊指出：

根據此間（指韓國）今天公開的解密檔案指出，一九六〇年代早期，美國曾經介入南韓內政，包括韓國開國元勛李承晚。依法，韓國的機密檔案將於三〇年後予以解密。這些數量約為十萬頁的解密資料指出，李承晚總統主導的大選舞弊案，引發了全國性的學生抗議事件，並且在政府軍介入鎮壓過程中，導致約兩百名學生被殺害。迄今許多關於李承晚下臺真相的文件，都已亡佚，據信均係李承晚的幕僚所銷毀。然而有一份僅存的檔案文件顯示，李承晚是在美國駐韓國大使馬康衛的「勸告」之下，以辭職行動緩和學生的憤怒情緒。

李承晚憤憤不平地說，學生暴動的幕後策動者是與他競逐總統大位的反對人士張勉，張氏之前是李承晚的副手。解密檔案指出，儘管如此，最後馬康衛說服了李承晚促使他辭職。李承晚辭職後不久即流亡夏威夷，李承晚辭職後，張勉成立了韓國第一個民選政府，但是張勉的政府十個月後旋即被軍官朴正熙領導的軍事政變所推翻。朴氏並向美國甘迺迪總統交心，承諾韓國將堅定不移地執行反共政策，並且自告奮勇願意負起驅逐越南共黨的責任。然而這份解密文件也自相矛盾地聲稱，韓國當局是應美國政府的請求才派兵到越南。越戰期間韓國一共派遣了三十二萬名戰鬥部隊到越南，其中有五千名官兵戰歿。文件不確定韓國派軍隊到越南，是否得到美國以軍事援助相回報。

上述美聯社的報導透露了幾個訊息：首先，李承晚的下臺，導火線是學生暴動，而學生鋌而走險的關鍵則是李氏大選中造假，做票，意圖讓自己非法當選。其次是李承晚作出了錯誤決策，派軍隊鎮壓，並且造成近兩百名學生喪生。但是最最關鍵的還是最後一點，也就是美國駐韓國大使馬康衛的態度，馬康衛以美國大使之身份如果要力挺李承晚，也不是不可能，但是他沒這樣做，這是什麼原因？難道是真的為了所謂捍衛韓國的

「民主政治」這麼單純可笑的理由嗎？如果馬康衛逼李承晚下臺的原因，是看不慣李氏的獨裁統治，那麼朴正熙日後的所作所為，較諸李承晚不遑多讓，憑什麼李承晚做同樣的事情，便是不民主不自由，而朴正熙做就符合民主自由的規範了呢？

如果單單只從美國人的說法，李承晚之所以下臺，美國之所以支持韓國一九六〇年的那場政變，純粹是為了捍衛美國的民主自由價值，這個冠冕堂皇的理由，在邏輯上是絕對說不通的。那麼事情的真相是什麼呢？

誠如英國作家凱西普拉特（Keith Pratt）所寫的《永不凋零的花朵：一部韓國史》（*Everlasting Flower: A History of Korea*，中文書名暫譯。）書中所說：

> 韓國從獨裁走向民主的歷程，是備極艱辛的。李承晚主政時期的獨裁與腐敗，卻被諷刺性地冠上了韓國第一共和的大帽子，為了反對李承晚選舉舞弊而引發的四一九學生動亂，軍隊奉命強力彈壓，造成一百一十五名學生喪生，事件導致大學教授聯合起來向李承晚抗議，要求他去職。但真正有效施壓逼迫李承晚下臺的關鍵人物，是美國駐韓國大使馬康衛，和美軍駐韓國司令馬格魯德上將（Carter B. Magruder）。

換言之，終結李承晚在韓國最後政治生命的，正是馬康衛大使與馬格魯德上將。然而，最最關鍵的，還是馬康衛大使，因為按照美國在海外的政治慣例，中情局與國務院這兩大系統，經常是針對外國傀儡政府政變的兩大導演機關，軍方體系對外國傀儡政府的廢立，扮演的角色與戲份都是比較次要的。甚至可以這麼說，逼李承晚下臺的是馬康衛，扶持繼任的傀儡政權張勉，是馬康衛，但之後朴正熙再發動軍事政變，則是馬康衛與馬格魯德將軍的共同傑作。總之馬康衛是牽動韓國一九六〇年政變的幕後最大黑手！

馬康衛究係何方神聖？竟然會被國際職業外交官奉為「顛覆大使」，如果他沒有幾把刷子，又如何能浪得虛名呢？

馬康衛出生於美國阿拉巴馬州蒙特維羅，一九二八年大學畢業於伯明罕南方學院，之後又進入北卡羅萊納州的杜克大學研究，畢業後進入家鄉一家中學擔任教職。不久，馬康衛考取了美國的外交人員考試。

起初，馬康衛被派到墨西哥坦比哥擔任副領事。一九三三年，他被調到日本神戶和大阪，也在日本長崎和殖民地時期的臺灣，待過一段短時期。一九四一年初，馬康衛又被調到中國北京，那時日軍已經佔領北京四年，偷襲珍珠港後，在北京美國領事館工作的馬康衛，被日本人逮捕，稍後日美兩國協商以各自的外交人員換俘而釋放。之後，他被調往駐玻利維亞大使館，做了兩年的商務專員。

他被調到巴西，里約熱內盧後不久，馬康衛還被美國政府送到國家戰爭學院就讀。一九四八年，馬康衛被賦予新職，美國駐中國上海領事館領事，這時，共軍正朝上海節節推進，很快，美國領事館深陷戰區。南京解放，美國原駐華大使司徒雷登沒走；上海解放，馬康衛也奉命繼續留在領事館內，直到一九五〇年，美國終於決定結束美國在中國外交戰場上的的這處橋頭堡為止。美國國務院因此頒贈了馬康衛一枚勛章，以獎勵他「為捍衛美國國家利益」作出的貢獻。其後，美國政府酬庸他，賦予他一份新職，美國駐香港總領事，而且一做就是兩年。

一九五二年，馬康衛被調回美國，擔任國務院中國科的科長，主管中國事務。一直到艾森豪威爾上臺，他旋即被任命為美國駐緬甸大使。一九五七年，又奉調駐韓國大使，之後，再調回美國，當國務院東亞事務助理國務卿。一九六一年，甘迺迪總統上臺，馬康衛又出任駐巴基斯坦大使。再出使臺灣。在臺北一直做到他一九七四年退休為止。

馬康衛的最後使命 ✷ 讓藍鯨回不了南京

檢視馬康衛的工作資歷時發現，他職業外交官的生涯，除了當中幾年奉調回美國，在外館的時間幾乎百分之九〇的任期，是在亞洲，尤其是大中華地區游走，所以，他被美國外交界視為上世紀五〇至七〇年代十分難得的「中國通」。而他最被美國外交當局激賞的「戰果」便是駐韓國大使期間，迫使李承晚下臺，同時遭逢了朴正熙發動的軍事政變。他在外交戰場上另一個令美國官方欣賞的表現，是他駐巴基斯坦時，巴基斯坦與印度正面叫陣，那時印度與蘇聯關係曖昧。而巴基斯坦此時則與中華人民共和國之間關係密切。這兩大戰役，讓馬康衛奠定了他在美國外交界的彪炳戰功。也因此，當美國與臺灣的蔣介石當局，由一九五〇年代的彼此利用，爾虞我詐，到一九九〇年代漸行漸遠，馬康衛剛好被美國當局拿來作為與臺灣「切割」的工具。

但是，馬康衛在駐節臺灣過程中，卻始終被界定為美國蓄意派來搞顛覆活動，意圖來搞政變的「顛覆大使」。而最後一場讓「藍鯨」回不了南京的大戲，而且要好好發揮「顛覆大使」的戲份的一幕驚悚恐怖劇，就在馬康衛粉墨登場下，正式開鑼了。

藍鯨將無法返回南京——這早已是隨著蔣介石父子，隨著國民黨當局到臺灣「逃難」的國府高官，乃至一般大陸籍的平民百姓，早已有的「宿命」——不論這種「宿命」被解釋為幸或不幸，約一百萬餘的第一代大陸各省遷至臺灣的軍民大眾，早已做好在臺灣落地生根的打算。可是基於歷史因素，基於政黨鬥爭的因素，蔣介石依舊不肯放棄他「反攻大陸」的「基本國策」。日後當過蔣介石侍從參謀，後來任官臺軍聯勤總司令的溫哈熊上將，在他的口述回憶中說得好：「因為大陸是在老先生（蔣介石）的手中丟掉的，所以他的心理我們很能理解，換作是你也會對反攻大陸很在意。老先生的個性很強，他吞不下這口氣，所以他的心態與經國先生不同是很有可能的。因此當年在臺灣講反攻無望論，老先生是一定不肯接受的，因為那對他來說是奇恥大辱。我想經國先生很聰明，不過因為他是個很孝順的人，故他也只能順著老先生的意思。因此經國先生只能在自己死之前才做一些改變，這是很了不起的，當年如果他不吭聲，有誰敢去大陸呢？」

然而，在蔣介石一息尚存的晚年，他縱使臥病在床，甚至出現深度昏迷病癥後，仍然心心念念不忘「反攻大陸」。擔任過蔣介石與蔣經國父子貼身副官的翁元先生，撰寫《我在蔣介石父子身邊的日子》書中，翁元追述，蔣介石持續昏迷的一九七二年七月底某日，有值班醫官聽見，陷於昏迷狀態近一個星期的蔣介石，人雖然昏迷不醒，嘴裡竟然開始唸唸叨叨起來，老人家人雖已陷入昏迷，會喃喃自語，對重症病患而言，這無異是難能可貴的好消息。無奈，蔣介石的寧波口音不是那麼好懂，平時和蔣介石不常接觸的醫官，有如鴨子聽雷，不知所措；只好叫翁元幫忙，貼近蔣介石嘴邊，設法側耳傾聽老人家到底在說些啥？「翁副官！快來聽聽看，總統好像在說什麼？聲音很微弱，你可以聽出些什麼來嗎？」

翁元與其他幾位貼身副官平日輪值時，除了打點平常執勤時該做的正式勤務之外，蔣介石臥病那段歲月，比平日更加忙碌百倍，等於變成是在做醫療看護同樣的工作，兼任護理及御醫們的助手。翁元貼近蔣介石的臉龐側旁，近到可以感受到蔣介石微弱鼻息的距離，翁元終於聽到蔣介石於昏迷狀態下，艱難而努力吐露的一串字斷斷續續的字句：「反攻大陸……解救同胞……反攻大陸……解救同胞……救中國……反攻大陸……」

翁伯伯回想起他耳聞與目擊的這幕場景，即使多年之後，仍然令他動容難忘！翁元回憶，他把蔣介石的字句，原封不動告訴在場的每一個人時，從御醫、護士，大家的眼眶都為之泛紅，每個人兩眼都含著眼淚，不為別的，也不管這段話語對不對，正不正確，醫護人員感動的原因，是見到蔣介石明明已經身染重病，正與病魔作殊死鬥爭，這位老人家還念念不忘他的夙願「光復大陸」——在許多人心目中，這明明是無法兌現的一張空白支票，甚至很多人根本認為「反攻大陸」根本是一場迷夢，或者根本是蔣介石欺世盜名的一種手段。然而，透過翁元這段回憶，卻恰恰印證，的確，「反攻大陸」確實是一場迷夢，中國的歷朝歷代不要說從來沒有渡海「反攻」，顛覆朝代的案例，即便是從南方到北方「北伐」成功的案例，亦是屈指可數。蔣介石昔日北伐成功，歸功於各種天時地利人和等主客觀因素，絕非單憑個人的「雄才偉略」即能達標。然而，蔣介石的那股堅毅精神確實令隨從人員為之感佩，翁元說：「老先生知道反攻的願望未達成，所以他始終秉持著一股強烈的求生意志，與病魔作最頑強的鬥爭。」

蔣介石不但「反攻」不成，連南京也回不去了。「藍鯨」回不了南京！這是蔣介石死前最大的遺憾與悲慟！誠然，藍鯨回不了南京，這是蔣介石無法挽救的宿命，但是，令人危疑震撼的是，美國人不但要讓藍鯨回不了南京，而且更企圖讓藍鯨客死異邦，橫死槍下。

行刺蔣經國是馬康衛刻意縱容？

馬康衛如何在他臨退之年，臨去秋波，為他的「顛覆大使」的惡名再「錦上添花」呢？那便是為蔣介石的長子——眾所周知蔣介石交接權力大位唯一的選擇——蔣經國，馬康衛把箭頭指向蔣經國。馬康衛的目的，不但讓藍鯨回不了南京，還要讓藍鯨及其追隨者，在臺灣無立錐之地。這年是一九七〇年，情報靈敏的美國駐臺大使馬康衛，和駐臺大使館政治組的那些以職業外交官為身份掩護的美國特工們，早就從臺北「榮民總醫院」在內的各種蔣介石御醫醫療眾多情報管道中，得出了蔣介石健康報告的全般資料（臺北「榮民總醫院」是早年臺灣當局運用美援經費創辦的一家以軍醫體系為主的大型醫院，院內的醫護人員許多具有留美資歷，若干醫護人員在留美過程中，或者返臺服務後，常是美國中央情報局吸收之標的。）。

馬康衛從臺北「榮民總醫院」，甚至更核心的御醫體系內，直接或間接取得蔣介石的全般健康報告，誠屬易如反掌。例如，一九六九年九月十六日下午五時許，蔣介石座車在陽明山發生車隊自撞意外事件，蔣介石夫婦在那次意外事中雙雙受創，美國大使館和大使馬康衛便是在第一時間得到通報，消息來源不外乎得自士林官邸系統和臺北「榮民總醫院」的內部渠道。誠如日後御醫群歸納了蔣介石病重的肇因時，一致認為蔣介石健康情況之急轉直下，顯係這次陽明山車禍之後遺症。美國大使館亦在隨後不久掌握到了蔣介石健康警訊。包括車禍發生後，醫生在蔣介石心臟大動脈中聽到有雜音——這表示陽明山車禍使得蔣介石的主動脈瓣膜有受傷的跡象。御醫明白，蔣介石在車禍瞬間固然沒有明顯不適，但主動脈瓣膜受傷或破損，意味著心臟衰竭將是必然的趨勢。除此之外，蔣介石早幾年攝護腺（前列腺）肥大開刀後遺症產生的血尿後遺症，也頻頻困擾著這位八十四歲高齡垂老的國民黨領導人。蔣介石的病歷資料縱使被臺北「榮民總醫院」列為「總統病房」絕對機密，儘管絕大多數御醫人員對蔣氏父子絕對忠誠，但當中只要有一兩個人被美國中央情報局買通，蔣介石的醫療紀錄易如反掌般成為CIA內部存參機密檔案。建立類似的蔣介石檔案，誠非難事。

馬康衛從這些點點滴滴的情報訊息歸納研判，隨著蔣介石健康狀況的垂老衰病，連蔣經國也都是花甲之齡的人了，蔣家政權在臺灣時間拖得愈久，其統治風險性亦愈來愈高。馬康衛也很清楚，臺灣形勢大異於一九五〇年代，早年美國在臺灣落實政變計畫，蔣介石是針對性的目標，斯時也惟有蔣介石掌握著國民黨的黨政軍特所有大權。而此際，蔣經國的職務雖然是「行政院副院長」品秩不高，官位不大，但蔣經國卻是實際上島內的權力擁有者，垂老病衰的蔣介石只不過掛著虛名的領導人，但明白擺著的事實是，老先生的大位遲早要交給經國。故而，此時此地，只要馬康衛解決了蔣經國，也就等於基本瓦解了蔣家王朝，甚至輕易地終結了蔣家王朝。早些年，亦即一九五〇年代中期，直至一九六〇年代晚期這十多年來間，冷戰方酣，美國和蘇聯、中國大陸的對峙關係至為尖銳，蔣介石成天高喊「反攻大陸」，臺灣成為美國牽制北京，一塊很有「戰略價值」的前沿位置，因而，美國十分重視臺灣的地緣政治位置。再者，美國還有一個讓華盛頓投鼠忌器的原因，在西太平洋地域中，美國在韓國，在越南，在菲律賓，乃至在印度尼西亞，都導演過軍事政變，流血政變，美國人都在這些地方殺過人，惟獨臺灣從來沒搞成功政變，這裡頭當然有幾分運氣的成份在，但是，不可諱言，蔣介石與蔣經國父子的兩手策略，的確讓美國沒辦法找插手的空隙。

蔣氏父子的哪兩手呢？一手自然是蔣經國親自領導的特務系統的積極預防，讓美國人沒辦法有效得手。另一手，是蔣氏父子分進合擊的在臺灣搞經濟建設。蔣氏父子領導下，從一九五三年至一九七〇年啟動了四期的「四年經濟建設計畫」，父子倆充份運用孔宋家族留下來的財經人才，以及之後培養的經建人才大軍，充份運用戰後亞洲經濟復興的勢頭，創造了亞洲首屈一指的經濟發展成果。姑不與美蘇等大國較量，以臺灣這蕞爾小島，偏促我國東南一隅的地理位置，竟然能在一九五〇年代中期到一九七〇年之間，創造傲人的經濟發展成績，這一點，不得不令亟思在臺灣搞軍事流血政變圖謀的美國，知所收斂。畢竟，在兩蔣治理之下，當代臺灣老百姓在物質生活上，沒有太大的抱怨。反之，美國在這一地區幕後策動政變成功的地方，要麼是民生經濟沒弄好，要麼是一昧獨裁統治只知殘民以逞，而蔣氏父子在臺灣初時是有點獨裁，進入一九六〇年代，至少已經照美國人比手畫腳的模樣，依樣畫葫蘆地辦理政治選舉。是以，從藍欽到馬康衛，經歷了五任美國大使，卻沒有一任大使有下手的機會。

但是，馬康衛從一九六六年走馬上任出使臺灣以後，卻亟思有機會翻盤，亟思有機會實現他加持「顛覆大使」冠冕的願望。於是，一九七〇年四月份，蔣經國那趟美國之行，便是一個千載難逢的機會了。蔣經國的侍從參謀溫哈熊將軍，非常詳實地把那趟驚險的美國之行，作了第一手的記載：

四月二十四日是一個令人永遠難忘的日子。當我們結束華府訪問後，隨即搭乘美國專機飛紐約。由於專機座位有限，加上周大使、國務院禮賓司長、及安全人員等，於是湖濱（按：鍾湖濱，蔣經國另外一位隨員）只好改乘民航機前往，如此一來我便需要兼代他的職務。專機九時十五分起飛，十時三十分便抵達紐約拉瓜地亞機場之專用停機坪。下機後，經國先生與前來接機的僑領各界人士寒暄後，即驅車赴紐約最高級的畢耶爾大飯店（Hotel Pierre），進住第六十三樓的套房。中午經國先生安排出席美國遠東工商協會約四百五十人的午餐並演講，地點在距離畢耶爾大飯店只有三個街口的廣場大飯店（Hotel Plaza）。經國先生原欲步行前往，但被我們勸阻，爾後由周書楷大使、駐紐約總領事俞國斌與我三人陪同乘車前往。

到達時，我們事先已獲悉有臺獨份子二、三十人在飯店前示威，但被拒馬隔開。此時經國先生與周大使走在前面，俞總幹事與我則走在後面。當經國先生走到廣場飯店門口的旋轉門時，突然有一人突破了拒馬，自我的左後方奔到我前面，且開了一槍。其槍聲雖小，但由於他在我的前面，我直覺到不對，立刻從後面抓住他的衣領，此時在我左右兩旁的美國便衣警探便對刺客各擊一拳，他立刻倒下斜角壓在我身上，我們兩人同時倒地，我的手錶與左鞋也都脫落。爾後我立刻爬起衝進旋轉門，看到此時經國先生才剛走進去，我深怕他受傷，但事實上他一點也不知道有人行刺，因為子彈發射時，他剛好走進了旋轉門。

之後我與其中一名警探立刻包圍住經國先生，並保護他直赴宴會廳，而門外的刺客黃文雄已被另一警探制伏，黃的親戚鄭自才從人叢中跑出來欲援救他，也被逮捕。我們上樓未幾，警探將行刺的手槍拿來給經國先生看，那是一把義大利巴瑞特（Baretta）點二五口徑的手槍，因為子彈發射時僅擊中一片旋轉門，正好那一剎那經國先生隨著旋轉門而轉向，以致子彈並未擊中經國先生，因而平安無事。

蔣經國這畢生的第五趟訪問美國行程，竟然險逢不測，當年便有新聞媒體提出了所謂「兩大謎團」之說。第一個謎團，包括臺灣當都敏感的感受到華盛頓與北京的關係，超乎尋常的親密，而美國與臺北的關係卻明顯地趨於疏離。明眼人早有預感，華府與臺北的關係終將歸於沉寂。但令人納悶的是，蔣經國一九七〇年四月這趟美國之行，居然迴異於往昔四次訪美行程受到的禮遇規格，出乎意料地受到了等同於國家元首級的儀式款待。誠如國民黨當局最後一任駐美「大使」沈劍虹的回憶：「蔣副院長於四月二十二日抵達華府展開四天正式訪問。他受到相當於接待外國政府首長的禮遇：安德魯空軍基地的軍禮歡迎、下榻布萊爾賓館、與副總統安格紐茶敘、會晤國務卿羅吉斯與國防部長賴德、與國會領袖共進早餐，最重要的是與尼克森總統的會談與會後的白宮正式晚宴。」

沈劍虹為究竟蔣經國這趟訪美何以受到如此隆重歡迎的這一謎團，提出了十分合理的解釋，他說：「尼克森入主白宮剛過了一半，他決定要國務卿羅吉斯出面，邀請當時擔任行政院副院長的蔣經國先生正式訪問美國，這是尼克森新亞洲政策的一步行動。回想起來，一九七〇年代初期的這次邀請，可以說是尼克森向他在中華民國的友人道別的一種方式。」

第二個謎團是，當美國駐臺「大使」馬康衛接到蔣經國將訪問美國的通知後，卻表現出一種「非比尋常」的「熱情」。有人認為在蔣經國動身訪美前，馬康衛卻以先行返美做「妥善安排」的理由，悄悄回美國去「妥為布置」，而這個「妥為布置」的結果竟然險些讓蔣經國命喪異邦。馬康衛究竟作了哪些見不得人的手腳呢？雖然迄今美國仍無解密檔案證明其間美國當局或者馬康衛有什麼「不可告人之處」，但這宗刺殺未遂案，卻充滿了令人無法解釋及釋懷的疑點，這恐怕正與馬康衛「妥善安排」真正居心有關。

例如，行刺蔣經國的兩名「臺獨」份子黃文雄（主兇）、鄭自才（從犯），這兩個人如果是在一個正常國家的正常司法體制下，經過中性超然的審判，兩人犯行明確，必然應該得到司法懲治，但奇怪的是，這兩人都選擇了棄保逃亡，從犯鄭自才後來被引渡回美國，判了五年徒刑。但是那位開槍差點擊中蔣經國的黃文雄，有此一說竟然在「負責出入境工作的幾位外國朋友和臺灣老鄉的幫助下，順利在ＦＢＩ的監視下逃亡。」如果此說可信，美國聯邦調查局的幹員膽敢眼睜睜看著殺蔣經國的未遂犯，逃出美國的國門，假裝沒看見，任由其來去自如，美國特務機關是何居心？能不啟人疑竇嗎？如此明顯縱放，難道正是馬康衛「妥善安排」的一個重點環節嗎？

一個最大的疑點是，以美國警察、聯邦調查局、中央情報局、職司首長安全的秘情局等各種特務單位，層層綿密監視之下，黃、鄭二人聯手刺蔣，究竟美國特務單位事前知情否？如果事前知情，還讓槍案發生，豈非涉及借刀殺人？如果事後方才知情，卻輕縱輕放，放任他們從眼皮下出境離美，美國人居心叵測，亦是難以辯解的！

如果，黃文雄那一槍命中蔣經國，蔣經國果真命喪紐約，那麼蔣介石的接班計畫當然立即大亂。馬康衛豈不正可趁此亂局，火中取栗，趁火打劫，扶植一個新的親美政權？馬康衛正可在他臨退之際，臨去秋波，繼之前的韓國政變、緬甸「政績」與香港「政績」，向白宮交出另一份亮眼的成績單，來換取另一枚閃亮的勛章，為「顛覆大使」的桂冠再增添一顆熠熠發光的珠寶。幸運的是，蔣經國躲過了那槍，與死神擦肩而過。或許美國對兩蔣父子的消滅肉體的計畫，又落空一次。

蔣經國逃過一劫，但是馬康衛監視蔣氏父子的政治任務仍未終結。監視垂老日衰的蔣介石健康狀況，仍是馬康衛非常重要的日常工作，這裡便有一樁典型的故事案例。

馬康衛對蔣介石的最後一瞥

一九七二年七月，也就是蔣經國在美國被黃文雄、鄭自才兩人行刺未遂的第三年，這時的蔣介石真的進入重病纏身的時刻了。從一九七二年七月間蔣介石健康情況急轉直下，到他一九七五年四月五日凌晨臺灣當局正式宣佈蔣介石過世，這當中的近三年十個月臥病期間，縱使消息再怎麼封鎖，還是難免有些好事之徒（譬如像美國人），會想方設法從各種渠道得到一些訊息。再加上重要節慶場合老是見不到蔣介石的身影，外間當然免不了會有一些關於他不久於人世的風言風語，為了闢謠，宋美齡和有關方面更是想盡辦法，向外界「證明」「蔣總統」還好端端地活在人間呢。從這裡可以窺見宋美齡與蔣經國心思細密，長於外交手腕的一個面向。

據蔣介石貼身副官翁元印象所及，蔣介石臥病期間，總共對外露了四次臉，這四次公開露面的理由及場合，都安排得十分巧妙細緻，一手決策設計的蔣夫人宋美齡女士不愧是靈魂人物。而蔣介石的這四次公開露面行程中，第四次，便是應馬康衛一再的「要求」，宋美齡賣了天大的面子，給的一次機會。馬康衛是一九七四年四月離任的，在他離任之前，臺北當局基於國際外交禮儀，必須無可迴避地讓馬康衛見到蔣介石，基於涉外禮儀，再加上美國畢竟還是臺灣最重要的所謂「友邦」，恩怨情仇再怎麼千絲萬縷，仍然必須顧及現實利益，安排賓主見面。

馬康衛和蔣介石見的這最後一面，具體時間應該是在一九七四年春節過後不久，一月底二月初之間的某日。其實早在此次會面的一年多前，也就是一九七二年雙十節後，美國大使館不知從什麼渠道得知蔣介石生病了，而且病得不輕。明顯的徵兆當然是這年雙十節蔣介石未像往年那樣，出現在節慶場合，就連往昔絕對不會少的「國慶文告」，一九七二年的十月十號，也只發表了一份書面文告了事，而取代了往昔的親自發表「文告」之慣例，這代表著蔣介石的身體狀況必定亮起了紅燈，否則以蔣介石好強爭勝的個性，再怎麼樣也會露個臉的。不光是十月十日不見人影，就連接下來幾個蔣介石往日必然現身的慶典場合，都再三缺席。像是十月二十五日的臺灣光復節，更重要的是十月三十一號蔣介石自己的大壽之日，都沒現身。甚至有些場合都由「副總統」嚴家淦代表出席，臺灣官方均未置一詞。別說情報靈通神經敏感的美國大使館裡的特務人員，個個睜大了眼睛觀察，即使其他國家派駐臺北的情報人員，也莫不察覺到異乎常態的改變，都不約而同猜測蔣介石這次肯定已經臥病了。

基於美國大使的職責，馬康衛必須定時向白宮書面或者電訊匯報臺灣政治形勢，尤其是蔣介石的活動概況，特別是有關蔣介石晚年身體健康方面的報告。因此，當蔣介石也不再上「總統府」上班，也不出席公開場合活動，消聲匿跡之後，白宮就急於了解此中內幕。甚至已經有坊間傳說，蔣介石去世的說法，引起臺北各駐在國代表的一陣瞎猜測。馬康衛奉命，務必以面見方式確認蔣介石是否仍然健在人世。從一九七二年十月以後，馬康衛透過正式外交渠道，向國民黨當局表達了想面見蔣介石，「轉達尼克森總統的私密訊息」，以此為由，積極想會見蔣介石，一探究竟。宋美齡與蔣經國當然清楚美國亟欲摸底的這一動作，但卻苦於老先生當時正處於昏迷狀態，病情尚未明朗，實在無法讓馬康衛到病床邊見面。況且，照美國這種國家的慣例，假使總統不能視事時，依法應由副總統承擔起政治重責大任。但臺灣的情況畢竟比較特殊，在大陸時期是蔣家天下，陳家黨，到了臺灣爾後，陳果夫病死了，陳立夫被蔣氏父子趕到美國養雞懺悔去了，所以臺灣是蔣家天下父子獨霸，沒有蔣氏父子點頭，嚴家淦豈敢隨便「代理」。因此，從一九七二年七月份，蔣介石昏迷不醒後，醒醒睡睡，好好壞壞的那二年十個月之間，美國人始終想一窺蔣介石臥病的詳情，但一直欠缺最直接接觸的機會。

面對馬康衛離職返美前的最後一次晉見請求，宋美齡左思右想，美國人固然這兩年對國民黨當局視如棄婦，但畢竟臺北與華盛頓之間的關係不能稍有差池，權衡見與不見的利弊得失，宋美齡、蔣經國等人最後和商量的結果，還是決定讓馬康衛見一見蔣介石。宋美齡和蔣經國考量的主要還是臺灣的涉外困境問題。斯時日本剛和臺灣「斷交」二年，大陸已經進入聯合國，如果美國和臺灣的關係不保，那更可是一樁麻煩事了。

這是有史以來最奇特的一次「總統」會見外國使節的會面方式。早從大陸時期開始，蔣介石便立下一個不成文的規矩，每回他會見外國軍政首長、或是外交使節，不論面見時間長短，侍從室（大陸時期）的侍從秘書，或者「總統府」（臺灣時期）的文書秘書，以及翻譯人員（即蔣介石所謂之「舌人」）必定隨侍左右，蔣介石的談話內容，訪客的談話內容，全部都得鉅細靡遺，紀錄下來，隔天秘書人員需以工筆小楷寫好一份書面會談紀錄，讓蔣介石查閱批示。從一九二八年到一九七二年中之間，這四五年間，蔣介石接待任何中外訪賓，按說都會作紀錄，外賓則是中外文並列，毫不含糊。

但是，惟獨這次見馬康衛，宋美齡和蔣經國特別交代，秘書與翻譯人員不必到場了。這道理很簡單，這次會面，蔣介石是大病「初癒」，講是講「初癒」，實際上是根本沒痊癒，因為蔣介石根本沒法子說話，說的話因為舌頭不聽使喚，恐怕連「舌人」都未必聽得懂。況且實在也缺乏紀錄的必要性，所以這道手續可免矣。

見面的地點為了方便起見，當然是安排在士林官邸。為了讓馬康衛晉見蔣「總統」過程天衣無縫，在馬康衛來晉見前夕，士林官邸內務科和有關部門的人已經做好相關的準備，然而，宋美齡對接見計畫是胸有成竹的，她有足以自豪的涉外深厚資歷與語言文化背景，參加過無數次國際場合，無役不與，況且，在美國稍早的外交圈與社交圈子裏，她的人脈網絡與交際手腕在當代臺灣也是無人能及，如果不顧及國際禮儀慣例，她原本即可不需要任何「舌人」從中翻譯談話內容，自認只要她陪伴「總統」接見馬康衛，便足堪應付局面。

宋美齡惟一不放心的還是蔣介石的身體，是不是能夠撐持會面的整個過程？因為接見馬康衛，基於國際禮儀，不可能像見國民黨全國代表大會主席團那批人，見個十幾分鐘，敷衍一下。對美國「大使」也是這麼敷衍十幾分鐘，恐怕還比不見來得更為失禮。惟其這個因素，醫療小組的醫官們多不贊同宋美齡這種「冒險動作」，他們反對讓一個病人過久離開心電圖的監視，因為沒人可以保證這當中不會有任何突發意外，何況，一九七四年初那段日子，蔣介石心跳意外停止的頻率已有越來越頻繁的趨勢，若是情況進一步惡化，誰也沒把握如同風中之燭的蔣介石，會不會受不了會見時的體力負荷折騰，突然發生連醫療團隊都難以挽救的情勢。

儘管醫療小組的醫官們已經善盡提醒之義務，仍然無法改變蔣介石和宋美齡接見馬康衛的決心，為了黨國的前途，也只有冒一次險了。

接見馬康衛還在一九七四年春節過後的某日下午。馬康衛準時依約前來，蔣介石早在馬康衛來之前，就已經端坐在士林官邸的客廳等候，老先生當天依舊是他常見的一身長袍馬褂裝扮。臉色與病前相較，明顯清癯消瘦許多。面頰兩邊更是凹陷得厲害，則是因為沒有配戴假牙的緣故。自從臥病後，為安全和醫療急救方便起見，即使甦醒後，在醫生建議下，蔣介石已不再戴假牙。這也讓蔣介石從外表看起來更顯蒼老消瘦。

見面前一個小時，醫療小組早已在大客廳後側隱秘處嚴陣以待，預作準備。像是氧氣瓶、心肺急救裝備、各種急救醫療器材，一應俱全，這階段的士林官邸酷似「臺北榮民總醫院」的一家分院，集全臺灣最先進的醫療設備和醫護人才，為得就是盡量延長蔣介石的天年，這也是當年臺北街頭到處得見以「延壽」命名的街道和事物的由來。馬康衛還沒到士林官邸前二、三個鐘頭，整個官邸像是如臨大敵似的，軍憲警特偵騎四佈不說，官邸侍從人員亦穿著整齊的中山裝，盤踞在各個重要據點，準備萬一老先生有個人麼三長兩短時，可以隨時衝進官邸客廳聽候差遣。

幾部美國「凱迪拉克」牌大CC數的豪華黑頭轎車，在憲兵摩托車隊開道下，魚貫駛進了士林官邸，車隊座車就停在官邸正門口的彎道前方，穿著深色西裝的馬康衛輕步走進士林官邸大客廳。那天在場的中方人員除了蔣介石，陪見的人員有宋美齡、蔣經國，含馬康衛一共就四個人，坐在偌大的士林官邸大客廳。

一陣簡單的客套寒暄後，宋美齡首先說明了蔣介石最近病情概況，並稱在醫護團隊照料下，病情大有起色，馬康衛專注而禮貌地聆聽有關蔣介石的病情，但卻帶著幾絲狐疑的眼神，凝視著眼神呆滯、面部肌內僵硬的蔣介石。蔣介石一度掙扎著想說什麼，沒等蔣介石含糊的話語嚇壞馬康衛，宋美齡趕緊掌握主場優勢接過話題說：「蔣總統一直想要當面感謝大使先生對貴我兩方友好關係作出的巨大貢獻，很想藉著今天的見面場合，當面表達對您的崇高敬意與謝意！」聽完宋美齡這番越俎代庖的答辭，蔣介石似乎還想講什麼，臉色脹得通紅，他很用力地想說點什麼，可是又被宋美齡給插開了，宋美齡非常清楚蔣介石要表達的是什麼，尼克森和北京改善關係，之後臺灣被逐出聯合國，讓蔣介石對尼克森怨憤不已，數度透過蔣經國建立一套聯繫渠道，跟蘇聯建立關係，預備聯蘇制美。

和蘇聯建立關係，這當然是臺灣一廂情願的幻想，這頂多只能發揮一點點對馬康衛「回馬槍」式的警告意味，蔣介石既沒有實力也沒有膽子敢與美國對著幹。畢竟一個政權最根本的問題還是要想辦法生存下來，人在屋簷下，誰敢不低頭？有人也因而傳說，蔣介石一九七二年七月這場大病，根本是美國人氣出來的。說蔣介石氣美國當局，這應該絕非臆測之詞。見馬康衛當天，蔣介石正襟危坐，行禮如儀（雖然他無法站立），但臉部表情卻顯得十分僵化而不自然，在宋美齡與馬康衛以英文對話，宋美齡翻譯成寧波話時，蔣介石偶爾會很吃力地回應幾句，但馬康衛很清楚發覺，蔣介石說話時的舌頭顯得很硬，哪怕是老半天才擠出一句話，還不斷喘著大氣，這正證明了老先生的病是到了相當嚴重的地步了。美國政府藉著馬康衛這次的會見，確認蔣介石已經離大去之日不遠，未來臺灣政局的接位者，當然非蔣經國莫屬。

藍鯨終究是回不了南京了，「顛覆大使」馬康衛沒有真正「發揮所長」，但是，他用耐心和等待，「完成」了他的政府對他的託付。那真是一個奇怪的巧合——馬康衛離開駐臺崗位的那天，是一九七四年的四月四日，恰恰就在一年後，一九七五年四月四日，在雷電與風雨交加的深夜，蔣介石結束了他八十九年的人生歷程。藍鯨終究沒回南京！

歷史與現場 229

刺殺蔣介石——美國與蔣政權鬥爭史

作　者—王丰
主　編—湯宗勳
特約編輯—吳致良
封面設計—朱疋
行銷企劃—劉凱瑛
董事長
發行人—趙政岷
總編輯—余宜芳
出版者—時報文化出版企業股份有限公司
10803台北市和平西路三段二四〇號四樓
發行專線—（〇二）二三〇六六八四二
讀者服務專線—〇八〇〇二三一七〇五・（〇二）二三〇四七一〇三
讀者服務傳真—（〇二）二三〇四六八五八
郵撥—一九三四四七二四時報文化出版公司
信箱—台北郵政七九～九九信箱
時報悅讀網—http://www.readingtimes.com.tw
電子郵箱—history@readingtimes.com.tw
法律顧問—理律法律事務所　陳長文律師、李念祖律師
印　刷—盈昌印刷有限公司
初版一刷—二〇一五年十月十六日
定　價—新台幣四五〇元
行政院新聞局局版北市業字第八〇號

國家圖書館出版品預行編目資料

刺殺蔣介石：美國與蔣政權鬥爭史 / 王丰作. -- 初版. -- 臺北市：時報文化,
2015.10　面；　公分. -- (歷史與現場；229)

ISBN 978-957-13-6430-8 (平裝)

1.臺美關係　2.中美關係　3.外交史

578.5233　　104019951

ISBN 978-957-13-6430-8
Printed in Taiwan